연결신체학을 향하여

젠더·어펙트 총서 04

연결신체학을 향하여

초판 1쇄 발행 2024년 4월 25일

지은이 동아대학교 젠더·어펙트연구소
펴낸이 강수걸
편집 강나래 오해은 이소영 이선화 이혜정 김성진 송연진
디자인 권문경 조은비
펴낸곳 산지니
등록 2005년 2월 7일 제333-3370000251002005000001호
주소 부산시 해운대구 수영강변대로 140 BCC 626호
전화 051-504-7070 | 팩스 051-507-7543
홈페이지 www.sanzinibook.com
전자우편 sanzini@sanzinibook.com
블로그 sanzinibook.tistory.com

ISBN 979-11-6861-294-5 93330

* 책값은 뒤표지에 있습니다.
* 잘못된 책은 구입하신 곳에서 교환해드립니다.
* 이 저서는 2022년 대한민국 교육부와 한국연구재단의 지원을 받아 수행된 연구입니다.
(NRF-2022S1A5C2A02093389)

젠더 · 어펙트 총서

04

연결신체학을 향하여

정동적 존재론과 정의

동아대학교
젠더 · 어펙트연구소
지음

산지니

서문

연결신체학을 향하여
: 조우, 활성, 갱신의 이론과 실천

동아대학교 젠더 · 어펙트연구소의 공동 연구 프로젝트 〈연결신체 이론과 젠더 · 어펙트 연구〉 사업팀이 또 하나의 총서를 세상에 내놓는다. 젠더 · 어펙트 총서 제1권 『약속과 예측: 연결성과 인문의 미래』(2020), 제2권 『연결(불)가능한 신체의 역사』(2022), 제3권 『몸들의 유니버스 너머』(2023)에 이어 공동 연구의 네 번째 성과물이다. 처음 연구 성과를 세상에 내놓을 때만 해도 "연결신체 이론"이나 "젠더 · 어펙트 연구"가 다소 낯설다는 반응도 없지 않았다. 하지만 개념에 대한 생경한 반응 이상으로 학문적 응답은 활발히 이루어졌고, 그렇게 연구의 정동적 환경이 마련되어 가고 있다. 이 환경과 함께 젠더 연구와 페미니스트 장애학, 파시즘 연구와 비판적 인종주의 연구, 퀴어 이론 등 소수자 이론이 오랜 시간 공들여 구성한 이론과 방법론이 어떻게 어펙트 연구와 조우하는지, 앞선 연구 역사와 함께 긴 시간 공동 연구를 이어가고 있다.

일본과 타이완의 퀴어 연구와 페미니즘 연구 기반 어펙트 연구를 이끌어온 나이토 치즈코(內藤千珠子), 첸페이전(陳佩甄)과의 지속적인 공동 연구는 서로를 비추며 다른 아시아를 상상하고 이론화할 수 있게 해주었다. 연구소는 공동 연구의 지속성을 위해 〈젠더 · 어펙트 연구회〉를 꾸려 일본, 미국, 한국의 연구자들이 매주 활발한 세미나를 진행 중이다. 영어와 일본어, 중국어와 프랑스어 등으로 접근할 수 있는 젠더 · 어펙트 관련 연구를 검토하고 여러 방식으로 관련 연구를 소개하고 번역하는 작업도 이어가고 있다. 여러 지역의 연구를 살펴보다 보면, 어느 지역에서나 젠더 · 어펙트 연구가 기존 지식 제도를 한편으로는 갱신하고, 다른 한편으로는 재생산하는 동력이 되고 있음이 뚜렷하게 확인된다. 일본에서는 어펙트 연구가 인류학이라는 분과학문 방법론의 확대재생산을 위한 대안으로 제시되고 있다. 북미와 영국에서도 소수자 연구와 어펙트 연구를 결합하는 이론적 모색이 인문과학과 사회과학이 나아갈 새로운 대안으로 제시되고 있다.

여러 지역에서 다양한 분과학문 사이의 공동 연구를 통해 새로운 학제의 모델을 만들고, 동시에 기존 분과학문을 갱신하는 대안적인 지식 체계를 구축하려는 의지와 바람을 연구에 새기며, 그 결과를 다시금 세상에 내어놓는다. 공동 연구를 시작한 지 5년이 넘어가면서 한국문학, 사회복지학, 미디어 연구, 사회학, 인류학, 역사학 등에서 젠더 · 어펙트 연구는 뚜렷한 성과를 드러내고 있다. 이 공동 연구를 함께 한 연구자들 역시 이런 학문적 협력의 네트워크를 만들고 갱신하는 데 중요한 연구 결과를 제시해 왔다.

‘지방 소멸’이라는 인종화된 차별에 저항하기

『연결신체학을 향하여: 정동적 존재론과 정의』는 기존 분과학문을 갱신하면서, 동시에 새로운 분과학문의 모델을 만들고자 하는 공동 연구의 방향을 잘 보여준다. 이 연구를 진행했던 지난 몇 년간 한국 사회에서는 AI에 모든 것을 내맡긴 탓에, ‘미래’는 AI와 같은 말이 되고 있다. 지식 생산을 가치 폄하하고 대학이 학문과 무관한 곳이 되고 있다는 환멸도 가득하다. 특히 지방 대학은 마치 종말을 앞둔 종들(species)의 서식지처럼 여겨진다. 인류의 종말이 임박한 듯한 시대에 모두들 자신만은 종말론적 결말과 무관할 것이라는 유토피아적 기술 낙관 혹은 불안한 방관에 휩싸여 있는 가운데, 오직 ‘지방 대학’만이 벚꽃 지듯 생을 마감할 것이라는 이런 지리적 감각과 인식은 한국 정동 정치의 현실을 여실히 보여준다. 공동 연구를 시작하던 시점에서 대안적인 분과학문 모델을 만들고자 했던 것은, 이렇게 소멸하는 종으로서 학문과 지역의 운명을 거슬러 대항적인 제도를 생성하기 위한 분투의 일환이었다. 이른바 ‘지방 대학’이 ‘서울 대학’과는 달리, ‘벚꽃’이나 ‘멸종’과 같은 자연 생태계로 환원되고 있는 현실은 지역 대학이 인종화되었다는 사실과 다르지 않다. 이에 대한 대응으로서 지역에 대한 인종화된 담론, 지식, 인식, 감각, 감정 등에 저항하고, 이를 전면적으로 비판하는 대안적 지식을 마련해야만 한다. 그 지식을 ‘연결신체학’이라 부를 수 있다면, 이는 정동에 관한 대안적 지식뿐만 아니라 지식을 통해 대안적 정동을 생성하는 실천적인 힘을 마련하는 일이라고도 하겠다.

연결신체학에 인종화에 대한 횡단적 연구가 중요하게 자리하는 이유는 이처럼 기존의 담론, 지식, 인식, 감각, 감정에 인종과 지리가 교차하고 있기 때문이다. 연결신체학에서는 인종화된 지역을 둘러싼 정동적 지리를 넘어서기 위해 연결성을 재구축하는 연구 방법론을 제시하고 있다. 이는 연결성의 구축과 탈구축, 재구축의 흐름을 살피고자 하는 역사적 방법론이기도 하다. 또한 연결의 관계를 인종 또는 젠더의 위계, 지역의 경계와 함께 재검토하는 일은 마주침과 부대낌의 어펙트 연구, 즉 젠더 · 어펙트 연구다. 젠더 · 어펙트 연구는 범주화된 인식론을 넘어 신체 고유의 역량을 바탕에 둔 존재론으로서의 지식을 생성하는 작업이라 할 수 있다. 이를 토대로 삼는 연결신체학은 존재를 규정하는 시간과 공간에 대한 새로운 지식을 제안할 뿐만 아니라, 그 규정을 넘어서는 새로운 실천을 매개한다.

비서구 정동 지리 이론화의 가능성

대안적 지식을 제안하는 『연결신체학을 향하여: 정동적 존재론과 정의』는 크게 4부로 구성되었다. 1부 〈트랜지셔널 아시아의 정동 지리: 트랜스 퍼시픽에서 트랜스 아시아까지〉에서는 이행하는(trnasitional) 아시아의 정동들이 가지는 고유한 궤적에 초점을 맞추었다. 한국, 일본, 대만의 연구자들이 그려내고 있는 이 궤적은 정동의 흔적 그 자체이자, 비서구적 정동 지리의 가능성이라 할 수 있다.

첫 번째 글인 권명아의 「젠더 · 어펙트 연구 방법론과 역사성:

역사적 파시즘 연구에서 원격통제 권력 비판까지」는 특정 집단을 무감정하고 무감각한 존재로 지목하면서 위계화된 자리를 할당하는 '느낌의 생명정치'에 대한 비판에 입각해 정동 정치의 역사적 특성을 그 차이화의 과정으로서 살핀다. 이는 어펙트 이론의 '보편적' 적용이 아니라 상황적이고 맥락적인 어펙트 연구의 가능성을 탐색하는 이번 총서의 전체 기획과 부합하는 중요한 시도라 할 수 있다. 어펙트가 시공을 초월한 보편적 작용일 수 없듯, 어펙트 연구 역시, 정동 정치의 역사와 함께 다기한 흐름을 보여왔다. 권명아의 글은 어펙트 연구가 방법론적으로 체계화되는 과정과 함께 이론적 지형도를 그리면서 비서구의 역사적 경험의 구체성을 젠더·어펙트 연구의 이론과 방법적 토대로 삼기 위한 논점을 면밀하게 살핀다. 물론 이러한 지형도는 역사의 현장에서 다시 그려질 수밖에 없는데, 권명아는 일제 말기 전시체제에 대한 논의를 통해 정동 지리적 지도 만들기 작업을 구체적으로 수행하고 있다.

이어지는 나이토 치즈코의 「아이누의 히로인과 전쟁의 정동」은 현대 일본의 내셔널리즘이 불가시(不可視)한 성폭력과 결합하여 작동하는 현상에 대해 오랫동안 천착해온 저자의 문제의식을 '아이누'라는 기호와 결합시킨 글이다. 이를 위해 저자는 최근 일본에서 실사 영화로도 개봉한 노다 사토루(野田サトル)의 만화 〈골든 카무이(ゴールデンカムイ)〉에 주목한다. 〈골든 카무이〉는 '헤이트 스피치'에 저항하는 양질의 작품으로 평가받아 왔지만, 나이토 치즈코는 이 작품을 전쟁의 정동을 강화하고 제국적 성폭력을 연명시키는 문제가 포함된 텍스트로서 재독한다. 결과적으로 '양질의 작품'이라는 〈골든 카무이〉에 대한 독자의 공감은 마이너리티

의 상처나 트라우마를 보이지 않는 영역으로 옮기는 젠더화된 내셔널리즘의 역학과 함께 독자가 자신의 상처를 덮고 읽을 수 있기 때문이라 할 수 있다. 권명아와 나이토 치즈코의 논의는 공감의 폭력이라는 다분히 논쟁적인 지점을 함께 짚어내고 있는 셈인데, 트랜스 아시아 정동 지리의 밑그림은 바로 이 지점으로부터 그려진다고 하겠다.

1부의 마지막 글은 한국과 타이완을 비교하는 첸페이전의 글이다. 「타이완 가자희와 한국 여성국극 속 과도기적 신체와 정동적 주체」는 한국 여성국극과 타이완 가자희(歌仔戲)의 전통 연극에서 망각된 여성 동성 친밀성의 역사를 각국의 지리적 맥락, 양국의 교차적 맥락에서 다시 읽을 것을 제안한다. 이 글에서 주목해야 할 표현은 '과도기적 신체(transitional bodies)'로서, 이는 서구에서 이론화한 '퀴어(queer)'와 구분하기 위해 첸페이전에 의해 입안되고 제안된 것이다. 첸페이전의 논의는 마이너리티로서의 '퀴어'를 발견해내려는 시도에서조차 서구적 지식의 독점적 영향력을 발견해낸다. 한국 여성국극과 타이완 가자희를 통해 집단의 구성원들이 만들어 낸 여성 동성 친밀성의 특수성을 직시하려는 이 글의 시도는 어펙트 연구가 곧 타이완과 한국의 현지 역사 연구와 다르지 않음을 보여준다는 점에서 충분히 그 가치를 곱씹어 볼 만하다. 이러한 연구는 사회의 변화와 함께 지워진 '삶의 방식'에 대한 주목을 가능케 한다는 점에서 역사 그 자체를 갱신하고 재활성화하는 것이기도 하다.

2부 〈손수 장인들의 테크놀로지와 대안 정동: 해녀, K-팝, 맘카페〉는 1부의 정동 지리의 토대 위에서 벌어지는 실천 지리로 볼 수 있다. 그 실천의 기술을 뜻하는 테크놀로지란, 단순한 도구가 아니라 체현(embodiment)을 통해 정동적 차원에서 수행되는 것이라 할 수 있을 것이다. 2부의 글들은 그 테크놀로지로 빚어지는 대안적 세계의 가능성과 현실을 시야에 담으면서 테크놀로지 그 자체를 빚어나가는 실천들을 주목하고 있다.

2부를 여는 권두현의 글은 정동적 기술로서의 테크놀로지를 '크래프트(craft)'라고 다시 부르고 있다. 「크래프트의 실천지리 또는 '해녀'와 '아마'의 정동지리」는 〈아마짱(あまちゃん)〉과 〈우리들의 블루스〉라는 두 편의 드라마를 대상으로 감성주의적 생명정치와 크래프트의 정동정치의 역학관계를 살피는 글이다. 이와 같은 탐색은 단순히 드라마를 미학적 차원에서 비교하는 것이 아니라 '해녀'와 '아마'라는 복수의 기호와 그 기호들이 가리키는 신체 사이에서 이루어지는 일들에 관한 비교라는 어펙트 연구의 방법론을 요청하는 작업이다. 이러한 방법론에 따라 권두현의 논의는 '해녀'와 '아마'의 생명 또는 생존의 문제를 사로잡고 있는 '죽음정치'를 공감의 생명정치로 드러내는 미학적 실천에 주목하면서도, 그 너머에서 이루어지는 정동적 실천을 크래프트라고 부르기를 제안하면서 1부의 논의들과 공명하며 구체적인 삶의 자리에까지 나아간다.

권두현의 글이 정동 지리의 관점을 실천 지리의 관점으로 이어받았다면, 이어지는 이지행의 「팬덤의 초국적 기억정치와 정동: 'BTS 원폭티셔츠' 논란을 중심으로」는 정동 지리를 기억정치의 관점으로 이어받고 있다는 점에서 그 문제의식의 공통점과 특징을 함께 주목해 볼 만하다. 이지행의 글은 'BTS 원폭 티셔츠' 논란에 대한 팬 커뮤니티의 담론 분석을 기반으로, 팬덤 공동체가 제2차 세계대전을 둘러싼 담론 생산과 역사 수정주의에 대한 저항적 실천을 통해 초국적 기억정치의 장에 개입하는 과정을 면밀히 살핀다. 팬덤 공동체가 초국적 기억정치에 대항하는 실천을 하게 된 배경으로 이지행은 팬덤의 집합적 행위성 너머에서 작동하는 공동체 내부의 정동을 찾아내고 있다. 이는 팬덤의 지향이 자신의 '애착' 대상에만 배타적으로 고정되어 있는 것이 아니라, 정동을 통해 재지향될 가능성을 갖는다는 중요한 사실을 환기한다. 그런 점에서 팬덤이 만들어내는 것은 '삶의 방식' 그 자체라 할 수 있을 것이다.

최서영과 최이숙이 함께 쓴 「연결된 엄마들, 확장된 목소리, 새로운 정치 주체의 탄생」은 팬덤과는 또 다른 공동체성의 탐색으로서 '정치하는엄마들'에 주목한다. 이들은 연결을 통해 집합 정체성 그 자체를 스스로 만들어내는 생산자이다. 이들을 정치적 주체라 할 수 있다면, 이는 '유치원 3법'이나 '어린이 생명안전보호법' 등의 법제화를 촉구하는 방식으로 제도 정치에 개입하고 있기 때문이라기보다도, 돌봄의 노동에 뒤얽힌 돌봄의 정동을 발산하면서 '돌봄중심사회'로의 전환을 촉구하는 정동 정치의 행위자들이기 때문이다. 그런 점에서 이들은 집합 정체성 이상으로 정동적 사회성 자체를 새롭게 빚어내는 생산자들이기도 하다. 이처럼 2부의 글들은 담론보다는 실천에 주목하면서 세상을 빚어나가는 '손수장인'들의 지평을 정동적 행위자들의 연결로서 새롭게 제안하고 있다.

1부와 2부의 글들이 공간적 관점에서 연결신체학의 방법론을 제시하고 있다면, 시간적 관점에서의 접근 방법을 취하고 있는 3부 〈연결된 '과거'와 역사적 정동: 이야기, 종교, 미학의 정동 정치〉와 함께 이는 '정동적 존재론'의 제안으로 나아간다. 3부에서 연결된 '과거'를 탐색하는 작업은 전근대와 근대, 그리고 21세기의 시간성으로 이어지는데, 이 시간성은 신체의 연결성을 통해 비선형적이고 가역적인 모습으로 나타난다. 3부에 수록된 세 편의 글은 '현재'를 역사적 정동의 '현장'으로 파악하면서 시간을 공간화하는 작업이라는 점에서 정동적 시간성의 편린들을 공통적으로 보여주고 있다.

「어머니의 신체와 연결성: 구비설화에 나타난 '어머니'의 용인과 배제 양상을 중심으로」에서 강성숙은 구비설화를 통해 어머니의 신체가 형상화되는 과정 안에 어머니의 신체에 대한 인식 역시 함께 주조되고 있음을 분석한다. 신체에 대한 인식론이 '몸 둘 바'를 통해 존재론에 영향을 끼침은 물론이다. 강성숙의 시도는 그 존재론의 연결신체학적 갱신 또는 전환으로서 이루어진다. 구비설화에서 '어머니'의 신체는 자녀와의 연결 또는 단절 속에서 규정되고 서술되는 측면이 있다. 강성숙의 논점은 이러한 어머니의 신체가 그 자체로 가부장적 서사에 균열을 일으키는 존재라는 데 있다. 가족주의의 바깥에서 때로는 '남'의 자리에 위치한 어머니는 바로 그 자리로부터 대안적 공동체를 구상하기도 한다. 그 공동체를 용인과 배제라는 규범으로부터 벗어난 대항적 공동체라 불러도 무방할 것이다. 강성숙의 글은 이야기의 전달로 여겨지는 구비전승의 과정이 정동적 이행과 변용의 가능성을 가진 수행적 행위라는 맥락에서 읽어봐도 흥미롭다.

이어지는 글은 소현숙의 「일제하 일본인 사회사업과 조선인: 일본 불교 정토종(淨土宗)의 화광교원(和光教園)을 중심으로」이다. 소현숙은 화광교원이 일본 제국의 지원 아래 식민통치에 이바지할 목적으로 세워졌다는 점을 지적하면서도, 이 공간이 여러 신체들을 연결하고 이에 따른 정동을 매개하고 있었음에 주목한다. 화광교원에 대한 소현숙의 주목은 재조일본인을 단순히 '침략 과정의 첨병'으로 주목하는 대신, 그들의 종교적 삶과 조선 정착의 경험을 이해할 수 있도록 해준다. 소현숙의 글에서 특히 흥미로운 대목은 화광교원 내부에도 몸들 사이의 위계가 공고했다는 통찰이다. 특히 화광교원이 방빈(防貧)을 목적으로 운영했던 노동숙박소는 부지 선정 단계에서부터 여러 갈등을 불러일으켰다. 저자는 내지인과 조선인은 물론, 구하는 자와 구해지는 자 사이의 위계 역시 공고했음을 논한다. 그런 점에서 화광교원의 사례는 이 책의 다른 논자들 또한 반복적으로 지적하고 있는 느낌의 생명정치가 오랜 시간에 걸쳐 역사화되었다는 사실을 잘 보여준다.

「일본 내셔널리즘과 미와 멸망의 정동(情動)」에서 이지현은 현대 일본 대중문화에서 쉽게 찾아볼 수 있는 비극적 죽음을 통한 영웅 만들기 서사를 '멸망의 정동'으로 규정한다. 이 같은 서사적 충동은 근대 이후 본격화된 것으로 보이지만, 일본 고전 서사에서는 물론, 1930년대 일본 낭만파의 작품에서도 발견되기도 한다. 절망적 현실과 대비되는 절대적 존재 또는 미를 동경하고, 가치를 향해 죽을 수도 있다는 몰입과 파멸에 대한 동경은 『헤이케모노가타리(平家物語)』에서 미야자키 하야오(宮﨑駿)의 2013년 작품 〈바람이 분다(風立ちぬ)〉로, 2022년의 TV 애니메이션 〈아니메 헤이케

모노가타리〉로까지 이어진다. 영화 속 '제로센' 비행기에 대한 지로의 열망이 감독의 미적 충동을 넘어, 관객과 대중들의 내셔널리즘으로 확산되는 방식은 일본 제국이 국가주의 폭력을 정당화하기 위해 감상성을 동원해온 역사와 겹쳐진다. 내셔널리즘을 이념적으로 경계하면서도 대중문화를 통해 이를 정동적으로 수용하게 되는 구조 역시 역사화된 산물임은 물론이다.

1부, 2부, 그리고 3부를 통해 토대를 놓은 정동적 존재론 위에서 4부 〈정동적 정의와 존재론적 전회: 부정의에 맞서는 대안 이론과 실제〉는 '정동적 부정의'의 사례들을 제시하고, 이에 맞서는 실천을 매개하기 위한 이론을 함께 다룬다. 4부에 수록된 세 편의 글은 모두 정동적 '부정의'에서 '정의'로 나아가기 위한 존재론적 전회를 꾀하고 있다. 그 과정에서 돌봄노동자가 겪는 돌봄부정의, 나이 듦과 장애에 대한 차별과 혐오, 가정폭력 맥락에서의 반려동물 학대의 문제는 병리화된 신체가 아니라 신체의 관계적 차원에서 그 대안을 찾는다. 이것이 바로 젠더 · 어펙트의 연구방법에 의거한 연결신체학의 구체적 모델일 것이다.

「비접촉시대에 돌봄노동자의 삶과 노동의 위태로운 기술로서 정동적 부정의」에서 정종민은 팬데믹 위기에서 국가로부터 호명되는 영웅의 모습과 돌봄노동자들의 현실이 불일치한다는 사실을 지적한다. 불공정하고 불평등한 삶과 노동을 배태시킨 사회구조적인 돌봄부정의에 대응하여, 이러한 상황을 온몸으로 부대끼는 돌봄노동자들이 촉발하는 힘을 정종민은 정동적 부정의라 일컫는다. 저자가 인류학적 관점을 통해 확보한 정동적 부정의의 관점은 돌봄노동자들의 우울증, 불안장애, 직업 스트레스 같은 부정적 정동을 병리학적 증상으로만 보는 대신, 돌봄노동자들이 부정의를 겪어내며 위태로운 삶과 노동의 가능성을 발굴하고 현실과 미래를 직시하며 분투하는 행위자임을 드러낸다. 기존의 돌봄부정의가 팬데믹 상황에서 한층 치명적으로 다가왔을 때, 돌봄노동자들이 부정의한 현실과 불안정한 미래에 대응하기 위해 정동적 부정의를 삶의 자원이자 기술로 전환하는 모습을 정종민은 이론과 함께 실천의 장면을 통해 보다 생생하게 묘사하고 있다.

이화진은 「나이 듦과 장애: TV 드라마 〈눈이 부시게〉(2019)의 몸, 시간성, 그리고 기억 서사」에서 존재론적 조건으로서의 나이 듦을 젊고 건강한 신체와의 대비 아래 노년의 신체가 부정적으로 간주되는 상황을 비판적으로 바라본다. 알츠하이머 질병 서사는 노년의 몸이 무능, 실패, 자아 상실을 겪을 위험을 경고하고, 이에 대한 대책으로서 '성공적인 노화' 담론을 노년의 신체에 대한 부정적 정동을 전제로 확산시킨다. 이러한 상황에서 TV 드라마 〈눈이 부시게〉는 알츠하이머 환자 '혜자'의 젊고 건강한 몸과 손상되고 퇴화한 몸을 동시에 제시함으로써 몸의 시간과 정체성에 대해 문제제기한다. 그런 점에서 이화진의 관점은 몸이라는 현장을 연결된 과거로 보는 앞선 관점들과 흥미롭게 연결된다. 결과적으로 이화진은 이 드라마를 독해하면서 경쾌한 판타지 드라마의 흐름을 유지하지만, 노년을 장애와 연결하고 그 역할을 한정하는 방식으로 작동해온 부정의에 대해 의문을 제기한다. 〈눈이 부시게〉를 통해 저자가 찾아낸 '기억 서사'의 프레임을 통해 바로 이를 통해 활성화되는 몸이라는 '느낌의 아카이브'를 상상해 볼 수도 있을 것이다.

4부의 마지막 글이자 이번 총서의 마지막 글로서 박언주, 김효정, 류다현이 함께 쓴 「가정폭력과 반려동물 학대의 문제 및 개입」은 '학대의 거미줄'을 그려 보이고 있다. 이들의 프레임을 통해 거미줄에 해당하는 영어 웹(web)을 보편화된 디지털 연결망으로 이해하기에 앞서, 특유의 '끈적함(stickiness)'을 통한 뒤얽힘의 형상으로 이해해 볼 수 있을 듯하다. 저자들은 가정폭력과 반려동물 학대의 뒤얽힘에 주목한다. 두 폭력이 모두 가부장제에 기반해 여성과 동물에 대한 통제와 억압을 목적으로 한다는 사실을 주의 깊게 살피고 있는 이들의 글은 '느낌의 생명정치'가 전제된 위계화의 구조가 오늘날 가정이라는 일상의 영역에 얼마나 뿌리 깊게 자리하고 있는지를 보여준다. 그런 점에서 가정폭력의 맥락에서 반려동물 학대를 조망하는 작업은 개체의 생존을 위한 것일 뿐만 아니라, 종들의 경계를 뛰어넘는 통합적 대응 체계를 구축하고, 가부장제의 폭력과 학대를 중단시킬 수 있는 실천적이고 해방적인 가능성을 지닌 것이다.

이 모든 글들은 연구자 각자의 입지에서 출발했으나 어느 순간 제법 유사한 경로를 그리고 있다. 이 노정에서 저자들은 정동을 그저 발견하기만 한 것이 아니라, 이를 대안적 삶의 방식으로 체험했고, 자신의 연구를 통해 방법론으로 빚어나가고 있다. 여기에 실린 각각의 글들은 다른 글을 아주 뚜렷하게 의식하고 있지는 않지만, 그럼에도 불구하고 끈끈하게 접착되어 있다. 이 연결은 기존의 연결망과는 다른 학문적 경계와 위계를 뛰어넘는 어떤 힘에 의해 이루어졌다. 우리는 이 조우, 활성, 갱신의 힘을 '젠더·어펙트'라고, 이를 바탕에 둔 이론과 실천의 대안 제도를 '연결신체학'

이라고 부르고자 한다.

2024년 2월

모두를 대신하여

젠더 · 어펙트연구소장 권명아

차례

3부 연결된 '과거'와 역사적 정동: 이야기, 종교, 미학의 정동 정치

4부 정동적 정의와 존재론적 전회: 부정의에 맞서는 대안 이론과 실제

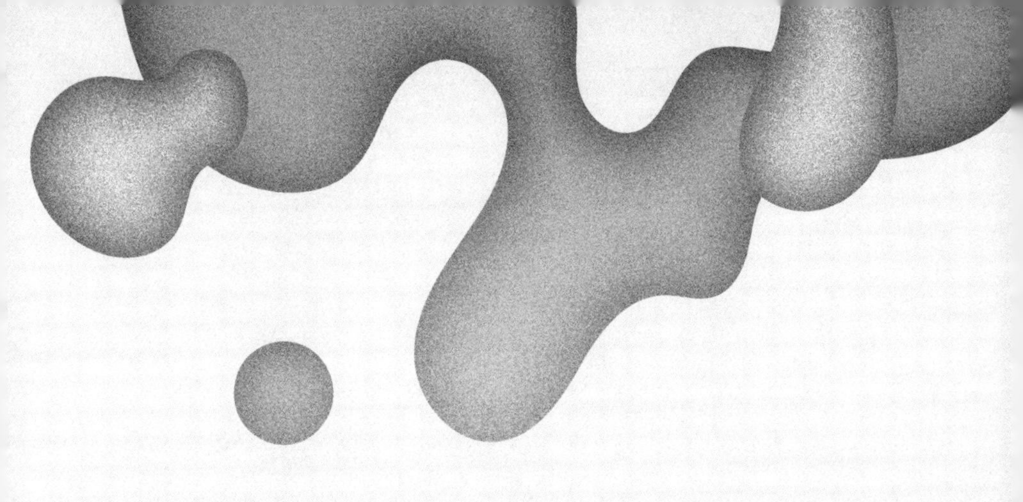

1부

트랜지셔널 아시아의 정동 지리 : 트랜스 퍼시픽에서 트랜스 아시아까지

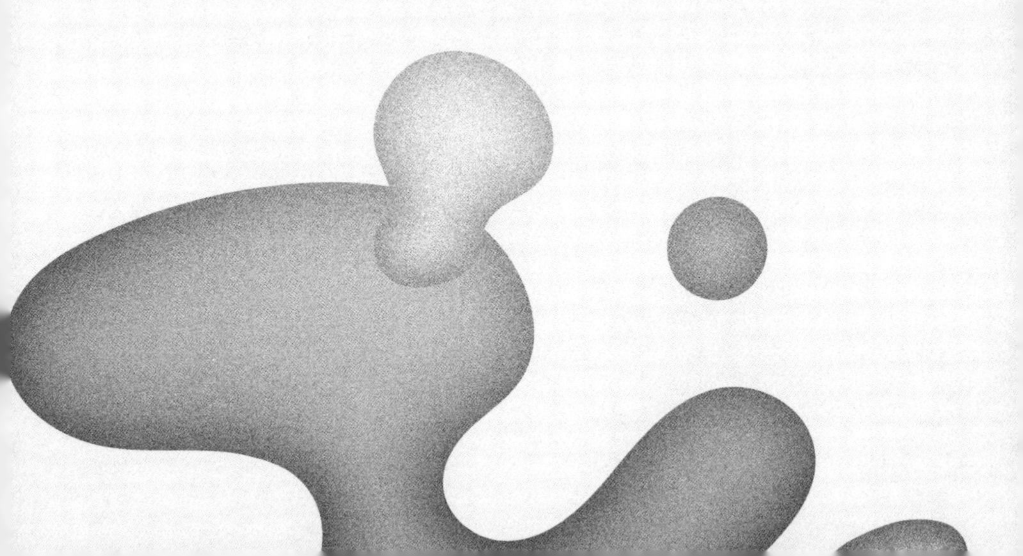

젠더 · 어펙트 연구 방법론과 역사성
: 역사적 파시즘 연구에서 원격통제 권력 비판까지[1]

권명아

1. 어펙트, 대안적 어펙트, 젠더 · 어펙트 연구의 흐름

페미니즘 연구는 근대 지식 생산의 바탕을 이루는 인식론적 레짐을 비판해왔다. 페미니즘을 이론이나 사상이 아닌 '정체성 문제'로 환원하고 할당하는 한국 학계에서 페미니즘은 이론과 사상으로서 자리잡지 못한 채 난항을 거듭해왔다. 그런 점에서 최근 '정동적 전환 이후' 어펙트 연구와 관련한 일련의 학술 논쟁은 다양한 지점에서 이론적 참조가 될 만하다.[2] '정동적 전환'에 대한 비

1 이 글은 「젠더 · 어펙트 연구 방법론과 역사성: 역사적 파시즘 연구에서 원격통제 권력 비판까지」, 『코기토』 제100호, 부산대학교 인문학연구소, 2023을 수정 · 보완하여 재수록한 것이다.

2 affect 개념 번역에 대해서는 여전히 논의가 진행 중이다. 이 글에서는 언어적 전환, 문화론적 전환과 같은 맥락에서 지식 패러다임 전환을 설명할 때는 affective turn의 번역어로 '정동적 전환'을 사용하고, 연구 방법으로서 affect theory를 설

판과 논쟁의 과정을 거치면서 지식 생산에서 존재론적인 전환을 페미니즘을 비롯한 소수자 연구와 이론의 역사 속에서 재구성하는 작업이 매우 활발하다. 소수자 이론의 역사를 기존의 지식 생산 장치에 대한 비판, 변용, 전환의 패러다임으로 다시 쓰는 과정이 활발해지고 있다. 지식이 인종과 젠더, 소수자성에 대한 배제를 생산하는 생산적 장치(productive apparatus)로서 작동한 역사를 다시 살피는 연구가 이어지고 있다.[3]

페미니즘과 어펙트 연구는 지식 생산에서 인식론적 레짐을 탈피하는 새로운 방법론을 제공한다. 상대적으로 어펙트 연구는 이른바 신자유주의 이후 새로운 형태의 통치성에 대한 분석에 집중한다. 특히 "원격적 통제"라는 네트워크 자본의 정동 경제적 특성은 몸의 연결성에 대한 패러다임을 변화시켰다. 어펙트 연구는 "살아있는 몸의 안과 바깥, 사물들 사이의 상호작용이 원격적으로 정동되는"[4] 지배 메커니즘의 변화에 좀더 초점을 둔다.

이에 비해 소수자 연구의 역사 속에서 어펙트 연구의 계보를 재구성하는 연구 흐름에서는 역사성에 대한 관심이 더욱 강하다. 정동 경제와 지배 메커니즘에 대한 초점 역시 네트워크 자본주의의 특이성을 부정하지 않으면서 근대 글로벌 자본주의 역사의 연

명할 때는 어펙트로 표기하고자 한다.

3 이에 대해서는 권명아, 「보편적 어펙트 연구 비판과 젠더 · 어펙트 연구: 방법론과 지적 원천에 대한 논쟁을 중심으로」, 『사이間SAI』 제33호, 국제한국문학문화학회, 2022 참조. 본 연구는 이 논문에 대한 후속 논의에 해당한다.

4 Ali Lara, "Mapping Affect Studies", *Athenea Digital*, Vol.20, No.2, Universitat Autònoma de Barcelona, 2020, pp.1-18.

속성 속에서 연구 방법을 구축한다. 신자유주의 통치성을 역사적 관점에서 연구하고, 이를 통해 역사성과 현재성의 관계를 정동적 관점에서 제시한 연구가 대표적이다. 근대 감상주의(sentimentalism)의 제국주의적 지배 체제와 글로벌화, 그리고 인종화되고 젠더화된 지식의 협업의 역사를 다시 규명하면서 이른바 신자유주의적 현상을 노예화의 역사의 현재형으로 규명하는 일련의 연구를 예로 들 수 있다. 이러한 방향의 연구 중에서 신 야오(Xine Yao)의 『디스어펙티드(Disaffected)』는 현재 소수자 연구와 어펙트 연구의 방법론을 체계화한 대표적 연구로 꼽힌다.[5] 신 야오는 밀레니얼 세대의 정치적 열정의 소진을 한탄했던 이른바 '좌파 이론가들'이 정치적인 것의 새로운 형상으로 지목해서 열광했던 허먼 멜빌(Herman Melville)의 『필경사 바틀비』에 대한 비판에서 논의를 시작한다.

잘 알려져 있듯이 『필경사 바틀비』는 백인 변호사와 그의 고용인 바틀비 사이의 비대칭적이고 위계적인 관계성을 날카롭게 그린 작품이다. 백인 변호사가 바틀비에 대해 공감과 이해를 강하게 표명할수록 독자들은 이 공감과 이해가 바틀비 자체가 아닌 백인 변호사의 내면에 대한 극적 과장이라는 것을 이해하게 된다. 이른바 공감과 이해라는 감정의 정치가 계급적 위계를 보편 인간의 감정으로 환원하고 정당화하는 방식을 『필경사 바틀비』는 명민하게 포착한다. 반면 이른바 법률 3부작의 또 다른 작품인 『베니토

---

5 Xine Yao, *Disaffected: The Cultural Politics of Unfeeling in Nineteenth-century America*, Duke University Press, 2021. 저자명 한국어 표기는 외국어 표기법을 따랐다.

세레노』에서 감정의 정치는 계급적 위계뿐 아니라 인종적 위계와 젠더적 위계가 복잡하게 얽혀 있다. 『베니토 세레노』는 주인공인 백인 선장 델라노의 시점으로 들려주는, 스페인 함선에서 벌어진 흑인 노예들의 반란 사건에 대한 연대기이자 법정 공판에 이르는 역사 기록이다. 작품은 미국인 백인 선장 델라노의 열정적인 응시를 통해 무능력한 구시대의 유물이자, 흑인 노예들의 반란에 의해 충격을 받아 '심신 미약 상태'에 빠진 스페인 선장 베니토 세레노의 이야기를 들려준다. 또 미국인 백인 선장 델라노의 시점에서 충성스러운 종이자 과묵한 서비스 노예로 자신들을 위장한 흑인 노예들이 사실은 반란을 일으키고 이를 위장하고 있는 '간교하고', '이중적인', 속을 알 수 없는 인종으로 그려진다.[6]

바틀비적인 것의 현재적 도래는 신자유주의 시대의 새로운 정치적 주체성의 표상으로, 노예제 시대인 1800년대의 역사가 현재성을 얻는 과정이기도 하다. 신 야오는 한편으로는 이런 시간성을 정동적 시간성으로 개념화하면서 다른 한편으로는 계급적 위계에 대한 논의가 인종적이고 젠더적인 위계를 비가시화하는 방식을 비판한다. 허먼 멜빌의 작품이 현재화되면서 노동자 계급성에 대한 새로운 논의 지평을 열었지만, 노예제의 인종화되고 젠더화된 식민주의에 대한 비판은 오히려 비가시화되었다는 게 신 야오의 비판이기도 하다. 이는 『필경사 바틀비』에 대한 열광과 현재화가 진행되는 과정에서도 법률 3부작 중 인종적이고 젠더적인 식

---

6 허먼 멜빌, 안경환 역, 『바틀비/베니토 세레노/수병, 빌리 버드: 허먼 멜빌 법률 3부작』, 홍익출판사, 2015 참조.

민주의의 복잡성이 드러난 『베니토 세레노』에 대한 논의는 거의 없었다는 점에서 전형적으로 드러난다. 신 야오는 미국의 백인 부르주아에게 흑인 노예들이 자신들의 감정을 속이고, 표정을 감추고, 수동적인 척하는 존재로 해석되고 감각되는 점에 주목한다. 백인 부르주아 남성인 아마사 델라노 선장에게 흑인 노예 남성 바보의 무표정하고 무감정한 면모는 독해할 수 없는 텍스트에 대한 불안, 짜증, 독해 열망과 좌절을 촉발한다. 이런 정동적 이행은 이른바 미국 백인의 감정 정치와 인정 정치 속에서 흑인 노예들이 배치되는 과정이다. 이런 정동적 이행의 결과, 바보를 '간악하고 기만적인 폭도'로 할당하고, 흑인 노예 바보의 신체가 사지 절단되어 백인의 승리의 상징물로 내어 걸리고, 법의학의 증거물로 해부대에서 조사되고, 영원한 교훈으로 역사에 남게 된다. 남성 흑인들은 무표정하게 감정을 속이고 기만하는 잠재적 폭도이거나, 무감각하고 수동적으로 백인에게 필요한 노동력을 제공하는 기계나 사물과 다르지 않았다. 흑인 노예를 화물 인간이라고 칭했던 것은 이들이 인간이라기보다 비인간 사물에 가까운 것(matter)으로 할당되었던 역사를 잘 보여준다. 반면 흑인 여성 노예는 짐승과 구별되지 않았고 인간이라기보다 자연에 가까웠다. 흑인 노예들은 비인간의 경계에 할당된다는 공통점으로 지니면서도 사물과 자연이라는 젠더화된 방식으로 할당되었다.

정동 이론을 포함해서 비인간 행위자성에 대한 논의가 인공지능과 같은 새로운 비인간 행위자의 등장에 따른 '미래적인 것'으로 논의되기도 한다. 이런 논의 또한 중요한 이론적 의미를 지닌다. 그러나 비인간 행위자와 인간 행위자의 관계와 연결, 차이에 대한 논의는 인간 행위자에 대한 논의가 노예제 역사의 산물이며 이 역사를 다시 고찰하지 않는 한 당연하게 전제하거나 개념으로 삼을 수 없다는 점, 이 근본적인 문제 제기가 이른바 젠더 · 어펙트 연구의 방법적 출발점이다. 신 야오의 『디스어펙티드』는 노예제 역사를 정동적 시공간성의 차원에서 존재론적으로 규명한 연구사를 아우르는 연구다. 특히 신 야오는 반사회적 감정으로 비난되고 경멸되어 온 무감정과 무감각(unfeeling)을 기존의 정동 정치에 포섭되지 않으려는 책략이자 대안 정동(다르게 느끼기, feeling otherwise)의 방법으로 이론화한다. 탈정동(disaffect)은 이러한 이론화를 위한 방법론적 위상을 지닌 개념이다. 본고에서는 먼저 어펙트 연구가 방법론으로 체계화되는 과정과 지형도를 그려보고자 한다. 또 어펙트 연구 방법론의 주요한 개념과 이론을 소개하고자 한다. 또 비서구의 역사적 경험의 구체성을 젠더 · 어펙트 연구의 이론과 방법적 토대로 삼기 위한 논점을 살펴볼 것이다. 이러한 논의를 토대로 일제 말기 전시체제에 대한 논의에서 무관심과 무감각을 둘러싼 지형도를 젠더 · 어펙트 연구 방법론에 근거하여 분석해보고자 한다.

2. 원격통제 권력과 연결신체성의 새로운 국면: 어펙트 연구 방법론의 지형도

어펙트 연구에서 '정동적 전환'이란 지식 생산의 인식론적 레짐을 존재론적으로 전환했다는 의미이다. 어펙트 이론은 "몸들의 안과 바깥의 물질들 사이의 상호작용"에 대한 새로운 관점을 제공했다. 본 연구자는 젠더 연구와 어펙트 연구 방법론을 결합하여 연결성 개념을 제안한 바 있다.[7] 이 장에서는 어펙트 연구의 지형도를 그리고 있는 알리 라라(Ali Lara)의 논의를 토대로 어펙트 연구 방법론의 지형도를 살펴보려 한다.

존 크롬비(John Cromby)는 지식 생산에서 인식론적 레짐에서 존재론적으로 전환하는 데 있어 어펙트 연구가 기여한 바를 두 가지로 정리한 바 있다.[8] 첫째로는 공간성에 대한 사유에서 원격적 통제에 대한 이론을 정립한 것이고 둘째로는 시간성에서 아직 일어나지 않은 사건들 즉 불확정적인 미래가 현재에 작동하는 방식을 탐구하는 이론을 정립한 것이다. 알리 라라는 이 두 가지가 이른바 어펙트 이론의 존재론적 전환을 의미한다고 논한다.

먼저 첫 번째, 공간에 대한 어펙트 이론의 연구 지형도를 살펴보자. 존 크롬비의 논의를 정리하면서 알리 라라는 다음과 같이 방법론을 정리한다. "어펙트 이론은 무엇보다도 살아있는 몸에 영향을 주어 생물학적으로 변화를 일으키는 물질적인 강도들, 파동, 주파수들의 우연적인 작동을 강조하고 숙고할 수 있게 만들었다. 또 몸들의 안과 바깥의 물질들 사이의 상호작용은 **원격적으로 정동된다는 의미**이고 이런 정동 정치가 '주민/인구들(개별 주체들이

7 권명아, 「젠더 · 어펙트 연구에서 연결성의 문제: 데이터 제국의 도래와 '인문'의 미래」, 『석당논총』 제77집, 동아대학교 석당학술원, 2020, 5-38쪽.

8 John Cromby, *Feeling bodies: Embodying Psychology*, Palgrave Macmillan, 2015. quoted in Ali Lara, op.cit.

아니라)'을 통제의 타겟으로 다시 만든다(강조 인용자)."[9]

두 번째로 어펙트 연구는 시간적으로 오지 않은 미래의 도래와 비선형적 시간성에 대한 연구 방법을 정립했다. 특히 **"느낌의 방식**(the ways that feelings)**을 불확정적인 미래에 의해 현재가 영향받는 방식에 따라 설명하는 이론**을 제공했다. 즉 아직 일어나지 않은 사건들의 규정력을 분석하는 이론을 제공했다(강조 인용자)." 두려움이나 위협, 희망 등에 대해 젠더 · 어펙트 연구가 보여주는 다양한 분석 방법론은 존재론의 기반으로서 시간성에 대한 새로운 틀을 제공한다. 특히 "공공 정책이나, 기술적으로 매개된 증강들(technologically mediated augmentations)에 대해서도 새로운 통찰을 제공한다.[10]

알리 라라에 따르면 "어펙트 이론은 재현, 언어, 의식적 행동, 개인, 개인의 인지, 집단적으로 보이는 사회적 합의들과 같은 개념 너머, 이전, 바깥으로 나아가는 프로젝트로 시작했다." 이는 이른바 "재현 없는 현실"에 대한 이론이자 지식 생산에서 "언어의 특권에 대한 이론적 반박"[11]이기도 하다. 지식 생산에서의 존재론적 전환이란 살아있는 존재들과 물질들의 연결 신체성을 구성하는 시간과 공간에 대한 새로운 연구 방법의 정립을 뜻한다. 비재현적(non-representational) 이론 역시 현실에 대한 특유의 이론을 제공한다. 인식론 중심의 지식이란 언어에 대한 특권적 지위에 의해 구성

9 Ali Lara, op.cit, p.2.

10 Ali Lara, op.cit, p.3.

11 Ali Lara, op.cit, p.3.

되며 이는 현실을 재현된 것으로 설정하고, 지식을 이 재현에 도달하는 방법으로 할당한다. 여기서 지식은 이중적으로 인식론적이 된다.

> 이전 연구가 인식론에 초점을 둔다는 건 이 연구들이 인간 존재들이 현실에 도달하는(혹은 현실을 만드는) 방식(경험, 감각 형성, 사회적으로 구성된 등의 개념들)에 중심을 둔다는 의미이다. 이 경우 사회과학자가 할 일이란 그 현실에 접근하는 방법을 가능한 정확하게 재현하는 것이 된다. 따라서 지식 생산은 겹으로 인식론적이 된다. 첫째 겹은 우리-인간들이 어떻게 현실에 접근하는가라는 차원, 두 번째 겹은 우리 과학자들은 어떻게 우리-인간들이 현실에 접근하는 방법에 접근하는가라는 차원. 지식은 자기 꼬리를 물려는 개와 같이 인식론의 꼬리를 물고, 또 물린다.[12]

언어의 특권에 대해 알리 라라는 퀑탱 메이야수(Quentin Meillassoux)와 패트리샤 클라우(Patricia Clough)의 선행 논의를 참조하여 지형도를 그린다. 메이야수에 따르면 "우리는 이미 재현된 세계를 재현하는 방법에 대한 데이터를 분석하고 모으는 방법을 배우느라 너무나 많은 시간을 보냈다." 또 패트리샤 클라우는 "특권화된 언어와 재현은 결과적으로 인간의 몸과 모든 종류의 물질성을 체계적으로 망각하도록 이끌었다"라고 비판하기도 했다.[13]

---

12 Ali Lara, op.cit, p.3.

13 Patricia Clough, "Afterword: The Future of Affect Studies", *Body & Society*, Vol.16, No.1, The Author(s), 2010, pp.222-230.

지식 생산에 있어서 이러한 인식론적 레짐을 탈피하기 위해서 어펙트 연구는 몸, 그리고 의식적 행동들, 개인성 담론과 의미 형성을 앞서고 초과하는 과정들에 주목하였다. 알리 라라는 어펙트 이론이 "계속 다른 것이 되어가는 생성적인 몸에 대한 이론적 고찰을 위해" 초기에는 유럽의 철학 전통에 기대었다면, "우리가 담론을 버리고 전 의식적이고 전 개인적인 과정들을 고찰하려면 우리는 다른, 새로운 도구가 필요하다. 그리하여 초점은 현실의 재현이 아니라, 재현 없는 현실로 변경되었다."라고 논한다. 그리고 이런 과정이 "이른바 지식 생산에서의 인식론에서 존재론으로의 전환의 의미다."[14]라고 전체적인 지형도를 그린다.

정동적 전환 이후 어펙트 연구는 방법론화와 체계화를 모색하는 단계로 접어들었다. 알리 라라 역시 최근 어펙트 연구 지형도에서 방법론화의 문제가 주요 논점이라고 논한다. 물론 어펙트 연구에서 방법론은 일반화된 체계와는 다르다는 점은 줄곧 강조된다. 그레고리 시그워스(Gregory Seigworth)는 최근 글에서도 다시 한번 이를 강조하기도 했다.

> 어펙트 연구는 역량의 펼쳐짐이 되어야 한다. 즉 어펙트 연구는 특정한 그 분야에 특화된 제도적 루트에 봉인되어서는 안 되고, 스텝 바이 스텝으로 익히는 방법에 갇혀서도 안 되며, 깔끔하게 정리되는 개념의 클러스터나 실행에 갇혀서도 안 된다. 누군가 그런 길이

---

14 Ali Lara, op.cit, p.4.

있다고 한다면 반드시 의심해봐야만 한다.[15]

또 어펙트 연구를 방법론의 차원에서 정리하고 체계화한 시도는 선행 연구들을 통해서 축적되기도 했다. 앞서 살펴본 패트리샤 클라우나 브리타 크누드센과 카스텐 스타게(Britta Knudsen & Carsten Stage)의 저작인 『정동적인 방법론들: 어펙트 연구를 위한 문화적 분석 전략을 구축하기(Affective Methodologies: Developing Cultural Research Strategies for the Study of Affect)』[16]는 대표적이다. 또 최근에는 독일 베를린 자유대학(Freie Universität Berlin)의 정동적 사회(Affective Societies) 연구팀에서 방법론에 대한 일련의 저작들이 출간되고 있다.

알리 라라는 어펙트 연구 방법론에 대한 그레고리 시그워스의 논의를 전제로 하면서 선행 연구를 참조하여 어펙트 연구의 방법론을 몇 가지로 정리해서 제시하고 있다. 알리 라라는 현재의 학문 제도 내에서 어펙트 연구를 수행하기 위해서는 어펙트에 대한 경험적 데이터를 분석하고 생산하는 체계화를 가능하게 만드는 방법론적 가이드라인이 필요하다는 점을 강조한다.[17] 이를 위해

---

15 Gregory Seigworth, "Capaciousness," *Capacious: Journal for Emerging Affect Inquiry*, Vol.1, No.1, 2017, pp.i-v.

16 Britta Knudsen & Carsten Stage, *Affective Methodologies: Developing Cultural Research Strategies for the Study of Affect*, Palgrave McMillan, 2015.

17 어펙트 이론 초기에 어펙트 연구가 이론화하기 어려운 모호성 때문에 이론으로서의 체계를 형성하지 못하고 기존 학문 방법론에 대한 대안적 방법론이 되는 데 한계가 있다는 지적이 많았다. 정동적 전환 이후의 정동 연구는 이런 비판에 대한 대응의 하나로 체계화와 방법론화를 위한 다양한 이론적 모색과 시도를 수행하고 있다.

먼저 세 가지 가이드라인을 제시한다.

첫 번째로는 창조적 실험을 발명하는 것(the creation of inventive experiments)이다. 창조적 실험이란, 연구 '대상'을 정동적으로 고찰할 수 있는 연구 환경, 대상을 학문적으로 조사하는 실험 방법을 창조적으로 변형해야 한다는 의미이다. 즉, 기존의 학문 연구 방법론에서는 포착하거나 연구할 방법이 없었던 정동적 생동감들(affective liveliness)을 고찰할 수 있도록 하는 실험 방법의 발명이 필요하다. 예를 들어 특정하게 통제된 환경을 연구하거나 그와는 또 다른 일상 환경을 연구할 때, 통제된 감각이나 일상 환경이라는 각각 특이한 상황, 특유의 자극에 의해 촉발되는 특수한 에피스테메적이고 미적인 사건들이 상연되는 정동적 생동감을 조사하고 관측할 수 있는 실험 방법을 발명해야 한다.

두 번째로는 체현된 필드워크(embodying fieldwork) 방법론의 구축이다. 재현 자료들이나 기술된 자료를 수집하고 조사하는 것을 넘어서 정보제공자(연구대상자)에 체현된, 재현의 켜들을 넘어서는 감정적 · 정동적 실천을 조사하는 체현된 필드워크 방법론이 필요하다.

세 번째로는 정동적인 텍스추얼리티(affective textualities)를 수집하고 생산하는 메타전략(meta-strategy)이 필요하다. 정동적 경험을 생산하거나 텍스트를 생산하는 과정을 통해서 정동적 경험을 기억(remembering)하거나 다시 수집(recollecting)하는 게 가능하게 해주는 방법, 즉 정동적 텍스추얼리티를 수집하고 생산하기 위한 메타전략이 연구 조사 방법에서 수립되어야 한다. 이러한 방법론적 전략은 단지 경험적 물질들에서 어펙트를 '추적(tracing)'할 수 있도록 해주는 체화된 데이터를 생산하는 전략일 뿐이다.[18] 이런 실험적 기술들, 그림, 비디오, 내러티브 등으로부터 유래하는 경험의 강렬도(intense)들로부터 당신이 생산할 수 있는 것은 어펙트가 아니다. 정동 그 자체는 파악하거나 포착할 수 없고, 포착된 순간 이미 정동 그 자체에서 이행한다. 다만 우리는 정동을 그 궤적들을 좇아서 파악할 수 있을 뿐이다.[19]

또 한 가지 어펙트 연구에서 비재현적 이론은 나이젤 스리프트(Nigel Thrift)로 대표되는 지리학 연구 방법론으로도 잘 알려져 있다.[20] 알리 라라는 비재현적 이론 방법론을 지리학뿐 아니라 어펙트 연구 전반의 방법론으로 연결해서 제시한다. 특히 분석 방법에서 전통적인 과학적 방법인 설명과 분석(analysis)을 넘어선 학문적 글쓰기 시도는 글쓰기를 어펙트 연구의 중요한 방법론으로 만들었다고 평가한다. 또 비재현적 이론에 대한 필립 바니니(Philip Vannini)의 연구를 토대로 알리 라라는 비재현적 이론의 주요 연구 주제를 다섯 가지로 정리한다.[21] 비재현적 이론이 주로 연구하는 주제는 비재현적이면서도 경험적인 접근이 가능한 영역이다. 사건

---

18 어펙트 연구에서 "정동적 궤적의 추적"이라고 하는 방법론의 의미에 대해서는 권명아, 「보편적 어펙트 연구 비판과 젠더 · 어펙트 연구: 방법론과 지적 원천에 대한 논쟁을 중심으로」 참조.

19 Ali Lara, op.cit, p.6.

20 Nigel Thrift, *Non-representational Theory: Space, Politics, Affect*, Routledge, 2007.

21 Philip Vannini, *Non-Representational Methodologies*, Routledge, 2015. 이외에도 알리 라라의 논의는 폴 심슨(Paul Simpson)의 연구를 참조해서 정리하고 있다. Paul Simpson, *Non-Representational theory: Key Idea in Geography*, Routledge, 2020.

(events), 관계(relation), 하기(doings: practice and performances), 정동적 반향(affective resonance), 백그라운드(background)가 그 다섯 가지 주제이다. 알리 라라는 비재현적 연구의 주요 연구 경향인 이 다섯 가지 주제가 앞서 논한 경험적인 것에 대한 정동적 추격과 유사한 함의를 지닌다고 분석한다. 또 이 다섯 가지 힘은 상호적으로 정보를 제공하며 상호 형성적인데 오늘날 다양하게 새로운 연구 방향이 진행되면서 더 복잡한 패턴으로 전개되어 비재현적 분석과 연출에 영감을 주고 있다고 논한다.

나아가 비재현 이론가들은 사건, 관계, 하기, 정동적 반향과 백그라운드에 대한 분석 방법은 일종의 '스타일'로 남아 있어야 한다고 제안한다. 정동 연구와 비재현적 이론은 전통적 과학의 방법론인 설명이나 분석적 기술(description)과는 반대로 기술과 가늠(speculation)의 중간쯤에 머무는 접근법을 제안한다. 이런 비재현적 이론의 방법론적 지향은 글쓰기 실험 자체를 어펙트 연구의 주요 방법론이 되도록 만들었다고 알리 라라는 강조한다. 특히 일련의 연구자들, 안나 깁스(Anna Gibbs), 패트리샤 클라우와 캐런 바라드(Karen Barad)의 논의를 이어받아 알리 라라 자신도 일련의 연구를 통해서 글쓰기 실험을 어펙트 연구의 주요 방법으로 제안했다고 밝힌다.[22]

안나 깁스(Anna Gibbs, 2002), 패트리샤 클라우(Patricia Clough, 2009)와 캐런 바라드(Karen Barad, 2014) 그리고 알리 라라(Ali Lara,

---

22 Ali Lara, op.cit, p.6.

2017, 2018)는 경험 하부적인(infra-empirical) 영역을 가늠할 수 있는 역량(the capacity for speculation)을 증가시키고 더 직접화하기 위해 실험적 글쓰기나 심지어 시적인 것을 유지하도록 제안하였다. 당신이 볼 수 없고 분석할 수 없는 것을 다른 언어들 속에 넣어서 상상력이 작동하도록 맡겨두어야 한다. 여기서 조심할 것은 분석이 아니라 가늠한다는 의미가 넌센스를 주저리라는 게 아니라는 점이다. 어펙트 연구는 우리로 하여금 비 경험적인 것을 이론화할 수 있는 가늠의 체계(system of speculation)를 제공하는 철학적 과정에 단단하게 기초를 두고 있기 때문이다.[23]

마지막으로 알리 라라는 어펙트 연구의 주요 방법론과 주제로 어셈블리지(assemblages), 원격 추동 힘들(distance-driven forces) 대상 표적화된 인구 집단(object targeting and population) 연구를 꼽는다. 대상 표적화에 대한 논의는 패트리샤 클라우가 선도적으로 제시했다.[24] 사회 통제의 타깃은 개인의 유기체가 아니라 특정한 인구 집단들이다. 어펙트 연구는 어펙트가 어떻게 선제적 권력과 시간 조작에 의해서 이러한 인구들을 타깃으로 삼는지[브라이언 마수미(Brian Massumi)의 연구],[25] 정치적 어셈블리지가 마치 자연재

---

23 Ali Lara, op.cit, p.6.

24 이외에도 이 주제와 관련한 연구에 대해서는 「보편적 어펙트 연구 비판과 젠더 · 어펙트 연구 방법론」(권명아, 앞의 글)에서 소개한 바 있다.

25 Brian Massumi, *Ontopower: War, Powers, and the State of Perception*, Duke University Press, 2015. 한국어 번역본으로는 브라이언 마수미, 최성희 · 김지영 역, 『존재권력』, 갈무리, 2021 참조.

해처럼 작동하는지[허리케인 카트리나에 대한 존 프로테비(John Protevi)의 연구],[26] 전쟁 지역에서 고의로 장애를 생산하는 방식[자스비르 푸아(Jasbir Puar)의 연구],[27] 공공성을 수단으로 삼아 실행되는 연상기억 조절[루치아나 파리시와 스티브 굿맨(Luciana Parisi & Steve Goodman)의 연구][28] 등에 관한 연구 결과를 내놓은 바 있다.

알리 라라는 이렇게 어펙트 연구의 방법론을 정리하면서 어펙트 연구가 주로 신자유주의의 테크놀로지와 관련된 분석에 특화되었다고 강조한다. 즉 "어떤 주체가 정동하고 정동되는 것은 랜덤한 과정이 아니며 인구 집단 레벨에서의 이론화를 필요로 하는데 특히 오늘날 정동 자본주의 사회에서 이는 정동이 어떻게 특정한 몸들을 구성해가는 과정을 훑고 지나가거나 들러붙어 있는지, 다양한 정치적 결들을 가로질러 특정한 주체들을 창조하는 데 참여하는지를 이론화하는 일이기도 하다."[29]

또 어펙트 연구가 탈정치적이라는 비판에 대해 알리 라라는 "특히 어펙트 연구는 후기 신자유주의 자본주의 시대의 새로운 기술과 정책들에 의해서 동기화되는 새로운 부정의의 새로운 형식을 다루는 매우 유효한 이론적 방법을 제공한다"라고 강조하며 어

---

26 John Protevi, *Political Affect: Connecting the Social and the Somatic*, University of Minnesota Press, 2009.

27 Jasbir Puar, *The Right to Maim: Debility, Capacity, Disability*, Duke University Press, 2017.

28 Luciana Parisi & Steve Goodman, "Mnemonic Control," Patricia Clough & Craig Willse(eds), *Beyond Biopolitics: Essays on the Governance of Life and Death*, Duke University Press, 2011.

29 Ali Lara, op.cit, p.10.

펙트 연구가 오늘날 부정의, 불평등, 지배 그리고 주체 생산에 대한 연구에 대해 새로운 언어들을 제공한다고 말한다. 알리 라라는 "몸의 역량은 우리로 하여금 이데올로기적이거나 담론적인 권력 너머에 대한 정치적 관심들을 확대하도록 했다"라고 하면서 어펙트 이론이 지식의 패러다임을 바꾸었다는 점을 강조한다. 그러나 이 새로움은 또한 특정 시대와 밀접한 관련이 있다. 즉 "그리고 이는 현대 자본주의에서 주체에 대한 통치성과 주체 생산이 어떻게 작동하는지에 대한 재고찰을 가능하게 했다"[30]라는 점을 재차 강조한다.

알리 라라는 어펙트 연구의 지형도를 그려주면서 어펙트 연구와 소수자 연구 사이의 논쟁과 뜨거운 쟁점도 소개한 바 있다.[31] 알리 라라의 글에서 의식적으로 강조되지는 않지만 실질적으로 어펙트 이론의 주요 연구 대상과 범위는 후기 신자유주의, 정동 자본주의, 현대 자본주의 등 특정 시기와 밀접한 관련이 있다. 이러한 점은 어펙트 연구 초기부터 두드러진 특징이기도 했다. 특히 정동적 전환에 대한 어펙트 연구와 소수자 연구 사이의 논쟁을 경유하면서 이러한 방향성, 특히 역사성에 대한 연구 방법론의 차이는 더욱 두드러진다. 다음 장에서는 신 야오의 연구를 사례로 이 문제를 살펴보도록 하겠다.

---

30 Ali Lara, op.cit, p.10.

31 이에 대해서는 「보편적 어펙트 연구 비판과 젠더 · 어펙트 연구 방법론」(권명아, 앞의 글)에서 자세하게 다루었다.

3. 연결신체성의 역사와 근대 생명정치: 반사회적 감정의 역사와 대안정동 연구의 방법

신 야오의 『디스어펙티드: 19세기 미국의 무감정의 문화정치』[32]는 최근 젠더 · 어펙트 연구에서 가장 주목받고 있는 연구 성과이다. 어펙트 연구의 지적 원천으로서 비판적 인종 이론, 젠더 이론, 퀴어 이론, 장애학, 탈식민주의 연구의 계보를 재정립한 연구로 꼽힌다. 『디스어펙티드』는 연구 결과로도 높은 평가를 받고 있지만, 어펙트 연구를 위한 소수자 이론의 성좌를 그려낸 것으로도 주목받고 있다.[33]

이 책의 핵심 개념 중 하나인 '디스어펙션'은 반인종차별 이론가인 데니스 페레이라 다 실바(Denise Ferreira da Silva)와 마틴 F. 마날란산 4세(Martin F. Manalansan Ⅳ)의 연구, 특히 「세계에 서비스하기: 유연화된 필리핀 사람들과 불안전한 삶(Servicing the World: Flexible Filipinos and the Unsecured Life)」의 개념과 방법론에 근거하고 있다고 밝히고 있다. 『디스어펙티드: 19세기 미국의 무감정의 문화정치』는 부제에도 드러나듯이, 19세기에 대한 역사적 연구이지만, 마틴 F. 마날란산 4세의 연구는 이른바 신자유주의 노동 유연화와 인종 · 젠더 정치에 대한 연구이다.

신자유주의 노동 유연화에 따라서 주로 "지난 20년 동안, 필

---

32 Xine Yao, *Disaffected: The cultural politics of unfeeling in Nineteenth-century America*, Duke University Press, 2021.

33 이에 대해서는 「보편적 어펙트 연구 비판과 젠더 · 어펙트 연구 방법론」(권명아, 앞의 글) 참조.

리핀 사람들은 전 세계의 돌봄 산업과 동의어가 되었다. 하녀, 유모, 웨이터, 요리사, 간호사, 관리인, 점원, 연예인, 매춘부… 초국가적 노동시장에서 필리핀인들이 수행하는 직업적 역할의 목록은 소모적인 캐릭터의 고통스러운 연도 성사(주: 카톨릭의 미사 형식)처럼 계속된다. 실제로 필리핀인은 극도로 가시화되고 지리적으로 팽창하고 있는 유연 노동 흐름을 구성하고 있기에 자본의 전 지구적 재편 과정의 볼모로 잡혀 있다.[34] 데니스 페레이라 다 실바와 마찬가지로 마틴 F. 마날란산 4세의 연구는 자본의 전 지구화와 노동 유연화를 인종·젠더 정치의 맥락에서 고찰한다. 또 이 과정에서 보편주의 즉 보편 인간의 관념, 보편 감정의 관념이 식민화의 산물이자 인종화의 장치임을 규명한다. 데니스 페레이라 다 실바가 어펙트를 보편 감정으로 보는 관점을 식민주의와 인종주의로 비판하면서 보편적 어펙트를 인종화 장치로 비판하는 것도 같은 맥락이다.

나아가 마틴 F. 마날란산 4세는 젠더 보편주의가 이러한 식민화와 인종화의 연장에 있음을 비판한다. "이러한 젠더 보편주의는 필리핀과 같은 제3세계 여성들이 제1세계 가정에서 정동적 에너지를 촉진하기 위한 연료를 제공한다는 결정적인 주장을 중심으로 전개된다. 이 주장으로 인해 바바라 에렌라이히(Barbara Ehrenreich)와 앨리 혹쉴드(Arlie Hochschild)와 같은 페미니스트 학자들은 필리핀 여성들의 물질적 감정이 제1세계의 가정성을 지탱하는 감정적

34 Martin F. Manalansan IV, "Servicing the World: Flexible Filipinos and the Unsecured Life", Janet Staiger, Ann Cvetkovich, Ann Reynolds(eds), *Political Emotions*, Routledge, 2010, p.215.

발판을 제공하는 "글로벌 심장 이식(global heart transplant)"의 과정을 한탄하게 되었다.[35]

신 야오의 논의의 방법론적 토대가 되는 디스어펙션 개념에 대해서 마틴 F. 마날란산 4세는 다음과 같이 정의한다.

> 나는 제1세계 가정의 정동적 에너지를 촉진하기 위한 연료가 되는 제3세계 퀴어한 가사노동자들(필리핀 퀴어 가사노동자들)에 대해 아주 다른 대안적인 해석을 제시하려고 한다. 그리고 이런 대안적 서사를 통해서 디스어펙션(disaffection)을 연기(performance)하는 것과 이른바 가정성을 구성하는 혼잡한 구성들을 강조하고자 한다. 나는 디스어펙션 개념을 통해서 감정적 거리감이나 감정 소외, 반감(antipathy)이나 감정적 고립 같은 것만을 강조하려는 게 아니라, 이 단어의 다른 함축적 의미 즉 권력과 권위의 지배적 레짐에 대한 불복종을 강조하려고 한다. 나는 엄청난 시련 속에서도 끈질기게 살아남으려는 투쟁에서 디스어펙션이 발생하는 곳으로서 가내성이라는 위치(domestic situations)를 탐구할 것이다. 나는 로렌 벌랜트(Loren Berlant, 2004)의 가내 노동의 수행성에 대한 연구를 강조한 알란 이삭(Allan Issac)의 문학 비평을 따라 디스어펙션 개념을 사용하고자 한다.[36]

마틴 F. 마날란산 4세는 신자유주의 노동 유연화 과정에서 필

35 Martin F. Manalansan Ⅳ, ibid, p.217.

36 Martin F. Manalansan Ⅳ, op.cit, p.218.

리핀 가사노동자의 디스어펙티드한 수행성을 가내성이라는 위치와 관련하여 논한다. 신 야오는 가내성, 노동, 식민성과 디스어펙티드의 관계를 19세기 도망 노예법 시대의 소설들에서 나타나는 인종과 젠더 정치에 대한 연구 방법으로 삼는다. 마틴 F. 마날란산 4세가 필리핀 가사노동자에 대한 다큐멘터리의 등장인물을 분석하는 방법은 신 야오의 연구에서 19세기 디스어펙티드의 존재론과 정치적 의미 분석 방법론으로 이어진다. 마틴 F. 마날란산 4세의 연구에서 디스어펙션은 유연화된 노동(노예화된 노동)과 그것이 작동하는 현장인 가내성과 밀접한 관련이 있다. 이런 방식은 "인종화된 마음"(프란츠 파농)에 대한 현재적 논의에서 자주 발견된다.

예를 들어 캐시 박 홍(Cathy Park Hong)은 『마이너 필링스』에서 인종화된 감정으로서 소수적 감정을 논한다. 여기서 소수적 감정 개념은 시엔 응가이(Sianne Ngai)의 신자유주의 긱 경제(gig economy)가 촉발하는 감정 구조, 특히 못난 감정(ugly feelings)이라고 치부되는 특수한 감정에 대한 연구 방법을 빌려 온 것이다.[37] 전통적인 고용 관계 대신에 필요에 따라 사람을 구해 임시로 계약을 맺고 일을 맡기는 고용 형태가 일반화되면서 이런 고용 상태에 처한 사람들의 증상이 바로 못난 감정이다. 즉 부러움, 짜증, 지루함 같은 부정적인 감정을 촉발하는 건 바로 긱 경제의 고용 유연화이다. 그러나 이런 불안정 고용 상태에 처한 사람들의 상태는 지탄받거나 경멸의 대상이 된다. 그러나 이런 못난 감정은 "변하지 않는 구조적 인종주의와 경제 상황"의 산물이다. 캐시 박 홍은 긱 경제의

37 Sianne Ngai, *Ugly Feelings*, Harvard University Press, 2005.

정동 구조 연구 방법을 인종화된 소수적 감정 연구 방법으로 연결한다.

> 소수적 감정은 일상에서 겪는 인종적 체험의 앙금이 쌓이고 내가 인식하는 현실이 끊임없이 의심받거나 무시당하는 것에 자극받아 생긴 부정적이고 불쾌하고 따라서 보기에도 안 좋은 일련의 인종화된 감정을 가리킨다. 이를테면 어떤 모욕을 듣고 그게 인종차별이라는 것을 뻔히 알겠는데도 **그건 전부 너의 망상일 뿐**이라는 소리를 들을 때 소수적 감정이 발동한다(강조 인용자). (중략) 내 현실을 남에게 폄하당하는 경험을 너무 여러 차례 겪다 보니 화자 스스로 자기 감각을 의심하기 시작한다. 이런 식의 감각 훼손이 피해망상, 수치심, 짜증, 우울이라는 소수적 감정을 초래한다.[38]

캐시 박 홍은 기존의 문학 장르 문법에서 소수자 감정을 담아내기 어려운 이유로 소수 인종 서사에 대해서는 '내면'을 제거하도록 요구받기 때문이라고 강조한다.[39] 이런 해석은 디스어펙션에 대한 마틴 F. 마날란산 4세의 연구에도 유사하게 등장한다. 즉 다큐멘터리 〈종이인형〉의 등장인물 중 한 명인 돌봄노동자 얀(Jan)은 어떤 면에서 보면 '불성실해보이는' 노동자이다.[40] 얀은 어색하

38 캐시 박 홍, 노시내 역, 『마이너 필링스』, 마티, 2022, 84쪽.

39 캐시 박 홍, 위의 책, 75쪽.

40 마틴 F. 마날란산 4세의 연구는 두 편의 다큐멘터리를 사례로 다룬다. 한 편은 토머 헤이만(Tomer Heymann) 감독의 다큐멘터리인 〈Paper Dolls〉(이스라엘, 2007)로, 필리핀의 게이와 트랜스젠더 돌봄노동자에 관한 내용이다. 다큐멘터

고 과체중이며 우울한 인물이다. 그의 노동 수행은 작업이나 현장과 동떨어지고 거리를 둔 듯한, 그렇지만 나름 효율적인 방식으로 진행된다. 얀의 일상적인 존재 방식은 "나는 여기 없다("I am not here")."와 같은 방식이다. 이는 나를 삭제하는 방식이다.

> 즉, 얀은 이른바 그 "더러운" 작업이 자신을 정의하는 것 자체를 거부하기 때문에 그가 육체적으로는 매우 능숙하게 수행하는 일상적 업무들로부터 자신 스스로를 육체적으로 "제거한다." 이런 과정이 이른바 디스어펙션이다. 이런 디스어펙션을 통해서 그는 다음과 같은 것들을 거부하는 것이다. 즉 "진정한" 돌봄노동자는 진정한 사랑과 돌봄을 통해 이러한 부정적 감정과 생각들을 극복할 것이기 때문에, 이러한 더러움을 감내하고 이러한 역겨움을 참아야 한다는 그러한 이데올로기 전체를 거부한다.[41]

마틴 F. 마날란산 4세는 디스어펙션을 "권력과 권위의 지배적 레짐에 대한 불복종"이라고 그 정치적인 함의를 강조한다. 신 야오의 연구는 19세기 인종 지식과 서사의 변화와 이행을 다루면서 디스어펙션과 젠더, 인종 정치가 역사적으로 변화하는 차이를 다루고 있다. 따라서 신 야오의 연구에서는 디스어펙션의 정치적 함

리에 등장하는 돌봄노동자들은 종이인형(Paper Dolls)이라고 불리는 드랙 공연단의 일원이기도 하다. 다른 영화는 브릴란테 멘도사(Brillante Mendoza) 감독의 장편 영화인 〈Serbis〉(필리핀, 2008)로, 마닐라에서 북쪽으로 한 시간 거리에 있는 작은 도시에서 가족 극장(Family Theater)이라는 이름의 포르노 극장을 운영하는 한 가족에 관한 이야기다.

41 Martin F. Manalansan Ⅳ, op.cit, p.222.

의보다는 역사적 이행 과정에 대한 섬세한 논의가 더욱 돋보인다. 신 야오의 연구 방법의 토대가 되는 디스어펙션의 의미를 살펴보기 위해서는 마틴 F. 마날란산 4세의 방법적 논의를 좀 더 따라가 볼 필요가 있다.

> 디스어펙션은 유연 노동의 비참한 조건에 대한 저항적 실천과 정치의 새로운 모드의 잠재적 토대가 될 수 있다. 이 개념은 필리핀 국가에 의해 지원되고 찬미되는 특유의 정동 레짐에 맞서는 대안적 어휘를 제공할 수 있다. 또한 반복되는 관습으로서의 모성성의 정동적 레퍼토리를 반복하지 않으면서, 가내라는 현장과 가사노동을 가정 생활을 둘러싼 힘들에 저항하는 대안적 가능성으로서의 디스어펙션을 생각할 수 있도록 하는 장으로서 논의할 수 있다. 디스어펙션이 여자다움, 남자다움, 디아스포라, 국가, 가정과 공적인 것과 같은 관념을 고정화하지 않으면서도 정동적 경험과 노동 실천에 대한 무비판적인 보편화에 저항하는 보다 진보적인 정치학이 가능하도록 하는 토대가 될 것이라고 기대한다.[42]

마틴 F. 마날란산 4세는 유연 노동에 종사하는 필리핀 가사 돌봄노동자들의 이른바 '무감정하거나 무심한 상태'를 디스어펙션이라고 재규정하면서 이를 "유연 노동의 비참한 조건에 대한 저항적 실천과 정치의 새로운 모드의 잠재적 토대가 될 수 있다"라고 평가한다. 또 이는 가내라는 위치성(situatedness)을 정동적 지배

---

42 Martin F. Manalansan Ⅳ, op.cit, p.226.

와 저항이 충돌하고 들끓는 마주침의 장소로 재규정하는 방법을 제공한다. 즉 가내라는 위치성은 가사노동, 돌봄노동, 서비스노동이 유연화하면서 체화되는 장소이고 그런 점에서 글로벌 자본의 원격통제(유연화)가 가정이라는 이른바 사적 스케일과 마주치고, 돌봄노동자의 신체를 꿰뚫는 겹겹의 권력(원격 권력, 생체 권력, 감정 지배 권력, 사적 계약 관계, 감정 관리, 노동 규율 등)이 마주치는 장소이다. 또 가내라는 위치성은 '사랑', '헌신' 등의 이른바 '이상적 돌봄노동자가 가져야 할 올바른 감정'이라는 느낌의 생명정치 레짐을 통해 정당화하는 정동 정치가 전 지구적으로(그런 점에서 원격적으로) 작동하고 이에 대한 저항의 힘들이 솟아나는 마주침의 정동적 장소로 재규정된다.

신 야오는 마틴 F. 마날란산 4세의 디스어펙션 개념과 데니스 페레이라 다 실바의 정동 가능한 역량을 둘러싼 주요 개념(affectability와 affectable I)을 토대로 "디스어펙트 되기/하기(be disaffected)라는 대안적 존재론의 개념을 제안한다.[43]

백인의 감정들(White Feelings) 즉 백인의 눈물, 백인의 연약함, 백인 여성의 눈물, 백인 남성의 눈물: 이런 문구들은 "흑인 목숨도 소중하다(Black Lives Matter)" 운동 이후 촉발된 대중적인 반인종주의 담론에서 이른바 사회적 정의를 표현하는 문구들로 회자되었다. 이런 담론들은 여러 학자들이 이런 감상주의 정치를 비판하고 이를 반

43 데니스 페레이라 다 실바의 정동 가능한 역량을 둘러싼 주요 개념(affectability와 affectable I)과 신 야오의 연구 방법론의 관계에 대해서는 「보편적 어펙트 연구 비판과 젠더 · 어펙트 연구 방법론」(권명아, 앞의 글) 참조.

복하는 것을 "감상적인 것의 미완 사업", "4대륙의 친밀성", "느낌의 생명정치" 등의 개념으로 비판해 온 방식에 대한 불평불만을 널리 퍼트렸다. (백인의 감정들을 주장하는 이들은) 일상적인 백인의 감정들을 무기화할 수 있도록 명명 작업을 수행했다. 이러한 용법들('백인 감정의 지배의 역사가 아닌 오늘 여기에서의 일상적인 백인 감정'이라는 식의 용법들: 역자 주)의 이면에는 다음과 같은 진술이 함축되어 있다. 이에 대해 우리는 아주 잘 알고 있고, 또 항상 잘 알고 있었다. 즉 백인의 감정들은 지배의 구조를 생산하고 유지한다. 사회적 변화를 촉진하기 위해 백인의 감정들에 의존하는 것은 이 세계에서의 그들의 권력을 재강화하도록 만드는 일이다. 백인 감상주의와 거래하지 않기. 식민주의적 친밀성에서 벗어나기. 느낌의 생명정치적 위계에 따라 느끼는 걸 거부하기. 디스어펙트 하기/되기(Be disaffected).[44]

신 야오의 비판에서 "오늘날의 일상적인 백인의 감정"에 대한 언어가 필요하다는 주장들에서 "역사"와 "지금 여기의 일상"이 단절적으로, 비연속적인 의미로 구성되는 방식에 주목할 필요가 있다. 즉 "오늘날의 일상적인 백인의 감정"에 대한 언어가 필요하다는 주장들은 인종차별의 역사를 부정하지 않지만, 그 역사가 오늘날의 현실과 무관하다고 주장하는 것이다. 따라서 지식의 영역에서 그런 역사적 비판도 오늘날의 일상을 분석하는 데 불충분하다는 식의 연쇄가 형성된다. 즉 백인 감정의 지배가 인종차별과 식민

---

44 Xine Yao, op.cit, p.2.

화와 밀접한 관련을 지녔던 역사는 부정하지 않지만, 오늘날 백인 감정에 대해서는 다른 해석 패러다임이 필요하다는 주장이다. 이는 느낌의 생명정치의 역사와 오늘날의 일상을 어떻게 해석할 것인가라는 학문적 문제를 촉발한다고 볼 수 있다. "흑인의 생명도 소중하다" 운동에 대해 "백인의 감정도 소중하다"라는 안티테제를 제출하고 이를 정당화하기 위해서 오늘날의 백인 감정의 정치적 함의를 해석할 언어가 필요하다는 이런 식의 주장은 소수자 운동에 대한 반동적 백래시의 현장 곳곳에서 확인할 수 있다. 캐시 박 홍 역시 소수적 감정은 "변하지 않는 구조적 인종주의와 경제 상황"의 산물이며, "이제는 좋아졌다"라는 미국식 낙관주의와 변하지 않는 구조적 차별 사이에서 소수자가 체현하는 인지부조화 상황의 산물이라고 논하기도 했다.[45]

백인의 감상주의와 결별하려는 이런 시도는 "흑인의 생명도 소중하다" 운동 당시 수많은 비판과 공격의 대상이 되었고 학문장에서도 비인간적이자 반지성적 태도라고 비난받았다. 이런 식으로 "백인의 눈물이라는 폭력은 백인들에게 감동받는 걸 거부한 사람들을 향해 투사되었고 백인들에게 감동받기를 거부한 이들은 무감정하고, 메마른 마음을 지닌, 비밀스럽고 폭력적인 비인간성을 지닌 집단으로 단죄되었다."[46] 이런 공격의 와중에서 백인 감상주의를 비판한 대표적인 비평가는 제임스 볼드윈(James Baldwin)이다. 제임스 볼드윈은 해리엇 비처 스토(Harriet Beecher Stowe)의 선구

---

45 캐시 박 홍, 앞의 책, 85쪽.

46 Xine Yao, op.cit, p.2.

적 저항 소설 『톰 아저씨의 오두막(Uncle Tom's Cabin)』(1852)을 비판하면서 백인 감상주의를 비판한다.

신 야오는 제임스 볼드윈의 논의를 이어받으면서도 제임스 볼드윈이 "동정이라는 암묵적인 사회적 계약, 즉 이러한 '느끼지 못함'에 대한 단죄가 이미 흑인 노예화와 아메리카 선주민을 학살하고 배제한 정착민 식민주의(settler colonialism)에 기반한 미국의 차별 구조에 내장되어 있다는" 점을 간과하고 있다고 논한다.

즉 신 야오는 백인 감상주의의 현재가 역사적으로 노예제와 도망노예법으로 상징되는 19세기부터 이어져 오고 있을 뿐 아니라, 무감정을 비인간적이고, 반사회적이며, 폭력적인 따라서 저항적이거나 정치적인 것에 미달하는 부정적 감정으로 단죄한 역사 역시 19세기부터 이어져 오고 있다고 해석한다. 따라서 신 야오의 『디스어펙티드』는 19세기를 해석 대상으로 삼지만 언필링(unfeeling)의 인종적 성적 정치학은 "현재형으로 진행되고 있는" 것으로 해석된다. 즉 이러한 연구 방법은 오늘날의 백인 감정에 대한 새로운 해석 패러다임을 요구하면서 역사적인 백인 감정의 지배를 해석하는 연구 방법은 이제 그 효력을 다했다고 보는 학문적인 백래시에 대한 근본적 비판이기도 하다.

이 책은 현재형으로 진행되고 있는 언필링이라는 인종적 성적 정치학을 위로부터의 억압이 아니라 아래로부터의 책략으로 고찰하기 위해 19세기 문학을 살펴본다. 이 책은 소수자 주체의 휴머니티를 입증하기 위해 그들도 '마찬가지로' 느낀다는 걸 입증하고 이를 증명하는 문학 작품 리스트를 쌓아가는 그런 식의 감정 문화(the culture of sentiment) 연구의 결을 거슬러서, 이와는 다른 해방적인 방향으로 문학을 읽어나갈 것이다. 『디스어펙티드: 19세기 미국에서 무감정의 문화정치』는 우리가 '언필링'이라는 부정성에 머물기만 할 뿐, 부정적인 것으로 치부된 언필링의 함의를 회복하지 않고서 과연 무엇을 이해할 수 있는가 질문한다. 이런 도발을 통해서 나는 동정이라는 정치적 내기(이해관계)에 다름 아닌 숨 막히는 정언명령의 굴레에서 언필링을 파헤쳐내고자 한다.[47]

신 야오는 디스어펙트 하기/되기라는 존재론을 현재형이자 역사적 차이화의 과정으로 규명해나간다. 이는 역사를 '다시 읽는' 것이 아니라 결을 거슬러 읽어나가는 독해 방식으로도 이어진다. 19세기 혹은 근대의 역사는 현재의 인종적·성적 정치학의 구조적 원천이라는 점에서 '현재형'이다. 이러한 시간성이야말로 과거, 현재, 미래를 연결하는 기존의 선형적 시간성을 거스르는 비선형적 시간성을 존재론에 도입한다. 앞서 살펴본 것처럼 후기 신자유주의의 과학기술적인 원격통제 권력에 주로 초점을 둔 어펙트 연구는 네트워크 기술적 시간과 '오지 않은 미래'가 현재를 규정하는 시간성에 주로 초점을 두었다. 이와 달리(물론 두 방법론은 양자택일적인 게 아니다) "이제 세상은 나아졌다"고 하는데 변치 않는 구조적 차별에 허덕이는 사람들에게는 마치 시간이 거꾸로 흐르는 것 같다. "이제 과거와는 다르다"며 구조적 차별을 주장하는 건 시대착오라고 외치는 시대, "과거가 미래를 볼모로 삼고 있다"는 진

47 Xine Yao, op.cit, p.4.

술들이 통치기술이 되는 시대, 과거로 되돌아간 듯한 체화된 시간 감각이야말로 바로 오늘날 유연화된 세계에서 노예노동의 시간 속에서 매일매일을 살아야 하는 사람들의 정동적 삶이다.

신 야오는 이러한 디스어펙트 되기/하기의 존재론을 정치적인 대안 정동 생성 과정으로 해석하면서 보편적 어펙트 연구가 인종적 문제를 안고 있다는 것을 날카롭게 지적한다. 이를 통해 소수자 역사에 대한 연구와 그 역사를 보편적 어펙트 연구에 대항하는 대안적 어펙트 연구 방법론으로 다시 해석하고 있다.

4. 역사적 파시즘 연구와 비서구 대안 감정 정치의 논점: W. E. B. 두보이스[48] 연구와 '조선'의 빈자리

앞서 정리한 바처럼 어펙트 연구는 단일한 지형도로 환원되기 어려운 이질적 흐름으로 퍼져나간다. 또 경향적으로 후기 신자유주의 시대 이후 인지자본주의의 특이성을 강조하는 연구와 '역사'와 '현재'를 정동적 존재론의 방법으로 새롭게 연결하는 연구는 다양한 해석적 방법론을 기반으로 한다. 본고에서도 어펙트 연구를 양자택일적으로 제시하고 있지는 않다.

소수자의 주권성(sovereignty)을 존재론의 차원에서 규명하는

---

48 William Edward Burghardt Du Bois의 성명 표기가 참고문헌에 따라 상이하다. 여기서는 외국어 표기 규정에 따라 두보이스로 표기하고, 인용문에 듀보이스로 표기된 경우는 인용문을 따라 듀보이스로 표기했다.

어펙트 연구 흐름은 '새로운 역사 연구' 시대를 열고 있다고도 보인다. 예를 들어 보편성을 지향하는 어펙트 연구가 인종적 문제를 안고 있다는 비판은 한편으로는 당대의 "흑인의 생명도 소중하다"와 같은 정치적 실천에 영향을 받고 있지만, 다른 한편으로는 19세기 범아프리카주의에 대한 재해석, 제국주의 전쟁과 글로벌 자본주의 역사를 느낌의 생명정치로 다시 해석하는 연구 경향, 감상주의의 전 지구화와 노예노동의 역사를 다시 규명하는 일련의 소수자 역사 연구의 흐름에 영향을 받고 있다.

한국의 경우도 이른바 교차성 이론을 통해서 젠더 보편주의를 비판하는 이론적 흐름이 도입되었고 인종적 · 성적 정치학의 교차와 글로벌 자본주의의 관계를 규명하는 연구들이 활기를 띠고 있다. 그러나 여전히 이런 연구는 역사적 재구성 과정으로는 잘 이어지지 않는다. 이른바 교차적 연구들은 주로 당대를 규명하는 데 집중되어서 이러한 구조적 차별의 역사적 지층을 탐구하는 방법론의 정립으로 이어지지는 못하고 있다.

신 야오는 19세기 이후 저평가되었던 범아프리카주의를 재평가하면서 비백인 유색인종들의 대안적 공동체를 구성하려고 했던 일련의 시도들을 재해석하고 있다. 이는 특히 W. E. B. 두보이스(William Edward Burghardt Du Bois)를 퀴어 이론과 젠더 이론의 관점에서 재해석한 일련의 연구 경향을 이어받고 있는 것이기도 하다. 글로벌 자본주의와 제국주의, 백인의 감상주의라는 느낌의 생명정치와 친밀성이라는 식민성에 저항한 역사는 오늘에도 이어진다. 비백인 정치 공동체에 대한 '환상'과 실패의 역사는 탈식민주의를 거쳐서 오늘날 대안적 어펙트 연구라는 다른 방법으로 여기 도달해 있다.

한국에서도 이런 맥락에서 탈식민의 역사와 비백인 정치 공동체의 실험을 연구하는 흐름이 등장하고 있다. 이런 방법론을 제안한 논의로는 하영준의 크레올 마르크스주의 연구가 대표적이다.[49]

> 유럽 · 아메리카 · 아프리카 사이에 대서양 커넥션만을 지나치게 강조하던 것에서 벗어나서 흑인 급진주의나 범아프리카주의의 발전에 '트랜스-퍼시픽' 커넥션이 미친 다층적인 영향을 고려한다. 그리고 이러한 시각에서 두보이스와 같은 흑인 급진주의 지식인이 일본 제국주의를 지지하게 된 역사의 아이러니를 단순한 실수로 평가하지 않고 전체 사상 발전과의 관계 속에서 심층적으로 이해하려 한다. 그러나 문제는 이러한 새로운 접근에서 일부 연구자의 경우 아프리카계 디아스포라와의 관계에서 동아시아가 갖는 지정학적 의미를 새롭게 재구성하거나 트랜스-퍼시픽 커넥션이 두보이스의 정

---

49 하영준, 「C. L. R. 제임스의 '크레올 맑스주의' 연구」, 한양대학교 사학과 박사학위논문, 2009; 하영준, 「크레올 민족주의와 서인도 문화정치: C. L. R. 제임스의 초기 사상을 중심으로」, 『역사와 문화』 제21호, 문화사학회, 2011, 7-44쪽; 하영준, 「트리니다드 인도계 이주 노동자들의 (탈)크레올화, 1936-1966: C. L. R. 제임스의 논의를 중심으로」, 『세계 역사와 문화 연구』 제39호, 한국세계문화사학회, 2016, 249-282쪽; 하영준, 「일본제국과 범아프리카주의의 '트랜스-퍼시픽 커넥션': W. E. B. 듀보이스와 C. L. R. 제임스의 동아시아 담론을 중심으로」, 『Homo Migrans』 제18권, 이주사학회, 2018; 하영준, 「1960년대 아이티 혁명의 기억과 블랙인터내셔널리즘-에메 세제르와 C. L. R. 제임스의 비교 연구」, 『Homo Migrans』 제20권, 이주사학회, 2019, 143-183쪽; 하영준, 「68운동과 탈식민주의-C. L. R. 제임스의 정치사상을 중심으로」, 『역사와 경계』 제112집, 부산경남사학회, 2019, 41-76쪽; 하영준, 「"호모 루덴스"의 탈식민주의: 서인도 식민지의 크리켓과 카니발 문화」, 『Homo Migrans』 제22권, 이주사학회, 2020, 8-44쪽.

치적 상상력에 미친 긍정적 영향을 지나치게 강조하면서 일본 제국주의를 옹호하는 듯한 인상을 준다는 점이다. 또한, 이와 연관된 것으로 트래스-퍼시픽 커넥션의 중심점으로 중국과 일본을 강조하면서 식민지 조선에 대한 논의가 없다는 문제점도 있다. 따라서 트랜스-퍼시픽 커넥션을 다루는 개념들의 타당성에 대한 검토와 함께 최근 연구 성과에 대한 비판적 접근이 필요하다.[50]

하영준의 연구는 19세기 이래 러일 전쟁에서 제2차 세계대전을 거쳐 현재에 이르는 흑인 급진주의 지성사와 반제국주의, 탈식민 저항의 사상적 흐름의 관계를 식민지 조선과 연관시켜 논의한 희귀한 성과라 할 수 있다. 그러나 두보이스에 대한 해석은 인종 대 계급이라는 다소 오래된 해석 구도를 반복하고 있다고도 보인다. 즉 "그러나 두보이스가 인종 전쟁의 전망 속에서 일본제국을 지지한 것과는 달리, 제임스는 계급적 관점에서 일본 제국주의를 비판하고 피억압 민중의 국제적 연대를 추진할 수 있는 사상적 기반을 발전시켰다"고 평가하면서 두보이스와 달리 흑인 급진주의 사상가이면서 계급적 규정성을 지배적인 것으로 보았던 제임스의 사상을 높이 평가한다.

또한 하영준도 논하고 있듯이 두보이스가 일본에 대해 품었던 환상과 자기비판의 과정은 여러 방식으로 달리 해석되기도 한다. 두보이스가 "인종적 편견으로 인해 일본의 중국침략을 서구제국주의에 대한 유색인종의 저항으로 오판"했으나 "후에 일본의 제국

50 하영준(2018), 앞의 글, 162쪽.

주의를 명확히 인식하고 비판했다"[51]라는 양석원의 언급이 전부이다.[52] 반면 일본에서는 두보이스에 대해 다양한 연구가 이어지고 있다.

어펙트 연구, 소수자 주권성과 어펙트 연구, 대안적 정동 생성의 정치와 역사를 살펴보기 위해서는 현재의 이론적 지평의 확대와 함께 역사적 연구 역시 이어져야 한다. 두보이스의 사례에 국한해도 한국 사회에서 관련한 연구는 거의 없다시피 하다. 그런 점에서 대안적 어펙트 연구는 다시 한번 역사 연구의 현재적 의미를 환기하고 소수자 주권성에 대한 이론과 연구 방법을 역사 연구 방법론으로 재구성하는 주요한 전환점이 될 것이다.

두보이스는 러일전쟁을 백인 제국주의에 대한 비백인 비서구의 승리로 보았고, 1936년 만주국을 직접 방문해서 시찰한 감상을 남기기도 했다. 또 만주국을 자신이 생각했던 비백인 유색인종들의 대안 공동체의 모범적 표상이라고도 평가했다. 물론, 이후 두보이스는 '대동아공영'이나 '오족협화'에 대한 자신의 판단을 스

---

51 양석원, 「두보이스의 범아프리카주의와 아프리카 민족해방운동」, 『비평과 이론』 제9권 1호, 한국비평이론학회, 2004, 255-284쪽; 하영준, 위의 글에서 재인용. 양석원은 최근 출간된 『탈유럽의 세계문학론: 제1차 세계대전과 세계문학의 지각변동』에도 두보이스에 대한 글을 실었다. 양석원, 「아프리카의 "고통과 약속"-두보이스와 제1차 세계대전」, 김재용 편, 『탈유럽의 세계문학론: 제1차 세계대전과 세계문학의 지각변동』, 글누림, 2020, 295-308쪽. 이 글에서는 두보이스의 일본 제국주의에 대한 해석을 다루고 있지 않다.

52 이석구는 탈식민주의 연구와 범아프리카주의 연구와 관련하여 다양한 연구를 수행한 대표적인 연구자이기도 하다. 하지만 이석구의 연구에서도 두보이스에 대해서는 주로 미국 내에서의 소수자성과 관련해 논의되고 만주국이나 일본 제국주의와 관련해서는 논의되지 않는다. 이석구, 『저항과 포섭 사이: 탈식민주의에 대한 논쟁적인 이해』, 소명출판, 2016.

스로 비판하기도 했다. 미국에서는 “미국에는 인종차별이 없다. 인종 갈등만이 존재할 뿐”이라는 백래시에 맞서서 인종차별의 역사와 이론을 다시 의제화하는 연구가 활발하다. 두보이스의 사상에 대한 재해석 역시 역사적 차이화(젠더사의 방법) 과정을 규명하면서 다양한 비판적 해석과 연구가 이어지고 있고 이는 인종차별 비판 이론의 역사화라고도 할 수 있다. 느낌의 생명정치와 대안 정동 이론에 대한 논의도 그 연장에 있다.

일찍이 두보이스의 탈식민주의적 감정 정치론을 비서구 주체화의 딜레마와 관련해서 논한 사람은 김소영이다. 특히 「신여성의 시각적 재현」[53]은 대안적 어펙트 연구, 신유물론, 비재현적 이론이 제시하는 방법론을 비서구 젠더 연구의 맥락에서 이론화하고 있다. 특히 김소영의 연구는 비서구 근대에서 영화와 신여성을 같은 현상으로 보고 (“신여성이 영화와 마찬가지로 근대의 구경거리였다는” 점에서) “시각 장치, 영화 장치의 용어로 신여성을 읽을 수 있는” 방법론을 제안했다. 이는 이른바 주체를 인간 중심적으로 보는 관점과 재현 중심으로 보는 관점 모두를 넘어서는 방법론을 비서구 젠더 이론의 관점에서 재정립하려는 시도였다. 서구 근대의 시각적 스펙터클 기술이 비서구에 도입되면서 벌어지는 일련의 과정을 비서구 신여성에 대한 시각 기술의 작용을 통해서 살펴보면서 대표적 사례로 영화 〈반도의 봄〉(1941)을 다룬 바 있다. 대표적인 국책영화인 〈반도의 봄〉에 대한 김소영의 해석은 이른바 ‘조선

53 김소영, 「신여성의 시각적 재현」, 『문학과 영상』 제7권 2호, 문학과영상학회, 2006, 93-130쪽.

영화'와 신체제기 조선영화에 대한 연구에 커다란 지각변동을 일으켰다.

특히 재현이나 표상 중심의 영화 분석이 아니라, 〈반도의 봄〉에서 "심리적 풍경으로서의 구름의 인서트", "몸의 기호학", "공간의 기호학", "몸과 공간을 표현하는 독특한 문화적 특이성"을 규명하면서 이후 〈반도의 봄〉 연구에서 사물의 감정, 풍경이 드러내는 감정 구조, 영화 속 공간의 감정, 언어가 아닌 몸의 관계들로 촉발되는 감정에 대한 연구의 중요한 방법론은 제안하였다. 또 "벽에 붙어 있는 갖가지 영화 포스터 중 독일 파시즘의 아이콘이었던 자라의 모습은 당시 조선 문화계에도 침투한 파시즘 문화를 일별할 수 있게 한다."는 등 비서구 식민 주체의 특이한 감정 구조와 이른바 '협력의 감정' 구조의 복잡성을 규명하는 연구 방법을 제시하기도 했다. 특히 두보이스의 흑인의 영혼에 대한 논의를 통해, 〈반도의 봄〉 텍스트 내부만이 아닌, 이 텍스트에 참여한 이들이나, 이 영화를 보던 당시 조선 사람들이 느끼는 기이한 감정 구조, 또 오늘날 '친일영화' 〈반도의 봄〉을 보는 한국 관객의 감정 구조를 규명하는 방법을 제시하기도 했다. 무엇보다 〈반도의 봄〉을 비서구, 피식민 주체이자, '친일 협력자'인 자신을 영화를 통해 관람하게 되는 당시 조선 영화인과 지식인들의 상태를 두보이스의 '흑인의 영혼'에 대한 논의를 빌어 해석한 대목은 '친일 협력/저항'에 대한 그간의 해석의 패러다임을 일순 도약하게 만드는 해석 지평의 변화를 보여준다. 이는 〈반도의 봄〉을 협력이나 저항이라는 패러다임이 아니라 (그러나 무엇보다 이 문제를 심도 있게 사유할 수 있도록 이끄는) "조선 영화인의 자기반영적 텍스트"로 해석한 대목에서 잘

드러난다.[54]

두보이스가 논하는 미국인이자 니그로인 이중성과 싸우는 상태가 촉발하는 '미묘한 감흥'이란 기존의 백인의 감정 레짐으로는 해석될 수 없는 흑인의 '분열된 영혼'의 특징이다. 그렇다면 〈반도의 봄〉은 어떤가. 김소영의 분석은 둘 사이의 연결성을 제안해주었다는 점으로도 탁월하다. 여기서 더 나아가보자면 〈반도의 봄〉은 시각 장치와 영화 장치의 용어로 피식민 주체를 이야기하는 방법을 제시할 수 있을 것이다.

〈반도의 봄〉이 신체제와 맺는 관계에 대해서도 다양한 논의가 이어졌다. 특히 신체제란 성적 지배의 강화이자 기존의 젠더화된 통제와 지배를 더욱 강화했다는 점, 즉 전시동원체제에서 식민지배의 강화는 성적 지배의 극단화와 밀접한 관련이 있다는 점은 중요하다. 전시 협력 영화나 서사에서 여성의 정치적 지위가 이전 시기와 비교할 수 없을 정도로 파괴된다는 점은 전형적이다. 〈반도의 봄〉에서 유일하게 일본어만 사용하는 여성 인물 안나(/춘향)가 "극중 누구와도 친구가 될 수 없는"[55] 가장 부정적인 인물로 드러나고 주인공 정희(/춘향)가 극중 모든 이들의 보살핌을 받는 극도로 수동적인 존재로 그려지는 건 전형적이다. 이는 영화 속 조선인들이 찍고 있는 '협력 영화'의 레퍼토리가 〈춘향전〉인 것과도 무관하지 않다. 그런 점에서 〈반도의 봄〉은 신체제기 전시 협력이 존재론적 수행 실천으로 주어지면서 벌어지는 존재의 시공간들의

---

54 김소영, 위의 글, 127쪽.

55 이경분, 「영화음악으로 해석한 식민지 조선영화 「반도의 봄」」, 『인문논총』 제68집, 서울대학교 인문학연구원, 2012, 193-224쪽.

재구성을 징후적으로 드러낸다.

〈춘향전〉은 현재의 한국인에게는 한국의 '고전'이지만 당시 조선에서는 그런 감각이 부재했다. 조선의 지식인들에게 〈춘향전〉은 근대적 주체에 도달하기 위해 벗어나야 할, '오래된 세계'의 대명사였고 부재한 주권성—민족적이든 계급적이든—을 획득하기 위해서는 반드시 극복해야만 하는 세계관의 집성체이기도 했다. 그러나 당시 이른바 조선 대중을 사로잡고 있었던 것은 "춘향전, 조웅전, 심청전의 세계"였고 조선의 근대 문학은 이들과 '경쟁적' 관계였다. 1937년이 지나면서 일본 제국의 통제 시선이 머문 곳도 바로 여기, "조선의 옛이야기들"이었다. 검열 당국은 조선 대중을 사로잡은 이 옛이야기를 통제하기 위해 전력을 퍼부었다. 물론 영화 〈춘향전〉의 대중적 성공 역시 이와 무관하지 않다.

〈반도의 봄〉에서 조선인은 전시협력의 수행, 즉 〈춘향전〉을 촬영하는 행위를 지속함으로써 '반도인'이라는 제국이 지정한 새로운 인종(race)으로 이행 중이다. 〈반도의 봄〉이 1930년대 후반 유행한 '조선붐'의 산물이라는 비판적 연구 역시 제시된 바 있다. 또 당시 조선적인 것을 둘러싼 지형 역시 여러 연구를 통해 규명된 바 있다. 그러나 여전히 조선적인 것은 민족적인 것(저항)과 전시체제의 억압(협력) 사이의 문제로만 환원된다. 새로이 지정된 내선일체의 지도 속에서 '반도인'의 정체는 무엇인가. 황민화는 일상의 반복과 자기 심문을 통해서만 가능한 일종의 존재론적 수행성에 의해 작동한다. 특히 〈반도의 봄〉은 신체제의 황민화라는 것이 조선적인 것의 자리를 인종화(반도인), 젠더화(춘향)시키면서 시간적으로나 존재론적으로 역진화의 과정(춘향의 세계/당대 조선 지식인들이 벗어나고자 했던 '옛것들의 시간성')이었다는 점을 흥미롭게 보여준다. 그래서 영화 속의 영화 〈춘향전〉은 일종의 인종 전시관의 기능을 맡게 된다. 그러니까 영화 〈반도의 봄〉은 스스로를 과거의 유물로, 알 수 없는 '발명된 인종'으로 인종전시관에 전시하는, 그런 자신을 구경하는 1940년대 조선 영화인의 세계를, 다시금 하나의 구경거리로서 당대의 조선의 관객들에게 전시하는 수행적 행위이기도 하다. 이 과정에서 '조선인'은 발굴되어서 전시되고 있는 '하나의 인종(반도인)'과 그 전시를 수행하는 체제 협력자로서의 조선인으로 분열되고, 이는 서로를 비추는 이중적 거울이 된다. 이 거울에는 또 다른 거울이 존재하는데, 그건 바로 이 영화의 주인공이면서 시종일관 무능력하고, 무감정하고, 무감각하고, 무의지적인 주인공 영일이다.

영일의 무능력, 무감정, 무감각, 무의지는 체포, 투옥, 파산, 입원으로 이어진다. 영화 내내 조선 영화인들의 숙원이라고 그려지는 신체제 국책 영화사가 결성되는 시점에 영일이는 입원으로 현장에 부재하게 된다. 이렇게 체제 협력 서사에 드러나는 무의지와 무감정 상태는 〈지원병〉에서도 유사하게 드러난다. 이런 무의지와 무감정은 영일이 결정적인 체제 협력의 순간, 현장에서 벗어나게 해준다는 점에서 일종의 알리바이(부재증명)라고도 할 수 있다. 또 동시에 황민화 혹은 좋은 조선인 되기란 조선인들에게는 도달할 수 없는 자기심문의 수행적 과정이었다. 명랑해야 하고, 마음을 다해야 하지만, 그 강렬도는 너무 높아서도 안 되고(남방 열기에 대한 일본 제국과 조선총독부의 금지령, 조선어 해소를 주장하는 극단적 친일 열기에 대한 거리두기 등) 너무 낮아서도 안 되는(무관심층에 대한 집요한 관리 감독) 것이었다. 그 기준은 언제나 '적절성'이었고 부적절함이야말로 비국민이 되는 잠재성의 양태였다. 그래서 황민화란 '협력의 자발성'을 강조하지만 동시에 그 자발성은 극도로 수동적이어야만 했다. (제국이 지정하는 정동의 강렬도의 적절성을 충실하게 따라야 하기 때문이다.) 그러나 이 수동성의 양태와 정도야말로 피식민 주체들에게는 측정할 수 없는 것이었다. 따라서 황민화의 수행성에 대한 통제의 강도가 높아질수록 수동성을 유지하는 것이 가장 '적절한' 양태가 된다. 수동성은 황민화라는 도달할 수 없는 수행적 목표에 대해 피식민 주체인 조선인들이 선택하게 된 어떤 책략이기도 했다.

물론 〈반도의 봄〉에서도 잘 드러나듯이 무의지적인 영일은 신체제의 협력자의 알리바이의 산물이라는 점에서 협력을 정당화하는 수단이 되었다. (어쩔 수 없었다.) 영일로 표상되는 무의지적인 존재, 무감각하고 무감정한 극도로 수동적인 존재는 〈반도의 봄〉에서 사물들, 특히 옛 궁터, 사라진 왕조의 유물들, 박탈된 주권성의 텅 빈 기표들(빈터들)과 연결된다. 이른바 심리적 풍경과 사물의 정동들이 바로 그것이다. 손종업은 사라진 옛터들이 환기하는, 영화의 배경에 대한 지리적 조사를 통해서 〈반도의 봄〉을 저항적 서사로 해석하기도 했다.[56] 그런 점에서 〈반도의 봄〉에서 무의지적이고 무감각하고 무감정한 존재로 영일을 할당하고, 그 연장에서 구름, 옛 궁터 등 풍경과 사물들을 통해 형언하기 어려운 정동의

---

56 손종업, 「영화 〈반도의 봄〉의 이중서사 구조와 심층에 담긴 상징투쟁의 의미」, 『어문론집』 제87집, 중앙어문학회, 2021, 137-171쪽.

신호를 발생시키는 방식은 부정할 수 없이 일종의 책략(tactic)이라 하겠다.

이 책략은 어떤 식으로든 인종화되고(반도인), 젠더화된(춘향), 역진화된 존재로 인종 전시관에 스스로를 전시해야 하는(협력) 신체제 조선인들이, 그런 스스로를 전시하면서 전시되는 나와 전시하는 나, 그리고 그 둘 어떤 것으로도 환원되지 않는 어떤 틈새들을 기입하기 위한 책략이기도 했다.[57] 이 책략은 흥미롭게도 〈반도의 봄〉에서는 두보이스를 따라 한편으로는 비서구 피식민 주체의 이중화된 영혼의 정동적 궤적을 따라가기도 하면서 동시에 역시 두보이스를 따라 비서구 피식민 주체의 대안적 공동체로서 대동아공영의 이상과도 공명하기도 한다. 이 기이한 공명 관계에 대해서는 이후의 논의를 통해서 더 자세하게 살펴보도록 하겠다.

5. 탈정동하기의 젠더 정치, 남은 과제들

특정 집단이 '무감정한/무감각한' 존재로 지목되어서 할당되는 과정은 그 자체로 역사적이고 사회적이다. 이러한 감정의 생명정치적 위계는 젠더화되고 인종화된 할당을 반복한다. 예를 들어 일본의 식민 지배 기간 내내 일본 제국의 가장 큰 골칫덩어리로 지목된 집단은 '정치적 무관심층'이었다. 매년 실시되는 시정조

57 이런 틈새 만들기 전략에 대해서는 권명아, 『역사적 파시즘: 제국의 판타지와 젠더 정치』, 책세상, 2005 참조.

사에서 이러한 '정치적 무관심층'은 시종일관 50%를 넘었다.[58] 또 '풍기문란 집단'을 부적절한 양태(mode)를 지닌 존재로 규정하는 풍기문란 통제는 한국에서 느낌의 생명정치적 위계와 정동 정치의 역사에서 식민성이 차지하는 의미를 잘 보여준다.[59]

특정 집단이 무감정하거나 무감각한 존재로 할당되는 느낌의 생명정치적 위계화는 물론 역사적인 차이를 보인다. 예를 들어 최근 한국 사회에서 이렇게 무감정하고 무감각한 존재로 할당되는 대표 집단은 20대 여성이다. 한국에서 20대 여성은 이른바 "메갈 세대"로도 그려지고 "페미니즘 리부트 세대", "극단주의자들", "온라인 페미니즘 세대", "페미니즘 대중화 세대" 등으로 규정된다. 이십 대 여성은 한국의 어떤 세대보다 정치화된 여성이라는 점은 분명한데, 이 정치성에 대해서는 페미니스트 학자들조차 분명하게 논의하지 못한 채 혼란에 빠져 있다. '이대남'(이십 대 남성)에 대한 대통령과 정치권의 엄청난 구애와 환대, 공정 세대로서 '이대남'에 대한 대량의 학문적 연구 결과들에 비교해 볼 때 이십 대 여성에 대한 논의는 사실 피상적이고 전형적이다. 이런 상황은 이십 대 여성을 무감각하고 무감정한 존재로 표상하는 방식의 기저에 놓인 한국사회의 젠더 정치의 맥락이다.

예를 들어 넷플릭스 드라마 〈섬바디〉에서 야스퍼스 증후군(감정 반응 능력이 없는 존재로 그려짐)을 앓고 있는 컴퓨터 프로그래밍 천재 섬, 드라마 〈사장님을 잠금해제〉의 비서 정세연은 "AI보

---

58 권명아, 『역사적 파시즘: 제국의 판타지와 젠더 정치』 참조.

59 권명아, 『음란과 혁명: 풍기문란의 계보와 정념의 정치학』, 책세상, 2013 참조.

다 더 AI 같은 존재"라고 설명된다. 부모의 부채에 시달리는 정세연은 '감정 없이 일만 해서' 회사 내 초고속 승진으로 사장 비서가 된다. 이와는 다른 것 같지만 연장에 있는 인물이 드라마 〈이상한 변호사 우영우〉의 우영우이다. 우영우 역시 자폐 스펙트럼 장애로 세상에 대한 반응 능력이 비장애인과는 다른 존재이다. 우영우 역시 이런 반응 역량 장애라는 소수자성이 오히려 법 전문가로서 뛰어난 역량을 발휘하는 원동력이 되는 것으로 그려진다. 일본 드라마 〈7인의 비서〉에서 심은경의 캐릭터 역시 무감정한 해커로 등장한다. 극중 심은경의 캐릭터는 이른바 '탈코르셋'으로 상징되는 20대 여성의 표상을 전형적으로 보여준다. 이런 표상은 한일 페미니즘 교류가 문화적으로 현상한 사례라고도 하겠다.

이 여성들의 무감정함은 장애, 부채, 질병 등과 같이 사회적인 소수성의 지표로도 그려지지만, 이 표상에서 그녀들의 소수성은 뛰어난 역량의 원동력이 된다. 컴퓨터에 능숙하며 타인의 감정에 대한 반응 역량이 부재한 존재로 20대 여성을 표상하는 방식은 새로운 세대 페미니즘에 대해 이해하거나 파악하는 데 실패하고 이른바 '온라인 페미니즘', '메갈', '탈코르셋' 등 몇 가지 클리셰로 환원하면서, 새로운 세대 페미니즘에 대해 이해하거나 파악하는 데 실패한 한국 사회의 특정 역사적 국면과 밀접한 관련이 있다. 또 20대 여성들의 정치화에 대한 이해에 실패함으로써 "20대 여성들은 차별받지 않는다", "오히려 20대 여성은 경쟁에서 남성보다 우위에 있다"는 식의 역차별론이나 이 연장에서 등장한 "20대 남성 신약자론"과 같은 백래시에 휘말려 들어가 버렸다.

그런 점에서 이런 드라마에서 사람들의 감정에 대한 반응 능력이 정상인과 다르지만, 뛰어난 역량을 지닌 존재로 20대 여성들이 표상되는 것은 표면적으로는 이들이 탁월한 역량을 지닌 존재로 그려져서 여성에 대한 재현에 있어서 윤리적으로 더 나아간 것처럼 보인다. 그러나 다른 맥락에서 보자면 이런 표상은 이들 여성들에게 소수자성(여성이라는 혹은 질병, 장애 등 모든 점에서)이 차별의 '원인'이 아니고 오히려 전문적 역량 성취를 위한 발판이 된다는 식의, 한국 사회에 만연한 역차별론이 만든 표상이라고 할 수 있다. 그런 점에서 특정 집단을 무감정하고 무감각 존재로 할당하는 느낌의 생명정치적 위계와 여기 작동하는 정동 정치는 역사적 특성과 그 차이화 과정에 대한 연구를 통해서 규명될 필요가 있다. 또 무감정한 20대 여성이라는 표상은 테크놀로지(인터넷과 컴퓨터 프로그래밍, AI 등)에 대한 젠더화된 인식과도 밀접한 관련이 있다. 즉 이른바 디지털 네트워크와 20대 여성은 기이한 방식으로 연결된다. 그런 점에서 오늘날 한국의 20대 여성, 혹은 새로운 페미니즘을 디지털 네트워크 기술의 용어로 이야기할 수 있고, 디지털 네크워크 기술에 대해 '오늘날의 20대 여성'에 대한 용어로 이야기할 수도 있을 것이다. '보편적 어펙트' 이론을 비판하고 어펙트를 인종, 젠더, 계급에 대한 지식과 생명정치의 역사를 비판하는 대안적 방법론으로 재구축하는 시도는 현재의 정동 정치에 대한 이론적 개입과 구별되지 않는다.

아이누의 히로인과 전쟁의 정동

나이토 치즈코(内藤千珠子)

1. 시작하며: 선주민 '아이누'와 현대 일본의 내셔널리즘

이 글은 현대 일본의 내셔널리즘이 불가시(不可視)한 성폭력과 결합하여 작동하는 문제에 대해 '아이누'라는 기호를 통해 고찰하고자 한다. 아이누는 홋카이도(北海道)와 도호쿠(東北) 북부, 치시마(千島)·가라후토(樺太, 사할린지역) 등에서 살아온 선주민족이다. 홋카이도는 일본 제국의 첫 '내국 식민지'로서 아이누는 일본 제국의 동화 정책으로 인해 그들의 토지와 언어를 빼앗겼다.

최근 일본에서는 '아이누'에 대한 관심이 높아져 학술적으로도 주목받는 테마가 되고 있는데 먼저 그 배경에 대해 간단히 설명하고자 한다. 2018년은 홋카이도에 '개척사(開拓使)'가 설치되고 식민정책이 실시된 지 정확히 150년이 되는 해로 '홋카이도 개척 150년'에 관한 축제 분위기가 고조되는 반면, '아이누의 목소

리'는 가시화되지 못했다.[1] 2019년에는 '아이누 신법(정식 명칭은 '아이누 사람들의 자긍심이 존중받는 사회를 실현하기 위한 시책 추진에 관한 법률')'이 통과되었지만 아이누 신법은 아이누를 '선주민족'으로 인정하면서도 선주권을 둘러싼 시각을 배제한 내용으로 성립되었다. 아이누 신법에 근거한 정책을 실현하기 위해 2020년 아이누 문화의 '부흥 · 발전' 거점으로서 '민족 공생 상징 공간(ウポポイ, 우포포이)'이 오픈되었다. 우포포이는 국립민족박물관을 포함한 복합시설로서 한때 인류학자 등이 부당하게 도굴해서 가져간 '아이누의 유골'을 안치하기 위한 '위령시설'이 마련되었다. 이로 인해 유골 반환 운동을 계속해 온 사람들로부터의 비판이 쏟아지고 있다.

그간의 사정을 정리하면 아이누의 선주권 관련 논의는 정치성을 배제한 '정부 지배로 인한 문화관광 계획'으로 대체되어 도쿄 올림픽에서 전 세계에 '공생'이나 '다양성(diversity)'의 메시지를 강조하기 위해 아이누를 효과적으로 이용하는 '허울뿐인 공생'이 전개되어 왔다고 총괄할 수 있다.[2]

한편, 인터넷상에서는 2010년대부터 아이누를 향한 헤이트 스피치로 '아이누 민족 부정론'이 등장했다.[3] '아이누 민족은 더이상

---

1 『アイヌからみた北海道一五〇年』라는 책의 모두에는 "축하는 그렇다 치고 아이누 사람들의 이야기는 어디로 가버렸을까? 그러한 소박한 의문에서 이 책을 기획하게 되었습니다"라는 글이 나온다. 石原真衣 編著, 『アイヌからみた北海道一五〇年』, 北海道大学出版会, 2021, p.i.

2 北大開示文書研究会 編, 『アイヌの権利とは何か』, かもがわ出版, 2020, p.36.

3 「アイヌ民族否定論へのカウンター言説」를 제시한 岡和田晃, マーク・ウィンチェスター 編, 『アイヌ民族否定論に抗する』, 河出書房新社, 2015 참조.

존재하지 않는다', '약자를 가장해 이권을 탐닉하고 있다'라는 식으로 '재일 한국인', '한국', '북한'을 향한 증오의 정동과 논리적 연관성을 가지면서도 분명히 존재하는 이들의 존재를 '부재'로 만든다는 점에서 대조적인 차이가 있어 선주민족과 관련한 정착민 식민주의(settler colonialism)의 폭력으로 논할 필요가 있다.

게다가 서브컬처 영역에서는 아이누의 이야기를 주제로 포함한 노다 사토루(野田サトル)의 〈골든 카무이(ゴールデンカムイ)〉가 인기 만화로 유행하면서,[4] 일반인들이 '아이누'의 문화와 역사에 관심을 갖기 시작했다. 〈골든 카무이〉는 러일전쟁 이후 홋카이도를 주무대로 하며 아이누의 이야기와 전쟁 논리가 교차하는 구조이다. 2014년부터 연재가 시작되어 2022년 완결되었지만 완결을 기념하는 '골든 카무이전'이 전국 각지에서 열려 화제를 모았다. 2018년부터는 TV 애니메이션화되고 2022년에는 실사 영화로도 발표되었다.[5] 영어판, 한국어판, 중국어판 등도 출간되었으며 2019년 영국 대영박물관에서 개최된 '만화 전시회'에서는 다양성 이념을 구현하였다는 평가를 받아 전시회의 상징적인 키 비주얼(key visual)로 〈골든 카무이〉가 선정되어 아이누의 히로인인 아시리파의 거대한 포스터가 전시되었던 사실도 기억에 생생하다.

만화 〈골든 카무이〉는 연재 기간 동안 헤이트 스피치에 항거

---

4 『週刊ヤングジャンプ』, 集英社, 2014. 8.~2022. 4; 단행본은 野田サトル, 『ゴールデンカムイ』, 全31巻, 集英社, 2015~2022.

5 비평적 평가도 높다. 2018년에는 데즈카 오사무 문화상 만화 대상(手塚治虫文化賞マンガ大賞), 2022년에는 일본만화가협회상 대상(日本漫画家協会賞大賞)을 수상하는 등 복수의 수상 경력을 보유하고 있다.

하며 인종과 민족, 젠더 요소를 균형 있게 풀어낸 양질의 작품으로 평가받아 왔다.[6] 하지만 젠더 관점에서 검증하자면 전쟁의 정동을 강화하고 제국적 성폭력을 연명시키는 문제가 포함된 텍스트이다.

본론에서는 '아이누'를 둘러싼 이야기 분석을 통해 증오의 정동 속에 담긴 젠더와 신체의 역학 관계를 살펴보고 내셔널리즘과 결합한 성폭력을 당연시하는 문화적 감성을 문제 삼고자 한다. 아이누라고 하는 기호와 젠더화의 문제에 대해서는, 「히로인으로서의 아이누 - 『골든 카무이』 속 상처의 폭력」[7]에서 논한 바 있지만, 해당 내용도 함께 살펴보고자 한다.

2. 〈골든 카무이〉의 세계

이야기의 주인공은 러일전쟁 귀환병인 스기모토 사이치와 '순진무구한 아이누의 소녀' 아시리파이다. 전쟁 후 스기모토가 홋카이도로 이동하여 알게 된 사실은 '일본인의 박해'에 대항하여 '아이누들'이 비밀리에 군자금을 마련하고자 사금을 모았고 그 금괴가 어딘가에 매장되어 있다는 정보였다. 얼굴이 없어서 '달걀귀신'

---

6 예를 들면 "아이누 민족 부정론이 유포되는 가운데 이 만화의 존재는 농밀한 아이누 문화를 실증하는 역할을 수행한다"라는 평가가 대표적이다. 木村元彦, 「エンタメ作品でアイヌ民族を知る」, 『週刊金曜日』, 2016. 8. 26.

7 内藤千珠子, 「ヒロインとしてのアイヌ-「ゴールデンカムイ」における傷の暴力」, 『思想』 No.1184, 岩波書店, 2022.

이라고 불리는 남자가 금괴에 연루된 아이누를 모두 몰살하고 금괴를 빼앗아 은닉하고 수감 중이라는 소문도 함께 들려왔다. 스기모토는 불곰과의 싸움을 통해 아시리파를 만나는데 아시리파는 아버지 우이루크가 '달걀귀신'에게 살해당했다고 생각해서, 두 사람은 각자의 이유로 금괴의 수수께끼를 쫓는 '파트너'가 된다. 모험의 여정을 떠난 두 사람이 금괴의 수수께끼를 쫓는 과정에서 달걀귀신이 사실은 아시리파의 아버지라는 점이 밝혀진다.

스기모토와 아시리파는 금괴 강탈을 목표로 하는 남자들과 싸워 나간다. 아시리파는 대자연에서 살아남기 위해 아이누의 지식을 스기모토에게 가르치고 스기모토는 아이누의 문화를 배운다. 연상인 스기모토가 아시리파를 '아시리파 씨'라고 부르고 아시리파는 '스기모토'라고 부르는 호칭이 보여주듯 이야기의 표층에서는 두 인물 사이에 젠더와 나이의 서열, 와진(和人, 일본인)과 아이누의 권력관계를 역전시킨 고유의 관계성이 맺어져 있다.[8]

〈골든 카무이〉는 비평계로부터 극찬을 받아왔다. "아이누에 대한 관심을 높인 공적이 각 방면에서 평가받고 있다"[9]라는 등 문화적 관심을 불러일으킨 역할을 긍정적으로 전하는 기사가 많다. 만화 속 아이누어 감수에 관여한 아이누어 연구자 나카가와 히로시(中川裕) 역시 "정성스러운 취재를 바탕으로 한 묘사를 통해 아이누에 대해서 비로소 자세히 알게 된 사람도 많다"[10]라는 코멘트

---

8 '와진'은 홋카이도를 이야기하는 문맥에서 아이누 민족과 대비하여 '일본인'을 지칭할 때 사용하는 말이다.

9 『毎日新聞』 夕刊, 2022. 4. 28.

10 「いまこそアイヌの知恵に学べ」, 『週刊朝日』, 2018. 6. 15.

를 달아 "강한 의지와 뛰어난 능력을 가진 아이누를 몇 명이나 중심 캐릭터로 등장시키면서 고도의 오락성으로 넓은 독자를 확보한 첫 작품", "다행히도 내 주위의 아이누 사람에게서는 호의적인 평가만 들을 수 있다"라고 평했다.[11]

아이누의 역사를 '비극'의 맥락에서 서술하는 것이 아니라 아이누를 능동적인 주체로서 긍정적으로 그리는 방향성은 작가나 편집자의 발언에서도 공통적으로 드러난다. 담당 편집자는 작가가 아이누 사람들로부터 "불쌍한 아이누를 그리는 것은 그만"이라는 말을 들은 에피소드를 언급하며 "아이누를 특별시하지 않는 것이 중요하다"라고 말했다.[12] 같은 에피소드는 여러 매체에서 반복적으로 강조되면서 이 만화가 전문가들의 협조와 철저한 취재를 바탕으로 아이누 문화를 전파한 작품이자 "픽션과 리얼리티의 절묘한 균형"을 이룬 작품이라는 찬사를 받기도 하였다.[13]

하지만 '아이누를 특별시하지 않는' 자세에는 위험한 문제가 내포되어 있다. 작가는 "아이누와 와진, 항상 공정한 입장에서 고려하고자 한다"[14]라면서 "오히려 와진을 일부러 악인으로 만드는 점도 우려했습니다. 제가 자료를 읽은 바로는 차별하지 않은 사람도 많았던 것으로 알고 있습니다. 그래서 저는 차별 없이 대하는 와진도 의식하여 썼습니다"[15]라고 설명한다. 다시 말해 수탈된 선주민

---

11 中川裕, 『アイヌ文化で読み解く「ゴールデンカムイ」』, 集英社新書, 2019.

12 『朝日新聞』, 2018. 7. 13.

13 中川裕, 앞의 책.

14 『朝日新聞』, 2018. 6. 8.

15 「未来へつなぎたい　ゴールデンカムイとアイヌの物語」, 『Moe.』, 2021. 12.

의 역사에 담긴 차별과 폭력으로 인한 비극을 최소화하고[16] 아이누와 와진을 공정하고 대등한 포지션으로 배치한 세계상을 표현한 것이다.

'페어'하고 '차별 없는' 관계를 상징적으로 나타내는 것이 바로 스기모토와 아시리파일 것이다. 이야기의 표층에서는 파트너인 두 사람이 대등한 관계를 구축하기 위해 계속 노력해 나가는 듯한 인상을 준다. 하지만 이야기의 구조와 여성 표상이라는 관점에서 검증해보면 아이누의 소녀 아시리파는 폭력을 불가시의 장소에 숨기면서 독자들에게 암묵적인 양해와 안도감을 주는 기호적 효과를 지니고 있음을 알 수 있다.

그 기호적 효과는 공식적인 표면의 뒤에 암묵적인 양해를 갖다 붙인 제국적 성폭력의 논리에 의한 것이다.[17] "작품에서 가장 끌리는 존재는 매력적인 히로인 아시리파입니다. 아이누 민족의 대표가 되는 존재를 소녀로 설정하신 이유가 무엇인가요?"라는 질문에 대한 작가의 답변에는 그야말로 제국적 성폭력의 논리와 일치하는 표현이 엿보인다.

> 소녀이기 때문에 절묘한 거리감을 낼 수 있었다. 만약 아시리파가 성인 여성이었다면 아무래도 스기모토가 그녀를 어떻게 생각하고

---

16 차별의 역사가 전혀 서술되지 않은 것은 아니다. 작가는 '제1권에서 아이누에 대한 와진의 박해와 차별을 그려냈고, 이 작품의 줄기인 아이누 금괴 자체가 와진의 착취와 박해로부터 저항하기 위한 군자금이라는 설정입니다'라고 말하고 있다. 『読売新聞』 大阪朝刊, 2022. 7. 8.

17 제국적 성폭력 구조에 대해서는 저서 『「アイドルの国」の性暴力』(内藤千珠子, 新曜社, 2021)에서 상술한 바 있다.

있는지가 궁금해질 것이다. 소녀이기 때문에 그 점을 신경 쓰지 않고 이야기를 따라갈 수 있다. 스기모토가 목숨을 걸고 아시리파를 지키는데, 만약 상대가 매력적인 성인 여성이었다면 독자는 스기모토의 행동에 현재와는 다른 감정을 상상했을 것이다.[18]

작가가 표명한 공식 입장은 '소녀'라는 기호가 성적 소비의 대상이 되는 현실 세계의 소비 코드를 부인한다. 분명 스기모토와 아시리파의 이야기는 전형적인 이성애 관계로서 진전되지 않으며, 아시리파의 표상에서 성적 이미지를 강조하는 경향은 보이지 않는다. "소녀이기 때문에 신경 쓰지 않고 이야기를 따라갈 수 있다"라는 견해는 독자 공동체에게 소녀를 성적으로 소비하는 코드에서 벗어나도록 촉구할 것이다. 하지만 소녀가 소비의 욕망이 되고 성적으로 착취당하는 폭력이 현실에 존재한다는 점은 누구나 알고 있다. "소녀이기 때문에 신경 쓰지 않고 이야기를 따라갈 수 있다"라는 부인의 몸짓은 제국 시대 검열 시스템 안에서 생성된 복자(伏字)의 효과와 마찬가지로, 존재한다는 사실을 알면서도 무시하고 암묵적 양해에 따라 의미 공유를 요청하는 방식으로 복자에 숨겨진 문자, 사각지대에 갇힌 폭력에 눈감게 하는 논리로 뒷받침된다.

하지만 그렇다고 해서 사각지대를 만드는 기능을 부여받은 이 히로인이 소녀라는 기호를 소비하는 폭력으로부터 자유로울 수는 없다. 아이누 민족의 대표로 설정된 매력적인 히로인의 기호

18 「未来へつなぎたい　ゴールデンカムイとアイヌの物語」, 『Moe.』, 2021. 12.

적 가치를 소비의 욕망이 놓칠 수는 없기 때문이다.

그것이 손쉽게 관광화라는 소비의 역학으로 이어지는 현황을 고려하면 '아이누의 소녀'가 가지는 상품 가치는 분명하다. 2018년부터 TV 애니메이션과 함께 "홋카이도는 골든 카무이를 응원하고 있습니다"라고 내건 스탬프 랠리(stamp rally)가 진행되고 있는데, 이 캠페인에는 '아이누 민족'과 '소녀'를 관광자원으로 삼는 원리가 작용하고 있다.[19] 캠페인이 권장하는 '성지순례'는 이동 체험을 통해 증강현실(AR) 캐릭터를 획득하면서 홋카이도 전역에 걸친 명소를 제패하려는 욕망을 충족시킬 것이다. 참가자에게는 관광이라는 소비 역학에 식민지주의의 지배 형태가 포함된 체험이 마련되어 있다. 무수한 사람들의 신체가 그를 거치면서 제국의 폭력은 신체화되고 실천되어 간다.

3. '아버지의 딸'과 '역전' 운동

히로인의 기호적 위치에는 폭력을 사각지대에 보관하는 기능과 역전의 운동성이 작동하는데, 이 역전 운동을 구체적인 이야기 전개를 통해 확인하고자 한다.

---

19 전 홋카이도관광진흥기구 광역관광부장 다나카 요이치(田中洋一)는 "애니메이션의 무대는 홋카이도. 러일전쟁기를 중심으로 홋카이도의 역사와 문화가 그려지는 외에 아이누 소녀가 등장해서 홋카이도 여행으로의 소구가 기대되는 내용"이라고 말하고 있다. 田中洋一, 「北海道はゴールデンカムイを応援していますﾟスタンプラリー」による博物館を活用した北海道の観光施策」, 『博物館研究』, Vol.55, No.2, 日本博物館協会, 2020.

〈골든 카무이〉에서는 아이누의 존재를 아시리파가 대표함으로써 아이누가 여성 젠더화되고 있다.[20] 다만 아시리파는 젠더 규범으로부터 자유롭고 전투 능력도 높아 스기모토에게 문화적 지식을 가르치는 상위 입장에 선다. 이 때문에 아이누 소녀가 가치 전복적으로 활동하는 이야기 전개에서 아이누와 여성을 하위 구분화해 온 근대 질서에 마찰이 생긴다. 히로인을 빛내는 역전 운동에는 이원 구조에 균열을 만드는 새로움이 엿보이기 때문에 다양성의 체현이라는 관점에서의 작품 평가로 이어져 왔다고 할 수 있다.

하지만 가치의 전복은 표면적일 뿐 이야기 속 히로인은 남성화한 제국의 권력 속에서 종속화되고 여성 젠더화한 장소에 갇혀 있다.

첫째, '아이누의 금괴' 쟁탈전이 진행됨에 따라 남자들은 점차 금괴의 수수께끼와 결부된 아시리파를 욕망의 대상으로 간주하게 된다. 아버지 우이루크가 살해되고 금괴의 수수께끼를 푸는 열쇠를 아시리파가 쥐고 있다는 사실이 분명해지자 남자들이 아시리파의 소유를 놓고 다투고 서로 죽이는 구도가 펼쳐지는 것이다. 해당 구도에는 남성 젠더화한 제국과 여성 젠더화한 식민지를 둘러싼 소유와 지배의 욕망을 그리는 이야기의 정형이 자리한다.

둘째, 아시리파의 의지나 지혜는 항상 아버지로부터 받았다는 사실이 반복적으로 그려진다. '새해'라는 뜻의 아이누어인 '아시리

---

20 아이누라는 기호가 여성 젠더화되는 구조에 대해서는 内藤千珠子, 「フィクションの暴力とジェンダー」, 石原真衣 編, 『記号化される先住民 / 女性 / 子ども』, 青土社, 2022 참조.

파'의 이름은 '나는 새로운 시대의 아이누 여자다!'라는 그녀의 인식과 연결되어 있지만 이름을 지은 사람은 아버지이다. 우이루크는 가라후토 아이누인 어머니와 폴란드인 아버지를 두었으며, 홋카이도 아이누 여성과 결혼하여 아시리파를 얻었다. 아버지의 신체적 특징인 '푸른 눈'은 딸에게 계승되고, 그를 아는 어른들이 '푸른 눈'을 보고 그녀를 우이루크의 딸로 인식하는 장면은 작중에서 여러 차례 반복된다. 일찍이 '엄마 이야기'를 해달라고 조르는 딸에게, 아버지는 이렇게 말한다.

> 나의 피와 이 땅에 사는 아이누의 피/섞인 너는 새로운 아이누의 여자가 되리라/그리고 아이누를 이끄는 존재가 되리라/너의 눈은 나와 같은 눈이다.(8권, 74-75쪽)

'새로운 아이누의 여자'라는 아버지의 말은 아시리파의 존재를 증명하는 근거가 되며 아시리파가 그야말로 '아버지의 딸'이라는 사실을 표상한다. 그녀는 아버지의 의지와 욕망을 대행하는 포지션인 셈이다.

혼혈성을 표상하는 '푸른 눈'을 가진 아시리파의 신체적 배경에는 근대 아이누의 멸망 이야기 논리가 인용되었지만[21] 네거티브

---

21 근대의 담화 공간에서는 와진(일본인)과 아이누의 '혼혈'은 동화와 멸망의 차별적 논리를 구성하는 요소였다. 사카다 마나코(坂田美奈子)는 근대 일본의 우생학적 인종론이라는 차원과, 정착민 식민주의의 차별 구조라는 두 가지 국면으로 인해 '혼혈 아이누'에 관한 현대의 헤이트 담화에 대해서 고찰할 필요가 있다고 논했다. 坂田美奈子, 「書評: リチャード・シドル 著′マーク・ウィンチェスター 訳, 『アイヌ通史「蝦夷」から先住民族へ』, 岩波書店, 2021」, 『アイヌ・先

한 차별적 논리를 긍정적으로 역전시키는 형태로 아시리파의 신체는 이용가치가 있는 자원으로서 남자들의 소유와 지배 욕망을 유인해 나간다.

〈골든 카무이〉라는 텍스트에는 일본어 담론 속에 기억으로 축적되어 온 이야기들이 역전이나 변형을 겪으면서 인용되어 있다. 수동화되어 온 아이누와 여성은 능동적인 장소로 옮겨져 있다. 혼혈이라는 표상의 이면에는 아이누의 멸망이라는 이야기의 차별적 정형이 깔려 있다. 겉으로는 가치가 전도되고 마이너리티를 능동적으로 그리는 창조적인 지평이 펼쳐지는 것 같지만 인용을 통해 제국적 이야기의 정형이 현대에 환기된다는 것 자체에 세심한 주의를 기울여야 한다.

왜냐하면 역전되어 전도된 정형은 원래의 구조를 그대로 보존하고 있기 때문이다. 역전 운동은 반복될 가능성이 있기 때문에 다시 한번 반전시키면 이야기의 구조는 더욱 선명해질 수 있다. 게다가 이야기에는 스스로 깊이를 부여하기 위한 원리로서 현실 세계의 차별 조건을 이야기의 높은 가치 요소로 삼는 것을 선호하고 이용하려는 성질이 있다. 겉보기에는 질서나 가치의 서열이 뒤바뀐 것 같아도 원형에 있는 제국적 구조는 그대로인 채 이야기의 정형이 현재의 언어로 갱신된다는 말이다.

住民研究』, 第二号, 北海道大学アイヌ · 先住民研究センター, 2022.

4. '상처'가 있는 남자들과 트라우마의 도용

그렇다면 아이누의 금괴와 히로인을 놓고 투쟁하는 남자들은 어떻게 그려질까? 리더가 되는 남자들이 이끄는 주요 집단을 나열해 보면 모두 제국적 권력에 대해 반역중이라는 공통점이 있음을 알 수 있다.

대표적인 세력으로는 첫 번째로 육군 군인들의 그룹이 있으며 이들은 쿠데타를 일으켜 군사정권을 수립하려 한다. 두 번째로는 에도 막부 말기 신센구미(新撰組) 생존자를 중심으로 구성된 그룹이 홋카이도를 독립시켜 나라를 세우고자 한다. 세 번째로는 소수민족 독립을 위해 러시아 혁명조직과 결탁하여 극동연방국가 형성을 노리는 세력이 있다.

남자들은 서로 싸우고 죽이는 관계이지만 저마다 금괴를 필요로 하는 목적과 정의가 있고 저항, 독립, 혁명과 같은 차이는 있어도 그 이념은 가치로 승인되고 있다. 따라서 투쟁에 목숨을 거는 남자들 사이에 호모소셜한(homo-social) 유대관계가 생성된다는 점을 읽어내기란 어렵지 않다. 호모소셜한 유대관계가 생긴 제국의 반역자들은 인종이나 민족의 속성과 상관없이 대등한 경쟁자인 것처럼 묘사된다.

그들의 유대감의 근저에는 반역이라는 요소와 더불어 각자의 좌절과 상실의 경험이 배치되어 상처받은 남자들의 아픔은 금괴 강탈전을 정당화하는 효과를 낳는다. 남자들의 고통을 수반하는 기억은 그들의 몸에 남겨진 상처, 특히 스기모토와 아시리파의 아버지인 우이루크가 공통적으로 갖는 얼굴의 상처로 상징된다고 할 수 있다.

전쟁 영웅인 스기모토는 얼굴에 남는 큰 상흔이 강조된 캐릭터이다. 그가 부상을 입었을 때 아시리파가 "상처는 아픈가?"라고 스기모토를 걱정하면서 스기모토의 러일전쟁 기억에 관한 대화가 시작되는 장면이 나온다. "전쟁터에서는 자신을 부수고 다른 인간이 되지 않으면 싸울 수 없다", "우리는 그렇게라도 하지 않으면 살아남을 수 없었다"라고 말하는 스기모토에게, 아시리파는 "다들 본연의 자신으로 돌아갈 수는 없었던 건가?" 하고 묻는다.

> 돌아갈 수 있는 녀석도 있었겠지/고향으로 돌아가 가족들과 시간을 보내면서/원래의 자신을 되찾을 수 있을지도 모르지/일본으로 돌아와도 원래의 자신으로 돌아갈 수 없는 녀석은/마음이 계속 전쟁터에 가 있어(10권, 187쪽)

아시리파의 아버지인 우이루크 역시 혁명 투쟁 과정에서 얼굴에 큰 상처를 입었다. 특히 스기모토의 신체를 통해 얼굴의 외상은 남자들이 싸움터에서 겪은 트라우마를 가시화하는 장치로 기능하고 있다. 아버지와 마찬가지로 얼굴에 큰 상처 자국이 있는 스기모토에게 아시리파는 깊이 의지한다. 아시리파의 이성애적 감정은 점차 명확해지지만 스기모토가 아시리파를 생각하는 마음은 연애 감정으로 그려지지 않고 히로인의 연정은 비대칭적으로 일방통행의 형식을 보인다.

텍스트상에서는 얼굴에 전쟁이나 혁명 투쟁의 상처를 가진 남자에게 여자들이 이루지 못하는 연정을 품는 형식이 반복되고 있다. 소녀 시절 우이루크를 사모했다는 아이누 여성 등장인물의 "얼굴에 상처가 있는 남자가 너무 좋다"라는 말은 〈골든 카무이〉에서의 전쟁의 정동을 상징한다.

얼굴의 상처가 전쟁이나 투쟁 속에서의 트라우마를 표상한 것이라고 볼 때, 아이누의 금괴를 둘러싼 끝없는 투쟁과 살인은 트라우마 체험의 반복이라는 운동성을 이야기에 부여한다. 주디스 루이스 허먼(Judith Lewis Herman)이 말했듯이 '트라우마성 기억은 말이 없는 얼어붙은 기억'이다. 서사성이 결여되고 생생한 현실성을 띠는 트라우마성 기억을 생존자는 강박적으로 위장해서 불수의적으로 다시 체험하며 외상적인 장면을 반복 재연한다. 트라우마는 자기 파괴적으로 현재에 침입해 기억을 단편화하고 신체를 무감각화하며 생존자에게는 영구적으로 영향을 미친다.[22] 〈골든 카무이〉에서 '마음이 계속 전쟁터에 가 있는' 남자들의 심리적 외상은 그들의 신체를 싸움의 반복으로 몰고 간다. 사랑하는 남자가 또 다른 상처를 입을 것을 걱정하는 여자들은 상처에 부드럽게 다가간다. 상처를 위로하는 여자들은 이성애의 규범과 정형을 통해 남자들의 상처를 매력적인 가치로 변환시키고 전쟁 이야기에 활력을 주면서 상처를 가진 남자들을 또 다른 투쟁으로 향하게 한다.

하지만 트라우마는 말을 꺼내기가 매우 어렵고 다가가기도 망설여지는 현재진행형의 아픈 상처이다.[23] 충격적이었던 사건과

---

22 ジュディス·L·ハーマン, 中井久夫 訳,『心的外傷と回復』, みすず書房, 1999, pp.46-74.

23 미야지 나오코(宮地尚子)는 트라우마가 이야기되고 표상될 때, 그 공간은 중공

현재와의 관계를 파악할 수 없고, 그에 대해 말하는 것을 억압하는 힘과 침묵의 비밀스러운 기억에 말을 부여하려는 힘이 끊임없이 충돌하여 이해하기가 어렵고 이해를 돕기 위해 참조할 만한 틀도 존재하지 않는다. 끝없는 전쟁의 연속과 결부된 얼굴의 상처는 이야기하기가 거의 불가능에 가까워서 보이지 않는 영역에 있어야 할 상처의 아픔을 알기 쉬운 다른 차원으로 부당하게 대체시키는 것은 아닐까?[24] 다가갈 수 있는 가시적인 상처는 싸움에서 살아남은 명예의 훈장으로서 제국적인 '남자다움'의 가치가 더해져 히어로들의 싸움이 계속되는 것에 설득력을 부여한다. 서사성이 결여된 트라우마의 기억을 이야기로 이어서 재구성하는 일은 생존자들이 현재를 살아가는 데 있어서 중요한 역할을 하지만, 통제할 수 없는 기억을 어떻게든 이야기로 이어주는 것과, 상처가 이야기를 기동하기 위해 동원되고 도용되는 것은 전혀 다른 일이다.

상처는 연애를 유인하고 투쟁을 계속하게 한다. 눈에 보이지 않는 상처의 아픔을 전쟁 이야기의 동력으로 이용하는 가시화된 상처는 '아이누 금괴'의 불합리한 강탈을 이념 투쟁이라는 이야기로 바꾸고, 저항이라는 이념을 위해 살아가는 남자들을 싸움의 영웅으로 치켜세우는 것이다.

(中空) 구조라는 점, 가장 중심에 있는 사람은 결코 그 체험을 이야기할 수 없으며 침묵해야만 한다는 점을 지적한다.

24 시모코베 미치코(下河辺美知子)는 트라우마와 공동체의 기억에 대해 사고한 『トラウマの声を聞く』(みすず書房, 2006)에서 트라우마 체험은 현재의 증상과의 관계를 알기 어렵다는 특징을 가지며, 그에 대해 생각하거나 말하기를 억압하는데 트라우마와 현재의 관계를 '플롯의 축으로 이용'하는 일은 트라우마라는 현상의 충격을 평범한 이야기로 바꾸는 행위라고 비판적으로 지적한다.

5. 상처의 폭력, 상처를 둘러싼 전쟁

여러 수수께끼가 풀리는 과정에서 아시리파의 아버지는 부당하게 금괴를 독차지한 것이 아니라 정식 '토지 권리서'를 딸에게 맡기려 했던 것으로 밝혀진다. 같은 결론을 추측하던 아시리파는 아버지와 자신의 의지가 일치했다는 사실에 만족한다. 히로인은 아버지가 딸에게 부여한 숙명에 순종하며 가부장적 권력을 위협하지 않는 아버지의 딸로 남는 것이다. 다시 말해 히로인의 능동성은 새로운 아이누의 여자가 되라는 아버지의 명령에 딸이 복종하는 형식을 통해 드러난다.

결국 스기모토와 고향으로 돌아간 아시리파는 '아이누와 와진의 협력'을 통해 문화를 후세에 전파하고자 노력한다. 정부와 협상 끝에 권리서의 토지 대부분은 국립공원으로 지정된다. 이야기의 종착점에서 아이누의 '토지 권리'는 국가의 관리에 맡겨졌기 때문에 선주권 논란이 불거질 일은 없다. 즉 '아이누의 소녀'는 가부장적 권력도, 제국이나 국가의 권력도 위협하지 않는 포지션에 이른다.

아버지의 권력에 보호받고 제국의 제도를 거스르지 않으며 규범을 수용하는 히로인은 이야기가 부여하는 혜택에 따라 성적으로 소비되고 성폭력을 당하는 직접적인 신체의 위험에서는 벗어나 있는 것으로 보인다. 하지만 다시 살펴보면 〈골든 카무이〉의 세계에는 일관되게 창녀들이 있는 풍경이 그려진다. 창녀를 사는 남자들의 욕망, 성기 중심주의적인 내러티브는 텍스트 구석구석에 존재하며 히로인의 신체는 성적 농담과 언소를 적극적으로 반복하고 용인한다. 해당 부분에서 확산되는 것은 식민지 공창제도를 계속 시인해 온 일본의 현실과 겹치는 풍경이다. 그 풍경에 역사적 현실을 연결하면 아이누 여성들의 신체가 일본 남성들에 의해 성적으로 소비되어 왔음을 상기하지 않을 수 없다.[25] 히로인은 모든 여성들과 마찬가지로 신체가 언제 성폭력의 대상이 되더라도 이상하지 않은 상황이지만 제국적 성폭력 시스템이 만드는 사각지대에 감춰져 있을 뿐이다.

〈골든 카무이〉에는 제국적 성폭력의 현재형이 그려져 있다. 그 현대적 내셔널리즘의 폭력은 겉으로는 폭력으로 보이지 않는 모습을 취하고 있다. 혁신적인 방법으로 아이누를 그리는 이야기에는 상처의 폭력, 즉 상처를 둘러싼 폭력의 회로가 존재한다. 보이지 않는 상처를 보이는 상처로 집약하여 아픔을 알기 쉬운 의미로 대체하고 상처를 전쟁 이야기에 봉사하도록 하는 셈이다. 이야기 속에서 히로인이 도달한 '공생'의 논리는, 국가의 관리하에서 이야기되는 '공생'과 닮아 있다.[26] '공생'이 이야기될 때, 그것은 특권을 가진 계층으로부터 폭력적으로 작동하여 아이누가 경험한 역사적

---

25 19세기에는 와진이 아이누 여성을 '처첩(妻妾)'화하는 사례가 많았지만 강제적인 처첩화로 인해 아이누 여성들은 낙태를 강요당하거나 성병을 앓는 등 죽을 위기에 처했다. 海保洋子, 『近代北方史』, 三一書房, 1992.

26 아라이 가오리(新井かおり)는 '공생'이 행정용어로 사용되면서 마이너리티를 배제하는 기능을 띠게 될 위험성이 증가하고 있다고 논한다. 新井かおり, 「あるアイヌの「共生」の内実」, 『アイヌ・先住民研究』 第二号, 北海道大学アイヌ・先住民研究センター, 2022.

트라우마나 식민지 트라우마는 보이지 않게 만드는 효과를 낳는다.[27] 〈골든 카무이〉의 히로인이 도달한 곳은 트라우마나 상처를 보지 않도록 권장되고 폭력이 불가시된, 현대적 내셔널리즘으로 통제되는 장소이다.

제국적 성폭력은 피상성을 동력으로 도용하여 새로운 차원을 열어 전쟁 이야기를 지속시킨다. 아이누가 겪은 역사적 트라우마나 소녀의 성이 소비되는 폭력에 대해 사고하는 장소를 사각지대에 가둔 텍스트는 아픔이나 죽음이 명예가 되는 남자들의 상처, 수용자가 안심하고 소비할 수 있는 상처를 사용하여 이야기를 끌고 간다. 남성다운 상처가 특권화되는 무대에서는 남성 젠더화한 주체는 공격하는 것만을 선택할 수 있고 능동적이기 위해서는 지배의 욕망을 나누어 가질 수밖에 없다.

하지만 남자들의 상흔의 트라우마를 대표하고 전쟁 이야기를 수행하는 텍스트에 인용된, 이야기의 기억을 주의 깊게 사고하면 역사가 서술되는 과정에서 망각되는 트라우마적 상처를 상상할 수 있을 것이다.[28] 〈골든 카무이〉의 텍스트에는 마이너리티의 상처나 트라우마를 불가시의 영역으로 옮기는 역학이 작용하여 독자가 자신의 상처를 덮고 읽을 수 있는 장치가 마련되어 있다. 상처

---

27 ツァゲールニック・タッチャナ,「トラウマの概念をアイヌの文脈に当てはめる」,『アイヌ・先住民研究』第一号, 北海道大学アイヌ・先住民研究センター, 2021.

28 캐시 카루스(Cathy Caruth)는 체험하는 순간부터 망각이 따라다니는 트라우마의 구조가 역사 서술 속에 내재한다고 논했는데, 트라우마적인 이야기는 '망각된 상처를 목격하는 형태를 취하며 문학 속에 집요하게 계속 존재한다'는 점에 주의해야 한다. キャシー・カルース, 下河辺美知子 訳,『トラウマ・歴史・物語』, みすず書房, 2005, p.9.

받지 않고 소비할 수 있는 담화 구조에는 아픔과 떳떳하지 못한 감정을 느끼지 않게 하는 장치가 마련되어 있지만 사각지대를 이용하여 상처를 무시할 수 있다고 하더라도 그 상처가 소멸되는 것은 아니다. 그렇다면 그 떳떳하지 못한 감정을 단서로 피상성을 폭력적으로 숨기는 사각지대에 갇힌, 자기 자신을 아프게 하는 정동에 대해서 고민해봐야 하지 않을까?

번역 : 신해인 (이화여자대학교 통번역대학원)

타이완 가자희와 한국 여성국극 속 과도기적 신체와 정동적 주체

첸페이전(陳佩甄)

2011년 연구자료 수집 차 서울에 머물 때 지인의 초청으로 서울의 한 노천극장에서 다큐멘터리 영화 〈왕자가 된 소녀들〉을 관람했다. 1950년대 한 시대를 풍미하다가 급격히 몰락했던 '여성국극'과 그 역사를 처음으로 알게 된 것이 바로 그때였다. 그 후 2017년 타이베이비엔날레에서 〈여성국극프로젝트〉를 10년 가까이 진행한 예술가 정은영의 작품 〈변칙 판타지(Anomalous Fantasy)〉(2016)[1] 공연이 있다는 소식을 듣고 흥분된 마음으로 공연을 보러 갔다. 그러나 동일한 주제, 동일한 역사를 재조명한 작품이었음에도 그 두 번의 영화/공연 관람의 경험은 필자에게 완전히 다르게 다가왔다. 돌이켜보면, 〈왕자가 된 소녀들〉을 관람할 때는 어렸을 때 할아버지 할머니와 함께 봤던 TV 가자희나 한때 최고 인기를

1 〈변칙 판타지_한국판(Anomalous Fantasy_Korea Version)〉, 01:25:00, 2016.

누렸던 남역 배우 양리화(楊麗花, 1944~)[2]가 떠올랐기 때문에 '여성국극'의 역사를 처음 알게 되었음에도 영상 속 내용이 낯설게 느껴지지 않았고 한국에서 그런 다큐영화를 제작할 수 있다는 점이 굉장히 부러웠다. 그런데 타이베이미술관에서 〈변칙 판타지〉를 관람했을 때의 경험은 결코 유쾌하지 않았다. '여성국극'을 주제로 한 무대공연이라는 사실만 알고 있던 상황에서 공연 중간에 관객석에서 한 사람씩 일어나 노래를 부르는[3] 예상 밖의 장면으로 인해 매우 당황스러웠다.

그 후 수년간 그 두 차례의 영화/공연 관람 후 느낌이 달랐던 원인을 고민한 결과, 현대 LGBTQ 운동에 대한 다큐멘터리와 예술 공연의 개입 수준이 크게 차이가 났기 때문이라는 것으로 생각이 모아졌다. 필자는 〈변칙 판타지〉 연출자가 복원하기 힘든 복잡한 역사를 현대 서구 LGBTQ 운동으로 끼워 맞춰 넣는 것에 대해 매우 회의적이며, 그러한 공연 형태를 퀴어 또는 트랜스젠더라고 부르는 것에 대해서도 경계한다. 그러나 현대 타이완 문화계 및 학계에서는 '여성국극과 가자희'의 '여성 동성 간 친밀한 관계'를 논할 때마다 항상 후자의 표현과 분석에 치중하고 있음이 관찰된다.[4] 이에 이 글에서는 상술한 경험을 다시 톺아보면서 '과도기적

---

2 양리화(楊麗花)라는 이름은 타이완 가자희의 대명사로서, (그는) 라디오 가자희, 타이완어 영화, TV 가자희에서 국가극원에서의 공연에 이르기까지 출연 경험이 매우 풍부하다.

3 이 작품은 여성국극 연기자가 리허설하는 신체와 자태를 표현했고, 나중에 한국 게이 합창단 G-Voice가 공연에 참여했다. 2017년 타이완 공연 때에는 타이완 게이 남성들로 구성된 'G메이저 남성합창단'(2011년 창단)이 협연했다.

4 여기서는 '성/젠더'에 대해 논하거나 '성/젠더'를 중심축으로 하는 문화 생산 및

신체(transitional bodies)'라는 관점에서 2차대전 후 한국 여성국극과 타이완 가자희의 전통 연극에서 망각된 여성 동성 친밀성의 역사를 다시 읽을 것을 제안하며 1950년대 타이완과 한국의 사회 정치 문화의 급격한 변화 및 과도기성을 관조해 보고자 한다. '과도기적 신체'는 여성국극과 가자희의 유사한 하이브리드형 미학 스타일, 트랜스젠더 분장의 공연하는 신체를 가리키는 말로서, 그 신체성은 1950~1960년대 두 지역의 정치, 경제, 문화적 과도기에 가장 유행했던 것으로 나타난다. 그러나 바로 강력한 '과도기성'으로 인해 그들 두 공연 문화가 1960년대 이후 주류 역사에서 지워졌고, 그 특별한 젠더 횡단의 역사 역시 현대 서구의 과학과 문화의 영향으로 오랜 기간 LGBTQ 담론에서 배제되었다.

당시 역사에 대한 다시 보기는 1990년대 이후가 되어서야 타이완과 한국의 문학 작품과 다큐멘터리를 통해 이루어졌고, 현대 LGBTQ 역사에 다시 쓰여졌다. 이 글에서는 1990년 타이완의 문학상 수상작 「실성화미(失聲畫眉, The Silent Thrush)」(1990)와 동명의 영화(1991)를 재조명하고, 한국 다큐멘터리 영화 〈왕자가 된 소녀들〉(2011)과 연극공연 시리즈 〈여성국극프로젝트〉(2009~2018)를 통해 여성국극과 가자희에 나타난 동성 친밀성이 어떻게 하여 LGBTQ 역사의 일부로 이해되었는지를 논할 것이다. 또한 동시대적 관점에서 역사적 맥락을 배제한 채 1950년대의 역사를 LGBTQ의 역사라고 재해석할 경우, 여성국극과 가자희 그리고 거기에 나

연구논문을 가리키며, 이들 작품은 이어지는 두 절의 분석에서 반복해서 등장하게 될 것이다.

타난 동성 친밀성의 역사를 제한할 뿐 아니라, 그들을 서구 인식론에 기반한 트랜스젠더적 주체로 간주하게 되며 더욱이 그 복잡한 신체성을 독점하게 된다고 판단한다. 이에 이 글에서는 〈변칙 판타지〉를 통해 기존의 국가 및 LGBTQ 서사의 맹점과 다양한 인식론적 문제를 강조할 것이다.

이 글에서는 '성/젠더 정체성'의 문제를 넘어서기 위해 다음 장에서 여성국극과 가자희의 발전사를 간단하게 정리함으로써 '과도기성'의 역사적 의미를 드러내고 여성국극과 가자희라는 공연예술을 중심으로 형성된 퀴어 친밀성과 여성 커뮤니티를 특정 역사 및 공연의 장으로 돌려놓고 살펴보고자 한다. '과도기적 신체'는 항상 젠더 이분법, 합법적 정체성과 불법적 정체성, 정상과 비정상이라는 분류 규범 사이에 존재한다. 여성국극과 가자희 속 여성 간 동성 친밀성, 삶의 방식, 커뮤니티 내 연대가 '성 정체성'으로만 설명되지 않듯이, 동성 친밀성을 연기하는 사람들은 스스로를 퀴어 또는 동성애라고 생각하거나 주장하지 않는다. 따라서 이 글에서는 '강제적 동성애(compulsory lesbian)'라는 개념을 제시하여 이성애 헤게모니의 메커니즘 속 여성 간 욕망을 살펴보고 '레즈비언 연속체' 등 퀴어 읽기의 효용성을 재검토하며 이를 통해 지금 사회에서 현대 서구의 지식 생산이 독점해 온 퀴어 이론과 LGBTQ 운동 담론에 저항하고자 한다. 마지막으로, 이 글에서는 '퀴어 역사의 재구성'을 위해서는 성 정체성의 실천뿐만 아니라 정동적 연대의 구축이 필요하며, 이를 통해 역사의 복잡성을 고찰하고 이들 환상이 만들어 낸 특수성을 직시한다면 타이완과 한국의 현지 역사 구성을 더욱 잘 상상할 수 있을 것이라 판단한다.

1. '과도기적 신체': 여성국극과 가자희의 역사적 특수성

본 장에서 소개할 여성국극과 가자희의 역사와 흥망성쇠는 2차대전 후 약 20년에 걸쳐 이루어졌지만, 이들 두 공연예술의 약사(略史)를 논하기보다는, '커뮤니티'와 '스타일'이라는 두 가지 측면에 초점을 맞추어 선행 연구를 되돌아보고 이를 전후 타이완과 한국의 정치 문화 변화에 투영함으로써 그 '과도기성'을 부각하고자 한다. 여기서 '커뮤니티'란 여성을 주요 구성원으로 하는 공연자와 관객들 간에 친밀한 관계가 형성된 집단을 의미하며, '스타일'이란 여성국극과 가자희가 시대 변화에 따라 형성해 온 문화간 공연 형태와 요소를 의미한다. 따라서 본 절 제목에서 '신체'라는 단어는 여성국극과 가자희 자체뿐만 아니라 공연에 포함된 트랜스젠더적 분장을 의미하기도 한다.

1.1. 타이완 가자희의 매개된 신체

가자희는 타이완 전통 연극 형식의 하나로 간주되며, 타이완의 정치적 정체성과 위기, 문화적 전환과 재구성 과정을 따라 발전해왔다. 일반 연구자들은 1963년 『이란현지(宜蘭縣志)』에 기록된 정보를 토대로 가자희라는 연극 형식이 19세기 말~20세기 초 이란(宜蘭) 뤄동(羅東)(이란 현 정부, 1963)에서 시작되었다고 판단한다.[5] 역사학자 왕순룽(王順隆, Wang Shun-Long)이 일제강점기 정부 자료를 조사한 바에 따르면, '가자희'라는 용어를 최초로 사용한 언론 보도는 1927년 『타이완민보(台灣民報)』에 실린 "가자희를 어떻게 금지할 것인가?"라는 제하의 기사였다. 따라서 '가자희'라는 용어가 1920년대에 보편적으로 사용되었을 것으로 추정할 수 있다.[6] 일제강점기에 가자희가 날로 발전하자 기업인들이 전문 극단을 창단하여 타이완 전역의 도시와 마을에 지어졌던 상업용 극장에서 공연했다. 타이완 전통 민속극 연구자 스따이루이(司黛蕊, Teri Silvio)는 선행연구에 대한 검토한 후 당시 극단의 전문화 이후 나타난 중요한 변화를 네 가지로 정리했다.

> 첫째, 여성이 공연에 참여하게 되었다. 둘째, 많은 극장이 설립되면서 티켓 가격이 인하되어 가자희가 더 많은 대중이 즐길 수 있는 오락거리가 되었다. 1910년대부터 일본인과 지방 유지 외에도 일반 대중들 사이에서 가자희가 가장 인기 있는 연극 장르가 되었다. 셋째, 극장을 찾는 여성 관객이 크게 늘어났다. 넷째, 많은 가자희가 마당놀이의 일종에서 파생됨에 따라 비극의 미학이 지배적이었다.[7]

---

5 1951년 타이완 내 희극 연구자인 뤼쑤상(呂訴上)은 가자희가 이란현 민요에서 유래했다는 설을 제시했다. 呂訴上, 「台灣的歌仔戲」, 『女匪幹—改良台灣歌仔戲』, 台灣省新聞處, 1951, 頁1-10.

6 王順隆, 「台灣歌仔戲的形成年代及創始者的問題」, 『台灣風物』 47(1), 臺灣風物雜誌社, 1997, 頁109-131.

7 司黛蕊, 「"我們哭得好開心！"戰後歌仔戲的感情結構與台灣女性的生活轉變」, 主編: 施懿琳·陳文松, 『台閩民間戲劇國際學術研討會論文集』, 閩南文化研究中心, 2013, 頁103.

이 네 가지 변화는 이 글에서 분석의 두 가지 중심축인 '여성 친밀성 커뮤니티'와 '슬픈 곡조(哭調仔, khàu-tiāu-á')'의 비극 중심 레퍼토리와 공연 형태가 형성되는 데 기여했다. 스따이루이는 또한 1945년 해방 후 가자희가 황금기에 접어들자 300개가 넘는 전문 극단이 타이완 전역의 상업용 극장과 묘회(廟會, 역주: 타이완의 도교사원 앞 광장에서 열리는 종교행사를 겸한 지역 축제)를 순회하며 공연했다고 지적한다. 또한,

> 남성 배우들이 서서히 가자희에서 물러나면서 여성 배우들로만 구성된 극단이 점점 늘어났다. 당시 최대 규모 극단이었던 궁러사(拱樂社)는 여성으로만 구성된 순회 극단 7개를 보유하고 있었다. '소생(小生, 젊은 남자 주인공)' 역을 맡은 여배우들은 공연마다 구름팬(주로 여성)을 몰고 다니는 유명 스타가 되었다. ('소단(小旦, 젊은 여자 주인공)' 역을 맡은 여배우도 물론 두터운 남녀 팬층을 보유했다.)[8]

이에 따라 1930년대부터 1970년대까지 여성이 가자희의 모든 주요 배역을 맡는 것이 일반화되었고 관객도 여성이 주가 되었다. '소생' 역을 맡은 여배우와 같은 극단 내 여배우 및 여성 팬 사이에 독특한 경제 및 정서적 연대가 형성되었고 신체적, 시각적, 정서적

---

8 司黛蕊, 「"我們哭得好開心！"戰後歌仔戲的感情結構與台灣女性的生活轉變」, 頁 103.

으로 여성 동성 친밀성 및 커뮤니티 상상을 위한 환상적 실천을 제공했다.

출연진 구성과 여성 커뮤니티의 변화 외에 가자희의 공연 형식과 스타일도 시대별 사회 변화와 정권별 문화정책에 따라 변화를 겪었다. 예를 들어, 1930년대 후반에는 일본의 황민화정책에 대응하여 가자희의 언어, 스타일, 상황 등이 더욱 일본화될 수밖에 없었다. 타이완 TV 및 드라마 연구자 왕야웨이(王亞維, Wang Ya-Wei)에 따르면, 당시 가자희가 새로운 연극 형태로 융합되고 일본 현대 공연예술의 요소로 편입되면서 문화 간 '변종'으로 존재하기 시작했고, 전후 국민정부가 다시 '중국화' 정책을 시행했으나 타이완 엔터테인먼트 시장의 방대한 수요로 인해 극단들은 '변종' 연극에 희곡, 서양음악, 대중가요, 중국 무협영화 및 일본 '시대극'의 요소를 가미하여 '호별자희(胡撇仔戲, 역주: '오페라'를 의미하는 일본어 단어의 중국어 음역)'로 발전했다.[9] 가자희 연구자 셰샤오메이(謝筱玫, Hsieh Hsiao-Mei) 또한 전후 시기에도 희극의 미학, 일본식 의상 및 일본어 노래, 일본 사무라이 영화 등의 공연 요소가 여전히 신식 가자희에 접목되고 새로운 요소의 원천으로 기능했는데, 그 예로 서양 팝뮤직, 헐리우드 서부영화, 중국 역사, 무협 소설과 영화 등이 있다고 분석했다.[10]

1950년대와 1960년대는 라디오, 영화, TV가 엔터테인먼트 시

---

9 王亞維, 「從歌仔戲到歌仔戲電影(1955-1981)之探討一從認同, 混雜性與演變三方面論述」, 『戲曲學報』 18, 國立臺灣戲曲學院, 2018, 頁85-126.

10 謝筱玫, 「胡撇仔及其歷史源由」, 『中外文學』 31, 國立臺灣大學外國語文學系, 2002, 頁157-174.

장에 진입하는 등 미디어 변혁의 시기이기도 했다. 연극 연구자 린 허이(林鶴宜, Lin Ho-Yi)에 따르면, 가자희는 1954~1955년에 북부, 중부, 남부의 지역 라디오 방송국에서 '생방송 공연'되기 시작했고 심지어 라디오 방송국 자체적으로 가자희 극단을 운영하기도 했다.[11] 전통예술 연구자 스루팡(施如芳, Shih Ju-Fang)도 1955년 영화(타이완어 영화)가 발전하기 시작할 당시 영화붐을 이끈 원동력이 가자희 영화였다고 하며, 최초의 타이완어 영화가 가자희 영화인 〈육재자서상기(六才子西廂記)〉였으며, 1956년 1월 4일 개봉한 〈설평귀와 왕보천(薛平貴與王寶釧)〉이 공전의 흥행을 기록하며 타이완어 영화 산업의 번영을 추동했다고 지적한다.[12] 그러나 '언어적 요인'이 가자희 연극 몰락의 원인이었던 것처럼 타이완어로 된 영화나 가자희 영화들도 언어정책 및 흑백영화의 수입으로 인해 1970년대가 되기 전에 급격히 쇠퇴했다.[13]

1962년 타이완 TV 설립 후 얼마 되지 않아 가자희가 TV 방송산업에 진출했고, 〈금봉황가극단(金鳳凰歌劇團)〉이 TV 방송에 첫선을 보인 후 2000년대 초반까지 수십 년간 양리화가 TV 가자희붐을 이끌었다. 왕야웨이는 TV 매체가 일반 대중을 대상으로 한 가자희의 확산을 추동했으나 방송산업 자체가 특정 비즈니스 모델 및 기술 형식을 가지고 있어 가자희의 표현 및 스타일에 영향을 미쳤다고 지적한다. 어쨌든 'TV 가자희'는 그 자체로 독특한

---

11 林鶴宜, 『臺灣戲劇史』, 國立空中大學, 2003.

12 施如芳, 「歌仔戲電影所由產生的社會歷史」, 『新聞學研究』 59, 國立政治大學傳播學院新聞學系, 1999, 頁23-40.

13 蘇致亨, 『毋甘願的電影史: 曾經, 台灣有個好萊塢』, 春山, 2020.

가자희 장르가 되어 타이완에서 수십 년간 인기를 끌다가 1990년대에 접어들어 미디어와 시장이 변화하는 가운데 인기가 시들해졌고, 결국 2003년 제작·방송이 전면 중단되면서 더 이상 TV 정규프로그램으로 만나볼 수 없게 되었다.[14] 가자희 극장 또한 1990년대에 현대 극장제도를 통해 '정형화', '규격화'된 작품 위주로 발전했고,[15] 21세기에는 영상 디자인과 기술을 통해 대형 극장 시대로 접어들었다.[16]

가자희는 2009년 타이완 문화유산 중요 전통예술로 지정됨으로써 한 세기에 걸친 변화 발전을 거쳐 민간 야외무대에서 국가문화의 전당에 오르게 되었다. 또한 제작·방송 중단의 세월을 뒤로 하고 2010년대에 들어 가자희극단[첸야란(陳亞蘭), 탕메이윈(唐美雲), 양리화(楊麗花) 가자희 극단]과 TV 방송국(Daai, FTV, 타이완 TV)의 협력하에 가자희 TV 프로그램이 비정규 프로그램으로 다시 TV 화면에 등장했다. 2022년 첸야란과 타이완 TV가 공동 제작한 〈자칭쥔의 타이완 여행(嘉慶君遊臺灣)〉이 문화부로부터 109년 TV 프로그램 제작 보조금을 받았고, 제57회 금종장 'TV 드라마 부문 남우주연상'을 수상했으며, 속편인 〈자칭쥔의 두 번째 타이완 여행(嘉慶君再遊臺灣)〉이 2026년에 방송될 것으로 예고됐다.

---

14 王亞維, 「電視歌仔戲的形成與式微—以製播技術與商業模式為主的探討」, 『戲劇學刊』 19, 臺北藝術大學戲劇學院, 2014, 頁85-114.

15 傅裕惠, 「九○年代以來歌仔戲「正典化」的美學現象」, 『民俗曲藝』 209, 財團法人施合鄭民俗文化基金會, 2020, 頁67-110.

16 謝筱玫, 「當代臺灣歌仔戲劇場的影像發展與美學實踐: 以王奕盛與唐美雲歌仔戲團的作品為例」, 『戲劇研究』 24, 戲劇研究編輯委員會, 2019, 頁117-140.

그러나 상업화 공연, TV 방송사와의 공동 제작이 성공을 거둔 것과는 별개로, 민간 가자희 극단의 몰락의 역사와 과거 강조되었던 여성 동성 간 친밀성이 훗날 타이완 계엄령 해제 후 4년 만의 문학상 수상작 「실성화미」와 동명의 영화(1991)를 통해 다시금 대중들과 조우했다.

'가자희'의 전체 발전사가 이 글에서 다루고자 하는 핵심 문제는 아니지만 가자희라는 공연예술이 전후 타이완에서 부침을 겪었던 역사적 요인은 '과도기성'을 보여주었고, 이러한 과도기성은 필자가 강조하는 젠더 커뮤니티 및 스타일 요소를 직접적으로 가리키고 있다. 예를 들어, 상술한 1956년 초에 개봉해 큰 성공을 거둔 가자희 영화 〈설평귀와 왕보천〉은 기존의 단원 구성을 이어받아 여성이 주요 남녀 배역을 연기했다. 또한 위에 언급한 연구자의 지적대로 대중가요, 다문화적 공연 요소가 섞여 있다. 그러나 전후 타이완 유명 영화감독 바이커(白克, Bai Ke)의 미학적 기준에서 볼 때,[17] 이 두 가지는 가장 논의가 필요한 부분이다.

> 가자희 극단에서는 '소생' 역을 여성이 맡는 것이 관례였으나 우리 영화에서 이를 반드시 개선해야 한다. '소생' 역을 남성이 연기해야만 현실감이 있는데, 이 영화에서 남장여성이 연기한 '소생'은 너무

---

17 바이커는 샤먼 출신으로 전후 타이완 1세대 감독 중 한 명이자 비중 있는 영화 평론가였다. 1956년 제작한 영화 〈광녀 18년(瘋女十八年)〉과 영화의 모티브가 된 실제 사건이 나중에 여러 차례 각색되어 20세기를 넘어 21세기까지 영향을 미쳤다. 공산당에 가입했다는 이유로 1964년 백색테러를 당했고 신뎬(新店)의 안컹(安坑)형장에서 총살되었다.

'나긋나긋해서' 전혀 무게감이 없다. 또한 사극에 현대 가요를 삽입해서 이도 저도 아닌 드라마로 전락하지 않도록 하기 바란다. 〈설평귀와 왕보천〉은 사극인데 극 중 설평귀와 두 거지가 타이완의 현대 대중가요인 〈주주동자(丟丟銅仔)〉를 노래한 것은 매우 부적절하며 드라마의 전체 스타일을 망쳐놓았다. 이 두 가지를 개선하는 것은 매우 쉬운 일이니 실천할 수 있기를 바란다.[18]

바이커가 '매우 쉽게' 개선할 수 있다고 판단한 것은 몇 가지 요인에서 비롯되었을 수 있다. 첫째, 젠더적, 미학적, 문화적 배경에 대한 그의 관점이 반영되었다. 둘째, 이들 공연예술의 내용과 역사에 대해 제대로 알지 못한다. 셋째, 이 글에서 논의하는 핵심 문제인 이들 두 특징의 대체 가능성 또는 필자가 명명한 '과도기성'이다. 이러한 예술 형식은 나중에 대히트를 기록하며 전환 매진 기록을 남긴 쇼브라더스 픽쳐스(Shaw Brothers Pictures)의 만다린 황매조(黃梅調, 역주: 중국 5대 연극 형식 중 하나) 컬러 영화 〈양산백과 축영태(梁山伯與祝英台, 이하 〈양축〉)〉(1963)와 비슷한 역사적 경험을 갖고 있다. 〈양축〉은 미학적으로 당시 정권에서 선호했던 '황매조', '만다린'에 더 가까웠지만 사회적 평가 면에서는 '중국-서구 문화 논쟁'을 촉발시켰다. 그러나 똑같은 '남장여성' 배우인 아이비 링포(凌波, Ivy Ling Po)와 그 배역은 아무런 논란도 일으키지 않았고 심지어 많은 여성 관객들의 눈물샘을 자극하며 오히려 영화 흥행의 핵심 요인이 되었다.

---

18 白克, 「薛平貴與王寶釧」, 『聯合報』, 1956. 1. 6.

이러한 문화적, 미학적 요소의 전환과 관련하여, 가자희 연구자 류난팡(劉南芳, Liu Nan-Fang)은 타이완 가자희가 '민간문화'에서 '대중문화'로 전환하는 과정에서 '민요' 수용에서 '대중가요' 도입으로의 전환을 분명한 특징으로 했다고 지적한다.[19] 그런데, '남장여성인 소생'은 연극 공연 및 연극 관객 커뮤니티에서 나름대로 발전하며 의미를 가지고 있었으나 다양한 미디어(그리고 다양한 청중)의 변화를 겪으며 그 의미에 변화가 발생하게 된다. 보다 구체적으로는, 그러한 특정 젠더횡단적 표현들이 삭제되기만 했던 것이 아니라 다양한 미디어 및 계층 간에 전환되면서 때로는 약화되고 때로는 강화되기도 했는데, 이에 관해서는 다음 단락에서 보다 구체적으로 살펴볼 것이다. 타이완 가자희가 겪은 미디어 변천사가 전후 20년간 폭발적 인기를 누리다가 갑자기 사그라든 한국여성국극에는 일어나지 않았으나, 이로 인해 여성국극은 '시대적 변화를 겪지 않은' 과도기적 신체로서 '젠더 횡단'의 역사적 특징에 더욱 초점을 맞출 수 있게 된다.

1.2. 한국 여성국극의 경계 횡단적 신체

여성국극은 한국 전통 연극인 '창극'의 한 장르로, 한국전쟁을

19 류난팡은 일제강점기의 가자희, 전후 타이완 내 가자희, 타이완 이외 지역의 〈호별자희〉 이렇게 3단계로 나누어 타이완 가자희에 대중가요가 도입된 상황을 서술한 후 '대중가요' 도입의 중요성을 지적한다. 劉南芳, 「台灣歌仔戲引用流行歌曲的途徑與發展原因」, 『台灣文學研究』 10, 國立成功大學台灣文學系, 2016, 頁137-195.

전후한 1950년대에 폭넓은 인기를 누렸다. 제2차 세계대전과 한국전쟁 시기의 군사동원으로 인해 많은 남성들이 전장으로 불려 가자 원래 남성이 주도했던 분야에 여성이 진출할 수 있게 되었는데, 공연예술이 그중 하나였다. 그러나 여성들은 다양한 분야에 진출하면서 남성이 확립한 기존 관행을 답습하지 않았다. 공연 형식과 스타일을 예로 들면, 여성국극 공연은 한국 전통 음악과 현대 서양 음악, 서양 무대 레퍼토리 등을 결합하고 신식 무용을 가미했으며 돈을 들여 화려한 세트를 설치하여 대표적인 무대공연 미학을 형성했다. 최초의 여성국극 공연은 1948년에 이루어졌다. 임춘앵(1923~1975), 박록주(1905~1979), 김소희(1917~1995), 박귀희(1921~1993) 등 30명 내외의 여성국악동호회가 〈춘향전〉을 각색한 〈옥중화〉를 선보였으나 흥행에는 실패했다. 그러나 여성국악동호회가 바로 이듬해 무대에 올린 서양 연극 〈투란도트〉를 각색한 〈해님과 달님〉[20]은 〈춘향전〉 같은 전통극과 다른 서사 구조를 취하고 여성적 감성과 목소리 표현을 더 강조한 덕에 큰 호평을 받으며 흥행에 성공했다. 당시 한국을 방문했던 유엔대표단도 〈옥중화〉를 관람한 뒤 고전 의상과 독특한 공연 방식으로 서양과 전혀 다른 '동양적 감성'을 잘 표현하여 "여성만이 표현해낼 수 있는 우아함과 고귀함을 갖추었고, 이를 통해 한국의 높은 문화적 수준을 엿볼 수 있다"라며 극찬을 아끼지 않았다.[21]

〈해님과 달님〉의 대성공으로 여성국극 공연이 큰 인기를 끌게

---

20 이 극단의 극작가 김아부는 도쿄에서 푸치니의 오페라 〈투란도트〉를 관람한 뒤 그때의 경험을 토대로 〈해님과 달님〉을 창작했다.

21 「유엔단 환영의 창극회 성황 종막」, 『동아일보』, 1949. 2. 20.

되자 당시 최대의 영향력과 인지도를 가지고 있던 임춘앵이 설립한 '여성국극동지사(1952)'에 몇 개 극단이 신규 가입했고, 1950년대에는 다른 여성국악단, 국극단, 국악협회도 잇달아 설립되었다. 한국전쟁 기간에는 여성국극단체가 부산으로 옮겨가 공연을 이어갔고 독특한 하이브리드 스타일, 여성 연기자만 참여하는 공연 형식 및 대중적 스타일로 인해 전쟁 중임에도 매일 만석을 기록하며 국민에게 위안을 주었다. 1953년 한국전쟁이 끝나자 극단들이 다시 서울로 돌아왔다. 신문 기사를 살펴본 결과 한국전쟁을 전후한 몇 년이 여성국극의 황금기였던 것으로 판단된다. 극단, 공연 레퍼토리, 배우, 관객 수가 급증했을 뿐 아니라 신문 잡지에서도 관련 보도를 앞다퉈 쏟아내어 최전성기의 경우 보도 건수가 600~700건에 달하기까지 했다. 그러나 1955년 이후 극단 공연 횟수가 크게 줄어들었고 1960년대 이후에는 국극 붐이 급격하게 사그라들었다.[22]

현대 한국 학계의 여성국극에 대한 관심은 2005년에 시작되었다.[23] 그후 지금까지 공연 레퍼토리, 예술형식, 젠더 정치, 정치경제적인 측면의 연구에서 상당한 축적을 이루었고,[24] '여성을 주요 공

22 이두현, 『한국신극사연구』, 서울대학교 출판부, 1966; 전성희, 「한국여성국극연구(1948~1960)-여성국극 번성과 쇠퇴의 원인을 중심으로」, 『드라마 연구』 제29호, 한국드라마학회, 2008.

23 이러한 관찰은 필자가 한국의 대형 학술연구 DB와 학술 전자 저널 전문 플랫폼(Korea Citation Index, KCI; Korean studies Information Service, KISS; Dbpia 등), 온라인 도서 플랫폼(교보문고, 알라딘서점 등)에서 자료를 수집하여 정리한 것임.

24 전윤경, 「한국근대 여성국극의 변천과 특성」, 『한국학논총』 제41집, 국민대학교 한국학연구소, 2014, 277-336쪽; 전성희, 위의 글, 2008; 김태희, 「여성국극이

연자로 하는' 여성국극, 타이완 가자희, 일본 다카라즈카극단(寶塚劇團), 중국 월극(粵劇) 등을 중심으로 한 동아시아 문화 간 비교 연구도 이루어졌다.[25] 동아시아지역 내 여타 공연극이 상당히 오랫동안 지속되었고 대중의 시야에서 완전히 사라지지 않았던 데 비해 '여성국극'의 역사는 1948년부터 1960년대 말까지로 보는 것이 거의 정확하다고 한다. 또한 명확한 '종료' 시기를 특정할 수는 없으나 비슷한 시기에 있었던 미국 대중문화의 유입, 한국 민족문화 재건, 노동력의 젠더 분화로 인한 극단의 경제적 손실 및 1970년대 군사독재정권의 전통문화 재건 사업 등으로 인해 여성국극이 급격한 쇠퇴를 겪으며 1960년대 말, 1970년대 초 대중들의 시야에서 사라졌다는 것이 많은 연구자들의 중론이다.[26]

상술한 타이완 가자희와 동시기에 일어난 사회적 변화 외에, 한국의 젠더 연구자 허윤은 여성국극의 역사적 배경에 착안하여 성 정체성과 규범 제정 간의 관계, 특히 '경범죄법'과 '군법' 제정에 관해 논한 바 있다.[27] 그의 분석에 의하면 1950년대에 유행한 여성

우리에게 남긴 것들-〈DRAGx여성국극〉 공연을 중심으로」, 『한국연극학』 제73호, 한국연극학회, 2020, 269-283쪽.

25 전윤경, 위의 글, 2014; 홍영림, 「50 · 60년대 한국의 여성국극과 타이완의 歌仔戲의 대중 지향성에 대한 비교 연구-林春鶯극단과 拱樂社를 중심으로」, 『동아시아문화연구』 제82호, 한양대학교 동아시아문화연구소, 2020, 63-98쪽; 김향, 「동아시아 여성 중심 음악극 형성과 '젠더 인식'-다카라즈카가극(宝塚歌劇), 월극(越劇), 그리고 여성국극(女性國劇)을 중심으로」, 『한국연극학』 제73호, 한국연극학회, 2020, 107-145쪽.

26 전성희, 위의 글, 2008; 전윤경, 위의 글, 2014; 김태희, 위의 글, 2020.

27 허윤, 「1950년대 퀴어 장과 병역법 · 경범법을 통한 '성 통제'」, 한양대학교 비교역사문화연구소 젠더연구팀 기획, 『'성'스러운 국민』, 서해문집, 2017.

극단이 제2차 세계대전부터 한국전쟁 시기까지 남성의 전쟁 동원으로 부족했던 공연예술을 대체함에 따라 여배우의 남장 연기가 대중에게 수용되었으나 관련 법이 제정되면서 젠더 간 경계가 모호한 채 양성이 공존하는 형식에 문제가 생겼다. 허윤은 1950년대의 한국에 전통문화와 서구 현대화가 혼재하는 가운데 '남장여성' 요소를 포함한 영화, 국극, TV 드라마, 소설 등이 대거 등장하면서 기존의 가부장적 규범을 해체하고 젠더 경관을 재구성했다고 분석했다.[28] 또한 당시 여성이 사적 영역에서 공적 영역으로 이행하는 '트랜스젠더적' 상태로 인해 기존의 여성 정체성과 남성 기질에 대한 모방이 공존할 수 있었고, 이러한 젠더 횡단의 특징이야말로 1950년대 여성국극이 인기를 끈 원인 중 하나였다고 지적한다.

1966년 『경향신문』은 이들 '남장여성'이 참여하는 공연과 출연 배우들이 "서민층, 특히 중년 여성이나 소녀들 사이에서 최고 인기"라고 보도했다.[29] 여성국극 배우 박귀희[30]는 여학생들로부터

---

28 또한 타이완 젠더사회학자 왕슈윈(王秀雲, Wang Shu-Win)은 「'남자도 여자도 아닌': 타이완 '장발' 남성의 거버넌스와 그 젠더 정치, 1960~1970년대」라는 글에서 '남자도 여자도 아닌'을 소재로 하여, 청나라 말에 설치된 「위경벌법(違警罰法)」과 일제강점기 이후의 「발금(髮禁)」이 성/젠더 신체 지배의 역사적 배경이며 '남자도 여자도 아닌' 사례는 1960, 1970년대 타이완에서 '장발 남성'과 '남장여성'이라는 서로 대응되는 성/젠더의 모습을 가리키곤 했다고 지적한다. 王秀雲, 「「不男不女」: 台灣「長髮」男性的治理及性別政治, 1960s~1970s」, 『臺灣社會研究季刊』 112, 台灣社會研究雜誌社, 2019.

29 「여자들을 연극으로 이끌게」, 『경향신문』, 1966. 11. 2.

30 박귀희는 여성국극 배우이자 창시자이며 판소리와 가야금 병창에 능하여 국악 명창으로 인정받았고 1968년에는 국가무형문화재 제23호 가야금 산조 및 병창 전수자로 지정되었다.

혈서를 자주 받았고 공연 도중 여성 팬에 의해 납치되기도 했다.[31] 이러한 현상에 대해 젠더 연구자 김지혜는 당시 여성국극이 일반 여성 관객에게 가족을 벗어나 포용성을 바탕으로 여성 간의 친밀성을 키울 수 있는 문화적 공간을 제공했다고 지적했지만, 여성국극단 배우들에게 있어 남성 모방의 관행은 예술과 삶의 경계를 흐리게 했고 서로 간에 감정과 성(性)의 이동이 일어나게 했으며 배우들끼리 짝을 맺고 친밀한 관계를 이루는 경우가 적지 않았다고 지적한다. 김지혜의 인터뷰 결과에 따르면 당시 배우와 관객 간의 친밀한 상호작용 또한 온전히 여성 사이에서 이루어졌다.[32]

이상의 관찰 결과 외에 김지혜는 자료 수집과 인터뷰를 통해 1950년대 여성국극의 부흥과 1960년대의 쇠퇴 요인에 관한 역사적 설명을 제시하며 외부 사회 및 정치적 요인 외에 극단 내 운영 모델에 문제가 있었다고 지적한다. 예를 들어 극단 마케팅, 프로모션, 재정 및 운영 등을 모두 남성이 주도함에 따라 여성 배우가 공연을 계속하기 위한 경제적 자산을 축적하기 어려웠다는 것이다.[33] TV 드라마 연구자 전성희는 여성국극 배우 양성 시스템이 미비하여 대부분 배우 개인의 타고난 재능과 스타로서의 매력에 기대는 경우가 많아 인재가 유출되거나 공연 노하우를 전수하기

---

31 「여자들을 미치게 한 그 여자의 전부-무대생활 30년 기념공연 갖는 햇님 朴貴姬의 흘러간 무대생활 비화」, 『선데이서울』 54, 1969. 10. 5; 「국악에 산다 (1) 인간문화재 朴貴姬」, 『동아일보』, 1979. 8. 2.

32 김지혜, 「1950년대 여성국극공동체의 동성친밀성에 관한 연구」, 『한국여성학』 제26권 1호, 한국여성학회, 2010; 김지혜, 「1950년대 여성국극의 단체 활동과 쇠퇴과정에 대한 연구」, 『한국여성학』 제27권 2호, 한국여성학회, 2011.

33 김지혜, 위의 글, 2011.

가 어려웠다고 지적하기도 한다.[34]

이유야 어찌 되었든 군사정권 하에서 여성국극의 역사적 서사가 한동안 사라졌다가 1990년대 민주화 이후 한국 국가문화기금 사업의 자금 지원으로 약 200여 건의 여성국극 관련 예술 프로젝트와 공연이 제작되었다. 2008년에는 여성국극 60주년 기념공연을 성대하게 개최하고 "서구화와 산업화로 인해 점차 사라져간 여성국극이 민족문화유산의 보호 및 계승과 가치 향상을 위해 중요한 역할을 한다. 이를 한국과 세계의 전통 연극으로 승화시켜 독특한 세계 문화예술로 발전시키는 것을 목표로 한다"라며 여성국극의 위상을 재정립했다.[35] 또한 연구논문이 발표될 뿐 아니라 서적, 만화 등 다양한 재창작물이 축적되고 있다.

그러나 이 글의 서두에서 지적했듯이, 현대 문화 생산 과정에서 이루어지는 당시 역사에 대한 재구성 및 재검토는 젠더횡단적 공연 특징에 초점을 맞추거나 심지어 '남장여성'의 역할을 현대의 '트랜스젠더' 및 넓은 의미의 LGBTQ 커뮤니티의 역사와 직접 연결하기도 한다. 이것이 바로 이 글 서두에서 필자 개인의 경험을 언급하며 제기하고자 했던 역사화에 관한 질문이다. 구체적으로는, '성' 또는 '성정체성'의 현대적 해석을 강조할 경우 '퀴어적 해석(queer reading)'의 실천이 되어 서구의 퀴어 지식론을 강화할 뿐 아니라 '과도기적 특징'으로 가득한 역사성을 엄폐하는 것이 아닌가 하는 것이다. 현대 타이완에서 문학상 수상 소설인 「실성화미」

34 전성희, 앞의 글, 2008.

35 당시 공연된 작품은 〈영산홍〉임. 한국 국립국악원 국악 공연 아카이브(https://reurl.cc/oZm2e5) 참조.

를 둘러싼 퀴어 논쟁과 한국 예술공연 〈여성국극프로젝트〉에서 강조된 성정체성 경향을 중심으로 이러한 역사적 질문에 대해 본격적으로 논하기 전에, 다음 장에서는 먼저 20세기 초 '동성애' 담론 등장 당시 '여성 동성 간 욕망'이 어떻게 '강제 커밍아웃'되었는지를 되돌아보고자 한다. 또한 1960~1970년대 타이완과 한국의 영화 및 드라마 미디어에 나타난 '여성 동성 간 욕망' 및 동시대 연구자들에 의해 단순화된 '퀴어적 해석'를 결합하여 가자희와 여성국극에 나타난 동성 친밀성의 역사적 특징을 살펴봄으로써 서구 젠더 인식론으로부터 영향을 받은 강제적 퀴어 해석에 대해 고찰할 것이다.

2. '레즈비언 연속체'? 아니면 '강제적 레즈비언'?

미국의 페미니스트 시인 아드리안 리치(Adrienne Rich)는 1980년 발표한 「강제적 이성애와 레즈비언의 존재(Compulsory Heterosexuality and Lesbian Existence)」라는 글에서 이성애는 각 문화권 내에서 모든 여성이 남성과의 관계를 선천적으로 선호하는 존재로 인식되도록 하는 일종의 정치체제라고 하며, 이로 인해 여성들이 다른 여성과의 관계의 중요성을 평가절하하거나 경시한다고 지적한다. 그런데 리치가 살았던 시대에는 여성 간 연대를 강조하는 페미니즘 담론과 실천이라 하더라도 레즈비언 정체성은 남성성에 대한 강한 반대에서 형성된 것으로 간주되었기에 그 자체로 유효한 정체성이 아니라는 이유로 배제되었다.[36] 리치는 '강제적 이성애'라는 용어를 사용하여 위에 언급한 메커니즘으로 인한 결과를 강조함으로써 기존의 헤게모니 시스템이 당연하고 보편적으로 존속하지 않도록 하고자 했으며, 더 나아가 '레즈비언적 존재(lesbian existence)'와 '레즈비언 연속체(lesbian continuum)'라는 개념을 제시하여 이성애 헤게모니가 독점하던 여성 정체성과 사회적 관계에 대응하고자 했다.

1980년대부터 발전한 정체성 정치(identity politics)와 퀴어 이론은 아드리안 리치의 비판적 관점을 한층 더 강화하고 '퀴어적 해석' 전략으로 구현함으로써 두 세대에 걸쳐 젠더 연구의 성황을 이루었다. 그러나 리치가 제시한 '레즈비언적 존재'와 '레즈비언 연속체' 개념을 되돌아보면, 그것이 강조하는 여성의 '성(sexuality)' 이동과 비고정성에 대한 강조가 정체성 정치로 대표되는 본질주의적 성적 지향과 대비되는 것을 알 수 있다. 이에 대해 리치는 2004년 「'강제적 이성애'에 관한 성찰(Reflections on "Compulsory Heterosexuality")」이라는 글을 통해 1980년 작품에 대한 외부의 비판에 답하면서 당초 글의 집필 의도를 다음과 같이 재천명했다.

> 나는 나의 글이 선언이나 도그마(dogma)로 해석될 것이라고 생각해 본 적이 없다…… '강제적 이성애'를 제기한 목적은 이성애에 반대하는 레즈비언 혁명을 추구한다기보다 대중들의 보편적 이성애

---

36 Adrienne Rich, "Compulsory Heterosexuality and Lesbian Existence", *Signs*, Vol.5, No.4, The University of Chicago Press, 1980.

관계를 복잡하게 만드는 데 있다.[37]

그러나, 바로 '레즈비언'이라는 용어의 사용으로 인해 아드리안 리치가 주창하고자 한 (욕망과 정체성에 국한되지 않는) 여성의 삶의 경험, 육체적 쾌락, 정서적 지지 등은 원래 성적 정체성이 부여되지 않은 삶의 경험과 재인식하는 데 전유되는 동시에 '레즈비언'이라는 용어 사용을 주저하는 사람들에 의해 두려움과 기피의 대상이 되고 있다.[38] 이와 관련하여 이 글에서는 또 다른 측면의 역사적 고찰을 제안하고자 한다. 즉, 타이완과 한국의 근대화 과정에서 여성이 종종 '강제적 동성애'에 빠지곤 했다는 현상을 중심으로 '레즈비언 연속체'의 인식론과 현대의 '퀴어적 해석' 전략을 재고찰하려 한다.

'강제적 레즈비언'이라는 용어는 이성애 체제에 대한 아드리안 리치의 비판적 견해를 차용한 것으로, 특히 이성애 시스템의 헤게모니성과 '강제성'을 특히 강조한다. 필자가 '이성애'를 '동성애'로 치환할 경우, 필자의 논의가 직면하게 되는 것이 다양한 헤게모니 체계임을 의미하지 않으며, 오히려 상당 부분 여전히 이성애 헤게모니 체계와 맞닥뜨리게 된다. 그러나 필자는 리치의 '동성vs이성', '여성vs남성' 등에 기반한 이분법적 접근과 달리 역사적 특수

---

37 Adrienne Rich, "Reflections on "Compulsory Heterosexuality"", *Journal of Women's History*, Vol.16, No.1, Johns Hopkins University Press, 2004, p.11.

38 예를 들어, 일부 학자들은 'lesbian'이라는 단어가 '백인', '중산층'의 경향성을 가지고 있어 유색인종 및 노동계급 퀴어들은 스스로를 'lesbian'이라고 지칭하는 것을 거부하게 만든다고 지적한다.

성(specificity)을 강조하며, 현대적 개념을 가지고 과거의 역사를 논할 때 단어와 지시 대상 사이의 시공간적 차이를 직시할 것을 상기시키고자 한다. 구체적으로 말하자면, 필자는 '동성애' 또는 '트랜스젠더'라는 개념이 1950년대에는 통용되지 않았으므로 당시의 성적 주체를 지칭하는 데 사용해서는 안 된다고 생각하지 않는다. 필자가 강조하고 싶은 것은 담론이나 용어의 등장 시기 또는 존재 유무가 그와 대응되는 행위, 욕망, 대상의 존재 여부를 직접적으로 증명하는 것은 아니며, 용어의 명명(naming) 자체가 권력 메커니즘의 표현이라는 점이다. 이들 용어의 출현 시기, 언어적 범주, 문화적 맥락, 용어의 지칭 대상 등을 살펴보면 '명명'의 사회 역사적 특수성과 통시성을 발견할 수 있다.

예를 들어, 중국계 트랜스젠더 및 의학 연구자 하워드 치앙(姜學豪, Howard Chiang)은 데이비드 발렌타인(David Valentine)의 저서 『트랜스젠더 상상하기: 카테고리의 민족지학(Imagining Transgender: An Ethnography of a Category)』(2007)에 제시된 트랜스젠더에 관한 사회 및 지식 운동이 1990년대까지 시작되지 않았다는 내용을 인용하고 퀴어사의 방법론을 재검토할 때 반드시 '트랜스젠더'의 개념이 내포하는 지식의 계보, 특히 그것이 연구하는 문화횡단적 역사 배경을 고려할 것을 강조했다.[39] 치앙은 '트랜스토피아(transtopia)'라는 새로운 인식론적 개념으로 다양한 양태의 젠더 횡단적 표현들을 지칭할 것을 제안했는데, 그 이유는 "이들 횡단적 표현들이

39 姜學豪, 「性別越界在1950年代的華語語系臺灣: 歷史案例與後殖民論述」, 『臺灣文學研究集刊』 25, 臺灣大學臺灣文學研究所, 2021, 頁85-116.

항상 서구의 트랜스젠더라는 개념으로 식별될 수 있는 것이 아니기 때문"이라는 것이다. 반면, '트랜스토피아'는 과거의 역사 서술 중 트랜스젠더에 대한 부정과 지우기를 뛰어넘을 수 있고 작금의 트랜스젠더 가설에도 저항할 수 있다. 치앙은 '트랜스토피아'의 연구가 1950년대 타이완(및 동아시아 각 지역)의 트랜스젠더/성전환 사례에 기반하고 있다고 했는데,[40] 이는 제2차 세계대전 이후 한국 여성국극과 타이완 가자희의 변천사와 깊은 역사적 연관성을 갖는다.

현대 타이완과 한국 사회가 1950~1960년대 여성국극 및 가자희의 문화적 재현과 담론에 대해 보여준 '강제적 레즈비언' 경향은 서구의 LGBTQ 지배 담론이 독점한 현대의 '성(性)' 상상을 그대로 투영한 것이다. 그러나, 이러한 경향은 현대 사회에만 국한된 것이 아니며 1960년대부터 구체화되기 시작했다. 예를 들어 한국의 젠더사 연구자 김일란은 1960년대 신문 기사에서 성 정체성을 가리키는 용어를 연구한 결과, 신문 · 잡지 중 대중 매체가 현대 서구의 과학과 정체성 및 문화적 정체성 관련 어휘를 사용하여 소수자 계층을 묘사하기 전에 한국 사회 내부에서 복잡한 정체성의 차이와 실천이 존재했고 각종 구(舊)조어와 신조어가 존재했고 강

---

40 특히 1953년부터 대중매체에 등장하기 시작한 셰젠순(謝尖順)의 사례. Howard Chiang, "Christine Goes to China: Xie Jianshun and the Discourse of Sex Change in Cold War Taiwan," ed. Angela Ki Che Leung and Izumi Nakyama, *Gender, Health, and History in Modern East Asia*, Hong Kong University Press, 2017, pp. 216–243; Howard Chiang, "Transsexual Taiwan," *After Eunuchs Science, Medicine, and the Transformation of Sex in Modern China*, Columbia University Press, 2018 참조.

한 과도기성을 가지고 있었음을 발견했다.[41] 첸페이전(陳佩甄, Chen Pei-Jean)은 전후 타이완과 한국에서 (여성) 성소수자 커뮤니티 내에서 유통된 용어—타이완의 '바지 입은(穿褲的)'과 한국의 '바지씨'—의 역사적 특수성을 분석하고 이들 단어와 그 삶의 형태를 '경계적 주체(liminal subjects)'로 간주했으며, 용어가 지닌 강한 '과도기성'으로 인해 더 이상 통용되지 않는다고 지적한다.[42] 위에 언급한 연구자들이 강조하는 복잡성과 과도기성은 이성애 중심주의에서 배제하고자 하는 대상이었을 뿐만 아니라 강력한 문화(예: 영문 용어 번역)의 유입으로 지워지기까지 했다. 전술한 역사 비판적 관찰에 기초하여 필자가 여기서 제시하는 '강제적 레즈비언'은 주로 두 가지 의미를 내포한다. 하나는 사회 내부에 지속되어 온 '여성 동성 간 욕망'에 대한 강제적 폭로이고 다른 하나는 현재 시점에서 이러한 경험을 상상하는 과정에서 일어난 현대 서구 '성(性)' 지식 생산에 의한 강제 독점이다.

20세기 초 '동성 간 사랑'이라는 개념이 등장한 이래 동아시아 사회의 미디어 담론, 지식인들의 사상 소개, 문학 작품의 재현 과정에서 (육체적 '성'과 정신적 '친밀감'을 막론하고) 여성 간 동성 친밀성이 '강제적으로' 등장하거나 발생했다. 예를 들어 한국 근대문학의 아버지 이광수의 대표작 『무정』(1917)[43]에서 '자유연애'는 현대

41 김일란, 「다른세상 읽기: 1960년대의 여장남자와 남장여인」, 퀴어이론문화연구모임 WIG, 『젠더의 채널을 돌려라』, 사람생각, 2008, 48-83쪽.

42 陳佩甄, 「'褲兒'生存模式: 『誰在找麻煩』和『日常對話』中的酷兒時間與修復轉向」, 『文化研究』 31, 中華民國文化研究學會, 2020, 頁7-42.

43 〈무정〉은 1910년 『매일신보』에 연재되기 시작한 후 1917년 장편소설로 묶여 출

화, 계몽적 가치를 대표하며 그 정신과 도덕, 비육체적 특징이 강조되었으나 이광수는 여성 간 감정 관계를 묘사할 때는 기생 '월화'와 여주인공 '영채' 사이의 동성 간 욕망을 육체적 욕망으로 표현했다. 월화는 유명한 기생으로, 여주인공 영채가 가족을 구하겠다는 일념으로 기생이 되자 영채의 정신적 멘토가 되었고 두 사람은 점차 가까워진다. 한번은 월화와 영채가 깊은 밤 잔칫집에서 돌아와 한 침대에서 자게 되었는데, 영채가 잠결에 월화를 꼭 껴안으며 월화의 입을 맞추었다. 잠에서 깨어난 뒤에도 "영채는 부끄러운 듯이 낯을 월화의 가슴에 비비고 월화의 하얀 젖꼭지를 물며, '형님이니 그렇지' 하였다."[44] 하지만 그렇다고 해서 영채와 월화가 연인 사이인 것은 아니며, 이수는 사실상 영채의 남성에 대한 욕망을 여성 간 욕망으로 대체했던 것이다.[45] 이는 자연주의 작가 이효석의 소설 『개살구』(1937)에서도 비슷하게 나타난다. 소설 속 사회적 계층이 다른 두 여성 사이에 성적 욕망이 발생하는 것으로 그렸는데, 예를 들면 다음과 같다.

판되었다. 순수하면서도 무르익은 신소설 문체와 순우리말로 쓰였다는 이유로 한국 근대소설의 시조로 일컬어진다. 이광수는 후속작 〈사랑〉, 〈유정〉, 〈애욕의 피안〉, 〈재생〉 등에서도 계속해서 연애와 결혼, 남성 지식인의 도덕적 선택, 여성 계몽, 신여성과 구여성의 비교, 신여성의 타락 등의 주제를 다루었다.

44 영문 번역본: Ann Sung-hi Lee, *Yi Kwang-su and Modern Korean Literature: Mujong*, Cornell East Asia Program, 2005, p.148.

45 두 여성의 동성 간 욕망을 그리기 전에 이렇게 묘사된 부분이 있다. "영채도 남성의 성욕에 대한 갈망을 느끼기 시작했다. 낯선 남자를 대할 때 그녀의 얼굴이 뜨거워졌고 늦은 밤 혼자 잠자리에 들 때면 누군가가 안아줬으면 하고 바랬다." (이광수, 김철 책임편집, 『무정』, 문학과지성사, 2005, 148쪽.)

점순은 여자로 태어나길 다행이라 여겼다. 그랬기에 온 마을 남자들이 모두 갈망하는 미인을 모실 수 있었으니 말이다. …… 뒤안에 물통을 들여다 놓고 그 속에서 목물을 할 때 그 희멀건 등줄기를 밀어 주노라면, 점순은 그 고은 몸동이를 그대로 덥석 안어 보고 싶은 충동이 숫군 하었다.[46]

일제강점기 타이완의 대중소설가 쉬쿤취안(徐坤泉, 1907~1954)은 자신의 소설 『영육의 길(靈肉之道)』(1937)[47]에서 여의사 '린'과 과거 술집에서 일했던 '메이쯔' 사이의 에로틱한 관계에 대해 "여의사 린도 그녀를 특별하게 대했다…… 밤에는 함께 자고 이불 속에서 마음속 이야기를 나누었다"와 같이 더욱 은근하게 묘사했다.[48] 비록 월화와 영채처럼 실제 에로틱한 사건이 발생하지는 않았으나 여의사 린과 메이쯔 또한 '동성애의 바다'에 빠졌고 둘의 관계는 메이쯔의 과거 (남성과의) 성적 경험과 병치되었다.

이들 남성 작가들 모두 사랑을 주제로 한 소설로 유명하지만, 사랑(정신적)과 욕망(육체적) 간의 모순을 다룰 때에는 남녀 간의 육체적 욕망을 여성 간 동성애 욕망으로 대체하는 등 문학을 통해 타협하는 방식을 택했다. 이런 관점에서 볼 때, 위의 소설에 등

46 Yi Hyo-sŏk, Steven D. Capener(trans), *Wild Apricots*, Literature Translation Institute of Korea, 2014, p.11. 이효석도 단편소설 「개살구」에서 여성 사이의 육체적 욕망을 그렸다. (이효석, 「개살구」, 『조광』 제24호, 조선일보사출판부, 1937.)

47 1937년 타이완 신민보사(台灣新民報社) 최초 출판. 인용문 출처: 徐坤泉, 『靈肉之道』, 前衛出版社, 1998.

48 徐坤泉, 『靈肉之道』, 前衛出版社, 1998, 頁287.

장한 여성 인물 간의 에로틱한 관계는 '사랑'이 순수하고 정신적인 것이라는 주류 의식과 상반된다. 이는 남성 작가들이 현대문학과 사랑에서 지워진 남녀 간의 육체적 욕망을 여성 동성 간의 욕망으로 대체했기 때문이지만, 그럼에도 불구하고, 당시 여성 동성애에 관한 더 많은 문학적 재현이나 관련 담론들은 정신적 관계를 강조했다.[49] 따라서 지금 시점에서 이들 식민시대 소설을 읽을 때 단순한 '퀴어적 해석'을 통해 작품 속 여성 인물을 '레즈비언적 존재'로 규정해서는 안 될 것이다. 설사 그 속에 아드리안 리치가 비판을 호소했던 이성애적 헤게모니가 내재한다고 하더라도 이는 위에 언급한 문학적 재현의 한 측면일 뿐, 거기에 내재된 식민주의와 근대성의 이념적 문제에는 대응하지 못하기 때문이다. 더욱이 이런 종류의 글에서 판타지의 주체는 여성 커뮤니티를 가리키는 것이 아니라 남성 지식인의 여성에 대한 응시와 성적 대상화(sexualization)를 드러내는 것이다. 따라서 여성의 육체/성적 욕망은 '항상 탈성애화되고 정신화된 여성 간 친밀함'(예: 여학생 사이의 감정)에 대한 도전으로 해석될 수 있지만, 여전히 이성애의 논리를 기반으로 하고 있으며 그에 대해 도전을 제기한 것은 아니다.

여기서 이 글의 주요 논점으로 돌아가서, 공연예술, 대중매체에 '남장여성' 캐릭터가 등장하고 공연 도중 다른 여성 캐릭터와 친밀한 관계를 맺는 것에 대해 '레즈비언적 존재'와 '레즈비언 연

49 陳佩甄, 「現代'性'與帝國'愛': 台韓殖民時期同性愛再現」, 『台灣文學學報』 23, 國立政治大學台灣文學研究所, 2013, 頁101-136; Chen, Pei-jean, "Problematizing Love: Intimate Event and Same-Sex Love in Colonial Korea," Todd A Henry(ed), *Queer Korea*, Duke University Press, 2020, pp.117-145.

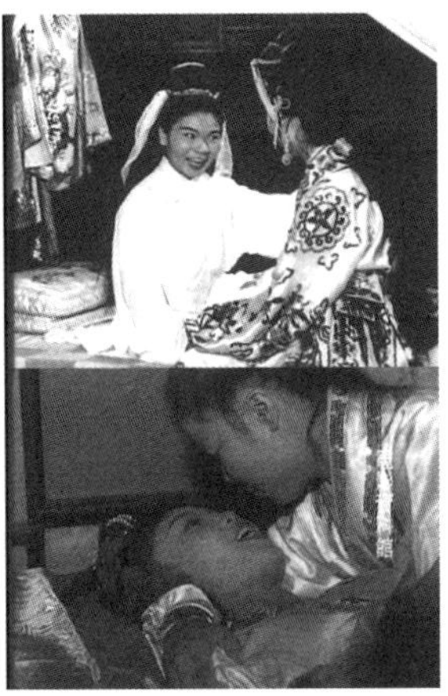

〈그림 1〉 왼쪽부터 시계방향으로 〈검룡소신협(劍龍小神俠)〉(1962),
〈금봉과 은아(金鳳銀鵝)〉(1962), 〈거지와 아씨(乞食婿郎)〉(1961)

속체' 등의 개념으로 이해하는 것이 과연 적절한가? 이는 다양한 인식론 및 사관과 연관되는 매우 복잡하고도 중요한 문제이다. 예를 들어, 타이완어 영화사 연구자 쑤즈헝(蘇致亨, Su Chih-Heng)의 연구에 따르면 1950년대와 1960년대 중반에 제작 상영된 가자희 영화 중 클로즈업 장면, 인물 간 관계, 내면의 감정 등을 인물의 신체적 '성'에 집중해서 표현한 작품을 살펴볼 수 있다. 예를 들어 타이완어 가자희 영화인 〈거지와 아씨〉[1961~1962, 궁러사의 유명 연극 〈홍루잔몽(紅樓殘夢)〉을 영화화함][50]에서는 두 여성이 입을 맞대고 물을 먹여주고 입을 맞추는 장면이 등장하기까지 했다. 여기서 '두 여성'이라는 표현이 정확하지 않을 수도 있다. 왜냐하면 두

50 영화는 상 · 하 두 편으로 이루어짐. 1961년 〈거지와 아씨〉, 1962년 〈검룡소신협〉.

배우 중 한 명은 남성 배역을 맡았기 때문이다. 하지만 그렇다 하더라도 관객이 배우의 원래 성별을 이해하는 데 방해가 되지는 않는다. 따라서 스크린(및 극단의 현장 공연)에 표현된 친밀성, 심지어 노골적인 육체적 욕망과 친밀한 화면은 바로 앞 절에 소개했던 많은 연구자들이 제시한 바대로 영화 관객(특히 여성 관객)에게 색다른 판타지 자원을 제공한다. 이러한 이유로 쑤즈헝은 현재의 관점에서 1962년 상영작 〈금봉과 은아(金鳳銀鵝)〉를 다음과 같이 소개했다.

> 두 여주인공이 각각 남장을 한 채 놀러 나갔다가 서로 첫눈에 반했고 나중에 서로가 여성임을 알게 되자 곧장 의자매를 맺고 한 침대에서 잠을 잤다. 이튿날 일어나서는 샤오밍밍(小明明, 스이난(施易男)의 어머니)이 연기한 금봉이 "은아야, 어젯밤 난생 처음으로 꿀잠을 잤어. 우리가 진작 알았더라면 얼마나 좋았을까?"라고 하자 은아가 "맞아, 나도 같은 생각이야."라고 수줍게 답했다. '백합' 분위기로 가득한 순간이다.[51]

위와 같이 생동감 있고 유머러스한 서사는 쑤즈헝의 글쓰기 스타일이기도 하며, 하위문화에 속하는 '백합'이라는 단어를 사용한 표현양식은 지금의 담론에 담긴 의미를 드러낸다.[52] 특이한 점

---

51 蘇致亨, 「歌仔戲電影的百合情」, 『BIOS Monthly』, 2021. 7. 10. (https://www.biosmonthly.com/article/10903)

52 '백합'(Girls' Love, GL) 소설 또는 영상물에서 여성 간 에로티시즘, 정서적 관계 등을 묘사한 작품을 말한다.

은 두 남장여성 인물의 친밀한 대화는 서로가 여성임을 알고 나서야 이루어지는데, 이는 앞서 언급한 '여성 간 성'이 시점에 따라 (제작자나 관객에 의해) 항상 직설적인 방식으로 표현되기 쉽다는 강박을 보여준다. 예를 들어 위에 언급한 가자희 영화가 상영되던 것과 같은 시기에 『연합보(聯合報)』에 한 여성이 다른 소녀의 얼굴에 독한 뿌려 상해를 입힌 사건을 내용으로 하는 "동성애를 버리지 못해 혼기를 놓친 여성, 상해 혐의로 피소"(1961)라는 제목의 기사가 실렸다. 기사에 의하면 두 사람은 극단에서 알게 된 후 "감정이 깊어져 동성애로 발전"했고 이로 인해 범죄를 저지른 여성이 "스물네 살이 될 때까지 결혼할 수 없었는데", 다른 여성이 결혼할 것이라는 소식을 듣고 질투심에 사로잡혀 강력한 물약으로 해당 여성의 얼굴에 손상을 입혔다고 한다.[53] 이 기사와 쑤즈헝의 현대적 시점에서의 가자희 영화 읽기 모두 여성 간의 동성 관계를 '동성애', '백합'으로 규정(또는 명명)했으나 양자 간에 차이점이 있다. 즉, 전자는 두 사람의 친밀한 관계를 인정하지 않은 채 20세기 초반부터 자주 등장했던 '동성 동반자살', '동성커플 간 살육' 등과 같이 범죄화되고 탈미래지향적인 주류의 규범화된 서사를 가지고 있다는 것이다. 현대 사회에도 강제적으로 레즈비언 욕망으로 인식하려는 경향이 있다.

위에 열거한 가자희 영화에서 직접적으로 표현된 '여성 간 욕망'은 무대공연에서 출발한 가자희 또는 여성국극 공연에서는 거의 찾아볼 수 없다. 그런데, 추정컨대 미디어 변화의 영향으로 몰

53 「同性戀不捨 毀容誤嫁期 少女涉嫌傷害起訴」, 『聯合報』, 1961. 6. 3.

락의 길을 걸었던 여성국극과 달리 가자희는 미디어 기술의 혁신에 발맞추어 다양한 스타일로 변주되었고 과도기적 스타일과 신체, 여성 동성 간 친밀감이 더욱 뚜렷해졌다. 그러나, 전후 1960년대 한국의 대중매체를 살펴보면 여성 동성 친밀성을 표현한 영화를 찾아볼 수 있다. 예를 들어 1960년 한형모 감독이 연출한 〈질투〉는 두 '의자매' 사이의 강렬한 감정을 다루었다. 과거에 입었던 성폭력 피해로 인해 남성을 혐오하는 극 중 언니가 한국전쟁으로 부모를 잃은 의동생과 함께 살며 서로 사랑에 빠지게 된다. 그러나 나중에 의동생이 다른 남자에게 시집가겠다고 하자 언니가 분노에 사로잡히고 결국 미쳐버려 정신병원에 갇히는 신세가 된다. 당시 『동아일보』에 실린 영화 광고 문구에는[54] "이성애의 공포가 동성애로 변한 것은 세계적인 풍조일까?"라고 적혀 있었다. 요컨대, 〈질투〉는 '동성애 욕망'을 직접적으로 다룬 보기 드문 작품이었으나 여전히 여성을 재현 대상으로 했다.

1968년 신상옥 감독이 연출한 〈내시〉는 조선시대 궁중 암투와 욕망을 그린 영화로, 내시와 궁녀가 소모품처럼 왕의 노리개가 되는 모습을 집중적으로 그렸다. 이 영화 전체가 노골적인 에로 장면으로 가득하지만, 나중에 신상옥 감독이 음란물 유포 혐의로 검찰 조사를 받은 원인은 두 궁녀가 입을 맞추고 가슴을 만지는 장면 때문이었다. 1970년 이형표 감독의 영화 〈비전〉은 고려시대 화려한 궁궐 내 왕후의 애증을 그린 작품으로, 마치 〈내시〉의

54 「이성애의 공포가 동성애로 변한 것은 세계적인 풍조일까?」, 『동아일보』, 1960. 5. 25.

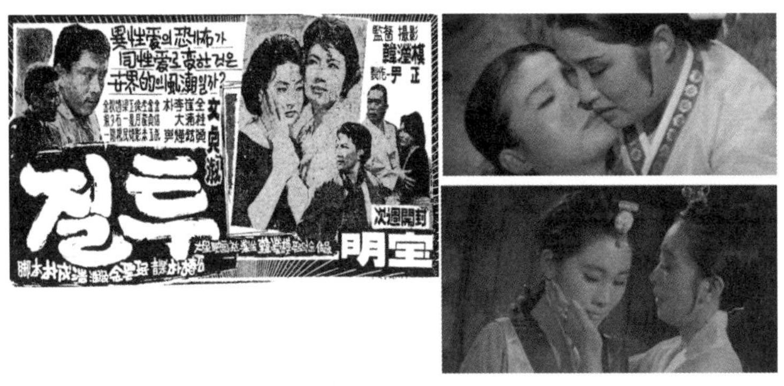

〈그림 2〉 왼쪽부터 시계방향으로 〈질투(嫉妒)〉(1960), 〈내시(內侍)〉(1968), 〈비전(秘殿)〉(1970)

왕후 버전인 것처럼 궁녀 간의 동성 친밀성 장면이 포함되어 있다. 한국영화 연구자 정종화는 「영화 속의 금지 구역 '동성애'」라는 제목의 글에서 관련 작품의 동성 친밀성/욕망이 표현된 장면을 분석한 바 있다.[55] 그런데 현재 논의되는 작품들 모두 '여성 간 욕망'을 영화적으로 재현한 것이다.

따라서 필자는 이러한 '강제적 (여성) 동성애'가 두 가지 층위의 역설적 의미를 내포하고 있음을 강조하는 수고를 기꺼이 감수하고자 한다. 즉, 아드리안 리치의 '레즈비언적 존재'와 '레즈비언 연속체'가 논의 측면에서 취할 수 있는 임시방편이 될 수는 있겠지만, 시공간이 변한 상황에서 그런 식의 명칭이 오히려 핵심적 비판의 힘, 특히 리치가 강조했던 '여성 간 연대', '정동적 경험' 등의

55 정종화, 「영화 속의 금지 구역 '동성애'」, 『인터뷰365』, 2020. 7. 16. (https://www.interview365.com/news/articleView.html?idxno=95074)

의미를 약화시킬 것이다. 이와 관련하여서는 뒤에 이어지는 글에서 타이완과 한국의 경험을 통해 나름의 답을 제시할 것이다. 또한, '강제(compulsory)'는 일방적인 '강요(forced)'가 아니라 '동의'의 의미를 가지고 있다. 리치가 대부분의 여성들이 이성애의 메커니즘을 내면화하고 있기 때문에 이성애 관계의 정의에 따라 젠더 역할과 친밀성의 대상을 추구한다는 사실을 상기시킨다면, 필자는 서구 퀴어 인식론 헤게모니가 현대 사회의 퀴어적 해석에도 내면화되어 있음을 상기시키고자 한다.

3.「실성화미」와 〈여성국극프로젝트〉 속 퀴어 역사관

앞서 두 장을 통해 여성국극과 가자희의 '과도기적 신체'와 여성 욕망의 강제성에 대해 정리하고 강조하면서 1950~1960년대 타이완과 한국 사회의 변화(특히 공연 분야에서의 변화) 과정에서 '젠더 횡단'이 '비정상적인' 공연 형식으로 간주되지 않았고 주류 관객들에게 수용되었음을 부각하고자 했다. 그러나 1960년대 후반부터 여성국극이 쇠퇴하고 가자희가 영화 및 TV 프로그램으로 전환되던 시기는 타이완과 한국 사회에서 남녀와 여성의 성별 기질을 엄격하게 규정하고 음란물을 단속하기 시작하던 때로, '젠더 횡단'의 공연이 존재하기는 했지만(예: TV 가자희) 에로티시즘과 더욱 거리를 두게 되었다. 이 장에서는 앞 장에서의 '강제적 동성애'에 대한 해석을 이어가며 민주화 이후의 타이완과 한국 사회가 상술한 역사를 어떻게 재조명했는지 좀 더 살펴보고자 한다. 이를 위해 가자희 극단 내 여성 동성 간 욕망을 다룬 수상작 「실성화미(失聲畫眉)」와 이를 원작으로 하는 동명 영화를 둘러싼 논란을 중점적으로 살펴보고, 1980년대 이후 퀴어 담론이 이 작품에 대한 수용과 해석을 어떤 식으로 주도해 왔는지를 논의할 것이다. 한국에서 조금 늦게 추진된 〈여성국극프로젝트〉는 약 30년 동안 주류 사회에서 망각되었던 여성국극의 역사를 재구성함과 동시에 여성국극을 현대 LGBTQ 담론 및 운동과 연결함으로써 과도기적 삶의 경험을 '증명/재명명'하고자 했다.

3.1. 농촌 재건을 위한 여성의 욕망 활용: 「실성화미」에 나타난 계급과 섹슈얼리티

가자희 영화는 타이완어 영화와 함께 쇠퇴했다가 1990년대 소설가 링옌(淩煙, Ling Yan)이 「실성화미」로 〈자립만보(自立晚報)〉의 '백만소설상'을 수상하면서 다시금 주요 이슈로 부상했다. 이 작품은 한 지방 가자희 극단의 유랑 생활을 그린 것으로, 지방 가자희의 발전사, 타이완의 에로틱한 노래와 춤/노동문화, 민간 가극단의 운영 '실태' 등을 주요 내용으로 한다. 「실성화미」는 타이완에서 주요 문학상을 수상한 최초의 퀴어문학 작품으로, 여성 간의 애욕이 굉장히 자주 등장한다. 링옌이 훗날 발표한 두 작품—〈죽계와 아추(竹雞與阿秋)〉(2007), 〈분장화미(扮裝畫眉)〉(2008)—도 가자희와 분장을 소재로 했다. 타이완 젠더문학 연구자 쩡슈핑(曾秀萍, Tseng Hsiu-Ping)은 링옌의 후속작 두 편은 연극무대 위와 생활 속 분장의 향토 서사에 대한 개입을 통해 향토문학의 새로운 스타일을 수립했을 뿐 아니라 도시를 배경으로 펼쳐지는 퀴어 소설과도 다르고 다양한 남부지역의 관점과 현실 저 밑바닥의 시각을 제공했다고 평가한다.[56] 그러나, 극단 내 '동성 간 친밀감'이라는 주제에 관해서는, 연극배우 출신 연기자 선하이룽(沈海容)이 "동성애는 극단에서 가장 금기시하는 문제이며, 과거에 전혀 없었던 것은 아니지만 누구도 드러내놓고 이야기하지 못했다"고 했다.[57] 또한 저자 자신도 「실성화미」 속 레즈비언 서사가 '가자희계의 아픈 곳을 건드린' 것 같다고 했다.[58]

그러나, 퀴어문학사 연구자 지따웨이(紀大偉, Chi Ta-Wei)는 〈실성화미〉가 퀴어 소설로 간주될 수는 있지만 소설에서 이성애와 동성애 이야기가 비슷한 비중으로 등장하고 있으므로 이를 '레즈비언만 다룬' 작품으로 단순화해서는 안 된다고 주장한다. 그 이유는 연극무대가 몰락한 상황에서 관객이나 극단 모두 '따자러(大家樂)' 같은 도박에 빠지게 되었고 도박꾼의 수요를 충족하기 위해 스트립 댄스와 같은 프로그램이 등장했기 때문이라고 한다.[59]

> 극단 단원들은 초과 근무를 하면서도 극단 내 또는 외부에서 동성 또는 이성 친구를 사귈 여력과 내적 요구를 가지고 있었다. 소설에

56 曾秀萍, 「扮裝鄉土: 『扮裝畫眉』, 『竹雞與阿秋』的性別展演與家/鄉想像」, 『台灣文學研究學報』 12, 國立台灣文學館, 2011, 頁89-133.

57 吳孟芳, 「台灣歌仔戲坤生文化之研究」, 國立清華大學 碩士論文, 2001, 頁82-85.

58 凌煙, 『失聲畫眉』 自立晚報, 1990, 頁10.

59 '따자러'는 1980~1990년 타이완 사회에서 성행했던 도박의 일종이다.

> 극단 안팎의 여성 동성애자 캐릭터가 여럿인 점이 물론 눈길을 끌지만 여성이 남성과 혼인제도 밖에서 욕망을 충족하는 점도 주목할 만하다. (중략) 공평하게 말하자면, 소설은 일부일처의 혼인제도 밖의 각종 ('중산층'이 아닌) '하류'의 욕망을 드러내었고 거기에 연관된 사람으로 동성 및 이성 남녀가 있다. 소설 속 인물은 사회 주류에 의해 하층민으로 간주되는 부류들로 하류의 사랑과 성욕에 빠져 있다.[60]

지따웨이가 말한 '하류의 욕망'은 소설에서 스트립 댄스, 사랑 없는 섹스, 레즈비언, 외도, 양다리 걸치기 등으로 나타나는데, 이렇듯 뚜렷한 욕망의 흐름은 영화 개봉 당시에는 촌스럽고 후진적인 문화 요소로 인식되었다.

한편, 「실성화미」의 전반적인 내용은 전후 가자희의 황금기가 아니라 전체 공연산업이 쇠퇴하던 시기를 다루고 있다. 소설에서 1980년대 전후 남부지역을 중심으로 활동하던 가자희 유랑극단이 무대공연 관객이 줄어들자 관객 유치를 위해 야외무대에서 스트립쇼를 하게 되고 그에 따라 전통 공연 스킬은 무용지물이 되었다. 그러나 가자희는 완전히 사라지지 않았고(또 당시 인기를 끌던 TV 가자희도 있었음) 열성 팬이 남아 있었다. 소설 속 주인공은 학벌 좋은 젊은 여성으로 가자희를 너무나 사랑한 나머지 극단에 가입하게 된다. 이 인물은 소설에서 계층상의 각종 긴장을 불러오고 '아웃사이더'로서 고요했던 극단을 뒤흔드는 역할을 하며, 많은

---

60 紀大偉, 『正面與背影: 台灣同志文學簡史』, 國立台灣文學館, 2012.

연구자들이 바로 이 지점에서 출발하여 서구 퀴어 이론과 젠더 인식론의 맹점을 비판해왔다.

예를 들어 문학연구자 덩야단(鄧雅丹, Deng Ya-Dan)은 소설 자체의 '향토 담론' 과 90년대 퀴어 운동 시기의 퀴어 담론 간에 어느 정도의 긴장 관계가 존재한다고 본다.[61] 향토 담론의 맥락에서 '여성 간 욕망'은 향토의 몰락과 타락에 대한 메타포가 된다. 90년대 퀴어 운동 및 퀴어 담론 시기에 정체성 정치를 토대로 「실성화미」의 퀴어(동성애)적 색채가 자주 부각된 반면, 극중 'T아내(T婆)'[62] 캐릭터는 강한 남성성과 부드러운 여성성이라는 조합의 일부로서 덜 '진보적'으로 평가되었다. 덩야단에 따르면, 이러한 두 가지 평가 속 향토 상상과 동성애 상상이 「실성화미」로 하여금 '타자에 대한 메타포' 또는 '봉건적 잔재'가 되도록 했다고 하며, 여성 동성간 친밀성은 오히려 '정화된 향토' 또는 '중산층, 현대

---

61 소설 속 '향토'의 의미 및 논의 관련 참조: 邱貴芬, 「女性的'鄉土想像': 台灣當代鄉土女性小說初探」, 『仲介台灣 · 女人: 後殖民女性觀點的台灣閱讀』, 元尊文化, 1997, 頁74-103; 楊翠, 「現代化之下的褪色鄉土-女作家歌仔戲書寫中的時空語境」, 『東海中文學報』 20, 東海大學中國文學系, 2008, 頁253-282; 張雙英, 「試探凌煙『失聲畫眉』的深層意涵」, 『西方視域下的—字源語文與文學文化』, 學生書局, 2013, 頁315-340; 曾秀萍, 「鄉土女同志的現身與失聲: 『失聲畫眉』的女同志再現, 鄉土想像與性別政治」, 『淡江中文學報』 35, 淡江大學中國文學學系, 2016, 頁1-35; 鄧雅丹, 「『失聲畫眉』研究: 鄉下酷兒的再現與閱讀政治」, 國立清華大學碩士論文, 2005.

62 타이완 레즈비언 커뮤니티 용어. 'T'는 Tomboy의 약칭으로 몸치장, 행동거지, 기질이 남성적인 레즈비언을 가리킨다. '파'(婆)는 처음에는 'T의 아내(婆)'에서 유래했고(그러나, 최근에는 아내의 주체성이 부각되어 더 이상 T에 의존하지 않음) 중문 발음기호를 따서 'P'라고도 하며 기질이 여성적인 레즈비언을 가리킨다.

적, 올바른 퀴어'와 경쟁 관계를 형성한다고 지적한다.[63] 따라서 소설에서 강조된 '여성 간 욕망'은 대상을 가리지 않는 무분별한 욕망에 비해 가자희 극단과 '향토' 문화의 쇠퇴를 더욱 잘 상징한다. 타이완 문학과 정치적 수난사를 연구한 양추이(楊翠, Yang Tsui)는 첸뤄시(陳若曦)의 〈마지막 밤 공연(最後夜戲)〉과 링옌의 「실성화미」를 중심으로 상기 두 가지 논점을 분석하며, 이들 두 작품은 1970년대 이후 대중성, 저속성, 도구화된 문화 운영 메커니즘 하에서 타이완의 '향토' 전통 예술이 현대화에 의해 폐기되고, 여성의 몸이 대중문화의 영향으로 남성 성욕의 관조 대상으로 도구화된 사실을 잘 보여준다고 평가한다.[64]

타이완 퀴어 및 젠더 문학 연구자 쩡슈핑은 '향토'와 '섹슈얼리티'에 대한 상기 논쟁은 동성애와 향토, 국가 담론 사이의 모순을 구체화했고, 당시 '사라지는 향토'와 '사라지는 국가' 사이에 놓인 타이완 사회의 이중적 불안을 보여준다고 분석한다. 또한 「실성화미」의 영화 버전을 분석한 후 당시 영화 속 에로틱 이미지에 대한 검열과 비판에 '여성들의 연대'라는 담론전략으로 대응했다. 쩡슈핑은 영화 이미지에 대한 논란은 남성의 기존 응시자로서의 위계(hierarchy)와 중산층 취향에서 비롯된 것이며, 영화 속 여성의 몸과 욕망의 표현이 직접적으로 맞닥뜨리는 것은 바로 상술한 규

---

63 鄧雅丹, 「『失聲畫眉』研究: 鄉下酷兒的再現與閱讀政治」, 國立清華大學 碩士論文, 2005.

64 楊翠, 「現代化之下的褪色鄉土-女作家歌仔戲書寫中的時空語境」, 『東海中文學報』 20, 東海大學中國文學系, 2008, 頁253-282.

범 체계라고 주장한다.[65]

테리 실비오(Teri J. Silvio)는 또한 소설을 영화화한 작품에서 향토적 욕망과 레즈비언 욕망의 재현을 분석하면서, 영화 장면에서 타이완어 대화를 제외하고는 등장인물이 특정 민족 소속임을 표시하는 요소가 없으며 영화의 소프트 포르노(soft porn) 스타일이 레즈비언을 '현대적'인 것으로 해석할 가능성을 약화시킨다고 주장한다.[66] 또한 실비오는 「실성화미」에서 드러난 역설은 레즈비언의 욕망은 '타이완적인 것'일 뿐만 아니라 본토 정체성의 토대로서 혁명적인 의미를 지니며, 이러한 연결이 훗날 타이완 민족과 퀴어 정체성 정치의 발전 과정에서 거의 사라졌다고 주장한다. 그는 또한 이러한 연결이 사라진 것을 타이완 민난푸라오(閩南福佬) 민족주의와 퀴어 중산층 엘리트 행동주의가 대준문화를 배척한 탓으로 돌리며,[67] 이러한 현상이 현대에도 여전히 존재한다고 지적한다.

「실성화미」의 '퀴어성(queerness)'은 위의 연구자들이 주목한 '하층민의 섹슈얼리티'와 동일한 것처럼 보이지만, 역설적이게도 바로 이 '향토적 욕망'은 서구의 대표적 퀴어이론의 '진보성'에 반하는 것으로 보인다. 이 소설이 1990년대 작품임에도 불구하고 소설에 묘사된 '과도기적' 신체(부적절한 정동 관계, 쇠퇴한 가자희, 향토,

65 曾秀萍, 「女女同盟: 『失聲畫眉』的情欲再現與性別政治」, 『台灣文學研究雧刊』 22, 臺灣大學臺灣文學研究所, 2019, 頁25-52.

66 Teri J. Silvio, "Lesbianism and Taiwanese Localism in The Silent Thrush." Peter A. Jackson, Fran Martin, Mark MacLelland, and Audrey Yue(eds), *Asia Pacific Queer: Rethinking Gender and Sexuality in the Asia-Pacific*, University of Illinois Press, 2008, p.223.

67 Teri J. Silvio(2008), ibid, p.219.

여성 동성 간 욕망)는 여전히 본 주제의 중요한 요소이지만, 소설의 속성(문학상, 주류 언론) 때문인지 관련 논의는 '여성 간 욕망'의 표현 방식에 더 집중된다. 그러나 전술한 연구에서 지적한 바와 같이, 타이완의 민족 서사를 대표하는 향토든, 진보적 가치를 대표하는 1990년대의 퀴어 및 젠더 인권 담론이든, 「실성화미」 속 쇠퇴한 가자희 극단 내 동성 간 에로티시즘을 포괄하기에는 부족하다. 다시 말해, 계급의 문제는 여전히 타이완의 국가 건설 및 젠더 인권 서사에서 판단 유보 상태이며, 위에서 논의한 '계급'은 거의 민주화 이후의 '향토'와 동일하므로 그에 대한 식별 및 명명 작업이 시급하다. 이 작품을 레즈비언 소설로 분류하고 작품에 등장하는 여성들의 동성애적 욕망의 중요성을 지나치게 강조하는 동시에 가자희에서의 동성 친밀성의 역사적 특수성을 모호하게 만들며 이를 퀴어 또는 향토적인 것으로 오인하는 것은 사실상 퀴어 읽기에서 '성 정체성'을 중점적으로 강조하는 경향을 보여주는 것이다.

3.2. 이론에서의 역사 재창조: 〈여성국극프로젝트〉의 현대적 갈망

한국 내에서 여성국극의 역사를 재조명하고 재해석하는 작업은 2010년 이후 시기에 집중적으로 이루어졌으며, 필자가 연구 범위 내에서 접한 작품들은 젠더 상징과 성 정체성에 대한 강조라는 비슷한 강박적 문제의식을 보여준다. 아래에서 집중적으로 살펴볼 정은영 작가의 2009년부터 2018년까지의 작품 시리즈와 웹툰 작품 〈정년이〉(2019~2022), 현대의 드랙 퍼포먼스와 〈DRAGx여성국극〉(2019) 등이 여기에 포함된다.[68] 앞 절에서 논의한 선행 연구와 다음 절에서 논의할 〈왕자가 된 소녀들〉은 제2차 세계대전 이후의 역사적 변화와 배우 인터뷰에 치중했을 뿐 아니라 여성국극이라는 주제를 재조명, 재창작, 재해석함에 있어 성/젠더(특히 젠더 횡단과 여성 동성 친밀감)라는 주제에 포커스를 맞추었고 현대 서구 퀴어 운동 및 관련 담론과 직접 연결하는 경향이 있다. 만약 이로써 "한 시대의 환상을 충족시켰기 때문에 번성했다…… 따라서 시대의 욕망을 읽어내는 방식('현대성')으로 작품을 만든다면 한국 전통 여성국극의 부활도 불가능한 것이 아니다"[69]라는 여성국극에 대한 전승희의 역사적 평가에 답한다면, 이 '시대적 갈망'은 1950년대에 무엇을 의미했을까? 지금 시대의 갈망이 1950년대의 판타지이기도 했던 것일까?

정은영 작가는 10년(2009~2018년)간 진행된 〈여성국극 프로젝트〉에서[70] 여성국극의 역사와 배우들의 이야기를 다양한 방식으로 재구성, 재조명하고 분장한 신체와 동성 친밀성의 역사를 집중적

---

68 〈정년이〉는 2019년 4월 8일 연재를 시작한 이후 2022년 5월 22일 최종회까지 총 137화와 1편의 에필로그가 공개됐다. 이 작품은 2024년에 드라마로 제작될 예정이며 한 편의 시대극으로서 1950년 목포에서 아름다운 목소리를 가진 소녀 윤정년이 부자가 되기 위해 여성국극단의 문을 두드리며 펼쳐지는 이야기를 그린다.

69 전성희, 앞의 글, 16쪽, 26쪽.

70 본 프로젝트 시리즈 작품 정보 및 자료는 작가 홈페이지 참조(http://www.sirenjung.com/index.php/yeosung-gukgeuk-project/). 이 글에서 논의되는 작품 중 별도의 설명이 없을 경우 모두 작가 홈페이지 자료를 토대로 한 것임.

으로 부각했다.[71] 예를 들어 〈정동의 막〉(2013)[72]은 영상을 통해 남성 배역을 맡은 40대 여성이자 마지막 여성국극 배우로 꼽히는 남은진이 부채를 돌리는 손목, 노래 부를 때의 목, 팔을 벌리는 동작을 할 때의 등, 연습실을 돌아다니는 발, 바닥에 엎드린 몸 등 연습 동작을 반복해서 보여준다. 관객은 출연자의 눈앞에 어떤 장면이 있는지 볼 수 없고, 출연자의 몸은 클로즈업과 컷으로 끊임없이 파편화된다. 이후 장면이 분장실로 바뀌고, 출연자가 테이블 위에 놓인 둥글게 말린 천 붕대와 가짜 콧수염을 만지고, 거울 앞에서 화장을 하고, 가슴에 붕대를 감고, 남성 한복으로 갈아입은 후 마침내 무대에 등장해 낮고 힘 있는 목소리로 노래를 부르기 시작하는데 텅 빈 무대 위에는 오로지 배우 한 사람만 있다. 약 15분 분량의 이 영상은 '존재(being)'의 과정을 추적하고 포착한다. 영상 전체가 오로지 몸의 움직임, 얼굴과 신체 부위의 클로즈업 화면, 낮고 무거운 호흡 소리로 구성되고 대사는 없다.

한국계 미국인 작가이자 연극 연구가인 장다영(Ashley Chang)의 〈정동의 막〉에 대한 분석은 예상대로 주디스 잭 핼버스탬(Judith Jack Halberstam)의 '여성의 남성성(female masculinity)'과 헤더 러브

---

71 관련 작품: 〈웨딩 피그먼트(The Wedding Pigment)〉, print, 2011. 〈점멸하는 노래(The Song of Phantasmagoria)〉, Installation 4 slide projectors with 119 slides 00:04:00(Looped), 2013. 〈개인적이고 공적인 아카이브(Public yet Private Archive)〉, Mixed Media, Installation, Dimension variable, 2015. 〈틀린 색인(Wrong Indexing)〉, Mixed Media, Installation, Dimension variable, 2016.

72 〈정동의 막(Act of Affect)〉, 단일 채널 동영상, 00:15:36, 2013; 온라인 아카이브. 동명의 작품의 현장 공연 버전도 있음. 참조: 〈정동의 막(Act of Affect)〉, Performance, 00:20:00, 2013.

(Heather Love)의 '퇴행, 우울'의 담론에 기반을 두고 있으며, 작품 속 연기자들을 여성국극의 대역으로 보고, 그 고독과 망각의 역사가 미국의 퀴어 이론가들이 제시한 부정적 감정의 역사에 내재해 있다고 보았다.[73] 이러한 읽기 방식은 정은영의 창작이론 또한 미국 퀴어 이론의 자원을 기반으로 하고 있다는 사실, 심지어 과거의 역사를 현대의 투쟁을 대변하는 데 동원하는 창작 경향을 반영하는 것일 수 있다. 서문에서 언급했던 〈변칙 판타지〉는 판소리와 합창, 시각예술, 전자음악의 융합을 통해 젠더 개념을 표현하고 여성국극 단원들과 게이 합창단 G-Voice의 합창으로 공연을 구성했다. 〈변칙 판타지〉의 공연을 관통하는 젠더 개념은 이론가 주디스 버틀러(Judith Butler)가 말한 '젠더 수행성(gender performativity)'의 실현에서 비롯된다. 정은영은 여성국극이 젠더 정치가 개입할 수 있는 독자적 공연 구조와 형식을 창출하여 1950년대에 등장한 여타 연극의 급진적 실험극에 비견될 만하다고 하며, 여성국극의 문화적, 정치적 중요성을 강조한다.[74] 그러나 정은영은 여성국극과 관련된 모든 공연 요소 중 여성 배역을 맡은 배우와 그들의 역사에 대해서는 거의 언급하지 않은 채, 젠더횡단적 부분에만 천착한 경향이 뚜렷하다. 〈여성국극프르젝트〉의 현시점의 마지막 작품인 〈유예극장〉(2018)에서는 여성국극 배우(남은진)와 이 시대의 드랙

---

73 Ashley Chang, "Acts of Affect: siren eun young jung's Yeoseong Gukgeuk Project," *Afterall: A Journal of Art, Context and Enquiry*, Vol.49. No.1, The University of Chicago Press, 2020, p.67.

74 김향, 「창극공연에서의 젠더 구현과 그 의의-국립창극단의 〈내 이름은 오동구〉(2013)와 여성국극 〈변칙 판타지〉(2016)를 중심으로」, 『드라마연구』 제54호, 한국드라마학회, 2018, 33-62쪽.

아티스트(드랙킹 아장맨)를 병치시키며 두 사람이 성소수자 저항의 언어와 시대를 종단하는 성/젠더 처지를 공유한다고 주장한다.

정은영과 그의 작품 연구자들은 여성국극의 젠더 재현에 초점을 맞추고 강력한 서구 이론과 문화, 운동에 의존한 나머지 작품에 나타난 '트랜스젠더'와 '동성 친밀감'이 현대 사회의 젠더 인식론과 매우 가깝다고 판단했는데, 이는 사실 전후 한국의 젠더 인식과는 거리가 있고 심지어 전술한 여성국극 내부의 역사적 특수성을 지워버리는 것이다. 예를 들어, 〈여성국극프로젝트〉 중 1950년대 여성국극 커뮤니티의 동성 친밀감을 보여주는 작품들은 대부분 스틸 사진이고, 창작의 소재도 여성국극 배우가 팬의 요청으로 촬영한 결혼식 사진과 극중 인물들의 친밀감을 기록한 공연 스틸 사진 몇 장이 주를 이룬다. 정은영은 이 웨딩 사진이 과거 존재했던 동성 간의 친밀감과 비규범적 행위가 퀴어 역사로 편입되지 못했음을 보여준다고 주장한다.[75] 하지만 웨딩 사진 속 동성 간의 친밀감을 퀴어 역사의 일부로 인식하는 것이 여성국극의 역사나 현대 퀴어 운동의 재구성이라는 측면에서 의미가 있을까? 정은영에게 있어 이는 양자택일의 문제가 아닐 수도 있다. 이는 그의 일련의 작품에서 어느 정도 드러나 있다.

이 질문에 대한 필자의 대답은 위에 언급한 작품에서 재현된 트랜스젠더 공연을 관람한 후의 느낌과 비슷하다. 즉, 젠더나 성 정체성 자체보다 강렬한 신체성이 더 매력적으로 다가온다는 것이다. 이는 필자가 2017년 타이베이시립미술관에서 타이베이 버전

75 〈결혼식(The Wedding)〉(2011) 중 해당 작품 소개 내용 인용.

의 〈변칙 판타지〉 연출에 참여하며 경험하게 된 것이다. 〈변칙 판타지〉는 작품 소개에서 강조하듯 "상상의 기법을 창조하여 부재한 이미지를 통해 여성국극을 논하려 하며, 이러한 상상의 기법을 작동시키기 위해서는 다양한 변칙술을 활용해야 한다. 즉 보편적으로 인정된 역사적 진실과 전통적 기원의 신화를 부정하는 것이 필요하다."[76] 그러나 여기서 '보편적으로 인정된 역사'는 한국 사회에 오랫동안 존재해 온 가부장제, 국가 구조, 이성애 중심의 역사관뿐만 아니라 현대 서구 지식의 헤게모니도 포함된다. 〈변칙 판타지〉와 〈유예극장〉은 동성애합창단, 드랙킹 등 성 정체성을 직접 가리키는 공연과 여성국극을 결합함으로써 현대적 판타지와 갈망을 충족시켰을 수는 있겠지만, 앞서 언급한 작품들의 에너지는 정은영이 역사 서사의 가능성을 기존의 아카이브에만 남겨두지 않고 감각적, 정동적 체험을 통해 여성국극의 공연하는 신체를 구현하고 이를 여성국극을 재인식하는 방식으로 삼았다는 데서 비롯된다고 생각한다. 이에 관해 〈왕자가 된 소녀들〉은 중요한 실마리를 제공한다. 이에, 다음 장에서 다큐멘터리 영화 〈왕자가 된 소녀들〉과 타이완의 관련 연구를 예로 들어 '정체성 정치'를 벗어난 퀴어 역사의 재구성 방안을 고찰할 것이다.

---

76 주로 타이베이시립미술관 공식 홈페이지에 실린 정은영의 〈변칙 판타지〉의 작품소개에서 인용함.

4. 정동 연대: 〈왕자가 된 소녀들〉과 가자희 커뮤니티 내 정동적 주체

이 글에서 논의된 세 편의 현대 텍스트 모두 여성국극, 가자희를 주제/주체(subject의 이중적 의미)로 하고 있으며 모두 '여성 동성 친밀성'을 명확하게 재현하고 있다. 특히 이 세 편의 작품을 둘러싼 모든 논의에서 작품 속 '성적 주체'를 재명명하려는 경향이 있으며, 현대 젠더 연구와 퀴어 이론의 담론 자원을 활용하고 있다. 그러나 이러한 재현과 담론의 경향이 일부 가려지거나 아예 지워진 역사를 재구성함과 동시에 다른 역사적 쟁점과 요소들을 엄폐하는 것은 아닐까? 나아가 여성국극과 가자희 배우들의 젠더 표현, 섹슈얼리티 관계는 현대 문화 생산자와 담론이 필연적으로 '동성애자', '트랜스젠더' 정체성으로 지칭할 만큼 명확한 '정체성'의 표현인 것일까? 다음에서 논의할 다큐멘터리 영화 〈왕자가 된 소녀들〉은 필자에게 성 정체성과 관련된 정동적 주체의 실천이라는, 역사를 바라보는 또 다른 경로를 제시해 주었다.

필자는 여기서 정동적 주체에 대해 논함으로써 퀴어 이론 중의 정동적 전환(affective turn)과 대화해보고자 한다. 이러한 전환을 추동하는 힘은 이브 코소프스키 세지윅(Eve Kosofsky Sedgwick)과 애덤 프랭크(Adam Frank)가 퀴어 이론가이자 심리학자인 실반 톰킨스(Silvan Tomkins)의 감정 이론을 연계하여 논의한 데서 비롯된다.[77] '퀴어 정동(queer affect)'은 언어 지향적이고 성/젠더 정체성

77 Eve K. Sedgwick & Adam Frank(eds), *Shame and Its Sisters: A Silvan Tomkins*

에 대한 반본질주의(anti-essentialism) 및 해체성에 치중하던 퀴어 이론의 최초 핵심 프로젝트와 다른데, 이는 세지윅이 말한 '편집증적 비판(paranoid criticism)'의 내용이기도 하다. 세지윅은 퀴어(에이즈 위기에 대한)의 편집증적 읽기가 이론적, 정치적 가능성을 제한하는 반면, 퀴어 정동은 정체성(identity)이 아니라 정동적/욕망적 삶에 초점을 둔 것으로 정상과 비정상, 공적과 사적, 수치와 자부심, 억압과 해방이라는 이분법을 초월한다고 주장한다. 이와 관련하여 후대의 학자들, 특히 헤더 러브의 『감각 퇴행(Feeling Backward: Loss and the Politics of Queer History)』(2007)과 엘리자베스 프리먼(Elizabeth Freeman)의 『시간의 제약(Time Binds: Queer Temporalities, Queer Histories)』(2010)은 '부정', '퇴행', '쾌락', '에로티시즘' 등의 정동 이론을 제시하면서 세지윅이 1980년대에 제시했던 '회복적 읽기(reparative reading)'로 돌아가 과거(및 역사)를 돌아봄으로써 현재를 효과적으로 이해할 것을 제안했다.

아시아계 미국인 퀴어 연구자 류웬(劉文, Liu Wen)은 위에서 언급한 퀴어이론의 정동적 전환에서 발전한 정동 연구 유파를 퀴어 부정성(queer negativity), 퀴어 일시성(queer temporality), 퀴어 기계성(queer mechanic) 등 세 가지로 정리했다. 또한 더 나아가 3가지 유파의 전략적 지향을 우울한 느낌(feeling down), 뒤처진 느낌(feeling backward), 기계적 느낌(feeling mechanic)으로 정의 내렸다. 이들 세 가지 전략의 핵심은 각각 아래와 같다.

Reader, Duke University Press, 1995; Eve K. Sedgwick, *Touching Feeling: Affect, Pedagogy, Performativity*, Duke University Press, 2003.

첫째, 퀴어 경험 중 부정적 감정(예: 수치심)을 행위자성(agency)을 가진 것으로 간주하고 퀴어 주체를 중심으로 감정이 어떻게 형성되고 전달되는지 관찰하며 이를 통해 퀴어 문화에 대한 이해를 심화시킨다.

둘째, 퀴어 시간을 회복해야 할 역사로 간주하여, '퇴행과 낙후'를 '진보와 미래'의 반대가 아닌 기존 인식론에 대한 반성으로 삼는다.

셋째, 한걸음 더 나아간 '존재론적 전환(ontological turn)'으로서, 퀴어와 비인간(non-human)의 관계에 기대어 서구 백인 중심적 경험에 도전한다.[78]

필자는 위에 언급한 '퀴어 정동' 연구가 '정체성 정치'에서 '정동적 회복'으로 전환하는 접근법에 동의하지만 '부정적 정동', '퇴행', '기계적 주체' 등 담론에 대해서는 경계한다. 왜냐하면 위에 언급한 세 가지 수식어들도 '긍정과 부정', '진보와 퇴행', '인간과 비인간'이라는 이분법적 대립 구도로 전환되기 때문이다. 여성국극과 가자희의 '과도기적 신체'에 관한 필자의 논의에서 위에 언급한 이분법적 구도가 전후 타이완과 한국 현지 사회의 공연하는 신체와 삶의 경험에 어떻게 공존하는지 살펴보았고, 그에 따라 그 역사성이 단일한 측면의 '퀴어 정체성'을 드러낼 뿐만 아니라 타이완과 한국 역사를 수평적으로 참조하고 '성/젠더' 문제를 사회 역사의 특수성에 포함시킴으로써 역사성과 사회성이 풍부한 정동 네

78 Wen Liu, "Feeling Down, Backward, and Machinic: Queer Theory and the Affective Turn," *Athenea Digital*, Vol.20, No.2, e2321, Universitat Autonoma de Barcelona, 2020.

트워크를 재구축했다.

여기서 '정동'과 '신체'는 정신과 물질의 이분법적 인식론을 재현한 것이 아니라, 성/젠더 역사에 대한 서구 중심적 시각을 수정한 것이다. 예를 들어, 미국의 퀴어 이론가 주디스 버틀러는 그의 저서 『중요한 신체: '성'의 담론적 한계(Bodies that Matter: On the Discursive Limits of 'Sex')』(1993)에서 몸의 '상상적 구성(imaginary construction)'에 초점을 맞춤으로써 『젠더 트러블: 페미니즘과 정체성 전복(Gender Trouble: Feminism and the Subversion of Identity)』(1990)에서 제시하여 많은 비판과 토론을 불러일으켰던 '젠더 수행성(gender performativity)' 개념을 보완 및 수정했다. 버틀러에게 '젠더'는 신체의 단순한 사실이나 정적인 상태가 아니라 궁극적으로 물질화될 수밖에 없는 이상적 구성체(ideal construct)이다. 왜냐하면 신체는 강제적인 물질화 규범을 순순히 받아들인 적이 없으며, 심지어 그 과정에서 불안정성, 즉 재물질화(re-materialization)의 가능성을 야기하기 때문이다. 이러한 '신체-젠더'에 관한 해체적 관점이 강조하는 것은 규범 체계의 제약과 상상의 가능성이다. 물론 버틀러의 담론은 서유럽의 주체철학과 정신분석학적 사고에 기반을 두고 있어 특정 사회 역사에 대한 실질적 분석 기반이 부족하다. 따라서 여기서 버틀러를 인용한 것은 그의 '젠더'와 '신체'에 대한 해체를 강조하고 여성국극과 가자희 속 젠더 횡단적 공연의 '과도기적 신체'와 그 역사적 특수성으로부터 대화를 시작하여 '성/젠더'에 대한 전술한 퀴어 이론의 인식론적 한계를 성찰하는 데 그 목적이 있다.

가자희와 여성국극의 문화 생산, 역사적 구성을 되돌아보면,

일부 이페메라(ephemera), 즉 기록으로 남기기 어려운 사건 및 물품, 우연히 나타난 문서 자료, 잡동사니 같은 물건에서 해당 커뮤니티가 어떻게 '정동적 주체'로 재현되는지를 엿볼 수 있다. 여기서 '정동적 주체'는 전술한 사회 미디어의 전환 및 문학예술의 재현에 의해 구성되는 '역사적 주체'와는 다른 것으로, 자신이 느낀 대로 행동을 취하는 능동적 주체이자 정체성 정치의 '존재(being)'에서 정동 정치의 '느낌(feeling)'으로 전환되는 주체 형성 방식이기도 하다. 그러나, 이 글에서는 이 '정동적 주체'를 '역사적 주체'와 대립되는 존재로 간주하거나 역사 바깥에 존재하는 저항의 주체로 만들려는 것이 아니라 '역사적 주체'와 상호작용하는 가운데 형성되는 주체로 보고자 한다. 이는 들뢰즈가 스피노자의 이론을 분석한 후 '정동(affect)'이라는 개념을 제시하면서 강조했던 것과 비슷하다. "정동 표현은 영향을 받고 변화되며 정동된(affected) 후의 신체가 아니라 영향과 변화, 정동 그 자체가 신체가 되는 것이며, 이때 신체는 영향을 주고받을 수 있는 행동력과 존재력인 것이다."[79] 이에 이 글에서는 '정동'의 철학적 주체성에 기대어 여성국극과 가자희 커뮤니티의 자기 주체화의 '감정'을 역사적 작용에 의한 결과이자 역사적 행동 자체의 표현이라 정의한다.

예를 들어 〈왕자가 된 소녀들〉은 '여성국극' 역사 재조명의 절정기를 대표하는 작품이자 현재 시점에서 유일한 여성국극을 주제로 한 다큐멘터리이지만 작품 전체적으로 여성국극 배우 및 그 역사를 집중 조명하거나 한국 사회 환경과의 연관성을 특별히 강

79 楊凱麟, 『分裂分析德勒茲: 先驗經驗論與建構主義』, 河南大學出版社, 2017.

조하지 않음으로써 지금의 LGBTQ 담론을 당시 역사에 대한 해석 틀로 삼는 것을 회피한 것 같다. 이 다큐멘터리는 '여성국극'의 과거와 현재를 되돌아보고 배우와 팬 간의 혈연관계를 넘어서는 '이상적 여성 공동체'를 보여준다. 이러한 공동체 커뮤니티 간의 연대는 다큐멘터리 촬영자와[80] 배우 간의 친밀한 관계, 배우와 팬 간의 상호작용과 오가는 정에서 드러나는데, 그중 배우와 팬 간의 관계는 1950~1960년대 여성국극 커뮤니티에 이미 존재했었다. 다큐멘터리에 등장하는 여성국극 단원과 팬들은 대부분 칠순을 넘은 고령이다. 그들은 서로 교류하는 과정에서 가족(또는 남성)이 그들 사이의 오래되고 깊은 우정 공동체에 참여해야 할 필요성을 느끼지 못했고 극성 팬들은 남장 여배우나 연기파 배우들을 사랑하게 되기도 했다.

예를 들어, 왕이나 왕자 역할로 주로 알려진 조금앵 배우는 팬들의 요청으로 신랑 역할을 맡아 웨딩 사진을 찍었는데, 이는 앞서 언급한 정은영 작품의 주요한 소재 중 하나가 되었다. 그러나 정은영이 팬과의 사진을 동성 친밀성 상상의 자원으로 하여 이를 퀴어 역사에 편입시키려 한 것과는 달리, 이 글에서는 해당 사진의 존재는 정동적 주체의 의미에 더 가깝다고 판단한다. 왜냐하면 조금앵의 기억에 의하면,[81] 결혼해서 막 출산을 한 여성 팬이 조금앵

---

80 여성주의 문화기획집단 '영희야 놀자'가 제작했고, 연출 김혜정, 조연출 강유가람, 기획 김신현경, 프로듀서 피소현이 주로 제작에 참여했다. 이들 네 명 모두 이화여대 여성학과 출신으로 여성주의 단체 언니넷(www.unninet.co.kr)의 초창기 멤버이다.

81 〈결혼식(The Wedding)〉(2011)에 수록된 인터뷰 내용 발췌. (http://www.sirenjung.com/index.php/yeosung-gukgeuk-project/image-series/)

〈그림 3〉 조금앵과 여성국극 단원, 팬의 요청으로 웨딩사진 촬영
(출처: 〈왕자가 된 소녀들〉)

을 너무 좋아해서 아기를 집에 두고 공연을 보러 왔고, 나중에 그 팬이 웨딩 사진을 찍고 싶다고 하자 마침 결혼식장을 운영하던 다른 팬의 도움으로 다 같이 진짜 같은 웨딩 사진을 찍게 되었기 때문이다. 정감 가득한 이 한 장의 사진이 당시 공동체 내에 자매애(sisterhood)를 넘어서는, 아드리안 리치가 주창하고자 하는 '레즈비언 연속체'에 가까운 면이 있었음을 보여줄지도 모른다. 그러나, 이 글에서는 사진의 정동적 특성을 강조하고, 이를 토대로 사진 속 여성국극 커뮤니티의 정동적 주체를 재구성하고자 한다.

미국의 문화 연구자 로렌스 그로스버그(Lawrence Grossberg)는 1980년대부터 감정과 정동이라는 개념을 통해 록 음악과 팬 사이의 사회적 관계를 연구해 왔다. 그로스버그는 저서 『나 혼자임에도 불구하고 춤추기(Dancing in Spite of Myself)』에서 팬덤의 본질과 록 및 청소년 문화의 사회적 영향에 대한 연구를 통해 대중문화에 대한 깊은 통찰을 제시하고 헤게모니에 대한 도전과 역사 실천의 가능성을 제시했다. 그는 감정과 감수성의 투입이 팬과 다른 사람을 구분짓는 차이점이라고 하며, 그 이유로 감정은 삶의 느낌과 연결되어 있고 특정 경험, 실천, 정체성, 의미, 쾌감과 관련된 우리의 상태와 밀접한 관련이 있음을 들었다.[82] 이러한 실천은 나중에 '정동적 연대(affective alliances)'라는 개념으로 구체화되었는데, 이러한 연대망에서 록 음악 자체가 정동적 연대를 형성하는 장치로서 음악과 팬들 사이에 권한 부여(empowerment)의 장이 되었다. 정동적 연대는 "구체적 물질의 실천이자 사건, 문화의 형태이자 사회적 경험의 조직으로서 세상에서 우리의 감정을 투입할 공간을 열어준다"고 할 수 있다.[83]

이러한 관점에서 위의 웨딩 사진을 다시 해석해 보면 앞서 언급한 감정(팬의 사랑)의 강도 외에도 이러한 감정적 투자가 일상 삶의 실천 및 역사적인 스냅샷과도 밀접한 관련이 있다는 것을 알 수 있다. 예를 들어, 테리 실비오는 「"우리는 행복하게 울었다!" 전후 가자희의 감정 구조와 타이완 여성의 변화하는 삶(「我們哭得好開心！」戰後歌仔戲的感情結構與台灣女性的生活轉變)」이라는 글에서 타이완 가자희 커뮤니티의 정동적 연대를 기록하고 재현했다. 이 글은 1940년대 후반부터 1970년대 초반까지 가자희 팬덤 문화에서 흔히 볼 수 있었던 의식, 즉 배우가 무대에서 슬픈 곡조를 노래하면 관객이 무대 앞으로 나와 눈물을 흘리며 배우에게 직접 돈이나

---

82 Lawrence Grossberg, *We Gotta Get Out of this Place: Popular Conservatism and Postmodern Culture*, Routledge, 1992; Lawrence Grossberg, *Dancing in Spite of Myself*, Duke University Press, 1997.

83 Lawrence Grossberg, *Dancing in Spite of Myself*, Duke University Press, 1997, p.44.

보석 또는 기타 선물을 건네는 의식에 초점을 맞추었다. 실비오는 이 의식을 다음과 같이 정리했다.

> 첫째, 모든 참여자에게 가장 감동적이고 매우 의미 있는 일이다.
> 둘째, 특정 시간에 이루어지고, 배우와 관객 모두 함께 눈물 흘릴 것이라는 점과 관객이 선물을 줄 것을 알고 있고 기대하며, 이러한 상황이 자주 반복해서 연출된다.
> 셋째, 다른 의식(예: 종교 의식)과 마찬가지로 커뮤니티(극단 단원과 팬의 하위 문화) 내에서 사람들 간의 다양한 관계를 구축하거나 재구성하기도 한다.[84]

이 의식은 주로 여성 팬과 '소생' 역의 남장 여배우 사이에서 이루어지지만, "슬픈 곡조에 관한 논의를 '소생' 배역이나 '소생' 역의 여배우와 결합해서 살펴보면 불쌍한 캐릭터에 대한 동정이나 여성에 대한 정체성이 배우와 팬들에게 있어 반드시 핵심 포인트였던 것은 아님을 알 수 있다."[85]

테리 실비오는 상술한 의식이 '여성 정체성'이나 '동성 간의 친밀감'에 기반한 것이 아니라 '슬픈 곡조'의 정동적 연대와 밀접한 관련이 있다고 강조한다. 가자희의 슬픈 곡조, 팬들의 울음소리/선물 증정 의식은 1970년대 이후 타이완 내 극단과 마찬가지로 점차

---

84 司黛蕊(Teri J. Silvio), 「「我們哭得好開心！」戰後歌仔戲的感情結構與台灣女性的生活轉變」, 『台閩民間戲劇國際學術研討會論文集』, 成大閩南文化研究中, 2013, 頁102.

85 司黛蕊(Teri J. Silvio, 2013), ibid, 頁112.

줄어들었다. 특히 앞서 언급했듯이 1990년대에 가자희가 본토의식(local consciousness)에 따라 규격화되고 국립오페라극장(國家戲劇院) 무대에 오르기까지 했으나 이러한 공연장은 명확한 금지사항과 신체와 관련된 징계 규정이 있어 상술한 의식을 행할 수가 없게 되었다. 또한 실비오는 이러한 의식이 사라진 것은 가자희 여성 관객의 미적 취향의 변화, 타이완 여성의 사회적 지위 변화와도 관련이 있다고 판단한다.[86] 이렇게 하여 슬픈 곡조, 울음, 선물 증정은 '과도기적' 성격으로 인해 훗날 미디어의 변화(TV 시청)와 본토문화 진흥(국립 공연장 진출) 과정에서 다시는 나타나지 않았다. 가장 주목할 만한 점은 여성 관객 중 아이비 링포의 대모를 자처하는 '큰 손 부인'들이 선물과 돈, 골드바를 선사하던 문화적 현상이 지금 대중문화계의 '팬'의 원조라는 점이다. 이러한 특정 여성 커뮤니티 문화에다 영화 〈양축〉의 매우 감성적인 콘텐츠가 더해지며 아이비 링포의 남장 연기와 배역의 특성이 역사적 의미를 띄게 되었다.

당시 가자희 커뮤니티에 형성되었던 정동적 연대는 더 이상 존재하지 않을 수 있지만, 특정한 정동의 역사는 다양한 형태로 재구성될 것이다. 예를 들어, 〈왕자가 된 소녀들〉이 위에서 언급한 웨딩 사진을 재조명하며 당시의 가상 결혼식을 성 정체성의 실천이 아닌 정동의 기억의 재현으로 간주했다. 다큐멘터리는 또 인터뷰를 통해 수십 명의 단원 전원이 여성인 '여성국극'단에서 많은 커플이 탄생했으며, 그중 많은 사람들이 하와이에 정착하여 연인과 친구 신분으로 자유로운 삶을 살고 있음을 확인해주었다. 영

---

86 司黛蕊(Teri J. Silvio, 2013), ibid, 頁117-118.

화에서는 그 밖에도 '여성국극' 공동체에 과거로부터 지금까지 이어져 온 '공동생활감각'을 보여준다. 예를 들어 과거 사진 속 여성 단원들이 모여 있는 모습에서 마치 잔치라도 하는 듯한 단체생활의 분위기를 느낄 수 있고, 국극보존협회 사무실이나 공연 리허설 장면에서도 준비해 온 음식을 서로 나눠 먹는 모습을 볼 수 있다. 그러나 이러한 친밀감의 존속은 여성국극 공연 사업을 이어갈 사람이 없고 다큐멘터리 속 인터뷰이의 고령(및 노쇠)으로 인해 크게 위협받고 있다. 예를 들어 조금앵은 영화 개봉 후 세상을 떠났다. 이러한 상황에서 두드러지는 것은 역시 여성국극의 과도기적 성격이다. 주디스 버틀러가 「과도기적 주체를 위한 스타일의 행위성(Agencies of Style for a Liminal Subject)」이라는 글에서 물었듯이, '어떤 종류의 삶의 방식은 (타자의) 실존적 위기를 상징하는가?' 버틀러는 삶의 방식(style)이 타자 배제의 상징인 동시에 그들이 생존해올 수 있었던 이유라고 주장한다.[87] 따라서 전후 1950~1960년대 타이완과 한국 사회 내 여성국극과 가자희의 특정 역사, 그리고 현대적 회고에 반영된 시대적 갈망을 돌아볼 때, 재구성되어야 할 것은 공연예술 자체도 아니고 퀴어 담론이 가세한 젠더횡단적 배역도 아니며, 사회의 변화와 함께 지워진 '삶의 방식'일 것이다. 그 가운데 종종 무시되고 구체화되기 어려웠던 역사적 존재인 정동은 이러한 삶의 방식을 재구성하는 데 중요한 실마리가 될 수 있다.

---

87 Judith Butler, "Agencies of Style for a Liminal Subject," Paul Gilroy, Lawrence Grossberg, and Angela McRobbie(eds), *Without Guarantees: In Honour of Stuart Hall*, Verso, 2020, p.36.

5. 결론: 또 다른 정동적 전환

이 글을 집필하던 때에 배우 첸야란(陳亞蘭)이 가자희 TV 드라마를 통해 여성 신분으로 제57회 금종장(金鐘獎) '연극프로그램 남우주연상'을 수상했다는 소식이 들려왔다. 실로 매우 의미심장한 역사 축적의 결과라 할 것이다. 그런데, 50여 년 전 아이비 링포는 '남장여성'이라는 이유로 남/녀 주연 중 어느 쪽으로도 분류되지 못한 채 제2회 금마장(金馬獎) 시상식에서 '최우수연기특별상'을 수상했다. 그러나, '젠더 횡단'이 고정된 틀을 느슨하게 했다는 의미를 생각할 때 남/녀 연기상 중 어느 쪽으로도 분류될 수 없는 상이야말로 더욱 시대에 대한 도전적 의미를 가지고 있는지도 모르겠다. 전후 가자희와 여성국극의 과도기적 역사 배경을 돌아볼 때, 우리가 오늘날 파악하고자 하는 젠더 횡단적 신체와 동성 친밀성은 페미니즘 연구자 안나 클라크(Anna Clark)가 '섹슈얼리티'와 '성 정체성' 사이의 연계를 해체한 후 제기했던 "우리는 '정체성을 유발하지 않는 욕망, 행위 또는 관계'를 잘 이해해야 한다"고 상기시켰던 점을 잘 반영하고 있는지도 모른다.[88] 클라크는 이러한 현상을 '황혼의 순간(twilight moments)'이라고 부르며 모호성과 일시성을 부각했고, 황혼의 순간이 갖는 한계적 상태가 반드시 전복성을 의미하는 것은 아니며, 오히려 종종 통치구조와 공모하곤 한다고 강조했다. '불법적인' 성행위를 하는 사람들 중 상당수는 스스

88 Anna Clark, "Twilight Moments," *Journal of the History of Sexuality*, Vol.14, No.1, University of Texas Press, 2005, p.141.

로를 비정상적이거나 병적이거나 부자연스럽다고 생각하지 않지만, 수치심과 같은 다양한 형태의 사회적 처벌에서 자유로울 수는 없다. 이 글은 클라크가 제기했던 '황혼의 순간'을 한층 더 심화하여 1950~1960년대 여성국극과 가자희에 존재했고 오늘날까지 이어져 온 특정 역사를 이해함으로써 지금의 퀴어 역사관에 대한 수정을 시도했다.

예를 들어, 최근 한국에서 출간된 『원본 없는 판타지: 페미니스트 시각으로 읽는 한국 현대문화사』(2020)는 한국의 페미니즘 관련 논쟁과 젠더 역사관을 다양한 물질과 분야 횡단적 실천에 대한 고민으로 이끌어,[89] 본질주의(여성 또는 이성애)와 이분법적 대립(남성과 여성, 진실과 허구, 동성애와 이성애 등)의 담론 틀을 넘어서서 비역사주의적 방법으로 젠더사와 퀴어사를 재구성하고 페미니즘 실천의 환상/상상을 비규범적 실천으로 만들고자 한다. 편집자들은 이러한 아카이브 횡단적 연구가 현대 한국 사회의 페미니즘 운동과 그 모순에 대응할 수 있다고 생각한다. 필자에게는 위에 언급된 비역사주의적 접근이 책 제목의 '원본 없음'으로 시공간적으로 동질적인 역사관을 대체하려는 것을 강조하는 것으로 받아들여진다. 나아가 필자는 '원본 없음'은 담론 전략으로, '판타지'는 문화적 실천의 중요한 현실로 간주한다. 이를 토대로 전후 타이완과 한국 사회의 여성국극과 가자희에 대한 수용과 거부를 재조명함으로써 특정 공연 형식과 역사적 시기에서의 성/젠더 문제를 심

89 책에 수록된 논문 주제에 질병, 패션, 공연, 문학, 만화, 대중음악, 디지털게임 등 분야가 포함된다.

화시키고, 성 정체성 정치와 더불어 정동적 연대의 역사적 주체를 제안하고자 했다.

여기서 정동은 연구의 '대상'이 아니라 '방법'이자 '주체'이며, 필자를 포함한 연구자들의 연구 동기 역시 동태적 감정 개입이다. 이 '방법'이 지향하는 것은 결국 각종 유형과 양태, 시공간의 역사적 흔적에 대해 끊임없이 질문하고 인식하고 식별하며, 지속적으로 시대와 불화하고 혼란스러워 하는 것이다. 이 글은 감정과 정동 연구에 대한 간단한 소개, 여성국극 및 가자희의 특정 역사와 감정, 친밀한 커뮤니티를 이해하는 데 실마리를 제공했다. 서구 젠더 지식체계에서 아직 명명되지 않았고 친밀한 관계에 대한 현대의 주류 규범에 부합하지 않는 성적 표현과 집단의 경우, 자기 정체성의 힘은 다양한 지식 체계의 자원이 아니라 감정을 주입하는 데서 비롯된다. 예를 들어, 가자희나 여성국극의 팬은 자신이 좋아하는 출연자에 대해 비슷한 정도의 감정적 강도를 가지고 있는데, 이는 팬과 연기자 그리고 여성 관객 사이의 해당 커뮤니티의 문화적 실천에 대해 환상을 가지는 토대가 된다. 왜냐하면 이러한 친밀감에 대한 상상은 주류 버전의 변형에서 비롯되거나 기존의 상상 외부에 있는 것이 아니기 때문이다. 알파벳 26자에서 자기 식별 부호를 찾고 있는 사람이 아니라 지금도 하와이에서, 서울에서, 타이완 남부의 작은 마을에서 여전히 정동적 연대를 실천하는 사람들, 필자는 우선 그들을 정동적 주체라고 명명하여 작금의 서구 성/젠더 정체성 정치 및 지식론이 주도하는 역사관에 수정의 가능성을 제공하고자 한다.

번역 : 이정순 (중앙대학교 교수)

2부

손수 장인들의 테크놀로지와 대안 정동: 해녀, K-팝, 맘카페

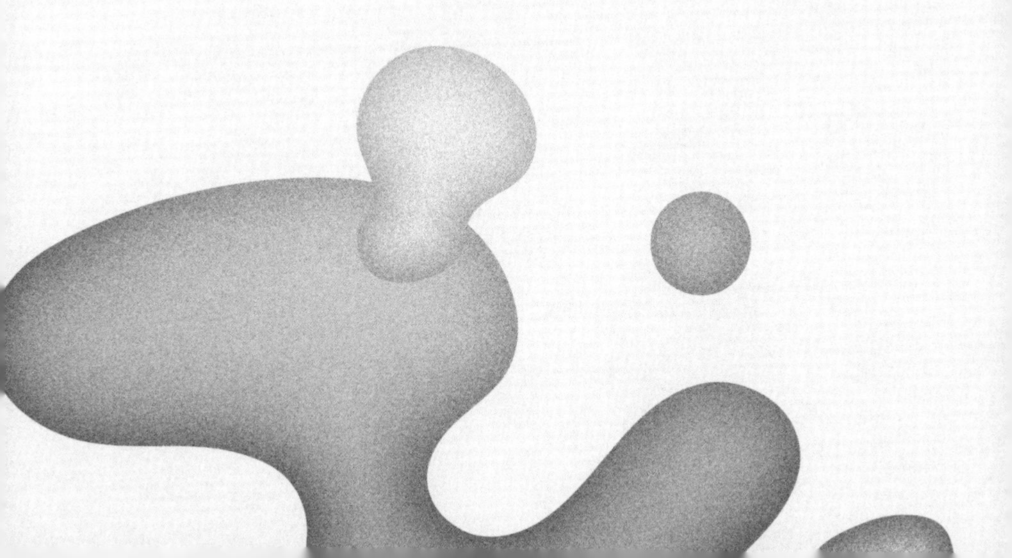

크래프트의 실천지리 또는 '해녀'와 '아마'의 정동지리[1]

권 두 현

1. '칠성판'의 사생학과 크래프트의 생명정치

조선조 이후 상례에 등장하는 '칠성판(七星板)'은 사람이 죽어서 시신을 입관할 때 염습(殮襲)한 시신을 눕히기 위해 관(棺) 속 바닥에 까는 얇은 널판으로서, 여기에는 일곱 개의 구멍이 뚫려 있다. 이 구멍은 이승과 저승의 경계에서 인간을 또 다른 세계로 인도하는 북두칠성(北斗七星)을 신앙하던 관념을 반영한다. 즉, 칠성판에는 '삶-죽음-무덤(북두칠성)-불멸 염원'이라는 관념이 스며들어 있다.[2] 일종의 크래프트(craft)라 할 수 있는 칠성판은 육체와

1 이 글은 「감성주의적 생명정치와 크래프트의 프락시오그라피: '해녀'와 '아마'의 정동지리적 비교 연구」, 『상허학보』 제67집, 상허학회, 2023을 수정 · 보완하여 재수록한 것이다.

2 북두칠성은 산신(山神)과 함께 한국 민속에서 중심적인 신앙 대상이다. 그래서 북두칠성에 있는 삼신할머니에게 명줄을 받아 태어난다고 생각했고, 죽으면 북두칠성을 본떠 넣은 칠성판을 지고 저승길에 가야만 염라대왕이 받아준다고 믿

영혼, 시간과 공간을 잇는 다공성(porosity)의 플랫폼이다.

2015년 7월 5일, SBS 스페셜을 통해 방영된 다큐멘터리 〈해녀삼춘과 아마짱〉은 "삶과 죽음이 하나인 해녀들의 바다"라는 내레이션과 함께, 해녀들이 '죽음'의 상관물에 다름 아닌 '칠성판'을 "짊어지고 산다"고 표현했다.[3] 제주에는 가신(家神) 형태의 '부군칠성'을 위하는 '칠성신앙'과 연관된 무속신화로서 〈칠성본풀이〉가 전승되고 있고, 이 이야기에는 해녀와 어부가 등장한다.[4] 그런 점

었다. 칠성판에는 북두칠성이 사람의 수명을 주관하며 망자를 내세로 인도하는 존재라는 믿음이 담겨 있다. 김만태, 「칠성판」, 『한국일생의례사전』, 국립민속박물관. (https://folkency.nfm.go.kr/kr/topic/detail/484)

3 고희영 연출, 이용규 구성, 〈해녀삼춘과 아마짱〉, 《SBS 스페셜》, SBS TV, 2015. 7. 5.

4 〈칠성본풀이〉의 줄거리는 다음과 같다. "장설룡 대감과 송설룡 부인은 나이가 들도록 자식이 없다가 절간에 불공을 드려 아기씨를 낳았다. 그러나 대감 부부가 집을 떠난 사이에 아기씨가 중의 아이를 임신한다. 부모는 중의 자식을 가졌다는 이유로 아기씨를 무쇠상자에 담아 바다에 버린다. 아기씨는 무쇠상자에 담겨 바다를 돌아다니다가 제주도에 닿아 오르려고 하였으나 상륙하려는 곳마다 이미 그곳을 차지한 당신 탓에 적절한 좌정처에 오르지 못한다. 그러다가 조천읍 함덕리 바닷가에 이르러 물질하러 나섰던 잠수부(해녀)와 낚시하러 나선 어부에게 발견되어 그곳에서 자신을 위할 수 있는 적절한 신앙민을 구하게 된다. 이때 아기씨와 아기들(칠성)은 뱀의 모습을 하고 있었는데 그 모습을 보고 어부와 잠수부는 더럽다며 외면한다. 아기씨와 칠성은 이들에게 흉험(凶險)을 주어 마침내 조상으로 섬김을 받는다. 잠수부와 어부는 칠성을 섬기면서부터 부자가 되어 잘산다. 동네 사람들이 이를 알고 너나없이 칠성을 모시기 시작하면서 자신의 마을을 지켜 주는 본향당을 도외시하게 된다. 이에 함덕리의 본향신인 서물할망이 칠성을 핍박한다. 칠성은 하는 수 없이 사람들의 눈을 피하여 제주성 안으로 들어간다. 관덕정으로 갔더니 지나다니는 사람들이 못살게 굴어 칠성은 산지물로 간다. 그곳에서 빨래하러 나온 칠성통 송씨 집안의 며느리를 따라간다. 칠성은 송씨 집안으로 들어가 조상으로 섬김받고 송씨 집안을 소문난 부자가 되게 해 준다. 나중에 칠성은 제각기 흩어져 막내는 밧칠성, 어머니는 안칠성으로 각각 좌정하여 곡물을 지켜 사람들을 부자가 되게 해 주는

에서 해녀를 가리키며 '칠성판'을 짊어졌다고 한 작품의 표현은 지극히 '제주적' 비유라 할 수 있다. 〈칠성본풀이〉에는 해녀가 바다에 들어가 해산물을 채집하는 작업으로서 '물질'뿐만 아니라, 이를 토대에 둔 생계 그 자체를 '업'으로 삼고 있다는 '칠성신앙'이 반영되어 있다. 이 '업'이란, 근대적 제도 또는 환경 내에서 합리적 주체의 자발적 결정에 의해 선택된 직업이 아니라, 신체를 통해 생사를 사로잡는 불가피한 힘을 가리키는 말이다. 그 유령적인 힘은 신체가 평생에 걸쳐 짊어져야 할 노동과 함께 생사를 관리하고 결정한다. 칠성판과 함께 '업'을 짊어진 해녀는 바다와 함께 늘 죽음을 가까이 두고 산다. 그들은 문어에 숨구멍이 막힐 수도, 해초에 걸려 제때 물 밖으로 못 나올 수도, 파도에 떠밀려 죽을 수도 있다. 〈해녀삼춘과 아마짱〉을 통해 확인할 수 있듯이, 해녀들은 자신이 짊어진 '업'이 얼마나 무거운지 알고 있기에, 자식들이 해녀가 되는 것만큼은 한사코 반대한다고 입을 모은다.

해녀들의 인터뷰와 함께 제시된 "죽음을 짊어지고 산다"라는 표현은 사생관의 존재론적 체현과 더불어, 미셸 푸코(Michel Foucault)의 생명정치(biopolitics)에 관한 논의와 아쉴 음벰베(Archille Mbembe)의 죽음정치(necropolitics)에 관한 논의를 동시에 환기한다.[5]

신이 되었다. 나머지는 추수지기, 형방지기, 옥지기, 과원지기, 창고지기, 관청지기로 각각 좌정하여 단골민들의 제향을 받게 되었다. 그 뒤로 칠성은 제주도에서 너나없이 모시는 집안의 부군칠성신이 되었다." 김헌선, 「칠성본풀이」, 『한국민속문학사전』, 국립민속박물관. (https://folkency.nfm.go.kr/kr/topic/detail/5408)

5 해녀들이 '칠성판'을 등에 지고 바다에 뛰어든다는 표현과 마찬가지로, '혼백상자(魂帛箱子)'를 지고 있다는 표현 또한 사생학적 관념의 같은 맥락에 놓인다.

푸코는 근대 국가의 기능 원칙을 전통적 유형의 군주 국가가 기능하는 방식과 대조하면서 정의한 바 있다. 군주 국가가 "죽게 만들거나 살게 내버려 둔다"라면, 근대 국가는 "살게 만들고 죽게 내버려 둔다"라는 것이다. 근대 국가는 인구의 출생과 건강을 비롯한 생명의 활동에 관심을 두고 관리한다. 요컨대, 근대 국가는 무엇보다도 생명권력(biopower)으로서 기능한다.[6] 한편, 음벰베는 신체와 생명을 권력의 처분 아래 놓으면서 유용성이 사라진 사람들을 죽음의 위협에 유기하는 권력을 죽음정치라고 일컬었다. 음벰베에게 죽음권력(necropower)은 "인간 존재의 일반화된 도구화와 인간의 신체와 인구의 물질적 파괴"를 포함하는 (신)식민주의적 지배의 한 형태를 나타낸다.[7] 푸코의 생명권력 개념을 재구성한 음벰베의 논의는 살거나 죽을 권리의 관리가 식민지 운영의 핵심이었음을 시사했다는 의미를 지닌다.[8] 음벰베는 죽음권력에 대한 삶의

고희영, 『물숨』, 나남, 2015, 5쪽 참고. 여기서 '혼백'이란 습(襲)과 염(殮)을 마친 뒤 영좌(靈座)에 안치하는 것으로, 죽은 사람의 영혼이 머무를 수 있도록 임시로 만들어 놓은 신위(神位)의 일종이다. 우제(虞祭)를 지낸 이후, 혼백은 땅속에 묻힌다. 그러나 신주를 만들지 않은 경우에는 탈상할 때까지 혼백을 빈소에 안치하는데, 여기서 혼백은 망자를 대신하는 역할을 담당한다. 김미영, 『유교의례의 전통과 상징』, 민속원, 2010; 이욱 외, 『조상제사 어떻게 지낼 것인가』, 민속원, 2012 참조.

6 미셸 푸코, 오트르망 · 심세광 · 전혜리 · 조성은 역, 『생명관리정치의 탄생: 콜레주드프랑스 강의 1978~79년』, 난장, 2012 참조.

7 Archille Mbembe, Steven Corcoran(trans), *Necropolitics*, Duke University Press, 2019.

8 자스비르 푸아(Jasbir K. Puar)는 생명정치와 죽음정치에 대한 논의가 뒤얽혀야 한다고 제안하는데, 왜냐하면 후자는 전자의 한계와 과잉을 통해 존재를 알 수 있고, 전자는 후자의 확산을 가능하게 하기 위해 죽음과 죽임과의 관계의 다양

예속, 즉 죽음정치가 그저 죽일 권리의 행사 이상으로, 저항, 희생, 그리고 두려움으로 감각되는 정동과의 관계를 심오하게 재구성한다고 주장했다. 죽음정치에 대한 음벰베의 이와 같은 견해는 사회적 또는 시민적 죽음을 강요할 권리와 다른 사람들을 노예로 삼을 권리와 같은 다양한 형태의 정치적 폭력을 포함하지만, 그것은 또한 다른 사람들을 치명적인 위험과 죽음에 노출시킬 권리에 관한 것이기도 하다.

이 글은 삶과 죽음에 관한 미셸 푸코와 아쉴 음벰베의 논의를 함께 염두에 두면서, 해녀들의 바다를 숭고한 자연이라는 심상지리적 영토로부터 탈영토화하고 생명정치적 영토로 재영토화함으로써 해녀들의 삶을 포섭하는 생명정치의 전략과 전술을 비판적으로 검토해보고자 한다. 이를 통해 안전이 보장되지 않는 해녀들의 '물질'이, '칠성판'의 사생학적 관념만으로 온전히 이해될 수 없는, 정치적이고 경제적인 차원에 놓인 생계의 불안정성과 지속가능성의 양가적 문제임을 드러내 보일 것이다. 그 생계가 바다라는 지리적-물질적 환경을 (배경이 아닌) 전경으로 삼아 펼쳐진다면, 이는 인간과 비인간이 어울린 사회적-문화적 환경으로서의 생태계의 문제와도 무관하지 않다.

지역의 사회적-문화적 환경은 종종 낭만적 풍경의 형태로서 발견된다. 이 발견은 대개 관광을 통해 매개되지만, 영화와 드라마 등의 광학적 미디어 또한 마찬가지의 기능을 담당한다. 광학적

성을 은폐하기 때문이다. Jasbir K. Puar, *Terrorist Assemblages: Homonationalism in Queer Times*, Duke University Press, 2007, pp.32-79.

미디어를 통해 해녀들을 사로잡은 생명정치의 전략과 전술은 감성주의적 형태를 취한다. 한국의 드라마 〈우리들의 블루스〉와 일본의 드라마 〈아마짱〉이 여기에 해당한다. 두 작품은 소재적 관점에서 해녀를 다루고 있다는 공통점이 있지만, 각각의 작품이 발산하는 감성은 다분히 이질적이며, 심지어 상반된다. 〈아마짱〉의 감성은 명랑한 것이고, 〈우리들의 블루스〉의 감성은 신파적이다. 그럼에도 불구하고, 두 작품 모두 토착적으로 풍경화된 해녀의 몸이 아니라, 해녀의 일을 통해 그 감성을 표출한다는 점에서 행위적 현실에 뒤얽힌 감성주의적 관점에서의 비교를 요한다. 특히 그 일이 '칠성판'을 짊어진 채 이루어지는 것이라면, 감성주의적 관점은 생명정치적 관점과 분리될 수 없다.

(우크라이나에서 벌어지고 있는) 전쟁, (후쿠시마 원자력발전소의 붕괴를 야기한) 쓰나미를 비롯하여, 오늘날 수많은 장소에서 다양한 양상으로 죽음의 장면들이 펼쳐지고 있다. 동시에, 또 다른 종류의 대규모 죽음이 비가시적으로 벌어지고 있다. 바로 유행병과 기후 위기와 같은 현상에 의해 야기된 죽음이다. 로렌 벌랜트(Lauren Berlant)는 이러한 점진적이고 지속적인 제거 과정을 '느린 죽음(slow death)'이라고 부르며 주목한 바 있다. 벌랜트에 따르면, 극소수의 개인들만이 마멸로서 표시될 뿐, 대규모의 생명이 닳고, 더 나아가 죽는 조건은 일상적인 삶의 재생산과 밀접하게 연관된 채 그 환경에 용해되어 있다. 느린 죽음은 군사적 충돌과 대량 학살과 같은 트라우마적인 사건에서가 아니라, 시간과 공간의 특성과 윤곽

이 종종 일상성과 동일시되는 환경에서 번창한다.[9] 다시 말해, 느린 죽음은 위험이나 피해가 평범한 사건 또는 일상적 맥락과 뒤얽히고 환경에 녹아들어 일상성 그 자체가 되는 과정으로 전개된다. 〈아마짱〉(2013)과 〈우리들의 블루스〉(2022)라는 두 드라마는 대략 10년의 시차를 두고 방영되었는데, 이 시간은 '위기'가 일상화되는 압축적 과정과 함께 전개되었다고 할 수 있다. 문제는 그 위기가 '어떻게' 일상화되었는지에 관한 것이다. "재난은 변화를 의미하기 때문에, 위기의 수사학은 느린 죽음, 즉 특정 인구의 구성원 자격에 따라 구조적으로 유도된 사람들의 감소가 예외상태도, 그 반대의 단순한 진부함도 아니며, 삶의 현장은 결국 일상적 삶과 엮여 있음이 드러난다"[10]라는 로렌 벌랜트의 명제를 염두에 두었을 때, 두 편의 드라마는 일상성의 감각이 공감으로 번지는 상황을 텍스트 안팎으로 보여주고 있어, 여기에 어떠한 생명정치 또는 죽음정치의 조건이 작동하고 있는지에 관해 주목을 요한다.

각각의 생명은 다른 생명과 조우하고 협력하면서 생계를 형성한다. 이와 같은 교차적 생계가 총체적 파괴에 노출되는 상황이 재난이라면, 재난의 장소는 생명정치의 극단화가 이루어지는 물질적-담론적 현장이 된다. 예컨대 〈아마짱(あまちゃん)〉은 도호쿠(東北) 대지진의 여파로 원전에서 유출된 방사능이 오염시킨 바다를 '아마'의 생계로 제시하면서 활력 정동의 장치를 자처한다는 점에서 드라마 안팎의 정동지리를 생명정치적 관점에서 접근하도

9 Lauren Berlant, *Cruel Optimism*, Duke University Press, 2011, p.100.

10 Lauren Berlant, ibid, p.102.

록 이끈다.[11] 극중 도쿄에서 아이돌로 활약하던 소녀는 대지진 이후 다시 고향으로 돌아가 아마가 된다. 〈아마짱〉은 아마가 일본 여성의 불굴의 의지를 보여주는 문화유산이라는 점을 강조하는데, 이 드라마가 아마의 유네스코(UNESCO) 문화유산 등재를 추진하던 시기에 방영되었다는 사실을 통해 드라마를 견인하는 국가적 표상정치의 정동적 힘을 짐작할 수 있다. 더 나아가, 〈아마짱〉에는 보다 근본적 차원의 통치성이 그 드라마를 추동하고 있음이 발견된다. 아마의 표상을 통해 도호쿠라는 '영토'의 '안전'을 재현하며, '인구'를 관리하려는 것이다. 정동적 활력을 앞세운 이 드라마의 의도, 더 나아가 희극적 명랑의 효과는 엄연히 생명정치적일 뿐만 아니라, 다분히 감성주의적이다.

한편, 한국의 드라마 〈우리들의 블루스〉는, 〈아마짱〉과 마찬가지로, 해녀를 등장시키고 있지만, 〈아마짱〉과는 달리, 오염되지 않은 제주의 풍경을 시종일관 강조한다.[12] '순수한 자연'의 관념을 가시화한 이 미학적 풍경은 거주자들에게 토착성을 부여하면서 인공적으로 주조된 것이라는 점에서 식민주의적이고 생명정치적인 서사를 전제로 비로소 감상될 수 있는 것이다. 옴니버스 형

---

11 구도 칸쿠로(宮藤 官九郎) 극본, 이노우에 쓰요시(井上 剛) · 요시다 테루유키(吉田 照幸) · 가지와라 토조(梶原 登城) 연출, 〈아마짱〉(총156부작), NHK, 2013. 4. 1.~2013. 9. 28. '아사도라(朝ドラ)'. 2013년도 상반기에 NHK '연속 텔레비전 소설(連続テレビ小説)'의 제88시리즈. 작품의 제목 "아마짱"은 '해녀'라는 일본어 의미의 海女(あま, 아마)+ちゃん(짱)과 더불어 어리광을 부린다는 甘えんぼ(あまえんぼ)의 あま(아마)에 ちゃん(짱)를 합친 중의적 표현이다.

12 노희경 극본, 김규태 · 김양희 · 이정묵 연출, 〈우리들의 블루스〉(총20부작), tvN, 2022. 4. 9.~2022. 6. 12.

식을 취하면서 〈우리들의 블루스〉가 제시하는 여러 등장인물들의 에피소드는 서로에 대한 '뒷바라지'를 통해 연결된다. 돌봄의 정동적 불평등이 전제된 '뒷바라지'는 생계의 문제, 좀 더 정확히 말해 '생명의 위계' 문제이며, 이를 토대로 펼쳐지는 이야기들은 궁극적으로 그 구조가 해녀 공동체를 둘러싼 '신파'의 정동적 인프라에 다름 아니라는 사실을 환기한다.

정동 연구는 정동이 초개체적 현상이라는 점을 다양한 방식으로 강조해왔다. 다시 말해, 정동 연구는 심리학적 개인에게만 국한될 수 있는 것이 아니라, 사건과 어셈블리지, 더 나아가 역사적 맥락 및 이전의 정동적 패턴과 관련된 수준의 다차원적 분석을 요구한다. 그러나 여기서 종종 누락되는 것은 이 어셈블리지의 역사적이고 지리적인 (재)형성에 관련된 실질적인 인간의 일과 그 의미에 대한 설명이다. 〈아마짱〉과 〈우리들의 블루스〉는 지역 여성의 취약한 몸과 그 몸이 행하는 일을 통해 바로 이를 보여준다. 그런데 이와 같은 지역 여성의 일은 느린 죽음에 처한 생명의 위기가 아니라, 특정 개체군의 인구를 위안하는 서사로서 귀결된다는 점에서 문제적이다. 결과적으로, 드라마의 감성주의를 통해 생명정치는 '안방극장'에서 일상적 죽음정치로 용해되는 셈이다. 〈아마짱〉과 〈우리들의 블루스〉에서 아마의 '명랑'과 해녀의 '신파'가 생계의 문제와 긴밀하게 연관되어 극화되고 있다면, 이를 '감성주의적 생명정치(sentimental biopolitics)'라 할 수 있을 것이다. 두 드라마의 수용자는 여기에 연민의 형태로 감응하면서 연루되고 공감적 신체로 거듭나게 된다. 수용자의 공감은 등장인물의 감정을 설득하기 위한 이야기를 통해 보장되며, 그 이야기의 중심에 특정한 행위가 놓여 있음은 물론이다. 그 행위는 이야기를 만들면서 이종적 관계의 얽힘과 다중적 생계의 겹침을 수행한다. 두 드라마에서 해녀 또는 아마의 일이 바로 이러한 수행성을 발휘하고 있다. 해녀의 일이란, 적어도 한국에서는 '물질'이라고 명명된다. '물질'은 바다에서 이루어지는 노동을 통한 물산이며, 이를 통해 생계를 유지하게 하면서 여기에 얽힌 생태와 경제의 두 차원을 회집한다.

해녀의 '물질'은 맨손 어업으로서, 도구적 테크놀로지와는 다른 체현된 기술이다. 이를 감안했을 때, '물질'은 크래프트로 취급될 수 있을 것이다. 크래프트는 흔히 '공예품'으로 번역되고, 여기에 얽힌 물산의 기예, 즉 '공예'로 인식된다. 이와 같은 통념에서 알 수 있듯이, 크래프트는 만들어진 것(made)일 뿐만 아니라 만들기(making)로도 볼 수 있다. 물론, 해녀의 '물질'은 도예나 목공 같은 '일반적' 의미의 크래프트와 다르다. 도예나 목공은 특정한 물질을 예술적 가치를 지닌 사물로 완성하는 인공적 행위다. 반면, 해녀의 '물질'이 상대하는 물질은 바다의 동물과 식물이다. '맨손'이자 '맨몸'이라 할 수 있는 해녀의 신체 역시 마찬가지의 물질에 해당한다. 해녀의 신체는 '물질'의 수행을 통해 동물과 식물은 물론, 해녀 공동체와 이를 중심에 둔 지역 공동체와 두루 뒤얽힌 채 마주침의 복잡성(encountering complexity)을 상연한다. 해녀의 '물질'은 상이한 존재 간의 마주침과 부대낌을 주선하고, 이로부터 정동이 발생하고 분배된다. '물질'이라는 크래프트가 만들어내는 것은 결국 육지와 바다, 인간과 비인간의 경계를 넘나드는 정동적 사회라 할 수 있을 것이다.

이 글은 〈아마짱〉과 〈우리들의 블루스〉라는 두 편의 드라마를 대상으로 감성주의적 생명정치와 크래프트의 정동정치의 역학 관계를 살피고자 한다. 연구의 목표는 크게 두 가지다. 첫째, 생명정치적 테크닉이 정동시키고 정동되는 역량을 결정하고 조건화하는 방법을 보여줄 것이다. 둘째, 정동적 삶이 생명정치적 테크닉으로부터 완전히 분리되지 않으면서도 그것을 능가하는 방식으로 어떻게 패턴화되고 조직될 수 있는지 보여줄 것이다. '크래프트'와 마찬가지로, '정동'과 '생명정치'는 그 용어가 널리 소개되고 활용되고 있는 데 비해, 명료한 정의를 가지지 않는다. '크래프트', '정동', '생명정치' 모두 서로 다른 이론, 이슈, 현장, 관심 및 문제와 연관되면서 변용된다. 이러한 변용성을 개념과 이론의 생산성으로 전유하면서 이 글은 크래프트, 정동, 생명정치의 조우를 통해 통치의 지배적 논리에 반하는 대항정치의 가능성을 모색해보고자 한다.

2. 실천으로서의 크래프트에 대한 프레임워크: 계보적 모델에서 관계적 모델로

'크래프트'는 '기술(skill)'로 번역되는 게르만어 "kraft"에서 유래한 단어다.[13] 이후, 이 단어는 기술, 힘, 또는 양쪽 모두를 의미하

---

13 알렉산더 랭글랜즈(Alexander Langlands)는 전통적 크래프트를 직접 경험하고 이에 대해 집필함으로써 장인정신이 무엇을 할 수 있는지 알고 있다. 그는 고대 영어 단어인 cræft를 발동하는데, 그는 이 단어는 영어에는 해당되지 않으며 독일어 크래프트에 더 가깝다고 말한다. cræft는 단순히 만드는 것이 아니라 '만드

는 네덜란드어, 스웨덴어, 그리고 고대 영어로 발전했다.[14] 오늘날 '크래프트'는 특정한 상황에서 행위자에 의해 번번이 다르게 배치되는, 다분히 이념적인 용어로 남아 있다. 그럼에도 불구하고 현재까지 제출된 크래프트에 관한 문헌들의 대부분은 한국과 일본은 물론이거니와, 지역을 막론하고, 특정한 재료를 통해 수행되는 특정한 과정인 공예(工藝)와 밀접하게 연관되어 있다. 통상적으로, '크래프트'는 유리, 섬유, 목재, 금속, 점토, 종이 등과 같은 재료를 사용하는 수공예품의 형태를 가리킨다. 또한 '크래프트'는 제품뿐만 아니라, 공예의 과정, 즉 다양한 공정을 의미하기도 한다.

동아시아에서 '크래프트'의 역어로 자리잡은 '공예'는 '공업'에 다름 아닌 산업사회의 기술, 그리고 미술을 의미하는 '예술'과 연관된 용어다. '공예'라는 역어와 등가적으로 인식되는 크래프트는 역사적으로 두 번의 커다란 변화를 겪었다. 첫 번째 변화는 16세기 '미술'의 등장으로 인한 것이고, 두 번째 변화는 19세기 '산업화'의 결과이다. 미술은 공예의 위상을 하락시켰고, 산업화는 공예 생산의 위기를 초래했다. 이와 같은 역사적 과정을 거치면서, 공예는 예술과 기술 양쪽 영역에서 부차적으로 범주화되고 이중적으

는 힘, 지식, 지혜'이다. D Wood, *Craft is Political*, Bloomsbury Publishing, 2021, p.5; as cited in Alexander Langlands, *Cræft: How Traditional Crafts Are About More Than Just Making*, Faber & Faber, 2017, p.339.

14 17세기 후반까지 이 단어의 단수형은 견습생의 행위를 나타냈고, 명사 자체도 배를 나타내는 데 사용되었는데, 이는 바다를 항해하는 데 사용되는 것을 만드는 것과 관련된 기술과 위험을 전달하는 것으로 보인다. Anna Mignosa & Priyatej Kotipalli(eds), *A Cultural Economic Analysis of Craft*, Palgrave Macmillan, 2019, p.6.

로 소외되었다.

공예의 '위기' 이후에는 '부활'의 역사적 흐름이 이어졌다. 공예의 부활은 산업화와 윌리엄 모리스(William Morris)의 아트 앤 크래프트 운동(Arts and Crafts movement)과 함께 처음으로 일어났다. 두 번째 부활의 물결은 1960년대부터 1970년대까지 이어진 히피 운동(Hippie movement)과 함께 일어났다. 마지막으로, 경제 위기로 특징지어지는 동시대에 DIY(Do It Yourself) 운동이 확산되고, 이 움직임이 산업으로 전환되는 것이 특징인 '제3의' 부활이 포착되고 있다. 이 제3의 부활은 무엇보다도 공예의 경제적 잠재력을 강조한다. 공예, 즉 크래프트는 오늘날 '창조경제'의 기반으로 자리매김되고 있다.

크래프트는 역사적으로 다양한 운동과 정책에 의해 자극되고 지원되며 촉진되어 왔음이 드러나고 있지만, 이는 어디까지나 '공예'의 관점에서 포착된 것이다. 다른 한편으로, 공예라는 제한된 영역 너머에서 크래프트는 '가내수공업'의 측면을 꾸준히 드러내 왔다. 예컨대, 제주는 다양한 크래프트 실천을 통해 가계를 유지해 온 역사가 축적된 곳이다. '갈옷', '귤상자 소반', '정동벌립', '초경바구니' 등 제주의 '전통 공예품'이라고 부르는 것들은 여성이 그들의 가족을 위해 실용적으로 만든 것이다. 여성은 이와 같은 크래프트 실천을 통해 공예품뿐만 아니라, 근본적으로는 가계 소득을 보충하는 '전통'을 만들었고, 해녀의 '물질' 또한 마찬가지 맥락의 기예라 할 수 있다. 또한 '물질'을 비롯한 크래프트는 재정 자원을 절약함으로써 그들의 가계소득에 간접적으로 기여하게 한다.[15] 이처럼 크래프트는 소수의 특정한 '장인'에게만 허락되는 전문적 예술 또는 기술이라기보다도 생계에서 펼쳐지는 일상적 실천이라 할 수 있다. 크래프트는 공예품 제작이라는 목적을 위한 전문적 수단이 아니라, 생계를 유지하기 위한 노동과 결부되어 있는 일상적 기예인 것이다.

크래프트를 생계의 기예라고 할 수 있다면, 그것은 제품을 통해 표현되는 물질적 유산에 그치지 않는, 제작을 위한 비물질적 유산이자, 생계의 조건에 따라 변화하는 '진행형' 유산이라고 할 수 있다. 다시 한번, 생계를 통해 회집되는 계급, 인종 또는 민족, 젠더 등의 제 조건을 감안한다면, 크래프트를 중심에 둔 세계는 결코 단일하다고 할 수 없다. 실제로, 크래프트가 취하는 형태는 역사적 시간, 지리적 공간, 사회적 배치에 따라 다양하다. 예컨대, 바다를 터전으로 삼는 해녀의 크래프트는 제주와 같은 지역에만 국한되는 특별한 실천이 아니다. 가까운 사례로, 제주로부터 바다를 통해 이어진 일본에도 '아마(あま)'로 불리고 있는 해녀가 있다. 앞서 언급한 다큐멘터리 〈해녀삼춘과 아마짱〉은 2014년 당시, 해녀를 앞세운 한국과 아마를 앞세운 일본의 유네스코 문화유산 등재를 둘러싼 경쟁과 함께, 해녀와 아마의 상이한 입지에 대해 다루고 있는 작품이다. 결과적으로, 이 다큐멘터리가 방영된 이후인 2016년에 '제주해녀문화'는 '아마'를 제치고 유네스코 무형문화유

15 권두현, 「지역 어셈블리지의 힙스터 어펙트: '롱 라이프 디자인'의 비인간 생명정치와 '크래프트 애니매시'의 정동정치」, 『문화과학』 제112호, 문화과학사, 2022.

산으로 등재되었다.[16]

2003년에 채택된 유네스코의 '무형문화유산 보호를 위한 협약(Convention for the Safeguarding of the Intangible Cultural Heritage)'은 전통적 크래프트에 관련된 지식 및 기술의 세대 간 전달을 보장하기 위한 국제적 조치의 대표적 사례에 해당한다. 이 협약의 제1조는 '무형문화유산'을 "공동체 · 집단과 때로는 개인이 자신의 문화유산의 일부로 보는 관습 · 표상 · 표현 · 지식 · 기능 및 이와 관련한 도구 · 물품 · 공예품 및 문화 공간"으로 정의하고 있다. 또한 협약은 무형문화유산을 "세대 간 전승되는 이러한 무형문화유산은 공동체 및 집단이 환경에 대응하고 자연 및 역사와 상호작용하면서 끊임없이 재창조되고 이들이 정체성 및 계속성을 갖도록 함으로써 문화적 다양성과 인류의 창조성에 대한 존중을 증진한다"라고 추가적으로 정의하고 있다.[17] 이와 같은 정의로부터 다음과 같

16 안미정은 제주해녀문화의 유네스코 무형문화유산 등재 과정에서 문화의 세계화 담론과 민족주의 담론이 경합하면서 해녀와 아마의 교류 및 연대를 곤란하게 하였음을 논구한 바 있다. 2000년대 초반부터 제주해녀문화는 한일 양국에만 있다는 고유론과 사라질 수 있다는 문화 위기론에 입각해 해양문명사적 가치를 가지는 것으로 양국이 공동 등재하는 방안이 학계를 통해 형성되고 있었다. 일본의 아마들 역시 이러한 담론에 기초하여 해녀들의 국제교류가 이뤄지고 있었다. 그러나 2010년을 전후하여 실질적 등재 절차에 대한 이해가 이뤄지면서 등재 논의는 국가 간 경쟁구도의 양상으로 바뀌었다. 2013년 제주에서는 단독 등재 추진이 공식화되고 국제교류는 중단되었으며, 문화유산의 선점적 경쟁 논리가 대두되고 민족주의 담론이 확산되었다. 또한 이 과정에서 동아시아 여성문화로서 확대될 수 있었던 교류와 연대의 기틀은 각국의 정부가 지역의 문화를 세계화하는 과정에서 민족(국가)문화로 재정의되었다. 안미정, 「문화의 세계화와 민족주의 담론: 제주해녀(잠녀)문화의 유네스코 등재 사례를 중심으로」, 『역사와 경계』 제117집, 부산경남사학회, 2020 참조.

17 유네스코, 『무형문화유산 보호를 위한 협약』, 유네스코, 2003. 10. 17. (프랑스

은 크래프트의 함의가 확인된다. 제품으로서의 크래프트는 유형적이지만, 그것을 만드는 지식과 기술은 무형적이다. 그러므로 전통적 크래프트 기술, 특히 오늘날 사라질 위기에 처한 크래프트 기술을 연구하고 문서화하는 것이 중요하다. 따라서 유네스코의 조치는 숙련된 실천의 특정한 형태 그 자체로서의 크래프트가 지니는 중요성을 강조한 것만이 아니라, 이러한 크래프트가 세대에 걸쳐 전수될 수 있는 가능성의 보장을 목표로 한 것으로 보아야 한다.

'보호'라는 이름으로 표명된 '전수'의 책임, 즉 전통을 유지할 의무는 '후손'들에게 주어진다. 이때, 그 의무를 짊어진 후손들은 크래프트가 생성되고 유지되는 공동체 또는 집단의 거주지에서 살아가는 '토착민'으로 볼 수 있다. 토착민으로서의 후손들이 땅은 물론, 다름 아닌 '혈통'을 통해 '선조'들과 연결되어 있음은 물론이다. 따라서 문화유산과 크래프트에 대한 유네스코의 정책은 명시적이지는 않더라도 암시적으로 종족적(ethnic) 의미를 내포한 것으로 볼 수 있다. 이러한 유네스코의 인식은 계보적 모델(genealogical model)에 따른다. 토착민의 땅을 토대로, 계보의 사슬을 따라, 선조와 후손의 혈통을 통해 크래프트를 물려받을 수 있다는 유네스코의 인식론은 크래프트가 전임자의 자질로서 완전히 형성되고 완결태를 취하고 있다는 전제의 반증이다. 이 전제로부터 땅에 거주하는 삶의 과정에서 사람들의 실제 활동은 그 자체로서 크래프트를 생성 또는 재생하는 것이 아니라, 이미 전임자에게서 확

파리 제32차 유네스코 총회에서 채택)

립된 크래프트를 모방하는 방법이라는 결론이 도출된다. 이른바 '장인'들은 전임자로부터 물려받은 완결태의 크래프트를 후계자에게 다시 물려주는 중개자일 뿐이므로, 전수 가능성에 영향을 미칠 수는 있지만, 각자가 자신의 삶에서 무엇을 하든 그 내용에는 아무런 영향을 미칠 수 없다. 유네스코의 인식론에 따르면, 크래프트는 역사적 과거와 계보적으로 연결되면서 동시대의 세계로부터 분리됨으로써 전수될 수 있는 것이다. 궁극적으로, 유네스코의 조치는 크래프트를 전수하는 '세대'와 세계-내-존재로서의 '생명'을 분리한다.

'장인'들을 가리켜 "살아있는 문화재"라고 했을 때, 그 생명은 장인의 것이 아니라 전통, 즉 무형문화유산의 것이다. 장인은 "무형문화유산의 생명력을 보장"하는 일종의 물질적 기술인 셈이다.[18] 여기서, '문화유산'과 '문화재'라는 표현의 차이는 일견 사소한 것으로도 보일 수 있으나, '문화재'는 '문화유산'의 비물질적 가치를 물질적 차원에 귀속시키는 표현이라는 점에서 두 표현의 차이는 결코 사소하지 않다. 뿐만 아니라, "살아있는 문화재"라는 표현은 문화재가 기본적으로 살아있지 않은 무생물로 취급된다는 사실을 드러내는 것으로, 이는 또한 '문화재'와 '문화유산'의 차이를 다시 한번 드러낸다.

무형문화유산은 유형 자산으로 물질화되면서 비로소 '창조경

---

18 ""보호"라 함은 특히 무형문화유산의 감정 · 기록 · 연구 · 보존 · 보호 · 증진 · 고양 · 특히 공식적 · 비공식적 교육을 통한 전수 및 이러한 유산의 다양한 면모의 활성화 등 무형문화유산의 생명력을 보장하기 위한 조치를 말한다." 유네스코, 위의 글.

제'의 기반을 이룰 수 있다. 예컨대, 일본은 1950년에 중요무형문화재 보유자 제도를 도입하였고, 1955년에 처음으로 높은 수준의 숙련도를 가진 개인을 지정하였다. '인간 국보'라고 불리는 이 사람들은 공예 및 공연예술 분야에서 그들의 기술을 전수해야 하는 책임을 지고 있다. 고토 가즈코(後藤和子)가 지적한 바와 같이, 일본에서 채택된 무형문화재에 대한 접근법은 "산업환경 및 시장에 적응하여 진화할 수 있는" 물질 및 기술(techniques and/or skills)의 지속적인 이용을 지원하는 것이며, 이는 "창조경제 및 첨단산업의 중요한 원천"으로 인정받고 있다.[19] 이처럼 무형유산은 현대 시장에서 다분히 유형적인 장소를 차지한다. 그런데 일본이 2,000여 명에 달하는 현역 아마를 국가 유산으로 지정하지는 않았다는 사실은 이들의 크래프트가 창조경제 및 첨단산업의 원천으로 인정되고 있지 않다는 사실을 의미하는 것처럼 보인다. 하지만 미에현(三重県) 토바시(鳥羽市)에 위치한 토바시립바다박물관(鳥羽市立海の博物館)은 잠수 방법과 도구, 아마의 역사와 문화 등을 사진과 모형으로 전시하면서 무형유산의 존재를 유형적으로 가시화한다. 요컨대, 아마의 크래프트 실천과 연관된 시각자료를 통해 그들의 존재를 드러내는 바다박물관은 무형유산의 유형적인 장소로서 관광산업을 이끈다.[20]

---

19 Kazuko Goto, "Policy for intangible cultural heritage in Japan: How it relates to creativity", Ilde Rizzo and Anna Mignosa(eds), *Handbook on the Economics of Cultural Heritage*, Edward Elgar Publishing, 2013, p.581.

20 바다박물관은 해녀는 물론, 일본 전통의 고기잡이, 목조선을 비롯해 축제와 환경 등 바다와 인간이 관련된 6만여 점의 자료를 전시하고 있다. 이 중 6,879점이 국가 지정 문화재(민속자료)로 등록됐다.

이와 비교 가능한 사례로서 한국에는 '해녀 극장식 레스토랑'을 표방한 〈해녀의 부엌〉이 있다. 제주시 구좌읍 종달리에 위치한 활선어 위판장을 개조해 부엌으로 꾸며진 이곳은 '크래프팅'을 통해 관광객을 불러들인다. 〈해녀의 부엌〉은 권영희 해녀의 개인사를 각색한 연극을 관람하면서, 각자에게 준비되는 한 상 차림을 즐기는 "부엌 이야기", 해녀와 직접 대화하는 토크쇼 중심의 "해녀 이야기", 이렇게 두 종류의 '공연-다이닝 콘텐츠'를 선보이고 있다. 이와 관련하여 김순한과 장웅조는 "가속화되고 있는 지방소멸의 와중에도 로컬크리에이터들은 도시 생활의 물질 및 소비주의에서 벗어나 지역으로 이주하여, 인구 소멸 위기에 처한 소도시를 지역성과 장인 경제가 투영된 탈물질주의적 공간으로 재창조하고 있다"는 전제로, 〈해녀의 부엌〉을 '창조'한 '로컬크리에이터'에 주목한 논의를 펼친 바 있다.[21] 이 논의에서 '가치 기반 경제'로 일컬어진 '창조경제'의 주체는 서울의 한국예술종합학교에서 연극을 전공하고 '소멸중'인 제주로 '이주'한 김하원과 그의 동료 예술가들이다. 사실, 〈해녀의 부엌〉의 대표 김하원은 해녀 집안 출신으로 해녀들이 채취한 해산물이 자연산임에도 불구하고 20년 전과 가격 차이가 없다는 상황을 알게 된 후, 이를 개선하고자 〈해녀의 부엌〉이라는 사업모델을 구상하기에 이르렀다. 하지만 선행연구에서 김하원 대표는 '토착민'을 이해하고 이들과 신뢰를 형성하기에 용이한 '로컬크리에이터'일 뿐, '창조경제'의 또 다른 이름으로 거

21 김순한 · 장웅조, 「가치 기반 경제 속의 로컬크리에이터 연구-제주 〈해녀의 부엌〉 사례를 중심으로」, 『문화경제연구』 제25권 제1호, 한국문화경제학회, 2022, 133-159쪽.

론되는 '장인 경제'의 바로 그 '장인'은 아니다. 이와 같은 인식은 서울과 지역, 〈해녀의 부엌〉이라는 고유명의 예술과 그 예술을 뒷받침하는 이름 없는 일의 중층적 위계를 그 전제로 삼는 것이다. 이름 없는 일을 포착하고 파악하기 위한 '크래프트'의 관점은 서울에서 이주한 예술가들로 초점화된 '로컬크리에이터'에 대한 관심을 해산물을 채취하고, 더 나아가 요리하여 대접하며, '물질'과 관련된 구술을 들려주고, 연극 공연에 연기자로서 참여하는 해녀들에 대한 관심으로 확대하도록 이끈다. 해녀들은 물산, 즉 물질적 생산의 주체이자, 궁극적으로 정동적 생산의 주체이다. 물론 그 생산은 해녀의 몸에 깃든 정동적 유산의 매개라 할 수 있다. 그 무형유산을 유형화하는 작업을 바로 크래프트라 할 수 있을 것이다.

한국의 경우에는 1962년에 제정된 문화재보호법에 따라 중요무형문화재 장인들을 보호해왔다. 일본의 아마와 달리, 한국의 해녀는 2017년 5월 1일에 '국가무형문화재' 제132호로 지정되었다. 이 조치에서 확인되는 흥미로운 사실은 "해녀와 관련된 문화가 협업을 통해서 이루어지는 공동체 성격이 강하다는 점에서 특정 보유자나 보유단체를 인정하지 않는 공동체 종목으로 지정"했다는 점이다.[22] 국가가 인정한 해녀의 가치는 특정한 기술이나 물

22 국가무형문화재 제132호로 지정된 「해녀」는 한국의 전통적 해양문화와 어로문화를 대표해 시대적 변천을 넘어 오늘까지 그 명맥을 이어온 산 증인으로, 단순히 '물질을 하는 사람'을 지칭하는 것이 아니라 해녀와 관련된 기술, 지식, 의례 등의 문화를 통합한 의미이다. ▲제주도를 시작으로 오랫동안 한반도에 전승되었다는 점, ▲최소한의 도구만으로 바닷속 해산물을 채취하는 물질기술이 독특하다는 점, ▲물질경험에서 축적된 생태환경에 대한 민속지식이 상당하다는 점, ▲배려와 협업의 공동체 문화 양식이 깃들어 있다는 점 등이 높

질이 아니라 협업에 있었다. 그 협업은 기본적으로 해녀들 사이에서 벌어지는 것이지만, 궁극적으로 인간과 비인간이 두루 회집된 바다 생태계, 즉 환경과의 협업이기도 하다. 진화론의 창시자인 장 밥티스트 라마르크(Jean-Baptiste Lamarck)에게 사회적-문화적 환경(milieu)은 유기체가 발달하는 또 다른 의미의 지리적-물질적 환경(circumstances)을 나타낸다. 미셸 푸코는 이 개념이 "한 물체(신체)가 다른 물체(신체)에 거리를 두고 미치는 행동을 설명하기 위해 필요한 것"을 제공한다고 설명했다. 그러므로 "환경은 어떤 작용의 순환이 기초하고 있는 근간이자 요인"이다.[23] 그러나 신체를 그것의 환경과 상호작용할 수 있는 역량으로서 이해하기 위한 존재론적 관점은 아직까지 충분히 다듬어지지 않았다. 그 프레임워크를 위해 필요한 전제가 바로 크래프트의 체현적 함의일 것이다. 해녀의 퍼포먼스야말로 이러한 협업으로서의 크래프트 개념을 주목하게 한다.

대개의 경우에 사물은 '만들어진' 것이고 공예품, 즉 크래프트 제품이야말로 그렇다. 통념적으로 크래프트는 '만들기'라 여겨진다. 이는 인간과 사물의 애니매시 위계구조(animacies hierarchy)를 전제로 이루어진다. 멜 Y. 첸(Mel Y. Chen)은 인간과 사물, 그리고 동물과 식물을 아우르는 모든 존재자에게 ('생명'의 본성을 투사

이 평가되어 국가무형문화재로 지정할 가치가 충분하다고 판단되었다.「전통 어업의 명맥 잇는「해녀」, 국가무형문화재 지정」,『대한민국 정책브리핑』, 문화재청, 2017. 5. 1. (https://www.korea.kr/news/pressReleaseView.do?newsId=156199125)

23 미셸 푸코, 오트르망 · 심세광 · 전혜리 · 조성은 역,『안전, 영토, 인구-콜레주드 프랑스 강의 1977~78년』, 난장, 2011. 49쪽.

하는 방식을 넘어) 새로운 존재론적 가치를 부여하기 위해 '애니매시'라는 개념을 채택함으로써, 궁극적으로 생물과 무생물의 이분법을 철폐하고자 한다. 예컨대, 바위 같은 비유기체조차도 그 상태가 맥락과 조건에 따라 계속해서 변화함을 근거로 애니매시의 스펙트럼 위에 존재하는 것으로 드러나는 것이다. 첸은 바위 또는 두꺼비, 그리고 타자들을 포함하는 세계-내-존재의 필수적인 측면으로서 애니매시 개념을 재평가해야 한다고 주장한다.[24] 그럼에도 불구하고, 애니매시 개념은 행위자들의 연결망에 대한 지도화가 널리 받아들여지고 있는 현재까지도 여전히 행위적 실체들 가운데 인간을 가장 꼭대기에 위치시키는 통념에 귀속되곤 한다. 애니매시 위계구조는 인간, 장애인, 동물, 식물의 생명, 그리고 무생물 물질의 형태를 고유의 존재론적 가치가 아닌 생명권력이 부여한 가치와 우선순위의 순서로 개념적으로 배치한 것이다. 하지만 동물, 식물, 그리고 사물이 세계-내-존재로서 애니매시의 스펙트럼 위에 있음을 감안한다면, 만든다는 것의 의미는 애니메이션(animation), 즉 존재의 활성화라는 함의를 얻게 된다.

존재의 활성화는 크래프트가 신체를 활성화하는 방향과 신체가 크래프트를 활성화하는 방향, 이렇게 양방향적으로 이루어진다. 기존의 크래프트에 관한 인식이 완성되고 전시된 오브제에 중점으로 마련되었다는 점을 고려할 때, '공예품'의 의미 형성 및 인식의 필수적인 부분으로서 만들기의 육화된 과정 내에서 신체의

24 Mel Y. Chen, *Animacies: Biopolitics, Racial Mattering, and Queer Affect*, Duke University Press, 2012.

수행적 측면을 충분히 고려할 필요가 있다. 크래프팅 신체는 오브제를 만들기 위해 그 작업 과정에서 재료와 도구 또는 기계에 시시각각 반응하면서 크고 작은 일련의 움직임을 통합한다. 크래프트는 이처럼 물질들의 내부작용(intra-action)과 함께 벌어지는 체현의 과정을 수반함으로써 비로소 존재를 활성화하는 것이다.

해녀의 몸은 작업의 도구이자 작업자 그 자체로서 '체현'이라는 중요한 메커니즘에 따라 해물을 생산하고 해녀로서 생산된다. 한 명의 해녀가 '물질'을 완전히 익히기 위해서는 규칙적인 행동이 습관적인 기질이 될 때까지 작업 과정에서 마주한 물질—해물—과 자신의 몸 둘 다를 상대해야 한다. 크래프트 실천으로서 해녀의 '물질'은 동작의 반복과 움직임의 정교함을 추구하고, 이를 끊임없이 기억하면서도, 기억에 의거한 실천을 매 순간 조정하는 과정을 거친다. 이 과정은 바다에서 좋은 물건을 찾아내는 능력을 의미하는 제주 방언인 '머정'을 길러낸다. 해녀학교는 잠수의 기술을 가르쳐줄 수 있을지언정, '머정'을 길러줄 수는 없다. 이는 스킬(skill)이 아니라 체현된 지식이기 때문이다. 오랜 기간 바다에서 '물질'을 해온 해녀의 몸에는 바다의 지도가 체현되어 있다.[25] 물리적 지도의 재현은 '물질'에 별다른 도움이 되지 않는다. '머정'은 바다의 지도가 체현된 상태여야 비로소 발휘될 수 있는 것이다.

---

25 차여숙 해녀 인터뷰. "오래 하다 보니까 바다에 뭐가 있단 것을 알아져. 아, 요 바다에 가면 요 지경에 어디가 높고 깊고 물건이 어디에 달리고, 요날은 사람이 덜 다녔으니까 어디에 물건이 있고 그렇게 짐작 삼아 영 허는 거주. (중략) 어느 쪽에 가면 여(바위)가 있고 어느 쪽에 가면 모래가 있고 바다가 깊고 얕고 그런 게 눈 감아도 머릿속에 다 그려지지." 고희영, 앞의 책, 118-119쪽.

바다의 지도는 해물의 잠재적 배치도로서만이 아니라 해녀의 물질적 신체를 둘러싼 정동적 환경으로서 체현되어 있다. 여러 해녀들의 구술에서 반복적으로 확인되는 화소는 만삭의 몸으로도 '물질'을 멈추지 않았다는 것이다. '물질'의 사실상 유일한 장비로서 해녀복에 대한 해녀의 기억도 경청할 만하다. 2022년 현재, 91세로 최고령 현직 해녀인 권영희는 "해녀 이야기"를 통해 젊은 시절 내내 얇은 '물소중이'를 입다가 42세가 돼서야 비로소 고무로 된 해녀복을 입게 되었던 것을 해녀 생활의 전환점으로서 가장 특별하게 기억하고 구술한다. 고무로 된 해녀복을 입게 되기 전까지는 추워서 30분밖에 못 있었지만, 이후 5시간까지도 '물질'이 가능해졌다는 구술에서는 자신의 맨몸이 해녀복을 매개로 가소화되는 과정이 엿보인다. 현재는 오토바이를 타고 '출퇴근'하는 해녀들을 보며 격세지감을 느낀다는 구술 또한 마찬가지다. 이처럼 신체는 문화적, 사회적, 정치적, 경제적 서사 사이에서 기억과 역사를 수집하고 저장하며, 정동을 생산하고 변용한다. 해녀가 한국에서 국가무형문화재 공동체 종목에 해당한다는 사실은 '물질'의 정동적 메커니즘이 그저 재귀적인 것만이 아니라 관계적이라는 점을 시사한다. 구좌를 비롯한 제주 해안에는 수많은 '불턱'들이 남겨져 있다. 해녀들은 돌담을 쌓아 바람을 막고 모닥불을 지펴 놓은 불턱에 모여 함께 몸을 녹이면서 '물때'를 기다린다. 이 시공간에서 '물질'의 경험은 개인의 신체에 축적될 뿐만 아니라, 초개체적으로 공유되며, 자신과 서로를 해녀로서 공동 생산한다. 그들은 자신의 활동을 통해 마련한 조건을 상호적으로 공유함으로써 그렇게 한다. 그들이 생산하는 것은 해물일 뿐만 아니라, 사회생활의 지속적인 과정이다. 요컨대, '물질'은 물질적 환경을 넘어, 궁극적으로 정동적 유산과의 마주침과 부대낌에 의한 몸 만들기라 할 수 있다.

토니 프라이(Tony Fry)는 크래프트를 상품이나 특정한 물질적 특징을 가진 사물로 이해하려고 노력하는 대신, 물질적 생산 양식의 행동 및 결과를 통한 되기(becoming)와 존재(being)의 특별한 방법으로서 고려해야 한다고 믿는다.[26] '되기'에 해당하는 크래프트로부터 국가와 자본의 생명정치와는 다른 '아래로부터의 생명정치'는 그 가능성을 드러낸다. 생명은 본디 그것을 통제하려는 시도를 초과하면서 존재하는 것이다. 생명정치라는 개념을 제시한 미셸 푸코조차도 "생명이 그것을 통치하고 관리하는 기술에 완전히 통합되었다는 것은 아니다. 그것은 끊임없이 그것들을 피한다"라고 명시한 바 있다.[27] 생명권력에 포섭되기에 앞서, 생명은 다중의 협력과 결속, 즉 연결의 실천을 통해 공존하며, 이 실천은 단순히 인간중심주의적 관점의 '노동(labor)'이나 '작업(work)'으로 일컬어지는 데 그칠 수 없다. 예컨대, 칼 마르크스(Karl Marx)는 인간의 삶을 유지하는 데 필요한 생산과 소비의 끝없는 순환을 '노동'으

26 Tony Fry, *Green Desires: Ecology, Design, Products*, ECO Design, 1992, p.257. 크래프트가 '세계-내-존재'의 한 방법으로서 여겨져야 한다고 제안하는 토니 프라이의 견해에는 하이데거적 관점이 엿보인다. 마르틴 하이데거(Martin Heidegger)는 '망치'와 같은 것이 어떻게 사물 그 자체로서 경험되는 것을 중단하는지를 보여주는 사례로서 '망치질'에 대해 언급한 바 있다. 망치를 사용할 때 그것은 사용자 개인의 망치질의 감각의 일부로 완전히 통합된다. 망치질하는 사람은 그가 망치를 들고 그것을 두드리고 있다고 의식하지 않는다. 그들은 단순히 나무에 못을 박는 것을 목표로 할 뿐이다. 망치질이라는 경험 또는 현상 안에서 망치와 개인은 분리불가능한 행위적 단위로서 내부작용한다.

27 미셸 푸코, 이규현 역, 『성의 역사 1: 지식의 의지』, 나남출판, 2020.

로, 사물의 세계에 부가되는 지속적인 인공물의 창조를 '작업'으로 명명하며 둘을 결합한다. 노동이나 작업이 아니라 (굳이) 크래프트라는 프레임이 필요한 것은 '물질'이라는 행위가 노동이나 작업의 범주에 당연하게 포함되기보다도, 오히려 그 범주 내에서 부차적이거나 주변적인 것이라는 인식을 수반하기 때문이다. 이는 결국 '물질'의 실천이 이루어지는 지역과 실천자로서의 여성에 대한 차별과 무관하지 않다. 더 나아가, '물질'이라는 몸의 일은 주체와 대상의 이분법적 구분을 넘어 바다에서, 불턱에서, 그리고 활선어 위판장과 이를 개조한 공연장에서 다양한 연결을 만들어내며 존재의 지도를 새롭게 그려내고 있기에 실천으로서의 크래프트라는 프레임을 통해 접근될 필요가 있다.

크래프트는 실천적 연결의 유력한 기술로서 간섭(interference)을 그 방법론으로 삼는다. 간섭이란, 존재의 다중적 실천으로 서로를 수정하면서 각각을 동시에 다르게 제정할 수 있는 방법이다. 존재자들의 생계는 겹치고, 얽히고, 서로 간섭한다. 존재자들의 사회적-물질적 실천 사이의 간섭은 관계적 모델(relational model)로서의 프락시오그라피(praxiography), 즉 '실천지'를 그린다.[28] 프락시오그라피의 핵심 주장은 '사회적인 것', '문화적인 것', '정치적인 것'이 주로 암묵적 지식과 의미에 기반한다는 것이다. 실천가(praxiographer)의 초점은 암묵적 지식, 즉 거의 언어화되지 않아 기

28 아네마리 몰(Annemarie Mol)은 의료실천의 존재론을 프락시오그라피의 관계적 존재론으로서 제시한 바 있으며, 이는 '실천지'로 국내에 번역되어 있다. 아네마리 몰, 송은주 · 임소연 역, 『바디 멀티플: 의료실천에서의 존재론』, 그린비, 2022.

호, 발화, 담론에서 쉽게 읽을 수 없는 유형의 지식에 있다. 실천은 그러한 지식의 매개에 다름 아니다. 그런 점에서 실천으로서의 크래프트란, 기능적이거나 상징적인 사물을 만드는 활동 그 이상으로서, 사물은 물론, 동물과 식물 그리고 인간이 상호 연결되고 미묘한 방식으로 살아있는 존재임을 상연하는 퍼포먼스라고 할 수 있다. 해녀의 '물질'이 바로 이를 증명한다. 생계의 존재자들과 능동적이고 실용적이며 지각적인 관계를 맺는 퍼포먼스로서의 '물질'은, 계보적 인식이 취급하는 것처럼 세대 간 전수되어야 할 기술이 아니라, 다중적 존재가 처한 환경으로부터 촉발되고 지속되는 생명의 관계적 과정이다.

3. 아이돌로서의 아마(あま) 또는 극장으로서의 지역 : 〈아마짱〉에 나타난 포스트-재난의 생명정치

'물질'로 통칭되는 일을 수행하는 크래프트 행위자를 한국에서는 '해녀'라고 부르지만, 일본에서는 '아마'라고 부른다. 일본에서 아마의 존재를 널리 알린 사람은 소설가 미시마 유키오(三島由紀夫)다. 그는 1953년 당시 미에현 도바시의 섬 가미시마(神島)에 머물며 소설 『파도 소리(潮騷)』를 집필했다.[29] 우타 섬을 배경으로

---

29 三島由紀夫, 『潮騷』, 新潮社, 1955; 한국어 번역본은 미시마 유키오, 이진명 역, 『파도 소리』, 책세상, 2002 참조.

어부 신지와 해녀 하쓰에의 로맨스를 다룬 이 소설은 1954년에 영화화된 이후, 1985년까지 모두 다섯 차례 영화로 리메이크되어 아마의 삶을 생생히 그려냈다.

2013년, NHK-TV를 통해 방영된 '연속 텔레비전 소설' 〈아마짱〉은 미시마 유키오의 『파도 소리』에 대한 오마주로 볼 수 있는 작품이다. 〈아마짱〉의 '파도 소리'는 일본 도호쿠 지역에 자리한 이와테현(岩手縣)으로부터 들려온다. 〈아마짱〉은 여기에 기타산리쿠시(北三陸市)라고 하는 가상의 도시를 설정해두고 있는데, 그 모습은 도호쿠의 어느 어촌 마을과도 크게 다르지 않다. 도쿄의 여고생인 아키는 여름방학에 어머니 하루코의 고향인 기타산리쿠에 잠시 놀러 왔다가, 외할머니 나츠의 뒤를 이어 해녀, 즉 '아마'가 되기로 결심하고 여기에 정주하게 된다. 기타산리쿠를 표상하는 해녀로 얼굴을 알린 아키는 이곳에서 만난 친구 유이와 함께 임시로 지역 아이돌을 결성하였다가 끝내 도쿄에까지 진출해 본격적인 아이돌 활동을 시도한다. 하지만 3·11 도호쿠 대지진이 발생하자 아키는 다시 기타산리쿠로 돌아와 지역주민들과 함께 도시 재건에 투신한다.

〈아마짱〉은 문화적 기억과 신체적 전수라는 두 가지 측면에서 아마의 계보적 모델을 인식론적으로, 다시 한번 존재론적으로 재현한다. 첫째, 문화적 기억의 측면에서 〈아마짱〉은 그 텍스트 자체를 계보적 모델을 통해 보도록 이끈다. 〈아마짱〉은 아마의 표상과 서사를 통해 『파도 소리』와 계보적으로 연결되어 있다. 둘째, 신체적 전수의 측면에서 〈아마짱〉은 텍스트에 등장하는 캐릭터들의 존재를 계보적으로 파악하도록 이끈다. 〈아마짱〉은 현역 아마로 활약 중인 나츠에서 그의 딸인 하루코로, 그리고 하루코의 딸인 아키로 이어지는 모계 혈통의 계보적 모델에 따라 캐릭터를 배치하고 있다. 〈아마짱〉의 주인공 아키에게 혈통을 통해 신체적으로 전수되는 자질은 크게 두 가지다. 첫째, 〈아마짱〉은 할머니 나츠에서 아키로 이어지는 아마의 자질을 강조한다. 둘째, 〈아마짱〉은 어머니 하루코에서 아키로 이어지는 아이돌의 자질을 강조한다. 〈아마짱〉을 통해 강조되는 계보적 모델에 따른 신체적 전수란 유전적 형질의 발현 같은 것이 아니라, 정동적 유산의 상속에 다름 아니다. 아키는 할머니의 정동적 유산과 어머니의 정동적 유산에 따라 이중적으로 그 캐릭터를 확립한다.

간과해서는 안 될 사실은, 〈아마짱〉에서 정동적 유산의 세대 간 상속이 결코 자연스러운 과정으로 그려지고 있지 않다는 점이다. 극중 2013년 현재의 아키보다 30년 먼저 아이돌이 되기를 꿈꿨던 하루코는 그의 어머니 나츠로부터 내려오는 아마의 정동적 유산으로부터 탈정동된(disaffected) 채 고향 기타산리쿠로부터 탈주했던 이력을 가지고 있다. 그랬던 하루코 역시 아이돌이 되기를 꿈꾸는 그의 딸 아키에 대해 (적어도 처음에는) 탐탁하게 여기지 않는다. 이는 하루코 자신이 잠시나마 몸담았던 도쿄의 연예계로부터 또 한 차례 탈정동된 상태임을 드러낸다. 아키가 그의 어머니 하루코로부터 물려받은 정동적 유산이란, 역설적이게도, 이와 같은 탈정동의 유산이라 할 수 있을 것이다. 그럼에도 불구하고 아키가 '아마-되기'를 꿈꾸며 기타산리쿠에 정착하고, 다시 한번 아이돌의 꿈을 좇아 기타산리쿠를 떠나 도쿄에 진출할 수 있었던 것은 가족 외부의 관계로부터 확보된 정동적 역량 때문이다. 나츠를 중심에 둔 아마 공동체는 아키를 비로소 아마로 성장시켰고, 아이돌을 유일무이한 희망으로 삼은 아키의 동갑내기 친구 유이는 아키로 하여금 그와 같은 희망을 품게 만들었다. 유이와 함께 아키를 '지역 아이돌'로서 지역 외부에 소개한 지역주민들의 존재도 이와 같은 변화와 성장에 있어 빼놓을 수 없는 조건이다. 따라서 아키의 캐릭터는 혈통에 따른 계보적 모델 내에서 완성된 것으로 볼 수 없다. 〈아마짱〉은 아마의 존재에 계보가 아닌 또 다른 관계를 연결하면서 상황에 따라 그 역량의 조건을 번번이 새롭게 마련해 둔 채 캐릭터의 예측할 수 없는 행보를 뒤쫓는다.

계보적 모델 내에서 아키는 한 세대로서 존재하지만, 관계적 모델 내에서 아키는 다른 생명과 분리불가능한 하나의 생명으로서 존재한다. 계보적 모델에서 생명은 ('생성'의 다른 이름인) '세대(generation)'에 포함되는 반면, 관계적 모델에서는 ('세대'의 다른 이름인) 생성이 생명의 과정에 포함된다.[30] 인간은 생명 그 자체의 과정에서 끊임없이 생성하면서 존재하고 있고, 비인간 또한 마찬가지다. '간섭'과 '실천지'는 바로 이 과정을 포착하기 위한 프레임이다. 행위적 실재론(agential realism)의 프레임 역시 물질적 생명이 그 물질화 과정에 해당하는 물질들의 내부작용의 반복을 통해 비로소 실재함을 설명하고 있기는 마찬가지다. 〈아마짱〉의 아키가 다른 생명들과 분리불가능하다고 했을 때, 그것은 물질적 접촉에 수반되는 정동적 접착을 의미한다. 생명들 간의 마주침, 부대낌, 뒤

---

30 Tim Ingold, *The Perception of Environment: Essays on Livelihood, Dwelling and Skill*, Routledge, 2000, p.142.

얽힘 사이에는 정동이 발생한다. 아키는 혈통에 의해 보장된다고 여겨지는 잠재된 재능에 의해서가 아니라, 아마 공동체와 함께 아마가 될 수 있고, 유이와 함께 아이돌이 될 수 있다. 이것이 바로 관계적 역량이다. 따라서 관계적 모델은 생명정치의 문제와 정동정치의 문제를 함께 불러온다.

아마가 되기를, 다음으로는 아이돌이 되기를, 마지막으로 다시 한번 아마가 되기를 지향하는 아키의 주체성의 이행은 관계적 정동의 작용으로 볼 수 있다. 정동은 개인의 진정성 너머에서 그 신체를 움직이게 한다. 스피노자식으로 말하면, 아마 또는 아이돌을 꿈꾸는 아키는 신체가 할 수 있는 일을 아직 모른다. 〈아마짱〉에서 아키를 움직이는 것은 언제나 마주침과 부대낌이다. 현역 아마로 활약 중인 할머니 나츠와 동료 아마들, 아키보다 먼저 아이돌을 꿈꾸었던 친구 유이와의 마주침과 부대낌은 아키를 번번이 새롭게 정향시킨다. 아마가 되기 위해 수련중이던 아키가 다시 한번 직업으로서의 아이돌을 꿈꾸게 되는 결정적 계기는 하루코가 비디오테이프에 녹화해둔 "파도 소리의 메모리"라는 제목의 1980년대 영화를 우연히 접하면서 마련된다. 〈아마짱〉에 포함된 〈파도 소리의 메모리〉는 극중 1980년대의 아이돌이었던 스즈카 히로미의 영화 데뷔작이다. 〈아마짱〉에서 아키와 유이가 결성한 지역 아이돌의 이름은 "파도 소리의 메모리즈"로서, 이 명명에는 미시마 유키오의 소설 『파도 소리』에 대한 기억과 아이돌의 영화 〈파도 소리의 메모리〉가 동시에 감지된다. 〈파도 소리의 메모리〉는 미시마 유키오의 소설 『파도 소리』를 바탕에 둔 실제의 영화 〈파도 소리〉와 인물과 플롯의 기본적인 설정과 몇몇 대사가 유사할 뿐만 아니라, 등장인물의 입을 빌려 소설 『파도 소리』를 직접 언급하고 있기도 하다.[31] 이와 같은 설정을 '패러디', 좀 더 정확히는 '오마주'라 아니할 이유는 없지만, 아마와 함께 여성화된 지역을 향한 『파도 소리』의 감성주의적 관점이 1980년대와 2000년대의 여성 아이돌을 매개로 반복되면서도 회절되고 있음을 감안했을 때, 이는 젠더화된 정동의 작용으로 볼 수 있다.

『파도 소리』에서 열여덟 살의 '청년' 신지가 감정의 주체로서 '정동행위자(the affective)'라면, '소녀'이자 아마인 하쓰에는 우타섬의 풍경과 결합된 채 '정동가능자(the affectable)'의 위치에 놓인다. 감정은 정치적 프로젝트의 일부로서 지배, 신체 및 인구를 형성하는 기술이다. 크리스틴 신 야오(Christine Xine Yao)는 감정을 수반하는 '정동(affect)'이라는 용어에 얽힌 다의적 의미를 끌어들이기 위해 데니스 페레이라 다 실바(Denise Ferreira da Silva)의 용례를 참조하면서, '정동행위자'—감정을 넘어서는 행위주체성이 있고 타자에게로 행동할 수 있는 자—와 '정동가능자'—감정이 반응적이고 정동적인 것에 민감한 자—사이의 구별의 원칙 및 과정으로서 '정동가능성(affectability)'에 초점을 맞춘다. 이 체계에 따르면, 주변화된 개인으로서 부적절하게 느끼거나 전혀 느끼지 않는 것은 정동

---

31 〈아마짱〉에는 야마구치 모모에가 훗날 남편이 되는 미우라 토모카즈와 함께 찍은 미시마 유키오의 소설을 원작으로 삼는 영화 〈파도 소리〉의 패러디가 포함되어 있다. 미시마 유키오의 원작은 우타섬에 사는 해녀 하쓰에가 근면성실한 청년 신지와 사랑에 빠지는 데 있어 중요한 장면으로 "그 불을 뛰어넘어와!"라는 대사로 유명하다. 〈아마짱〉에서 애니메이션화된 인서트 장면으로 포함된 영화 〈파도 소리의 메모리〉에서는 스즈카 섬에 사는 히로미가 신스케랑 사랑에 빠지는 장면과 함께 원작의 대사가 "저 뱀을 뛰어넘어와!"로 패러디되고 있다.

적 잠재력에 있어 열등함을 내포하며, 궁극적으로 인간 주체로서의 조건부적 합법성을 드러낸다.[32]

『파도 소리』는 아마로 형상화되는 여성과 지역의 연합을 남성적 쾌락을 위한 미감의 대상으로 정위하면서 생명정치에 감성주의적 위계를 도입한다. 우타 섬으로 지시된 환경과 일체를 이룬 아마 하쓰에의 토착적 신체와 우타 섬 출신이면서도 환경에 용해되지 않는 신지의 가소적 신체의 대비를 통해 확인되다시피, 생명정치의 감성주의적 위계는 젠더적으로 불균등하게 분포된 가소성에 기반한다. 가소적 신체는 외부로부터의 감각적 인상을 통해 구성되고 재구성된다.[33] 토착성을 기반으로 인종화되는 동시에 젠더화된 하쓰에의 신체는 타자에 의해 움직이게 되는 운명에 맡겨지는 반면, 육체적 주권자로서 신지의 남성성은 자기 스스로를 구성하고 사건을 통해 진화하는 능력, 즉 '기력'에 의해 특징지어진다.[34] 『파도 소리』가 서사적으로 정당화해보이는 남성적 기력이란,

---

32 Xine Yao, *Disaffected: The Cultural Politics of Unfeeling in Nineteenth-Century America*, Duke University Press, 2021, pp.38-39; Denise Ferreira Da Silva, *Toward a Global Idea of Race*, University of Minnesota Press, 2007.

33 19세기의 유전 이전 시대에는 시간이 지남에 따라 영향을 받고 이러한 변화를 후손들에게 전달하는 개인의 능력이 감수성(impressibility)이라고 여겨졌다. 감수성은 자극에 대한 신체의 상대적 반응성과 흡수성을 나타내며, 따라서 시간을 통해 전진하는 능력이다. 카일라 슐러가 주장하듯이, 그것은 인종적 또는 성별적 차이의 살뒨 실체가 되었다. Kyla Schuller, *The Biopolitics of Feeling: Race, Sex, and Science in the Nineteenth Century*, Duke University Press, 2017.

34 하쓰에의 친부인 테리요시는 신지에 대해 다음과 같이 평가하며 신지의 '기력'을 강조한다. "남자는 기력이야. 기력만 있으면 그만이야. 이 우타 섬의 남자가 되어서 그게 없으면 못써. 집안과 재산은 둘째 문제야. 그렇지 않은가, 등대장 부인. 신지는 기력을 갖고 있는 남자야." 미시마 유키오, 앞의 책, 177쪽.

감각적 인상에 민감하고, 그 민감성을 기반으로 자신의 역량을 강화하는 능력이다. 이에 반해, 아마의 신체는 그을린 피부색과 발달된 유방을 통해 민감성의 남성적 지각장으로 포섭되지 않는 한, '무기력'하다.

『파도 소리』의 실제 영화화를 극중에 반영한 〈파도 소리의 메모리〉는 바다를 배경으로, 아마 주인공으로 삼은 영화로 〈아마짱〉에 소개된다. 그런데 〈파도 소리의 메모리〉를 관람한 아키는 아마가 아니라 아이돌이 되기를 결심했고, 이 사실은 등장인물의 '되기'와 함께 드라마를 추동하는 정동의 향방과 관련하여 세심하게 파악되어야 한다. 아키의 신체는 아마를 연기한 아이돌-배우의 신체와 뒤얽히면서 비로소 새롭게 정동된 것이다. 영화 속 아마의 모습에서 아이돌의 존재를 포착해내는 아키의 눈은 특별하다기보다, 오히려 다분히 평범하기 때문에 간과되기 쉽지만, 바로 그 '평균적 눈'은 생명정치를 일상적으로 작동시키는 핵심 장치에 다름 아니라는 점에서 좀 더 각별하게 취급될 필요가 있다.

아이돌이 되기로 한 아키의 결심을 계기로 〈아마짱〉은 "고향편"(1화에서 72화)과 "도쿄편"(73화에서 156화)으로 분절되면서 서사적으로 굴절된다. 이는 '지모토시코(地元志向)'로 불리는 지방지향성을 강조하기 위해 〈아마짱〉이 취하고 있는 서사적 전략이라 할 수 있다. '지역 아이돌'이던 아키는 도쿄에 진출해 '지하 아이돌' 신세를 겨우 면하고 차츰 대중의 관심을 받기 시작할 무렵, 지진으로 폐허가 된 기타산리쿠로의 귀향을 감행한다. 고도성장기였던 1980년대에 도쿄에서 가수가 되기 위해 고향을 등진 하루코의 선택과 정확하게 대비되는 아키의 선택은 인구의 이동 및 순환이 어떻게 이루어지는지를 시사한다는 점에서 생명정치적 함의를 지닌 것으로 볼 수 있다. 더 나아가, 〈아마짱〉의 생명정치적 서사는 장소와 시간을 매개로 감성주의적으로 추동된다는 점에서 한 층 더 의미심장하다. 〈아마짱〉에 등장하는 아이돌 그룹은 "GMT 5"로서 '지모토시코'를 연상시키는 이름이 부여되어 있다. GMT 5는 "고향으로 돌아가자"는 제목의 노래를 부르기도 한다. 이 설정들이 노스탤지어의 서사문화적 전략임을 알아차리기란 그리 어렵지 않다. 앤 더글러스(Ann Douglas)에 따르면 노스탤지어란 감성주의 담론의 주요 요소다. 감성주의는 "노스탤지어의 조작을 통해 문화적 분기(bifurcation)라는 현상을 다루고자 한다." 노스탤지어라는 병리학적 감정은 장소보다는 오히려 시간에 대한 열망으로 이론화되었다. 린다 허천(Linda Hutcheon)과 프레드릭 제임슨(Fredric Jameson)과 같은 비평가에 따르면, 그런 열망은 시간적 투사로 작동하며, 이는 역사를 동원하는 데에 있어 항상 정치적이다. 마이클 카멘(Michael Kammen)이 정확히 지적한 것처럼 "노스탤지어는 죄의식 없는 역사"이다.[35]

〈아마짱〉이 방영된 2013년의 일본은 2011년 3월 11일 도호쿠 대지진의 여파로 인한 사회적 침체를 겪고 있었다. 〈아마짱〉은 병리학적 감정이 아니라 '침체'의 정동적 환경으로부터 인구에 주어진 사회적 질병과 장애를 치료할 감정으로서 노스탤지어를 제시하는 데 거리낌이 없다. 노스탤지어를 통해 〈아마짱〉에서 강조되

35 노스탤지어에 관한 앤 더글라스, 린다 허천, 프레드릭 제임슨, 마이클 카멘의 논의는 크리스틴 신 야오의 요약을 참고하였다. Christine Xine Yao, "The Anti-blackness of White Nostalgia", op.cit, p.44.

는 것은 '고향'으로 표상되는 특정한 물리적 공간이라기보다도, 1980년대라는 역사적 시간 또는 정동지리적 공간이다. 한편, 2013년 일본에서는 〈아마짱〉과 함께 〈한자와 나오키(半沢直樹)〉, 두 개의 텔레비전 드라마가 화제가 되어, "제제제"와 "두 배로 갚아주겠다"가 유행어 대상에 올랐다.[36] 〈한자와 나오키〉 역시 〈아마짱〉과 마찬가지로 고도성장기 일본에 대한 노스탤지어가 엿보이는 작품이다. 적어도 드라마계를 놓고 봤을 때, 2013년의 일본은 노스탤지어를 통해 헤이세이(平成)를 향해 뚜렷하게 정동되고 있었다. 1980년대는 2013년의 정동적 고향으로 간주되고 있었던 셈이다. 〈아마짱〉이 방영된 2013년 당시, 닷소 다쿠야(達増拓也) 이와테현 지사는 『지지(時事)통신』 기고문을 통해 "아마짱은 일본이 버블경제 이후의 실패를 반복하지 않고 1980년대의 활기를 되찾는 진정한 개혁을 이루는 길을 보여주고 있다"라고 강조한 바 있다. 몰락의 길을 걷고 있는 '과소도시'가 아마를 통해 새롭게 도약한다는 〈아마짱〉의 줄거리는 지방 철도 개통식, 왕년의 인기 스타들과 히트곡 등 호황기였던 1980년대의 모습을 담은 회상 장면 등 과거의 성공에 대한 노스탤지어를 자극하는 장면들을 통해 체현된 기억을 불러일으키며 정동적으로 서사화된다.[37]

---

36 헤이세이 오타쿠 연구회, 이석호 역, 『오타쿠 문화사 1989~2018』, AK커뮤니케이션즈, 2019, 110쪽.

37 〈아마짱〉의 촬영지는 이와테현 구지시(久慈市)다. 마이니치(毎日)신문에 따르면, 〈아마짱〉이 방영중이던 2013년 4월 말부터 5월 초 일본의 '황금연휴' 기간 이와테현을 방문한 관광객은 전년 대비 11.2% 증가한 100만 6,642명에 달했다고 한다. 구지시는 관광객이 두 배로 늘었다. 해녀들이 직접 딴 성게를 바닷가에서 맛보고, 객차가 1량밖에 없는 '미니 기차' 산리쿠리아스선(線)에 탑승

〈아마짱〉과 〈한자와 나오키〉뿐만 아니라, 2013년은 〈러브 라이브!(ラブライブ!)〉 TVA 1기의 방영과 동시에, 리듬 액션 게임 버전이 발매되고 히트한 해이기도 하다.[38] 2010년을 기점으로 광범위한 미디어를 통해 전개된 〈러브 라이브! 스쿨 아이돌 프로젝트〉 프로젝트에서 주인공 코사카 호노카가 아이돌 활동을 통해 폐교 위기의 학교를 홍보하는 설정은 아마이자 아이돌인 〈아마짱〉의 주인공 아키가 재난으로 황폐화된 지역을 구하기 위해 투신하는 모습과 무리 없이 연결된다. 이는 〈러브 라이브!〉와 〈아마짱〉을 아우르며 여기에 동시에 접착해 있는 정동의 수행적 힘을 짐작하게 한다. 그 힘이 동시대에 돌출한 것이 아니라 역사적으로 지속되어 온 것이라는 사실은 바로 〈아마짱〉을 통해 확인된다. 〈아마짱〉은 스토리 안에서 1980년대의 아이돌 역사를 총괄하고 있다. 뿐만 아니라, 우노 쓰네히로(宇野常寛)가 지적한 바와 같이, 왕년의 아이돌인 고이즈미 교코(小泉今日子)와 야쿠시마루 히로코(薬師丸博子)가 절묘한 배역을 맡아 폭넓은 세대를 붙잡았던 것이 〈아마짱〉이 거

해 해녀가 직접 판매하는 성게 · 전복 도시락을 사 먹는 등 드라마의 내용을 그대로 체험하는 '아마짱 투어' 같은 여행 상품도 속속 등장했다. 「아베보다 아마짱... 日 '아마노믹스' 열풍」, 『문화일보』, 2013. 6. 13.

38 이른바 〈러브 라이브! 스쿨 아이돌 프로젝트〉는 2010년 7월부터 시작된 '미소녀' 잡지 『전격 G's 매거진(でんげきジーズマガジン, 電撃 G's Magazine)』, 음악회사 란티스(ランティス, Lantis), 애니메이션 제작사 선라이즈(サンライズ, Sunrise)의 3사 합동 아이돌 프로젝트이다. 『전격 G's 매거진』 2010년 8월호부터 프로젝트와 관련된 내용을 싣고 홍보하는 본격적 연재가 시작되었으며, 2010년 8월 25일 첫 정규 싱글 〈僕らのLIVE 君とのLIFE〉를 발매하고 데뷔하였다. 두 번째 정규 싱글 〈Snow halation〉을 출시한 이후 유명세를 타게 된 이후로는 음반 외에도 TV 애니메이션, 만화, 소설, 드라마 CD, 게임 등 다양한 미디어 믹스를 통해 다루어지기 시작하며 본격적인 흥행가도를 달리기 시작했다.

둔 인기의 중요한 이유였다.[39] 요컨대, 〈아마짱〉은 텍스트 안팎으로 1980년대 아이돌의 유산을 활용하면서 그 정동적 효과를 거두고 있는 것이다.

〈아마짱〉의 주인공 아키는 하루코를 매개로 1980년대의 아이돌로부터 정동적 유산을 물려받고 있다. 그러나 이것만이 전부가 아니다. 아키는 또한 나쓰로부터 아마의 정동적 유산을 물려받고 있다. 물론 그 유산은 혈통 외부의 관계를 통해 활성화된다. 그런데 이때, 아이돌의 정동과 아마의 정동은 아키의 신체에서 충돌하지 않고 오히려 자연스럽게 합류한다. 아키가 도쿄에 진출해 아이돌이 되고자 하는 것은 기타산리쿠에서 지역 아이돌로서의 경험이 불러일으킨 정동의 강화라 할 수 있다. 이에 앞서, 지역 아이돌로서 아키의 경험은 아마로서의 경험이 불러일으킨 정동과 무관하지 않다. 나쓰는 아키에게 아마의 위상에 대해 친절히 그리고 반복적으로 강조한다. 단적으로 말해, 아마는 서비스업을 수행하는 존재라는 것이다. 일본의 아마는 관광산업을 이끄는 지역의 표상으로서, 생계 부양자의 입지에 처해 있는 한국의 해녀와는 엄연

39 〈아마짱〉에는 고이즈미 쿄코와 야쿠시마루 히로코가 출연했는데, 둘은 다분히 대비적으로 그려졌다. '스즈카 히로미'라는 캐릭터는 (가수로도 활약했지만) 노래 방송에는 나가지 않는 여배우라는 설정인데, 그 배역을 연기한 야쿠시마루 히로코 그 자체다. 한편 아키의 어머니를 연기한 고이즈미 쿄코는 젊은 시절에 아이돌이었고 가수로 성공하길 바랐지만 실패했다는 설정이다. 〈아마짱〉은 스토리 안에서 1980년대의 아이돌 역사를 총괄하고 있다. 즉, 고이즈미 쿄코 등의 '가요 프로그램의 아이돌 가수'에 대한 카운터로서 존재했던 것이 '가도카와 세 자매 같은 아이돌 여배우'였다는 역사를 근거로 하고 있다. 우노 쓰네히로, 주재명 · 김현아 역, 『젊은 독자들을 위한 서브컬처론 강의록』, 워크라이프, 2018, 292-293쪽.

히 다른 위상을 갖는다.[40] 해녀의 '물질'과 다르지 않은 아마의 크래프트 실천은 자신의 가계를 책임지고 다중의 생계를 연결하는 것이 아니라, 지역이 국가를 떠받드는 방식의 일환이다. 아마가 생산하는 것은 해산물이 아니라, 관광객의 정동가능성이다. 정동가능성의 측면에서 정동가능자로서 아마의 존재론은 아이돌의 존재론과 결코 다르지 않다. 아마의 크래프트 실천은 지역을 퍼포먼스의 극장으로 드러낸다. 이는 다양체들이 뒤얽힌 채 벌이는 내부작용의 퍼포먼스와는 다르다. 관광객 앞에서의 퍼포먼스를 통해 아마의 크래프트는 비로소 '창조경제'의 요소로서 기능한다.

지역의 정동적 영향은 국지적으로 유지되지 않고 광대역의 어셈블리지에 파급된다. 〈아마짱〉에서 공간적 어셈블리지의 다중 스케일을 드러내고 연결하는 장치는 바로 '북철'이다. 북철을 통한 인구의 순환은 일종의 생명정치다. 〈아마짱〉의 북철은 인구를 모으고 관리하도록 설계된 근대적 기관의 양식과 논리를 드러낸다. 1984년, 북철의 개통식 장면은 하루코가 고향을 떠나 바로 그 북

---

40 하루 종일 물질을 해야 하는 제주의 해녀들과 달리, '아마'들은 바다 자원을 보호하기 위해 하루 단 두 시간의 물질만을 허용한다. 그래서 대부분의 아마들이 '아마가 운영하는 민박'집을 운영하거나 현에서 운영하는 아마 체험장에서 일하는 등 또 다른 일을 병행한다. 그리고 그런 아마의 수입은 월 500만 원 정도 경제적으로 남부럽지 않은 수준이다. 하지만 단지 돈벌이만이 아니다. 일본으로 건너가 아마가 된 제주 해녀의 말처럼, 그저 먹고 살 게 없어서 해녀가 되었다고 보는 한국의 시각이랑, 아마 체험을 하기 위해 관광객이 줄을 선 일본의 처우는 많이 다르다. 그래서 3대를 잇는 아마 가문이 탄생하고, 도시에서 직장 생활을 하던 젊은 여성들이 아마가 되기 위해 고향으로 돌아온다. 「'SBS스페셜'-달라도 너무 다른 해녀 삼춘과 아마짱, 문화유산 등재보다 중요한 건?」, 『미디어스』, 2015. 7. 7. (https://www.mediaus.co.kr/news/articleView.html?idxno=49208)

철을 타고 도쿄로 진출하는 모습과 함께 〈아마짱〉에서 시종일관 플래시백으로 반복된다. 하루코를 비롯해 북철을 타고 기타산리쿠를 떠난 자는 안베,[41] 다네이치,[42] 그리고 아키 정도로 소수에 국한된다. 물론 그 소수마저도 (다네이치를 제외하면) 끝내 '귀향'함으로써 '토착민'의 정체성을 회복한다. 반면, 관광을 목적으로 기타산리쿠를 방문하는 자들은 상대적으로 다수로, 이들은 기타산리쿠가 아니라 아키와 유이를 보기 위해 북철에 오른 '오타쿠'에 다름 아니다.

아키가 비디오테이프를 통해 아마가 아닌 아이돌 히로미를 발견했듯, 각종 광학적 미디어는 '오타쿠'로 통칭되는 집단을 넘어 평균적인 일본인의 눈을 훈련시켰다.[43] 광학적 미디어를 통해 '보

---

41 하루코의 고등학교 친구. 기타산리쿠 어협 사무원 겸 해녀. 기타산리쿠 역장 다이키치와 결혼한 지 6개월 만에 이혼했다. 학창시절, 타지에 떠날 계획을 세웠는데, 하루코가 갑작스럽게 가출하는 바람에 기타산리쿠에 그대로 눌러앉아 해녀 일을 하게 되어 하루코에 대한 원망이 가득했다. 하지만 착한 성품이라서 하루코의 딸 아키가 해녀가 되도록 옆에서 많이 도와준다. 일을 그만두면서 하루코와의 묵은 감정을 풀고 도쿄로 이주한다. 그곳에서 기타산리쿠의 향토요리인 '마메부(まめぶ)' 이동요리차를 운영하다가, 도쿄로 돌아온 아키와 재회하고 GMT47 기숙사 식사를 만들어주는 일도 겸한다.

42 아키의 첫사랑. 기타산리쿠고교 잠수토목과 3학년이다. 졸업하고 도쿄 큰 토목회사에 취직하는 걸로 되어 있던 찰나에 아키와 유이 사이에서 자신을 짝사랑하는 아키가 아니라 유이와 몰래 사귀기로 약속하면서 두 사람의 관계를 파국 직전까지 밀어넣은 장본인. 다행히도 갈등이 봉합되면서 도쿄로 안심하고 떠난다. 이후 도쿄에서 아키와 우연히 마주쳤는데 도쿄 스카이트리 공사에 참여하다가 고소공포증 때문에 견딜 수 없었다며 회사를 그만뒀다고 말한다. 이후 아키가 자주 들리는 초밥집인 건달스시에 취업한다.

43 오타쿠를 매체 환경의 발달과 변동 속에서 다룬 논의로는 이일래, 「매체 환경과 마니아 문화-한국과 일본의 게임문화를 중심으로」, 『동북아문화연구』 제45집, 동북아시아문화학회, 2015 참조. '오타쿠'라는 용어는 1982년에 텔레비전으로

는 방식'을 체현한 아키의 눈은 '응시광(seeing mania)'의 광학적 미디어 그 자체가 된다. 〈아마짱〉에서 응시광의 시선은 곳곳에서 포착된다. 〈아마짱〉은 일상에서 누군가가 어떻게 보고, 어떻게 보이는지의 개인적 수준에 관한 인정(recognition)의 정치의 역사적 윤곽을 가늠할 수 있게 한다. 〈아마짱〉에 포함된 과거 아마의 흑백 사진은 그들이 카메라 앞에서 유방을 내놓고도 수치를 모르는 자들이라는 인식을 수반한다. 미시마 유키오가 신지의 눈을 빌어 포착한 하쓰에의 모습도 이와 다르지 않다. 미시마 유키오에게서 볼 수 있듯이, 자연과 일체화된 '토착민' 여성의 몸을 향하는 응시광의 시선은 젠더적이고 또한 인종적이다. 응시광은 얼굴과 신체, 그리고 몸짓까지를 열정적으로 살펴보며 거기에 담긴 의미와 인격을 어디까지나 토착적으로 읽어내고자 한다. 이 시선은 다시 한번 〈아마짱〉에서 지역 아이돌을 보기 위해 기타산리쿠에 모여든 오타쿠들을 통해 반복되며 응시광의 계보를 이룬다. 전국의 남성 오

방영된 애니메이션 〈초시공요새 마크로스(超時空要塞マクロス)〉가 인기를 끌면서 등장했다. 요컨대, 일본의 마니아 문화, 즉 오타쿠는 대중매체 특히 텔레비전과 관련하여 형성되었다. 1960년대 일본 경제가 성장하면서 보급된 텔레비전을 보며 자란 세대가 1980년대에 즈음하여 등장한 것이 바로 오타쿠였다. 또한 '오타쿠'라는 용어가 '반사회적' 집단이라는 다분히 부정적인 함의로 대중화하는 데에는 1989년 일어난 "사이타마 유아 연쇄살인사건"이 결정적 계기가 되었다. 당시 언론은 범인의 방을 가득 채운 비디오테이프와 잡지 등을 부각하여 보도하였는데, 이러한 행태는 오타쿠의 눈이 광학적 미디어에 의해 특별한 감수성을 갖추게 되었다는 대중화된 인식론적 전제에 기반한 것으로 볼 수 있다. 특히 텔레비전은 1960년대 초부터 일본 사회에 본격적으로 보급되면서 세탁기, 냉장고와 함께 '3종의 신기(神器)'라고 불렸고, 1960년대 후반에는 '신(新) 3종의 신기' 또는 '3C'라는 별칭과 함께 자동차(Car)와 에어컨(Cooler), 그리고 컬러 텔레비전(Color Television)이 대중화되었다.

타쿠와 지역의 아마라는 위계적 관계를 통해 아마를 바로 그 아마로 만든 크래프트 실천은 응시광을 위해 상품화된 일종의 쇼로서 굴절된다. 크래프트를 통해 환경과 뒤얽힌 채 정동하는 노동은 오타쿠를 정동시키는 노동으로 전이되는 것이다.

인구의 순환을 책임지는 북철의 모빌리티는 오타쿠의 정동가능성에 근거를 두며, 이는 지역 아이돌의 감정노동에 의해 좌우된다. 물산을 대신하는 그 노동은 명랑의 정동을 생산한다. 오타쿠는 아이돌로서의 성패 여부를 좌우하는 차원을 넘어, 생명에 대한 총체적 위협의 재난 상황에 아이돌을 캐스팅하고 지역이라는 무대로 끌어들이는 힘을 발휘한다. 따라서 〈아마짱〉에서 응시광으로서의 오타쿠는 곧 생명권력이라 할 수 있다. 생명권력은 정동가능성의 위계로 생명과 인구를 구분하고, 북철은 이 구분을 뒷받침하는 물질적이면서 정동적인 인프라로서 기능한다. 〈아마짱〉의 북철은 '아마 카페'와 닿아 있다. 인프라의 총체적 파괴를 수반한 재난 이후, 지역의 부흥은 아마 카페의 재건으로 상징된다. 재건을 통해 어촌계라는 생계의 터전은 여가와 오락을 위한 포퓰리즘 사원으로 달라진다. 여기서 아마는 바다가 아니라 카페의 실내적 요소로, 즉 환경적 요소로 용해되어 있다. 그 환경은 부흥의 약속을 쇼로서 선보이는 무대 경관에 다름 아니다. 요컨대, 〈아마짱〉에서 지역의 부흥은 명랑에 의해, 그리고 이 명랑은 정동적 역량의 차이와 위계를 통해 뒷받침되고 있는 것이다.

4. 보편적 공감과 무감정의 탈정동: 〈우리들의 블루스〉에 나타난 정동적 역량의 위계구조

〈아마짱〉과는 달리, 한국에서 해녀는 지역의 정치경제학이 아니라 바다라는 생태적 조건과 결부된 채로 유기체적 역량에 대한 질문을 꾸준히 받아 왔다. 예컨대, 다큐멘터리 〈물숨〉의 바로 그 제목은 해녀의 유기체적 역량에 대한 관심을 명징하게 드러낸다.[44] "해녀들은 욕심내지 않고 자신의 숨(숨의 길이)만큼 건져 올리며 삽니다. 내 숨이 어느 정도인지 알고 살면 인생이 놀이터인데, 욕심을 부려 숨을 넘어서서 물숨을 먹는 순간 바다는 무덤이 돼요. 너무 큰 욕심은 되레 무덤이 될 수 있다, 이것에 제가 나이 쉰에 깨친 저 바다의 가르침입니다."[45] 땅 위의 세상에도 저마다 계급이 존재하지만, 바닷속 해녀들의 사회에도 상군(上軍), 중군(中軍), 하군(下軍)의 계급이 존재한다. 그 계급을 결정짓는 것은 사회경제적 자본이 아니라 유기체적 역량, 즉 '숨'이다. 그럼에도 불구하고, 해녀의 유기체적 역량은 사회경제적 자본과 무관하지 않다. 물속에서 숨을 참을 수 있는 길이에 따라 잠수할 수 있는 깊이가 달라지고, 채취할 수 있는 해산물이 달라지고, 이는 곧 수의 차이로 이어지는 것이다.

현재 제주에 남아 있는 제주 해녀는 4천여 명으로, 2천여 명

---

44 고희영 연출, 송지나 구성, 〈물숨〉, 《독립영화관-전주국제영화제 기획 2》, KBS 1TV, 2017. 5. 6.

45 「제주 해녀 다큐멘터리 영화 '물숨' 고희영 감독」, 『신동아』, 동아일보사, 2016.

에 달하는 일본의 아마에 비해 압도적으로 많은 숫자이다.[46] 하지만 해녀와 아마의 실정은 사뭇 다르다. 종일 '물질'을 하는 해녀의 삶은 문화유산 등재의 대상이 될지는 모르겠지만, 국가를 표상하고 있다는 자부심의 원천이기보다는 가계를 유지해야 한다는 '업'의 차원을 넘어서지 못한다. 이처럼 일본과는 엄연히 다른, 한국의 사회경제적 맥락에서 크래프트의 실제는 크래프트에 대한 보편적인 정의가 부적절하고 불가능함을 환기한다. 이는 또한 해녀와 아마의 상이한 존재론으로 이어지며 정동적 역량이 보편적이지 않음을 드러낸다. 정동적 역량은 상황적이고 맥락적이다. 한국적 상황 또는 맥락에서 그 정동은 두 가지 감정으로 표출된다. 하나는 생명의 유지에 대한 불안감이고, 다른 하나는 이와 무관하지 않은 해녀의 계보적 단절에 대한 위기감이다. 이와 같은 두 가지 감정은 해녀가 생태적 관계 내의 유기체로서, 그리고 사회적 관계 내의 인간으로서 동시에 존재함을 시사한다.

한국에서 해녀에 대한 재현이 주로 생태적 관계 내의 유기체적 측면을 반복적으로 강조해 왔다면, 〈우리들의 블루스〉는 사회적 관계 내의 인간으로서 해녀를 재현하는 데 초점을 맞추고 있다. 사실상 〈우리들의 블루스〉는 해녀뿐만 아니라 제주에서 살아가는 인간군상을 다각도로 비추며 사회적 관계를 바탕에 둔 생활양식을 핍진하게 묘사한다. 〈우리들의 블루스〉의 에피소드는 '한수와 은희', '영옥과 정준', '영주와 현', '동석과 선아', '인권과 호

46 「'SBS스페셜'-달라도 너무 다른 해녀 삼춘과 아마짱, 문화유산 등재보다 중요한 건?」, 『미디어스』, 2015. 7. 7.

식', '미란과 은희', '춘희와 은기', '옥동과 동석', 이렇게 8가지로 구성된다. 각각의 에피소드는 다른 에피소드와 접점을 가지면서 두루 연결되고, 사회적 관계의 프레임으로 등장인물의 생활세계를 드러낸다. 〈아마짱〉이 아마의 계보적 모델을 극의 중심에 둔다면, 〈우리들의 블루스〉는 해녀를 비롯한 공동체 전체의 관계적 모델을 극의 중심에 두고 있는 것으로 보인다.

〈우리들의 블루스〉는 또한 에피소드 간의 연결을 통해 정동적 역량의 상황적이고 맥락적인 측면을 보여준다. 예컨대, 은희의 경우, 한수와 미란 앞에서 상이하게 정동된다. 동석의 경우에도 연인 선아와 어머니 옥동 앞에서 상이하게 정동된다. 그런데 사업가적 개인의 자질이 강조되는 은희의 에피소드를 제외하면, 〈우리들의 블루스〉에 등장하는 인물의 대부분은 친구와 이웃이라는 관계보다도 가족 관계로부터 그 정동적 역량의 조건을 먼저 부여받고 있다. 친구와 이웃은 가족 관계가 부여한 정동적 불평등의 대안적 관계로서 제시되는 셈이다.

〈우리들의 블루스〉에서 정동적 불평등의 상황은 특히 해녀의 에피소드를 통해 강조된다. 8개의 에피소드 가운데 주인공으로 그 이름을 드러내고 있는 해녀는 춘희, 영옥, 그리고 옥동까지 모두 세 명이다. 해녀 공동체의 중심에 있는 '상군 해녀'가 바로 춘희다. 춘희에게는 현재 제주 바깥에서 가족을 이루어 살아가고 있는 아들 만수가 있다. 마흔에 얻은 늦둥이 막내 아들 만수는 춘희에게 남겨진 유일한 혈육이다. 결혼 후 십 년 만에 얻은 쌍둥이 아들들은 태어나자 두어 번 울고는 이유도 알 수 없이 죽어버리고, 둘째, 아니 셋째는 채 스물이 되기도 전에 술에 취해 고랑에 빠져 죽었다. 그리고 셋째가 가버린 그해, 덜컥 남편이 폐병으로 죽었다. 그런 상황에서 막내아들 만수가 불의의 교통사고로 중환자실에 입원하여 목숨을 위기에 처하자, 춘희는 바로 그 아들의 혈육인 손녀 은기와 함께 아들의 생환을 기원한다.

춘희와 은기의 기원은 가족 외부의 공동체적 정동에 힘입어 제주 바다에 떠오른 '백 개의 달'로 가시화된다. 이는 은기의 소망을 알아차린 춘희의 요청으로 바다에 정박한 수많은 어선들이 불을 비춰 '백 개의 달'이 떠오르는 듯한 장관을 연출한 것이다. '백 개의 달'로 가시화된 공동체적 정동은 해녀로서 춘희의 '물질' 경력만큼이나 오랜 기간에 걸쳐 협업을 통해 축적된 것이다. 협업을 주선하는 크래프트의 정동적 강도는 '백 개의 달'의 광도와 비례한다. 노동의 역사로부터 광원을 확보한 '백 개의 달'은 춘희와 제주 공동체 간의 상호돌봄의 정동이다. 은기와 함께일 때, 춘희에게 주어진 역할이 바로 돌봄이라 할 수 있지만, 이는 사실상 '뒷바라지'에 가까운 것이다. 뒷바라지는 돌봄과 같은 상호작용이 아니라, 혈연의 사회적 관계가 사실상 일방적으로 부가한 책임이다. 이 책임은 '춘희와 은기'의 에피소드 상에서 단기간에 걸친 어린 손녀의 양육으로 텍스트상에 재현되지만, 사실상 '물질'을 통해 네 아들을 키워내야 했던 춘희의 전 생애에 부가되고 있는 것이다. 그러나 춘희의 크래프트는 혈연 공동체로서의 가계를 유지하는 뒷바라지의 기술로서만 동원된 것이 아니라, 제주라는 더 큰 공동체적 생계의 전제 조건으로서 자리하는 것이며, 이는 바로 '백 개의 달'을 연출한 어선의 응답을 통해 비로소 돌봄의 성격을 드러낸다.

춘희를 통해 확인할 수 있는 제주의 생계와 관계 모델은 젊은 해녀 영옥에게서 다소 상이한 양상으로 재발견된다. 춘희와 달리, 영옥은 이주민이다. 영옥이 처한 상황은 춘희의 상황과 다르고, 이에 따라 물질이라는 크래프트 또한 다른 함의를 드러낸다. 이주민으로서 영옥의 '물질'은 정착민 되기를 협상하기 위한 기술에 다름 아니다. 영옥이 다름 아닌 제주라는 곳에 정착하려는 것은 그가 책임져야 할 돌봄의 대상과 물리적으로 가장 멀어지기 위해서이다. 그가 돌봐야 할 혈육인 동생 영희는 다운증후군을 앓고 있는 장애인이다. 이 설정을 통해 혈연 공동체가 부가하는 돌봄 의무로 인해 소진된 영옥의 정동적 상태가 보다 뚜렷하게 드러난다. 정동적 소진은 신체가 발휘할 수 있는 물리적 힘의 한계와는 다르다. 해녀로서 견습생의 위치에 불과한 영옥은 '물질'의 공동체적 관행을 어기면서까지 자신의 숨이 허락하는 깊이보다 더 깊게 잠영한다. 표면적으로 이는 해산물을 곧 자본으로 보는 경제적 동기에 따른 것처럼 보이지만, 정동적으로 소진된 영옥에게 있어 '물질'이라는 크래프트는 과중한 돌봄 의무의 포획으로부터 탈주하는 사회적 망각의 기술이다.

〈우리들의 블루스〉에서 돌봄의 역학장으로부터 가장 멀리 탈주해 있는 것으로 보이는 존재는 옥동이다. 옥동은 춘희와 마찬가지로 노년의 여성이며, 춘희를 제외하면 사실상 모든 사회적 관계를 단절하고 있고, 아들 동석과의 돌봄 관계조차도 철저히 단절되어 있다. 그러나 옥동 자신이 이미 돌봄 관계로부터 단절된 인물이며, 이는 그에게 사회적 질병을 떠안긴다. 질병은 매순간의 다양한 실천 안에서 만들어지고 있는 것이다.[47] 옥동의 사회적 질병이야말로 그렇다. 옥동의 사회적 질병은 그의 고향인 목포에서 이주와 정착의 땅이었던 제주에 이르기까지 생존을 위한 역량의 실천과 동시에 이루어진 그 역량의 끊임없는 박탈이 불러일으킨 결과로 볼 수 있다. 이는 유기체가 발달하는 지리적-물질적 환경에 겹쳐져 있는 사회적-문화적 환경의 차원을 철폐하는 것으로, 체현된 역량의 실천으로서 크래프트가 만들어내는 정동적 사회의 가능성을 위축시킨다. 그런데 엄밀히 말하자면 옥동은 뚜렷하게 '숙련'된 기술을 가지고 있지 않다. 하지만 숙련된 기술만이 크래프트는 아니다. 옥동의 크래프트는 타자를 정동시키기 위한 '세련'된 기술로서는 부족함이 있을지 몰라도, 적어도 자신의 유기체적 생존과 사회적 관계를 유지하기 위한 최소한의 기술이다. 보다 근본적으로, 돌봄 관계의 단절로 인해, '잡역부'로서 지내온 자신에게 체현된 기술이 나름의 크래프트임을 인지할 수 있는 기회가 옥동에게는 주어지지 않았다. 박탈적 환경을 벗어나 제주에 정착한 옥동에게 비로소 겨우 주어진 역량은 '물질'의 그것이었다. 옥동에게 있어 '물질'은 마치 영옥의 '물질'과도 같은 소진 상태에서의 정동적 노동이라 할 만하다.

옥동의 사회적 자질 가운데 가장 특징적인 측면은 그가 '첩'이라는 점이다. 아들 동석이 돈을 벌겠다고 했음에도 불구하고 옥동은 첩살이를 자처하는데, 이는 물이 무섭다는 딸을 끌고 바다로 들어갔다가 딸이 죽으면서 바다가 겁이 나 더 이상 '물질'에 자

47 아네마리 몰, 앞의 책.

신이 없어졌기 때문이다. '물질'을 하지 못하게 된 옥동은 경제적으로 자립이 불가능해 남편 친구의 첩으로 들어갈 수밖에 없었다. 대부분의 첩들이 따로 살림을 차리는 경우와 달리, 본처의 병시중을 드는 악조건에서도 옥동이 남편 친구의 첩으로 들어간 것은 아들 동석을 지키기 위해서였다. 이는 죽음정치의 전개 과정이라 할 만하다. 죽음정치는 아쉴 음벰베가 '죽음세계(deathworlds)', 또는 "대부분의 인구가 죽은 채 살아 있는 자(living-dead)의 지위를 부여하는 삶의 조건에 종속되는 새롭고 독특한 형태의 사회적 존재"라고 부르는 것을 만들어낸다.[48] 가치 있는 생명을 보호하고 유지하는 것은 다른 생명을 파괴하고 끝내 폐기하는 것이다. 첩살이와 함께 사실상 사회적 죽음을 맞이한 옥동에게 있어 동석은 자신의 실존을 대신하는 생명에 다름 아니다. 따라서 동석은 그의 생명으로 옥동의 사회적 죽음을 대체한다고 할 수 있다.

동석은 트럭에 잡화를 싣고 다니며 제주 곳곳에 판매하는 일을 직업으로 삼고 있다. 그는 사람이 아니라 오히려 사물과 적극적으로 관계한다. 이와 같은 물질적 자원을 통해 동석은 상호의존적이거나 친밀하지는 않을지언정, 사회적 관계 내의 인간으로서 자립하게 된다. 동석의 자립은 옥동의 고립과 뚜렷한 대비를 이룬다. 옥동은 텍스트 내의 등장인물 가운데 사회적-물질적 자원에 대한 접근성이 가장 낮은 자에 해당한다. 옥동의 고립은 제주의 지리적 조건과도 전혀 무관하지 않은데, 육지와 떨어져 고립되어 있는 제주도와 같은 사회에서는 여성의 경험을 규정짓는 정치경

---

48 Achille Mbembe, op.cit.

제적이고 사회문화적인 장벽이 적지 않게 존재한다. 예컨대, 대도시의 관계적 익명성과 상반되는 '괸당문화'는 마을이라는 친밀한 무대에서 개인의 행위를 제한할 수 있다.[49] 경제 활동 및 사업 분야에서 역할 모델이 풍부하지 않다는 점도 생계 활동의 자율성과 다양성을 축소시키는 제한적 요소로 꼽을 수 있을 것이다. 이러한 요소들은 복합적으로 작용하면서 여성이 전통적으로 책임져 온 가정 영역 외부에서 활동하는 것을 종종 방해한다. 옥동은 이러한 정치경제적이고 사회문화적인 장벽과 더불어, 바로 이 장벽에 의해 초래된 정동적 장애의 이중적 압력에 처해 있다. 혈육의 죽음에 대한 암울한 기억이 경고로 작용하면서 옥동의 생애 전체를 위축시키고 있는 것이다. 이는 바다라는 숭고한 자연이 초래한 공포라기보다도, 바다를 유일한 생계의 터전으로 만든 정치경제적 힘에 따른 것이다. 요컨대, 경제적으로 영토화된 제주의 바다는 죽음권력의 정치적 무대가 되어 느린 죽음을 상연한다.

이러한 상황에서 크래프트 실천으로서 '물질'에 의존하는 것이 안정적인 생계를 제공할 수 있다는 확신을 갖기란 사실상 불가능에 가까운 것이다. 옥동이 무기력한 주체로 그려지고 있을 때,

---

49 고희영은 제주의 우도에서 만 6년 동안 해녀를 취재하면서 다음과 같은 사실을 발견하여 보고한 바 있다. "첫 번째는 우도라는 작은 지역에 살다 보니 유난히 남의 시선을 의식한다는 것이다. 익명이 보장되지 않는 공간이다 보니 우도의 해녀 삼촌들은 남의 입에 오르내리는 것을 굉장히 싫어했고, 그래서 남에게 흠잡히는 행동을 하지 않으려 굉장히 애를 썼다. 두 번째는 해녀라는 직업 자체가 공동의 바다에서 공동의 질서에서 이루어지는 작업이라는 점이다. 남보다 튀어서는 안 된다. 튀는 순간, 섬에서의 삶은 고단해진다." 고희영, 『물숨』, 나남, 2015, 69쪽.

그것은 사실상 죽음권력에 의한 역량의 박탈에 다름 아니다. 주체와 공동체를 함께 사로잡은 죽음권력은 제주의 물질적 인프라와 여기에 수반되는 정동적 인프라에 폭넓게 분산되어 주체 구성의 제한적 통로마저 봉쇄한다. 그 결과가 바로 고립이고, 이를 극복하기 위한 옥동의 불가피한 선택이 첩살이다. 동석의 눈을 통해 포착된 옥동은 '남자가 좋아서' 자식에 대한 돌봄 의무조차 저버린 비정한 모성으로 인식되지만, 이는 돌봄의 전제가 되는 생계를 유지하기 위한 실천적 역량의 박탈로 인한 것이다.

〈우리들의 블루스〉 마지막 회차에서 동석은 어머니 옥동을 몰아붙이며 자신에게 미안한 줄은 아느냐고 따져 묻는다. 여기에 옥동은 동석이에게 자신이 '미친년'이라 미안함을 모른다고 답한다. 옥동의 비정함은 무감정이라 할 수 있다. 크리스틴 신 야오는 감정(feeling)이 생명정치적 지배의 근본적 테크놀로지라는 전제를 바탕으로, 무감정(unfeeling)을 생존과 저항을 향한 불만과 이의의 정동적 지표로서 역사화하고 이론화할 필요가 있다고 과감하게 주장한다.[50] 신 야오의 주장에 따라, 옥동의 무감정은 생존 가능성을 보장하는 크래프트의 박탈에 대한 자구적 전략으로 볼 수 있다. 이러한 옥동의 무감정한 상태를 강조하는 존재는 아들 동석이다. 동석은 자신의 감정을 여과 없이 표현하는 과잉으로서의 정동적 신체성을 가진 존재다. 남성의 감성주의는 정동적 보편성에 대한 가정을 위협하는 대안적인 감정의 구조의 창발을 억압하고, 끝내 알아보기 어렵게 만든다. 하지만 탈정동은 정동의 단순한 대립

---

50 Christine Xine Yao, op.cit.

항이 아니라, 정동을 앞세운 권력과 권위의 체제에 대한 불충실함이다. 옥동은 죽음권력의 폭력적인 포섭에 기초한 보편적 주체의 감정 구조에 포함되지 않고 정동 이방인의 자리에 머물러 있기를 선택함으로써 동정심이 없는 무감정한 존재로 드러난다. 그럼에도 불구하고, 좀처럼 감정을 읽어낼 수 없는 옥동의 완고한 태도 앞에서 동석은 인간의 정동적 보편성을 회의하는 것이 아니라, 탈정동된 주체가 동정과 공감의 능력을 결여하고 있다고 판단한다. 그 판단은 곧 자신의 공감 능력에 대한 철저한 믿음에 근거한 것이다.

〈우리들의 블루스〉에서 첩살이로 사회적 죽음을 맞이했던 옥동은 끝내 유기체적 죽음을 맞이하는 것으로 귀결된다. 그 죽음은 옥동의 정동적 역량을 끝내 인정하지 못했던 동석에 의해 애도되면서 옥동을 감성주의적 생명정치의 영토 내부로 편입시키는 계기가 된다. 다시 말해, 탈정동된 주체는 죽음과 함께 비로소 정동적 역량의 구조 내에 배치된다. 감성주의는 젠더, 세대 등으로 차별화되는 신체적 위계를 토대에 둔 감정의 생명정치에 수반되는 정동정치적 실천으로서, 옥동이라는 노년의 여성을 고통에서 해방시키는 것이 아니라 바로 그 고통을 전제로 삼아 보편적 공감을 극적으로 달성한다. 비판적으로 바꾸어 말하자면, 옥동의 생애를 통해 펼쳐지는 사회적 죽음의 제도화와 유기체적 죽음의 애도는 보편적 공감의 주체들이 공유하는 사회적 삶의 기반을 제공하고 있는 셈이다.

옥동의 사회적 삶을 위축시킨 계기가 딸의 죽음으로 인한 크래프트의 박탈이었다면, 옥동의 유기체적 죽음은 아들의 사회적 삶을 유지시킨다는 점에서 두 죽음의 의미는 극명한 대비를 이룬다. 이 대비는 생명정치의 감성주의적 전략에 따른 배치의 효과다. 생명정치는 인구와 생명을 구별할 뿐만 아니라, 이 구별을 위해 근본적으로 생태적 관계와 사회적 관계를 분리한다. 하지만 해녀의 '물질'과 같은 크래프트 실천은 바다에서의 생태적 관계와 육지에서의 사회적 관계를 연결함으로써 생명정치적 전제에 균열을 가한다. 해녀의 삶은 숨과 긴밀하게 연관되어 있다. 해녀의 숨은 상군, 중군, 하군으로 계급화된 신체에 내재하는 본성적 자질이 아니라 신체에 각인된 관계적 정동에 따라 조절되는 것이다. 딸을 죽게 만든 옥동의 공포와 회한이 이를 증명한다. 요컨대, 숨은 '자연화된' 유기체의 물리적 역량이 아니라, 사회적 관계에 놓인 유기체의 정동적 역량으로서 주어지는 것이다.

생태적 관계 내의 유기체는 사회적 관계 내의 사람됨과 분리 불가능하다. 두 존재를 통합하는 것이 바로 정동이다. 그 정동이 존재가 처한 상황과 맥락에 따라 상이함은 물론이다. 하지만 생명정치는 삶과 죽음의 문제를 보편적 공감의 원리와 연결하면서 다시 한번 감성주의적 전략을 취한다. 〈우리들의 블루스〉는 옥동과 동석의 에피소드를 통해 신파적 감성을 제공함으로써 이 전략을 의심 없이 받아들이고 있다. 하지만 공감은 보편적이지 않다. 보편적 공감은 생명정치의 감성주의적 전략에 도전하는 탈정동의 대항정치적 함의를 간과했을 때 비로소 이루어질 수 있는 것이다. 부정적 정동에 대한 저항과 생존의 모색이 탈정동이다. 생명권력을 이를 인지하지 못하고, 사실상 인정하지 않음으로써 권력 외부 공간을 철폐한다. 〈우리들의 블루스〉에서 옥동의 죽음을 마주한 동석의 행위가 바로 이와 같다. 그런 점에서 동석은 생명권력의 행위자에 해당한다.

춘희, 영옥, 그리고 옥동은 '물질'의 숙련, 견습, 박탈을 통해 상이한 정동적 역량을 드러낸다. 이때, '물질'은 체현된 기술이라 할 수 있지만, 그 기술은 해녀의 신체 내부에 가둬진 것이 아니라, 신체를 둘러싼 환경에 위치한 유기체적 존재 전체에 대한 인식과 행동의 능력을 의미한다. 숙련된 실천으로서의 '물질'은 처음부터 보편적인 해녀의 본성으로서 주어져 있지 않다. 숙련의 전제로서 '물질'의 견습은 보편적인 역량의 집합과 특정한 기술적 내용을 물려받는 차원의 문제가 아니다. 크래프트는 한 세대에서 다음 세대로 전수되는 것이 아니라, 특정한 상황과 맥락에서의 수행을 통해 발달하면서 인간 유기체의 운영 방식에 통합된다. 따라서 크래프트는 그 실천의 행위자가 주변 환경에 적극적으로 관여하는 연결신체의 관점을 요구한다. 더 나아가 연결신체는 생태적 환경이 아니라 사회적 환경까지를 아우른다. 춘희, 영옥, 옥동의 '물질'은 이들이 처한 사회적 환경에 따라 각각 다른 실천적 함의를 가진다. 연결신체는 프락시오그라피 안에서 정동되고 정동시키면서 신체와 관계의 지리를 동시에 변화시킨다.

5. 감성주의적 생명정치와 탈정동의 대항정치

제주의 지리적-물질적 환경은 그곳의 거주자들에게 생존을 위한 모종의 특정한 역량을 요구한다. 이 가운데 여러 가지 크래프트가 실천되고, 해녀의 '물질'도 여기에 해당한다. 그런데 제주의 사회적-문화적 환경은 지리적-물질적 환경에 의해 요구된 역량을 박탈하는 조건을 함께 제공하고 있기도 하다. 지리적-물질적 환경으로서의 바다가 위험하기 때문이 아니라, 위험한 바다만을 생계의 터전으로 남겨두고, 여기에 거주자를 던져버리는, 즉 살게 만들거나 죽게 내버려 두는 사회적-문화적 환경은 아마를 방사능으로 오염된 지역으로 몰아갔던 정동적 환경과 사실상 다르지 않은 생명정치적 맥락으로서 나타난다. 지리적-물질적 환경에 적응하기 위한 역량을 발휘해야 생존할 수 있지만, 그 역량을 체현하고 발휘할 기회를 박탈하는 또 다른 환경이 있고, 이 환경들 사이의 균열 지점에 생명권력은 자리한다. 무엇보다도, 생명권력은 감성주의를 활용한다. 〈아마짱〉과 〈우리들의 블루스〉라는 두 편의 드라마가 바로 그 전략을 보여준다. 더 나아가, 두 드라마는 느낌의 역량을 가진 주체를 정동행위자와 정동가능자로 분할하고, 이 구분을 아이돌과 오타쿠, 엄마와 아들이라는 젠더적 위계와 등치시킨다. 이 위계구조로부터의 탈주를 위한 전략이 탈정동과 무감정이다. 무감정한 주체들은 감성적으로 열등한 존재가 아니고, 그렇게 부적절함으로 인정하는 것은 어디까지나 위계구조 내에서 이루어진 인지를 토대에 둔다. 탈주를 통해 이 구조 외부의 차원을 여는 힘은 정동일진대, 그것은 정동행위자와 정동가능자를 분할하는 프레임이 아니라, 감성주의적 생명정치에 대항적이라 할 수 있다. 아직까지 명확히 이름이 붙여진 바 없는, 또는 감성주의적 프레임 내에서 '예술'과 '기술'에 비해 열등한 지위를 점하고 있었던 어떤 행위 또는 실천을 통해서 그 대항정치적 함의는 확보

될 수 있다. 그 실천을 '크래프트'라 이름 붙여볼 수 있을 것이다. 크래프트는 누군가를 정동시키기 위한 세공품이 아니라, 물질들의 내부작용을 수반한 채로, 만들기와 만들어진 것의 분리불가능한 결합 속에서 실천되는 것이다. 생명정치가 감성주의적 전략에 따라 주체들의 자리를 위계적으로 분할한다면, 실천으로서의 크래프트는 그 자리의 외부에서 특정한 형태의 협력과 결속, 그리고 간섭의 관계를 새로이 주선한다. 이는 생명정치적 위계구조에 깃든 정동적 역량의 차별화에 대한 탈정동을 전제로 이루어질 수 있는 것이다.

한국의 제주와 일본의 도호쿠를 비롯한 지역은 토착민의 공간만이 아니라, 이주민, 관광객 등이 두루 뒤얽힌 채 생성되고 변형되는, 지리적으로 다중 스케일의 공간이다. 그럼에도 불구하고, 이를 뒤얽힘과 생성 또는 변형의 차원이 아니라, 위계적 차원으로 환원하는 힘이 있다. 그 힘이 생명권력이다. 그리고 생명권력은 감성주의적이다. 감성주의는 보편적 공감의 주체를 중심에 두고 젠더, 세대, 지역 등의 위계구조를 공고히 하는 정치적 전략으로 구체화되면서 감수성의 신체를 육성하고, 동일하지 않은 감수성에도 불구하고, 바로 이 차별적 구조에 기대어 인구를 구성하고 확보할 수 있다. 이러한 분할의 통치 앞에서 토착민과 이주민의 크래프트는 그들 각각의 상황 또는 맥락에 따라 상이한 함의를 지니면서도 궁극적으로는 관계를 재형성한다. 이로부터 생명정치에 포섭되지 않는 정동적 삶이 생성된다.

생명권력이 어떻게 작동하는지, 그리고 어떻게 정동을 통해 작동하는지를 이해하는 것은 정동적 삶과 긍정적인 관계를 발전시키는 전제 조건이 된다. 정동적 삶의 역학에 주의를 기울이는 것은 감성주의를 통해 작동하는 생명권력의 형태에 대항하는 정치적 요소가 될 수 있다. 그렇다면, 크래프트가 바로 그 역학장을 크래프팅하고 있음을 식별해야 할 것이다. 크래프트는 사회적이면서 동시에 물질적인 세계와의 상호작용의 일부로서 주어진 지식의 지속적이고 상황적인 실천이다. 이 실천은 감성주의적 생명정치에 의해 할당된 정동가능성 너머로 탈정동됨을 수행하는 생존의 전략과 결코 무관하지 않다. 〈아마짱〉과 〈우리들의 블루스〉에서 아마와 해녀의 실천이 각각 '명랑'과 '신파'로 갈라진 양상은 이 전략과 생명정치적 전략의 경합에서 도출된 상이한 결과라 할 수 있을 것이다.

팬덤의 초국적 기억정치와 정동
: 'BTS 원폭티셔츠' 논란을 중심으로[1]

이 지 행

1. 들어가며

디지털 기술은 커뮤니케이션 양식의 혁명적 변화를 이끌어냈다. 디지털 기술이 만들어 낸 커뮤니케이션의 변화에 대해서 "'재현 공론장'에서 '표현 공론장'으로"의 이행이라고 표현한 박태순은 기존의 매스커뮤니케이션 사회가 국가 기구 및 권력체가 생산하는 상징과 그 의미들을 사회적으로 전파하는 지배적 방식으로서의 재현 커뮤니케이션 체제였다면, 디지털 뉴미디어 사회는 대중을 미디어 기술 이용주체로 끌어올림으로써 전통적 매스커뮤니케이션 체제를 전복한다고 설명한다.[2] 디지털 기술이 만들어 낸 새

---

1 이 글은 「팬덤 실천을 통한 초국적 기억정치에의 개입과 정동의 작동: 'BTS 원폭 티셔츠 논란'을 중심으로」, 『인문콘텐츠』 제69호, 인문콘텐츠학회, 2023을 수정 · 보완하여 재수록한 것이다.

2 박태순, 「디지털 뉴미디어와 정치공론장의 구조변동」, 『정치 · 정보연구』 제11

로운 공론장에서 대중이 현재진행형의 담론 및 동영상으로 구성된 콘텐츠를 교환함으로써 표현 커뮤니케이션의 장을 만들어 내고 이 안에서 강력한 정치적 결집과 실천력을 만들어 가는 것이다.

디지털 기술로 인해 도래한 새로운 공론장은, 근대적 공론장의 성립 이후 공론장에서 구조적으로 배제되어 왔던 개인 및 집단의 목소리가 들리는 계기를 만들어 냈다. 온라인에서는 미디어의 기술적 중재에 의해 원거리에서부터 출현한 개인들이 각자의 가치기준이나 관심에 따라 집합하게 되며, 이런 개인들이 토론 커뮤니티나 블로그 등을 구축함으로써 개인적, 집단적으로 지배적 커뮤니케이션을 주도하는 주체가 되어간다. 이러한 현상에 부쳐 박태순은 온라인 커뮤니케이션 주체들이 "자신의 가정 혹은 서재에서 새로운 커뮤니케이션의 시·공간을 구성하고 사적인 장과 공공장을 동시에 구축하고 또 참여"하며, 이들은 "감성적 상상력과 이성적 이해력을 가지고 자신에게 적절한 사적 혹은 공적 행위와 정치적 동원에 참여"한다고 분석하고 있다.[3] 다양한 주체들이 미디어의 기술적 중재에 의해 담론장에 포함되어 다양한 주장들을 현재적으로 표출시키는 현재의 '표현 공론장'은, 매스미디어가 주도한 '재현 공론장'에서 소외되어 왔던 소수자 집단, 그리고 정치와는 무관한 정체성을 가진 취향 공동체를 정치적 담론 주체로 출현시키는 데 일조했다.

이 글에서 다룰 케이팝 팬덤의 역사수정주의에 대한 대항적

권 2호, 한국정치정보학회, 2008, 119-140쪽.

3 박태순, 위의 글, 132쪽.

실천 사례로서의 'BTS 원폭티셔츠' 논란은, 취향 공동체의 대표적 집단인 대중문화 팬덤이 표현 공론장의 주체로서 정치적 담론장에 개입한 사건으로 이를 규정하고, 사건 초기 한일간의 민족주의적 대결구도가 지배적이었던 담론장의 성격이 어떻게 글로벌 차원의 역사수정주의에 대한 대항적 실천으로 이동했는지를 추적한다. 이 과정에서, 팬덤이라는 대중문화 수용자 집단이 갖는 온라인 담론 행위자로서의 성격을 고찰하고, 팬덤 특유의 배타성을 넘어 팬덤의 집합적 행위성을 사용해 초국적 기억정치에 대항하는 실천을 하게 된 배경으로 공동체 내부의 정동적 작동에 주목한다.

2. 온라인 대중으로서의 팬덤과 동시대 담론의 교차

2.1. 역사수정주의와 기억의 정치

본래 역사수정주의는 기존 역사 서술의 '진실'에 도전하는 해석들, 프랑스 혁명과 나치즘, 파시즘 등 근현대사에서 전개된 중요 사건과 현상들에 대해 새로운 해석을 시도하는 역사적 견해들을 일컫는 말이다. 이는 역사적 사실에 대한 재해석을 시도하여 진실에 가까이 가고자 하는 학술적 의미의 수정주의다.[4] 그러나

---

4 황보영조, 『기억의 정치와 역사』, 역락, 2017, 32-33쪽; 방지원, 「기억의 정치와 역사부정, 역사교육은 어떻게 대처할까?」, 『역사와 세계』 제58집, 효원사학회, 2020, 6쪽에서 재인용.

홀로코스트와 관련해 일반적으로 인정되어 온 주류적 역사관을 부정하는 이들이 자신들의 연구를 수정주의라 칭하면서, 홀로코스트를 부인하거나 부정하는 주장을 통칭하는 의미로 사용되어 왔다.

일본의 역사수정주의는 침략전쟁과 식민지 지배에 대한 역사 해석에 유럽의 역사수정주의를 적용시켰고, 이를 통해 일본의 책임성을 부정하고 일본을 '보통 국가'를 넘어 '우등 국가'로 인식하게 만드는 전략을 취했다.[5] 식민 통치 책임에 관해서는 샌프란시스코 강화조약과 한일기본조약에 의한 한일청구권 협정에 따라 국가 배상의 의무를 이미 마쳤다고 주장하며, '대동아전쟁'이 자존과 자위를 위한 전쟁이자 아시아 해방을 위한 정치전쟁이었으며, 난징대학살과 일본군 '위안부' 등은 날조된 것이고, 일본은 전쟁범죄를 저지르지 않았다는 주장이 일부 정치인을 넘어 일반인 사이로 확산되었다.[6]

미디어의 발전은 역사수정주의와 이에 관련된 기억의 정치의 무대를 온라인 공론장으로 이동시켰다. 온라인에서 역사수정주의를 시도하는 쪽과 이에 반발하는 쪽의 대립과 갈등은 민족주의의 표출을 통해 격화되고 있다. 정보화가 민족적 저항의 수단으로 활용된 사례를 분석한 마누엘 카스텔(Manuel Castells)은, 온라인 공간에서는 현실 민족주의가 더욱 증폭되어 나타나고 있으며, 온라인 공간이 인류의 다양한 불만을 불협화음으로 표출되는 장으로서의

---

5 신동규, 「극우의 역사 서술 전략과 『제국의 위안부』 역사적 사건의 상대화」, 『기억은 역사를 어떻게 재현하는가』, 문화사학회 지음, 한울, 2017, 227-228쪽.

6 이영채 · 한홍구, 『한일 우익 근대사 완전정복』, 창비, 2020, 45-47쪽.

전 지구적 전자광장이 되었다고 진단한다.[7] 온라인이라는 공간이 네트워크를 배경으로 담론이 증폭되는 특징을 가지고 있으며, 선별적인 사례 선택에 의해 극명한 모순성을 가시화하는 경향을 가진 점, 지속적으로 담론의 재생산이나 발전이 이루어지는 것이 아니라 선별적인 사건들이 반복되는 특징 등은 온라인에서 역사수정주의와 관련된 기억 정치 수행이 민족주의로 표출될 때 드러나는 문제점들이다. 미디어의 발전으로 인해 국가와 민족을 횡단하며 수행되고 있는 현재의 온라인 기억 정치의 장에서, '온라인 대중' 혹은 '인터넷 대중'이 단지 각자의 국가와 집단이 지닌 정당성을 위해 싸우는 것뿐만 아니라, 기억 정치 수행의 주체로서 전복적인 기억의 정치를 수행해 낼 수 있는 가능성을 보유하고 있는지 검토하기 위해서, 다음 절에서 공중과 참여문화에 대한 개념을 살펴보도록 하겠다.

2.2. 공론장과 공중(公衆)

디지털 시대가 '표현하는' 대중이 참여하는 공론장을 열면서, 현실 정치 논의의 장은 오프라인에서 점차 온라인으로 이동했다. 이 과정에서 온라인 공간은 새로운 세계정치의 공간으로 부상했다. 온라인 공간의 글로벌 질서는 군사력이나 경제력 같은 물질적 권력자원을 기반으로 한 근대 국민국가들 중심의 전통적 국제질

7 마누엘 카스텔, 박행웅 역, 『인터넷 갤럭시』, 한울, 2004; 마누엘 카스텔, 정병순 역, 『정체성 권력』, 한울, 2008.

서 개념과는 그 성격이 사뭇 다르다. 비국가적 성격의 사적 개인들을 중심으로 이루어지며 지식력을 기반으로 작동하는 지식질서의 개념에 가깝다.[8] 온라인이라는 초국적 공론장에서 담론의 경합을 통해 생겨나는 지식질서는 지식패권으로 이어지고, 이런 특성이 오늘날 온라인 공간을 지식을 둘러싼 담론의 경합장이자 세계정치의 공간으로 자리하게 한다.

여기서 제기되는 쟁점은 온라인 공론장에 참여하는 사적 개인들을 과연 공적인(public) 의미를 내포한 시민으로서의 '공중(公衆)'으로 볼 수 있을 것인가 하는 점이다. 가브리엘 타르드(Gabriel Tarde)는 공중의 기원을 15세기 인쇄술 발명 이후로 본다. 그는 현재 우리가 말하는 의미로서의 '진정한' 공중이 탄생한 것은 신문이 대중화된 19세기이며, 신문을 통한 대화가 여론 형성의 원천이라고 주장한 바 있다.

한나 아렌트(Hanna Arendt), 위르겐 하버마스(Jürgen Harbermas), 존 듀이(John Dewey)를 비롯한 정치철학자들이 논한 정치 주체로서의 공중은 크게 다음의 네 가지 특성을 가진다. 첫째, 독립적인 사고를 통해 공적 문제에 대한 자신의 판단을 형성하려고 해야 하며 둘째, 비판적 커뮤니케이션을 통해 다른 시민들과 동의된 판단을 내리려고 해야 한다. 셋째, 공적 문제에 대한 판단을 하는 데 있어서 정치 공동체를 구성하는 시민 전체의 일원이라는 정체성을 가져야 하며, 마지막으로 다른 시민들을 독립적이고 평등한 판단

---

8 김상배, 「사이버 공간의 글로벌 지식질서: 네트워크 이론으로 보는 구조와 동학의 이해」, 『국가전략』 제19권 3호, 세종연구소, 2013, 77쪽.

주체인 정치적 동료로서 그리고 동의에 이르는 것이 가능한 커뮤니케이션의 상대방으로서 인식해야 한다.[9] 이러한 특성은 정치 주체로서의 공중이 가져야 할 식견과 소양, 그리고 '숙의'라는 이상적 정치 커뮤니케이션을 할 수 있는 능력을 강조한다.

온라인에서의 담론적 상호작용의 성격과 정치적 의미를 탐구한 선행연구들은 과연 온라인 대중이 이상적인 정치 커뮤니케이션에 부합하는 숙의의 능력을 갖춘 공중인지에 대한 질문을 던지고 있다. 그 결과 많은 연구들이 대부분 온라인 담론장의 정치적 대화의 질이 숙의나 공론장의 기준에 부합하지 않다는 결론을 보였다.[10]

---

9 John Dewey, *The Public and Its Problems*, The Swallow Press, 1954. (Original work published 1927); Hannah Arendt, *The Human Condition*, University of Chicago Press, 1958; Jürgen Habermas, *The Structural Transformation of the Bourgeois Public Sphere: An Inquiry into a Category of Bourgeois Society*, (Thomas Burger trans), MIT Press, 1989. (Original work published in 1962); 김정호, 「동의에 지향된 담론적 정치 참여자로서의 공중 개념과 한국의 비판적 커뮤니케이션 연구」, 『한국언론정보학보』 제70권 2호, 한국언론정보학회, 2015, 194쪽에서 재인용.

10 온라인 담론장이 공론장으로서 부합한지와 온라인 담론 참여자들의 숙의의 능력에 대한 연구는 다음을 참조. 강재윤, 「인터넷 게시판의 공론장 역할: 아고라 사례를 중심으로」, 강재윤 외, 『한국의 인터넷: 진화의 궤적』, 커뮤니케이션북스, 2008, 143-172쪽; 김은미 · 김현주, 「인터넷 상에서 사회적 의사 소통 양식과 합의형성」, 『IT의 사회 · 문화적 영향 연구』 제4권 54호, 정보통신정책연구원, 2004; 김종길, 「사이버 공론장의 분화와 숙의 민주주의의 조건」, 『한국 사회학』 제39권 2호, 한국사회학회, 2005, 34-68쪽; 김종길, 「시민참여 미디어로서의 인터넷 미디어 토론방 가능성과 한계」, 『담론201』 제9권 3호, 한국사회역사학회, 2006, 33-79쪽; 윤영철, 「온라인 게시판 토론과 숙의 민주주의: 총선 연대 사이트의 게시판 분석」, 『한국방송학보』 제14권 2호, 한국방송학회, 2000, 109-150쪽; 이동훈, 「숙의적 공론장으로서 블로그 공간의 의사 소통적 관용에 대한 연구」, 『한국언론학보』 제53권 4호, 한국언론학회, 2009, 27-49쪽; 이종혁 · 최윤정, 「숙의 관점에서 본 인터넷 토론 게시판과 글 분석: 의견조

그러나 온라인 정치 참여자들을 '인터넷 담론 공중'이라고 개념화한 이준웅은 "인터넷 담론 공중이 우리 민주주의에 미치는 영향을 그들의 행위에 대한 관찰을 통해 성급하게 평가하기보다는 도대체 어떤 조건에서 담론 공중이 '시민성을 갖춘 공적 주체'로서 기능하는지"[11]를 탐색하는 것이 더 중요하다고 주장했다. 그에 따르면 개인들이 특정한 조건에 놓였을 때 공중을 형성할 수 있으며, 이러한 조건이란 개인들의 다양한 자아 가운데 특정한 공적 자아가 활성화되고 연결된 상태다. 먼저 공적 자아로서의 공중이란 "개인이 속한 공동체에 개별적으로 해결할 수 없거나 해결하기 어려운 공통의 문제가 있음을 인식하고, 그 문제를 해결하기 위해서는 모두가 함께 노력해야 한다는 믿음을 기초로, 공적 사안에 대해 관심을 표명하고, 논의와 결정에 참여하는 주체"[12]를 의미한다. 이러한 공적 자아가 활성화되어 서로 연결되는 감각은 개인들이 어떤 문제에 함께 대응하면서 함께 관여한다는 느낌을 말하는데, 이러한 상호 연결의 감각은 오늘날의 매체 이용 방식과 밀접하게 연관을 맺고 있다. 인터넷은 공론장에 참여하는 다른 시민들의 담론과 상호작용 그리고 그것들의 정치적 영향을 관찰할 수

정성 예측을 위한 다수준 모델 검증」, 『한국언론학보』 제56권 2호, 한국언론학회, 2012, 405-435쪽; 이창호 · 정의철, 「공론장으로서의 인터넷 카페 게시판의 가능성과 한계」, 『언론과학연구』 제9권 3호, 한국지역언론학회, 2009, 388-424쪽; 최영 외, 「인터넷 신문의 공론장 역할에 관한 연구」, 『언론과학연구』 제2권 2호, 한국지역언론학회, 2002, 115-158쪽.

11 이준웅, 「인터넷 공론장의 매개된 상호가시성과 담론 공중의 형성」. 『언론정보연구』 제46권 2호, 언론정보연구소, 2009, 29쪽.

12 이준웅, 위의 글, 14쪽.

있는 '매개된 상호가시성(mediated intervisibility)'의 조건을 제공하였고,[13] 가시성으로 인한 상호 연결 감각은 개인들의 활성화된 공적 자아를 공중으로 형성하는 주요한 토대가 된다.

2.3. 팬덤과 참여문화

팬덤에 대한 연구는 다양한 권력관계와 문화가 서로를 상호 구성하는 작동 방식을 밝히는 '문화의 정치학'을 중시하는 전통 속에서 성장해 왔다.[14] 팬덤의 문화정치 대상이 기본적으로 그들이 애착을 가지는 대상 즉 스타나 작품을 중심으로 하는 주관적 추구에 한정되어 있고, 이들이 결국 자본주의적 상품문화의 소비자에 불과하다는 인식은 팬덤에게 공중으로서의 성격 즉 전통적인 시민 참여의 위상을 부여하기를 망설이게 하는 요인이었다.

그러나 상술한 연구에서 보았다시피, 공중이란 애초부터 따로이 존재하는 것이 아니라 개인에게 존재하는 다양한 사적 자아와 공적 자아 중에 특정한 공적 자아가 활성화되어 연결된 상태를 지칭하며, 개인으로서의 팬 역시 공적 자아를 지닌 존재이다. 또한 소비자로서의 정체성을 갖는 개인들이 단순히 경제 활동에 있어서의 소비 활동에만 머물지 않고 정치적이거나 사회적 참여 행위를 포괄하는 복잡한 역할을 수행하기도 한다는 연구 결과[15]는, 팬

13 이준웅, 앞의 글, 21쪽.

14 김수정, 「팬덤과 페미니즘의 조우: 페미니즘 관점에서 본 팬덤 연구의 성과와 쟁점」, 『언론정보연구』 제55권 3호, 서울대학교 언론정보연구소, 2018, 52쪽.

15 Dhavan V. Shah et al., "Introduction: The politics of consumption/The consumption

덤이 공중이라는 주장에 힘을 실어준다. 특히 오늘날 팬덤이 보여주는 다양한 수준의 현실 정치 참여와 실천을 놓고 봤을 때, '공적 문제에 대한 관심을 가지고 논의와 결정에 참여하는 주체'라는 공중에 대한 기존의 관념은 팬덤에게 그대로 적용 가능하다.

팬덤의 공중으로서의 기능은 오늘날의 매체 변화와 밀접한 관계를 맺고 있다. 디지털 미디어 환경에서 새로운 리터러시 즉 사회적 기술과 문화적 능력을 습득한 팬덤은 디지털 이용자 집단의 대표 주자로서 참여 문화를 통해 집단적 문제해결과 새로운 지식 생산에 참여해 왔다. 헨리 젠킨스(Henry Jenkins)는 『텍스트 밀렵자들(Textual Poachers)』에서 참여문화 속에서 성장한 팬덤은 공감과 조직력, 실천을 기초로 한 대안적 공동체의 구성원이라고 주장한 바 있다. 그는 이러한 참여문화의 특성을 '소속(affiliations)', '표현(expressions)', '집단적 문제해결(collective problem-solving)', '배포(circulations)'라는 네 가지 핵심 개념을 통해 설명한다. 크고 작은 온라인 커뮤니티에 소속되어 창작을 통해 새로운 지식 생산에 참여하고 이를 이용해 소통하는 참여문화적 경험은 팬덤(을 넘어 미디어 이용자들)으로 하여금 자신들의 기여가 중요하다고 느끼게 만들며, 구성원들이 상호간에 사회적 연결감을 가지게 만드는 등 일종의 공동체적 성격을 이끌어내는 데 기여한다.[16] 이러한 팬덤의 공동체적 성격으로부터 비롯된 팬 행동주의는, 문화 소비의 영역

---

of politics", *The Annals of the American Academy of Political and Social Science*, 611, 2007, pp.6-16.

16 Henry Jenkins, *Confronting the Challenges of Participatory Culture: Media Education for the 21st Century*, MacArthur Foundation, 2006.

을 넘어 점차 현실 정치 영역에서도 존재감을 드러내고 있다. 기존의 팬 네트워킹과 참여문화를 통해 습득한 문화적 기술을 이용해, 현실 정치에 대한 시민 참여와 담론 생산을 실천하는 공중으로서의 역량을 나타내고 있는 것이다.

위의 내용을 통해 팬덤의 공중으로서의 성격이 오늘날의 매체 변화와 밀접한 관계를 맺고 있다는 점을 확인할 수 있다. 디지털 미디어 환경에서의 가시성을 통해 상호 연결된 팬덤은 특정한 공적 자아가 활성화되어 연결될 때 공중으로 형성되며, 이때 사용하는 담론장의 기술은 참여문화적 경험을 통해 획득한 것들이다. 이어지는 본문에서는 팬덤이 가진 디지털 리터러시 자원이 'BTS 원폭 티셔츠 논란'에 대한 담론장에서 초기 담론장의 민족주의적 대결구도와 차후 글로벌 팬덤 차원의 역사수정주의에 대한 대항적 실천에서 각각 어떤 형식으로 발현되었는지 살피고자 한다.

3. 'BTS 원폭티셔츠' 논란과 전개

3.1. 논란의 개요

한국 시각 2018년 11월 8일 밤, 일본 방송국 TV 아사히(テレビ朝日)의 공식 사이트에는 다음과 같은 공지가 올라왔다.

> 예고했던 BTS의 11월 9일 방송(뮤직 스테이션) 출연을 보류하게 되었습니다.

과거 멤버가 착용했던 티셔츠 디자인이 파문을 일으키고 있다고 일부 보도되어, 저희 프로그램은 소속사에 티셔츠 착용의 의도를 묻는 등 협의를 진행했습니다.
종합적으로 판단한 결과 유감스럽게도 이번 출연을 보류하게 되었습니다.[17]

공지에 나온 "티셔츠 디자인"으로 인한 파문의 내용은 다음과 같다. BTS의 멤버 지민이 나가사키에 투하된 원폭 이미지와 해방을 맞아 만세를 부르는 사람들의 모습이 나란히 실린 티셔츠를 입었다〈그림1〉. 국내 브랜드인 아워히스토리가 제작한 해당 티셔츠에는 원폭 투하 이미지와 함께 "Patriotism(애국)", "Our History(우리 역사)", "Liberation(광복)" 등의 글자가 쓰여 있었다. 이 티셔츠는 2017년 BTS 월드투어 기간 중 지민이 미국에서 여가시간을 보내는 도중 입은 옷으로, 2018년 유튜브 프리미엄 다큐멘터리 시리즈인 〈번 더 스테이지〉 방영분에 약 2초에 걸쳐 짧게 등장한다.[18]

TV 아사히의 공지는 다음 날 생방송을 앞두고 BTS의 스태프와 장비가 모두 일본에 도착해 있는 상황에서 전날 밤 늦은 시각에 일방적으로 출연 취소를 통보한 점, 통상적으로 사용하는 "제작상의 문제"와 같은 외교적 표현을 건너뛰고 "티셔츠 디자인"으로 인한 파문 때문이라며 문제 원인을 정확히 거론한 점에서 이례적이었다.

---

17 텔레비전 아사히의 공식사이트에 올라온 공지 내용의 일한 번역.

18 이지행, 「방탄소년단 티셔츠 논란과 쟁점」, 『문화과학』 제27권, 문화과학사, 2019, 171쪽.

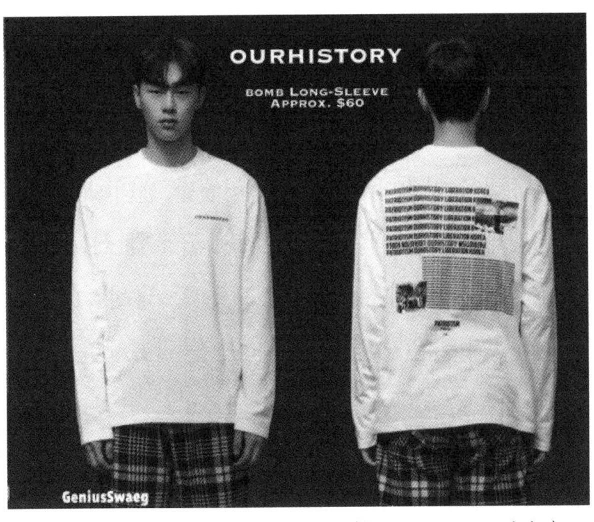

〈그림 1〉 문제가 된 원폭티셔츠 이미지 (출처: OurHistory 사이트)

알려진 바에 의하면, 해당 티셔츠의 착용을 빌미로 TV 아사히에 출연 취소를 압박한 배후에는 재특회[19]의 중심 인물인 사쿠라이 마코토(桜井誠)가 있었다. 사쿠라이 마코토를 위시로 한 넷우익은 TV 아사히 출연 취소가 결정된 이후에도 논란의 소지가 있는 BTS의 또다른 사진들을 연이어 유포하기 시작했다. 첫 번째가 BTS 멤버 RM이 2014년 잡지 〈쎄씨〉 화보 촬영 중 나치 SS 해골부대 상징 문양의 장식이 달린 모자를 착용하고 있는 모습이었다. 또 하나는 2015년 기획사 빅히트가 BTS의 포토북 홍보를 위해 게시한 사진으로, 베를린 '유대인 학살 추모 공원'에서 촬영된 화보

19 재특회는 '재일 특권을 용납하지 않는 시민 모임'으로, 반외국인 정책 특히 혐한 기조를 강력히 주장하는 단체이다. 초대회장인 사쿠라이 마코토는 대표적 넷우익 인사로 2016년 일본제일당을 창립했다.

사진이었다. 그 외에도 2017년 9월 BTS가 서태지 25주년 콘서트에서 깃발을 흔드는 장면에서 그 깃발 문양이 하켄크로이츠 문양과 묘하게 비슷하다는 의혹을 제기했다. 이 사진들은 넷우익에 의해 미국의 유대인 인권단체인 '시몬 비젠탈 센터(Simon Wiesenthal Center)'[20]에 보내졌고, 센터의 부소장이자 글로벌 소셜액션 국장인 랍비 아브라함 쿠퍼(Rabbi Abraham Cooper)는 11월 11일 뉴욕타임즈를 통해 다음과 같은 요지의 비난 성명을 발표했다.

> 나가사키 원폭 희생자를 조롱하는 티셔츠를 입은 것은 이 밴드가 과거 역사를 조롱한 여러 사례 중 가장 최근의 사안일 뿐이다. 나치 SS(슈츠슈타펠)[21] 해골문양이 들어간 모자를 쓴 채 화보촬영을 진행했으며, (서태지 25주년 기념) 콘서트에서는 나치 스와스티카 문양과 기이할 정도로 흡사한 깃발이 등장했다. UN에서 연설까지 한 이 그룹은 일본 국민과 나치 피해자들에게 사과해야 한다. 하지만 그것만으로는 충분하지 않다. 이 그룹의 경력을 설계하고 홍보하는 사람들이 과거 기억을 너무 손쉽게 폄하하고 있다는 것이 분명하다. 그 결과 한국과 전 세계의 젊은 세대들은 편견과 편협함을 쿨한 것으로 인식하고 역사의 교훈을 지우는 데 이바지할 가능성

---

20 1977년에 설립된 미국 캘리포니아주 로스앤젤레스 소재의 유대인 인권단체로, 나치 전범을 추적하고 재판정에 세우는 데 큰 역할을 담당한 오스트리아 출신 홀로코스트 생존자인 시몬 비젠탈의 이름을 따서 설립했다. 반유대주의에 대항해 홀로코스트 연구, 나치 전범 추적 등의 사업을 하고 있으며 홀로코스트 역사박물관인 'Museum of Tolerance'를 운영하고 있다.

21 나치 SS는 홀로코스트 당시 6백만 명의 유대인을 학살하는 데 관여한 나치 독일의 핵심 단체이다.

이 높다. 아티스트뿐만 아니라 매니지먼트 역시 공개적으로 사과해야 한다.[22]

TV 아사히의 방송 취소 공지 이후 미국 유대인 인권센터의 비난 성명까지 이어지면서 AP 통신, CNN, 가디언, 인디펜던트 등 서방의 유력 매체들은 일제히 BTS와 2차 세계대전 이미지를 연결해 반복적으로 노출시켰고, 이 문제는 빠르게 전 세계적인 논란으로 전화(轉化)되었다.[23]

논란이 가라앉은 것은 방송 취소 공지 5일 후이자, 유대인 단체 비난 성명이 나온 지 이틀 후인 11월 13일, 당시 BTS의 기획사인 빅히트 엔터테인먼트가 티셔츠와 나치 관련 소품 관련 논란에 대한 사과문을 게재하고 한국 원폭피해자협회를 직접 방문해 사과의 뜻을 전달하면서부터였다.[24] 기획사의 사과문은 사과의 대상

---

22 시몬 비젠탈 홈페이지에 게재된 비난 성명문 번역. (https://www.wiesenthal.com/about/news/popular-korean-band-whose.html)

23 시몬 비젠탈 센터의 비난 성명과 관련한 외신 보도 내용은 다음과 같다. "Jewish group says K-Pop band BTS should apologize over Nazi-style hats", CNN, 2018. 11. 13. (https://edition.cnn.com/2018/11/13/asia/bts-simon-wiesenthal-complaint-intl/index.html); "BTS should apologize to Japan and Nazi victims, says rabbi", The Guardian, 2018. 11. 12. (https://www.theguardian.com/music/2018/nov/12/bts-should-apologise-to-japan-nazi-victims-says-rabbi-atomic-bomb); "BTS: K-pop band should apologise to 'the people of Japan and the victims of Nazism', says rabbi", Independent, 2018. 11. 12. (https://www.independent.co.uk/arts-entertainment/music/news/bts-k-pop-nazi-japan-atomic-bomb-tshirt-controversy-jimin-rabbi-jewish-south-korea-edited-a8630136.html)

24 기획사 빅히트 엔터테인먼트는 2018년 11월 13일 소셜 미디어를 통해 "원폭 피해자분들에게 상처를 드릴 목적으로 제작된 의상이 아니"며 "원폭 피해자분들께 의도하지 않게 상처를 드린 점은 물론 당시 아티스트가 원폭 이미지와 연계

을 원폭 및 나치 피해자들에게 한정했으며, 이때 논란 제기 당사자인 일본에 대한 직접적인 언급은 포함되지 않았다.

3.2. 당사자국 팬들의 민족주의적 담론

3.2.1. 국내 대항담론의 민족주의적 충동과 글로벌 팬덤[25] 반응

국내 팬덤은 해당 사건이 보도된 직후 발빠른 대응을 시작했다. 한국인의 역사 인식 속에서 원폭과 해방의 관계성을 설명하고 일본 방송의 취소 이유가 티셔츠 때문이 아닌 최근 한국 대법원에서 강제 징용피해자에 대해 내린 배상 판결에 대한 백래시라는 영문 설명이 #LiberationTshirtNotBombTshirt와 #RealReasonWhyJPNTVcancelled 해시태그를 통해 총공의 형태로 퍼져나갔다. 토론 커뮤니티인 쿼라(Quora)에 게시된 글을 바탕으로 작성된 원폭 이미지의 국내적 맥락에 대한 설명은 해시태그 #LiberationShirtNotBombShirt를 타고 소셜미디어에서 공유되었다.

된 모습에 불편함을 느끼신 점에 대해 진심으로 사과드린다"며 원폭 피해자에 대한 사과와 함께 나치 문양을 연상시키는 소품들에 대해 해명과 사과를 전했다. 이와 더불어 경남 합천의 원폭 자료관에서 직접 원폭 피해자들을 만나 "마음의 상처에 진심으로 사죄드린다"며 재차 사과했다. 「방탄소년단 소속사, 티셔츠 논란에 원폭 피해자 찾아 공식 사과」, 한겨레, 2018. 11. 16. (https://www.hani.co.kr/arti/PRINT/870561.html)

25 '글로벌' 팬덤, '트랜스내셔널' 팬덤, '로컬' 팬덤이라는 개념어가 각각 함의하는 인식론적 의미 지형이 복잡한 층위에서 존재하지만, 이 글에서는 해당 논란의 직접적 당사자국인 한국과 일본 팬덤을 제외한 그밖의 국가 출신 팬덤의 연합을 '글로벌 팬덤'이라 명명하기로 한다.

해당 티셔츠는 한국의 광복절을 설명하기 위한 목적으로 제작된 것으로, 두 개의 주요 이미지로 구성되어 있다. 하나는 원자폭탄으로 인한 버섯구름 이미지, 다른 하나는 1945년 8월 15일 해방을 맞은 한국인들이 만세를 외치는 모습이다. 이 이미지는 각각 일본제국의 패배와 뒤이은 한국의 독립을 상징하며, 두 이미지 모두 한국의 역사책에서 쉽게 접할 수 있다. 일본인(헤이터)들은 이 이미지가 원자폭탄 희생자를 조롱하기 위한 목적이라고 주장하나 이는 사실 왜곡이다. 해당 버섯구름은 단순히 전쟁의 종료를 의미할 뿐이다. 이것이 어떻게 순수한 희생자들을 조롱하는 행위라고 해석될 수 있나?… 문제는 이 두 그림을 교묘히 엮어 '한국인들이 원폭 피해를 축하하고 있는 모습'이라고 왜곡하는 사람들에게 있다… 원폭피해로 인해 당시 일본에 있던 한국의 민간인들 역시 7만 명 이상 희생되었다… 일본인들은 원폭 피해 자체만 거론하고 왜 원폭이 그곳에 터지게 되었는지(그들이 일으킨 전쟁을 끝내기 위해서라는 이유)에 대해서는 언급하지 않나?… 한국은 그들 스스로 전쟁의 피해자이기에 무고한 원폭 피해자를 조롱하는 행위를 결코 즐기지 않는다. 만약 BTS가 악의적 의도를 가지고 해당 티셔츠를 입었다면 가장 먼저 한국인들이 그들을 저버렸을 것이다.[26]

함께 사용된 해시태그 #RealReasonWhyJPNTVcancelled는 BTS에 대한 공격이 10월에 있었던 한국 대법원의 강제 징용자 배상

---

26 해시태그 #LiberationShirtNotBombShirt와 함께 공유된 영문 글자료 번역.

판결에 대한 넷우익의 백래시인 점과 함께 일본 정부의 조직적인 침략역사 지우기를 언급하고 있다.

> BTS에 대한 TV 아사히의 출연 취소는 지난 10월 한국 대법원이 2차대전 당시 일본전범 회사들에게 한국인 강제 징용자들에 대해 배상하라는 판결을 했을 때부터 이미 감지되었던 분위기의 연장선상에 있다. 배상 판결이 나온 당일 일본 언론에는 "한류를 봉쇄하라"는 기사가 떴다. 일본의 넷우익은 1년 전 BTS 멤버가 입은 (팬이 선물해 준) 티셔츠와 멤버 중 한 명이 광복절에 올린 "역사를 잊은 민족에게 미래는 없다"는 트윗을 빌미 삼아 BTS를 희생양으로 삼은 것이다. 이번 방송 취소 사태는 극우세력과 연계된 현 아베 정권 하에서 지속적인 공격을 받아온 TV 아사히가 현재 일본에 널리 퍼진 혐한 정서를 기민하게 읽은 결과로 보인다. 일본 극우의 지속적인 혐한 시위에는 일본정부의 지원 하에 의도적으로 이루어지고 있는 과거 침략역사 지우기가 배경으로 깔려 있다. 최근의 자위대 재무장과 역사교과서 왜곡 사례는 그들의 성찰 없는 역사 바라보기를 명백히 드러낸다.[27]

국내 팬덤의 대항 담론은 원폭 이미지의 국내적 맥락과 한국의 피해자성, 원폭 피해에 대한 조롱의 의도가 없음을 표방하고 있다. 그러나 '원폭이 있어서 해방이 있었다', '한국인도 당시 원폭 피해자다'와 같은 설명을 하면서 원자폭탄이 초래한 참혹한 인간

---

27 해시태그 #RealReasonWhyJPNTVcancelled와 함께 공유된 영문 글자료 번역.

말살 행위와 반전 평화 담론의 역사적 맥락에 대해서는 거론하지 않는 등, 설득 목적을 위해 자국적 맥락에서만 설명하는 행위에서 대항 담론에 담긴 민족주의적 충동을 엿볼 수 있다.

여기서 눈여겨볼 점은, 한일 간 과거사 문제라는 이른바 국가 간 사안에 대한 대항담론이 처음부터 '영문 총공'의 형태를 띠고 시작되었다는 것이다. 대항 담론의 형식으로서의 영문 총공은 무엇을 의미하는가? 이는 온라인 공론장에서 서구/영어권의 지식 패권이 여전히 유효함을 증명하며, 국내 팬덤이 온라인 공론장에서 우위를 점하기 위해 미국이 행사하는 지식 패권 즉 영어중심주의에 기대는 전략을 사용하고 있음을 보여준다. 말하자면, 국내 팬덤은 이 문제에 있어 팬덤 내부에서 설득과 이해를 구할 대상을 일본 팬이 아닌 글로벌 팬으로 상정하고 있는 것이다. 상대측인 일본 넷우익의 주장 역시 동일하게 서구/영어권을 향해 호소하고 설득하는 담론 구성 방식을 보여준다.[28]

원폭티셔츠 논란이 터지고 BTS의 행동을 무조건적으로 옹호할 거라 생각했던 글로벌 팬덤의 반응은 예상과는 달랐다. 특히 인터넷 토론 커뮤니티인 레딧(Reddit)의 방탄 서브레딧이나 쿼

---

28 초국적 공론장에서의 지식질서를 대표하는 영어중심주의에 대해 마이클 빌릭의 주장을 빌어 설명하면, 오늘날 글로벌 문화는 국가적 유산의 표지를 내부에 간직하고 있으며 거기에는 "'아메리카'라는 깃발이 휘날린다." 이 '아메리카'라는 깃발은 특정 장소가 아닌 세계 그 자체로 보편화된 깃발이다. 오늘날 미국의 깃발은 너무나 자주 그리고 글로벌하게 존재하고 있어 거의 눈에 보이지 않을 정도이다. 결론적으로 초국적 글로벌 시대에 접어들어도 국가성이 사라지는 게 아니라 한 국가가 다른 국가들에 대해 헤게모니를 장악하는 "국가 질서"가 더 선명해져, 특정한 국가의 문화가 글로벌의 보편적 문화로 상상되는 현상으로 펼쳐지고 있다는 것이다. Michael Billg, *Banal Nationalism*, SAGE, 2010.

라(Quora)에는 BTS의 행동에 대한 비판적 글이 종종 올라왔다. 같은 해인 2018년 9월, 유엔(UN)의 유니세프 제너레이션 언리미티드(Generation Unlimited)에서 청소년 폭력에 반대하는 유니세프 캠페인 대사로서 연설을 했고, 타임(Time)의 차세대 리더(Next Generation Leader)로까지 선정된 그들이, 셀 수 없이 많은 희생자를 낸 원폭 투하 이미지 티셔츠를 별 문제의식 없이 입은 것은 이제까지 그들이 보여준 행보와 어울리지 않는 사려 깊지 못한 행동이었다는 것이다.[29] 더구나, BTS 팬이 대거 모여 있는 X(구 트위터)에서도 이 사건에 대한 팬덤 차원의 뚜렷한 언급이나 일치된 대응이 없었다.

BTS가 논란에 휘말릴 경우 논란이 증폭되는 것을 막기 위해 초기에 단호하고 공격적인 대응을 하는 경향이 있는 X(구 트위터) 팬덤이 이례적으로 침묵을 지켰다는 것은, 해당 사안에 대한 글로벌 팬덤의 내심을 몇 가지로 추측케 한다. 첫째는, 국민국가 단위를 넘어서 초국적 시민사회의 네트워크로 움직이는 온라인 공론장에서 초국적 공동체가 추구하는 보편적 가치 중 가장 대표적 사례가 인권과 자유라는 점이다.[30] 원폭 희생자에 대한 고려 대신 '승리'와 '해방'의 맥락으로 원폭 이미지가 이용됐다는 사실이 초국적 공론장이 추구하는 보편적 글로벌 시민의식에 위배되는 지점이었

29 글로벌 팬덤은 "tasteless(품위없는)", "insensitive(무신경한)" 등의 수사를 사용해 멤버의 해당 행동을 비판했다.

30 김상배는 사이버 공간의 글로벌 시민사회가 추구하고 있는 인권과 자유에 대한 사례로, 개도국들의 인터넷에 대한 규제와 검열 및 통제 체제에 대한 비판, 1989년 천안문 사태 이후의 중국에서 행해지는 인권탄압과 인터넷에 대한 검열과 통제에 대한 비판을 든다. 김상배, 앞의 글, 85-91쪽.

던 것이다. 두 번째는, 해당 사건이 한일 양국 간 과거사를 둘러싼 역사적 사실 위에 놓여 있다는 점이다. 제한된 역사적 지식을 가진 제3자의 입장에서 당사자국 사이의 첨예한 과거 문제에 개입하기 꺼려하는 태도를 읽을 수 있다.

이처럼 국내 팬덤이 대항 담론을 통해 글로벌 팬덤의 설득과 이해를 구하고 있음에도 불구하고, 논란의 초창기 전개 과정에서 (한국과 일본을 제외한) 대다수의 비당사자국 출신 팬들은 자신들이 이 문제에 관여할 충분한 역사적 지식이 없다며 계속해서 관망의 태도를 취했다. 이 문제를 과거사에 대한 해소되지 않은 견해차를 가진 양국 사이의 '불화' 정도로 파악하려는 태도에서, 타국의 민감한 역사적 문제에 되도록 개입하지 않으려는 태도를 확인할 수 있다.

3.2.2. 혐한 VS 반일 민족주의 양상

일본 내에서는 티셔츠 착용이 원폭 희생자에 대한 반인권적 행동이라는 비판이 초창기에 있었으나, 이는 점차 혐한 헤이트 스피치로 이동했다. 일본 온라인 포럼에서는 RM이 과거 광복절에 올린 트윗인 "역사를 잊은 민족에게 미래는 없다"를 반일의 증거로 거론하고, 위안부 피해자 후원 브랜드인 마리몬드를 착용한 BTS의 과거 행적을 비난했다. 이 같은 증거들을 끌어와 토론하며, 이런 행동이 한국의 반일 교육에서 비롯된 것이라는 주장을 펼치기 시작했다. 그런 교육을 받고 자라 반일 사상을 가진 한국 아티스트가 일본에 돈을 벌기 위해 오는 행위를 용납할 수 없다는 주

장이 일본 온라인 포럼에서 광범위하게 등장했다.[31]

이는 일본 넷우익의 전형적인 혐한류 담론으로, 이 사건에 있어 넷우익의 담론이 일본 온라인에서 효과적으로 수용되고 있음을 보여준다. 넷우익이 역사 및 영토 문제와 더불어 가장 관심을 기울이는 것이 바로 한국 대중문화에 대한 공격이다. 이원경에 따르면, 넷우익은 일본내 한국 문화 및 한류 콘텐츠 유통 증가에 대해 큰 불만을 가지고 있으며, 그 이유는 한국의 경제적 · 문화적 부상에 거부감을 갖기 때문이다.[32] 따라서 이를 지체시키기 위해 온 · 오프라인에서 다양한 활동을 전개하고 있다. 넷우익을 중심으로 한 혐한 세력들은 과거 BTS가 화보에서 착용한 나치 문양 소품을 비롯해 나치 문양과 전혀 관련 없는 서태지 25주년 기념공연 장면까지 끌어와 BTS와 나치와의 동질성을 주장하기 시작했다. BTS에게 파시스트 낙인찍기를 시도하면서 급기야 이를 미국의 유대인 인권단체에 고발하기에 이른다.

이에 대응하는 국내 여론의 움직임은 전형적인 한일 간 민족주의적 대결 양상의 구도를 보여준다. 국내 팬덤 및 네티즌들은 논란이 된 티셔츠를 '원폭'이 아닌 '해방', '애국' 티셔츠 심지어는 '혐일' 티셔츠라 부르며 온라인 공동구매를 시작했다.

혐일티셔츠 공구 쭉쭉 가자

---

31 White Paper Project, 31-34쪽.

32 이원경, 「일본 인터넷 민족주의의 전개와 한국에 대한 함의」, 『동아연구』 제32권 2호, 서강대학교 동아연구소, 2013, 156쪽.

티셔츠 공구하자 대한민국 만세 만세[33]

이들은 또한 과거 2차 세계대전 당시 동맹이었던 독일 나치 깃발을 손에 든 일본인들의 사진과 오늘날 극우파 집회 사진 속 나치 문양을 비교하며 〈그림 2〉, 역사적으로 지속된 일본의 '파시즘'을 맞고발의 형태로 유포했다.

논란의 당사자국인 한국의 국내 팬덤과 일본의 넷우익 사이에서 전개된 위와 같은 혐한과 반일의 대립은 국민국가의 영토적 정체성에 기댄 최근 온라인 민족주의 담론의 전개과정을 그대로 보여준다. 특히 동아시아의 영토와 과거사 등을 매개로 하는 한중일의 갈등은 온라인에서 '감정'을 기반으로 한 '대결주의' 양상을 보이고 있는데, 초국적 공간인 온라인에서 한중일 삼국의 과거 역사에 기초한 민족주의적 갈등이 오히려 고조되고 있는 현상을 '기억

〈그림 2〉 현대 일본의 극우파 집회와 2차대전 당시 나치-일본 동맹의 역사적 계승의 증거로 제시된 사진

33 X(구 트위터), 2018. 11. 9.

정치'의 편의적 활용, 극단주의와 배외주의적 경향, 국가성의 전환이라는 특징을 띤 신민족주의적 정치화 과정으로 보거나,[34] '감정공동체'로서의 국민정서가 온라인 공간의 대결주의적 민족주의의 원인이라는 주장도 있다.[35] 한편, 백지운은 알스타인과 브린졸프손(Marxhall Van Alstyne & Erik Brynjolfsson)의 논의를 인용해 '사이버 발칸화(cyber-balkanization)' 현상에서 그 원인을 유추한다. 지리적 경계를 초월한 온라인은 일종의 '세계시민적' 공동체의 감각을 형성하는 것 같지만, 사실상 온라인에서 사람들은 "같은 문화, 종족, 언어, 계급, 특정 정치적 입장에 기반한 경계를 강화"하고 "자신과 정치적, 문화적, 경제적 관점과 입장이 비슷한 사람들끼리 공동체를 형성"하고 상대를 적대하는 "'발칸화'의 위험"을 만들어낸다는 것이다.[36]

---

34 류석진 등은 동북아 삼국의 신민족주의의 특징을 분석한 조성환의 연구를 인용해, 일본은 자유주의 사관에 입각한 국가주의의 부활, 중국은 영토적 민족주의, 한국은 자주의 폐쇄적 민족주의가 비등하다고 설명하고 있으며 동아시아에서의 이러한 신민족주의의 분출은 세계화 자체에 대한 저항과 방어 차원에서라기보다는 냉전체제 이완이라는 국제질서 변화의 측면에서 발생한 것이라고 설명하고 있다. 류석진 외, 「온라인 신민족주의의 정치화 가능성: 한, 중, 일 온라인 갈등 유형과 확산 사례를 중심으로」, 『한국정치연구』 제22권 3호, 서울대학교 한국정치연구소, 2013, 153-186쪽; 조성환, 「세계화 시대의 동아시아 민족주의: 신민족주의의 분출과 동아시아주의적 모색」, 『세계지역연구논총』 제23권 2호, 한국세계지역학회, 2005, 335-359쪽.

35 김두진, 「'기억의 과잉'과 동아시아 온라인 공간의 민족주의: 한중간 탈경계 언술(narratives)의 감정 레짐」, 『국제정치연구』 제24권 1호, 동아시아국제정치학회, 2021, 1-30쪽.

36 Marshall Van Alstyne & Erik Brynjolfsson, "Electronic Communities: Global Villiage or Cyberbalkans?" presented at MIT Sloan School, March 1997; 백지운, 「전 지구화시대 중국의 '인터넷 민족주의'」, 『중국현대문학』 제34호, 한국중국현대문학

팬덤 정체성을 지닌 온라인 대중이 애국주의적 성격을 표방하며 이른바 '팬덤 민족주의'로 발현된 사이버 발칸화의 대표적 사례로 중국의 애국주의 청년 네티즌 소분홍(小粉紅)[37]의 경우를 들 수 있다. 평소 정치나 민족주의에 별로 관심이 없고 케이팝이나 웹소설 등 온라인 하위문화를 즐기는 평범한 문화 소비자였던 소분홍은, 차이잉원이 새 타이완 총통으로 당선된 직후 차이잉원과 친타이완 독립 성향 언론사들의 페이스북 페이지로 '출정'하여 댓글 테러로 페이지를 도배하고 '게시판 털기'로 서버를 다운시킨 사건이 생겼고, 이 사건은 '디바 출정(Diba Expedition)'이라고 불렸다.[38] 정치적 정체성을 보이지 않던 이들이 신세대 온라인 민족주의자로 정체화한 것은 온라인에서의 활동을 계기로 '중국인됨'을 맞닥뜨리고 강한 국가정체성으로 스스로의 경계를 강화하는 사이버 발칸화를 확인할 수 있다.

취향을 근거로 한 온라인 커뮤니티에서 관찰된 민족·국가 등 근대적 경계를 근거로 한 사이버 발칸화와 이에 따른 온라인 민족

학회, 2005, 271쪽에서 재인용.

37 소분홍(小粉紅, 샤오펀훙)은 90년대 이후 출생한 중국의 디지털 네이티브 세대로서 웹소설이나 만화, 게임 등 온라인 하위문화 속에서 성장하였으며, 웨이보(微博)를 비롯한 SNS를 주로 사용하고, 장문의 텍스트를 통한 논쟁보다는 이미지나 이모티콘과 같은 시각적 커뮤니케이션 방식을 훨씬 선호한다는 점 등을 특징으로 한다. 소분홍의 기원과 관련해서 가장 많이 인용되는 설명은 이들이 2015년 무렵 웹소설 사이트인 진장문학성(晉江文學城)의 자유게시판인 진장논단(晉江論壇)을 중심으로 활동하다가, 몇 차례의 온라인 민족주의 사건을 통해 점차 세력과 활동범위가 커져 오늘날 주류가 되었다는 것이다.

38 김태연, 「소분홍(小粉紅)과 사이버 민족주의의 새로운 경향」, 『중국학보』 제100권, 한국중국학회, 2022, 335-352쪽.

주의의 발흥은, 온라인 커뮤니케이션 양식 및 체제의 기술적 어포던스가 수평적인 상호 결합을 가능하게 하고 민주적인 세계시민 의식을 고양하는 공간으로 기능할 것이라는 온라인 담론장에 대한 사회문화적 기대에 배치된다. 따라서 이 글에서 다루는 BTS 팬덤의 역사수정주의에 대항하는 실천적 개입은 미디어의 기술적 어포던스의 측면보다는 해당 집단 내부의 정동적 움직임에 더 주목할 필요가 있다. 동일한 문화적 취향이라는 가치 체계를 공유하지만 동시에 다양한 영토 정체성과 가치로 이루어진 초국적 팬덤이 어떻게 집단적 컨센서스를 이루고 기억 담론 생산에 동원될 수 있었는지를 알아보기 위해, 다음에서는 집단 내부의 정동적 작동에 대해 살펴보겠다.

3.3. 글로벌 팬덤의 담론 변화와 정동의 작동

한국과 일본의 온라인 여론이 민족주의적 대립으로 치닫는 상황에서도 중립적 침묵을 지키던 글로벌 팬덤의 반응은 미국에 위치한 유대인 인권 단체인 시몬 비젠탈 센터가 이 사건에 개입해 비난 성명[39]을 발표하면서 급선회하기 시작했다. 비난 성명에는 BTS가 참가한 서태지 25주년 기념 콘서트 무대 소품을 나치 문양이라고 묘사하는 등 사실 관계 왜곡도 있었지만, 팬들이 우려한 것은 유대인 커뮤니티가 글로벌 경제와 미디어에 대해 지닌 영향력이

---

39 시몬 비젠탈 홈페이지에 게재된 비난성명문 번역문. (https://www.wiesenthal.com/about/news/popular-korean-band-whose.html)

었다. 유대인 단체의 비난이 미디어에서 확대, 재생산되면서 왜곡이 일어날 수 있고, 이로 인해 글로벌 그룹으로서의 BTS의 이미지 나아가 그룹의 존립에도 악영향을 미칠 것을 염려했다. 논란 초기에는 한일 과거사를 둘러싼 당사자국 사이의 문제였던 것이, 나치 전범을 추적해 법정에 세우는 등 반유대주의(anti-Semitism) 척결에 앞장서는 강성 유대인 단체가 'BTS'와 '나치'라는 단어를 함께 언급하자, 글로벌 팬덤이 시급히 개입해야 할 당사자 이슈가 된 것이다.

〈CNN〉, 〈가디언〉, 〈인디펜던트〉 등 영미권 매체는 시몬 비젠탈 센터의 비난성명이 나오자 이를 그대로 받아 기사에 반영했다. 〈CNN〉의 기사 제목은 "유대인 단체, 케이팝 그룹인 BTS가 착용한 나치 스타일 모자에 대해 사과해야 한다고 말해(Jewish group says K-Pop band BTS should apologize over Nazi-style hats)"였으며, 〈가디언〉과 〈인디펜던트〉는 'BTS가 일본 국민과 나치 희생자들에게 사과해야 한다'라는 랍비의 말을 그대로 표제로 이용했다. 뉴스는 시몬 비젠탈 센터가 제기한 오정보(misinformation)로 가득 차게 되었다.[40] 소셜미디어를 통한 기사 수용 방식 연구에서, 온라인 대중의 59%가 기사의 제목만을 보고 소셜 미디어에 공유하며 정작 기사 내용을 읽는 데는 시간을 할애하지 않는다는 연구 결과[41]를 고려하면 넷우익의 고발 내용을 그대로 인용한 랍비의 주장을 타당성 조사 없이 기사화한 제목은 그 자체로 공식적 정보가 되어 BTS에

40 White Paper Project, 40쪽.

41 Maksym Gabielkov et al., "Social Clicks: What and Who Gets Read on Twitter?", *ACM SIGMETRICS Performance Evaluation Review*, Vol.44, No.1, 2016, p.182.

대한 부정적 담론을 만드는 데 기여했다.

유대인 단체가 개입한 상황에서 가장 먼저 목소리를 낸 것은 BTS의 독일 팬베이스였다.[42] 이들은 성명문을 통해 시몬 비젠탈 센터가 '나치'라는 단어를 좀 더 신중히 사용할 것을 요구했다.

> 과거를 잊거나 부정하지 않는 것은 중요하다. 바로 이 이유 때문에 젊은 독일세대들은 오래전 일어난 일들에 직접 참여하지 않았더라도 조부모 세대가 저지른 치명적 실수에 대한 오명을 벗기 위해 오늘날 적극적으로 노력하고 있다. 그러나 무거운 무게를 지닌 이 '나치'라는 단어를 너무나 쉽게 사용하는 태도에 대해서는 이해하기 어렵다. 나치라는 용어는 그것이 상징하는 인종적 위계 및 민족의 인종적 순수성 등 (국가사회주의 노동당과 나치가 지지한) '레벤스라움(Lebensraum)'[43] 독트린에 부합하는지에 대한 광범위한 조사와 적절한 증거가 수반될 때만 비로소 언급되어야 한다.[44]

---

42 팬덤은 팬이라는 단어와 '덤(dom)' 즉 영토라는 단어가 결합한 합성어로, 어떤 대상을 열성적으로 좋아하는 팬 집단과 그들의 문화를 일컫는 말이다. 팬베이스는 팬덤 안에서 특정 활동이나 이벤트 등 실천행위를 목적으로 모이거나, 국가별 대표성을 표방하는(미국 팬베이스, 일본 팬베이스 등) 영향력 있는 계정을 의미한다.

43 독일 지리학자 프리드리히 라첼(Friedrich Ratzel)이 제시한 지정학적 개념으로, 생활과 삶 등을 의미하는 독일어 Leben과 공간을 의미하는 Raum을 붙여 만든 조어이다. 이는 국가나 민족 집단이 인구를 부양하고 국력을 신장하기 위해 수단과 방법을 가리지 않고 반드시 확보해야 하는 영역을 지칭하는 개념으로, 대규모의 인종청소를 감행한 독일 나치즘의 학문적 뿌리로 사용되었다.

44 시몬 비젠탈 센터의 비난 성명에 대응해 발표한 BTS 독일 팬베이스 성명문 번역.

넷우익의 혐한 담론이 파시즘 담론 안에서 공유되어 BTS가 파시스트로 몰리는 상황이 펼쳐지자, 글로벌 팬덤은 원폭 피해자를 중심으로 사유하던 기존의 태도를 바꾸었다. 과거사에 대한 한국의 입장을 담은 담론이 적극적으로 공유되기 시작했고 글로벌 팬덤의 지배담론으로 급부상했다. 전쟁의 피해자 자리에 스스로를 놓고 침략 전쟁 주체로서의 과거를 외면하는 일본의 태도에 의문을 표하고 역사수정주의의 문제를 지적하기 시작했다. 이와 함께, 2차 세계대전 당시 아시아 국가들의 전쟁 피해와 일본군의 잔학행위에 대한 정보들이 팬덤 내에서 공유되었다.

이러한 담론 선회의 한 축에는 글로벌 팬덤이 이 사건에 대해 가지고 있던 입장의 변화를 추동한 정동의 작동이 놓여 있다. 이 사건을 원폭 이미지가 새겨진 티셔츠를 입은 '사려깊지 못한' 행동으로부터 촉발된 한일 간의 과거사 갈등이라고 바라보던 글로벌 팬덤이, 글로벌 미디어에 막강한 영향력을 행사하는 유대인 커뮤니티가 개입한 상황에서 BTS가 '반유대주의' 낙인을 찍힐 위험과 마주치자 '위기감'과 '불안'이 지배적 감정으로 떠올랐다. 이러한 정동은 온라인 포스팅과 댓글을 통해 팬과 팬 사이를 도약하면서 공포를 야기하고,[45] '해결'을 위한 집단적인 담론적 일치와 행동

45 안나 깁스(Anna Gibbs)와 이브 세지윅(Eve Sedgwick)을 위시한 많은 학자들은 정동심리학자인 실번 톰킨스(Silvan Tomkins)의 연구에 의지하여 정동의 개념을 전염성이 있는 것으로 받아들이고 있다. 행복이 전염적인 것처럼, 불안과 위기감 역시 전염성 있는 정동인 것이다. Anna Gibbs, "Contagious Feelings: Pauline Hanson and the Epidemiology of Affect", *Australian Humanities Review*, 24, 2001; Eve Sedgwick, *Touching Feeling: Affect, Performativity, Pedagogy*, Duke University Press, 2003.

을 유발했다.

문화연구에서 정동은 상호작용적 의식, 의지, 분위기, 군중 행동, 미디어 관행, 커뮤니티에 대한 애착 등 복잡한 사회적 동학과 관련되어 있으며, 다양한 종류의 신체 안팎을 가로지르는 역동적인 관련성(relatedness)의 에너지에 주목한다. 참여적인 역동을 지닌 행위자들의 다양한 신체 사이에 정동적 상호작용이 일어나고, 때론 불협화음과 비동시성을 드러내기도 하지만 결국에는 포괄적인 몰입의 경험으로 행위자들이 휩쓸리는 것을, 얀 슬라비(Jan Slaby)는 '관계적 정동(relational affect)'의 작동으로 설명한다.[46] BTS 글로벌 팬덤 앞에 닥친 위기 상황은 집단 내에 특정한 분위기와 정향(orientation)을 형성했다. X(구 트위터)와 토론 커뮤니티 등 온라인을 통해 무수한 포스팅과 그에 대한 반응 댓글, 리트윗, 인용알티가 쏟아져 나왔고 온라인이라는 물질적 환경에서 팬들의 신체는 온라인 담론장의 언어들을 읽고, 쓰고, 공유하는 일련의 행위들을 거쳐 정동적 관계 속으로 몰입하게 된다. 정보의 공유와 그에 대한 감상, 그 감상에 대한 감상이 꼬리에 꼬리를 물고 이어지며 해당 사안에 대한 교육과 재교육 과정을 만들어 냄으로써 온라인은 일종의 거대한 '정동적 장치(affective apparatus)'가 된다.[47] 이 과정에서 팬덤 전체가 이 상황에 대한 특정한 정동, 즉 불안과 위기감이

---

46 Jan Slaby, "Relational Affect: Perspectives from Philosophy and Cultural Studies", Ernst van Alphen et al.(ed), *How to Do Things with Affects: Affective Triggers in Aesthetic Forms and Cultural Practices*, 2019, Brill, pp.59-81.

47 Ben Anderson, *Encountering Affect: Capacities, Apparatuses, Conditions*, Ashgate, 2014.

라는 정동을 촉발시켰고 이것이 담론의 선회를 이끌어 낸 것이다.

4. 팬덤의 대항 실천을 통한 기억 정치에의 개입

4.1. 기억의 복원과 소통: 아시아 팬들의 전쟁 기억과 증언

담론의 초점이 원폭 희생자에 대한 인권 의식의 부재에서 일본의 전쟁 중 잔학행위와 역사수정주의로 바뀌면서, 2차 세계대전 시기 일본에 의해 점령된 아시아 국가 출신 팬들이 그들의 가족으로부터 전승되어 온 전쟁에 대한 다양한 기억과 일본군 잔학행위에 대한 증언을 하기 시작했다.

> "아시아 국가들뿐 아니라 사이판을 비롯한 태평양 섬들도 일본군에 의해 점령됐었다… 이곳에서 일본군이 저질렀던 가장 잔악한 짓은 미국이 이겼을 때 일본군은 항복을 거부했고 사이판 사람들에게 미국인들이 여성들을 강간하고 아이들을 식인할 것이라 거짓말을 했던 것이다. 이 이야기를 듣고 많은 사람들이 겁에 질려 절벽에서 뛰어내려 자살했다(반자이 절벽 혹은 자살 절벽). 사이판 여성들 중에도 강제로 위안부에 끌려간 사람들이 있다는 것을 최근에 알게 됐다. 여기에 대해 공개적으로 증언하는 여성들이 거의 없기 때문에 많은 정보가 알려져 있지 않지만, 최근에야 겨우 몇몇 증인들이 증언을 시작했다."

"나는 필리핀인이고 역사교육을 통해 일본이 저질렀던 일들에 대해 배웠다. 위안부뿐만 아니라 위안부 역할을 하는 게이들도 있었다. 일본은 우리나라를 3년간 점령했지만 그 기간 동안 약 백만 명의 목숨을 앗아갔다."[48]

위안부 기억 재현 방식을 비교 분석해 온 김미영은, 사적 기억을 꺼내놓는 이러한 개인들의 증언이 가진 힘에 대해 "'기억의 재현'이라는 언어화 과정을 통해 역사를 복원"하는 작업이며, 공식 역사의 전횡에 맞서는 대항 역사의 주요 형식이라고 말한다.[49] 이러한 대항 역사가 사회적 집단 기억으로 상승될 경우, 불행한 사건의 재발을 방지하는 교훈적 힘을 발휘하게 된다.[50] BTS 팬덤이라는 초국적 공동체에서 2차 세계대전 시기 아시아권 국가들의 침략 피해가 화두로 떠오르면서 희생자와 연루된 비국가 행위자들의 집단 증언이 이어진 상황은, 공적 역사에서 비중 있게 다루어지지 않았던 희생자 관점의 전쟁 역사를 기억해야 하는 의제로 새롭게 설정하며 망각에 저항하는 실천적 효과를 가진다.

---

48 X(구 트위터), 2018. 11. 10.

49 김미영, 「일본군 위안부 문제에 관한 역사기록과 문학적 재현의 서술방식 비교 고찰」, 『우리말글』 제45권, 우리말글학회, 2009, 228쪽.

50 이헌미, 「『제국의 위안부』와 기억의 정치학」, 『국제정치논총』 제57권 2호, 한국국제정치학회, 2017, 353쪽.

4.2. 기록으로 연대하는 기억정치의 장: 백서 프로젝트

기획사의 입장문 발표 이후 논란이 어느 정도 잦아들자, 전 세계 5개 대륙의 20여 명의 BTS 팬들이 모여 원폭 티셔츠 사건에 대한 105페이지 분량의 논문 형식 백서를 온라인 토론을 거쳐 작성했다.[51] 이 백서에서는 왜 지금 이 시기에 이러한 사건이 불거지게 된 것인지에 합리적 의문을 제기하고 이에 대한 답으로 한일간 정치적 맥락에 대한 설명과 근거자료를 제시했다. 또한, 각자가 위치한 사회적 맥락에 따라 논란에 대한 반응과 입장이 다를 수밖에 없는 다양한 층위의 한국, 일본, 글로벌 팬덤의 내부 반응을 설명하고, 사건에 대한 국가별 언론 보도를 검증했다.

팬덤에 의해 발간된 해당 백서의 의의를 몇 가지로 정리해 보면 첫째, 이 백서는 국가 간 역사기억의 차이와 역사수정주의에 대항하는 움직임이자, 국가를 넘어서는 초국적 팬덤의 기록을 통한 연대로서의 의미를 지닌다. 둘째, BTS에 대한 무조건적인 지지의 진술로만 이루어진 것이 아니고, 연루된 모든 주체들의 세계시민으로서의 문화적 민감성 부족에 대해 지적하고 있다. 예를 들어, BTS는 과거에 했던 선택을 세계가 주시하게 된 상황에서 더욱 사려깊게 행동했어야 하며, 시몬 비젠탈 센터 및 다수 매체가 일말의 상관이 없는 공연을 문화·역사적 맥락 없이 '나치'라고 섣불리 낙

51 White Paper Project 혹은 백서 프로젝트라고 불리는 해당 문건은 영어와 한국어로 기술되었다. (https://whitepaperproject.com/ko.html)

인찍는 사태 역시 문화적 둔감성에서 비롯된 잘못된 비판이라 지적하고 있다. 셋째, 백서는 국가 간 역사 및 문화교육의 간극 인식과 해소의 필요성을 제기한다. 아시아 국가는 홀로코스트에 대한 인식이 부족하며, 서양 대중 역시 일본의 전쟁 중 잔학행위에 대해 무지한 점을 지적하고 있다. 네 번째, 논란에 대한 글로벌 미디어 보도 분석을 통해 팬덤 차원의 디지털 리터러시를 강조한다.

4.3. 글로벌 팬덤의 역사 인식과 수행적 실천

> "이번 이슈 이전에는 정말 아무것도 모르고 있었고 슬프지만 이번 이슈를 통해 많은 것을 배울 수 있었다. 각 국가들이 자신들의 역사를 어떻게 기록하고 가르치는지에 대해 새로운 관점을 얻을 수 있었다. 학교에서 배우는 역사에 대해 한번쯤 의심하고 스스로 조사해 볼 것, 모든 것에 질문할 것. 그것이 설사 자신의 나라에서 배우는 자기 나라에 대한 역사라 하더라도."[52]

전쟁 기억의 증언과 백서 발간은 적극적인 역사 인식을 위한 실천적 수행들로 이어졌다. 2차 세계대전 당시 아시아 국가들이 겪은 전쟁 피해에 대한 역사 바로 알기의 중요성을 절감하고 제도권이 제공하는 역사 교육에 머물지 말고 스스로 찾아보고 공부하자는 다짐을 공유했다. 전쟁 피해 역사 알기의 일환으로 위안부 역사에 대한 다큐멘터리 리스트를 서로 공유하기 시작했다. 특히

52 X(구 트위터), 2018. 11. 12.

일본에 의해 강제 동원된 아시아 위안부들에 대한 다큐멘터리인 〈어폴로지〉에 대한 감상평과 파생된 이야기를 나누기 시작했다. 이는 이후 국내 위안부 쉼터인 '나눔의 집' 기부로 이어져, 약 300여 명의 해외 팬들이 '나눔의 집'에 기부금을 전달했다.

> "위안부 이슈는 나를 근본적으로 뒤흔들었다. 나는 이 문제에 대해 전혀 모르고 있었다. 다큐멘터리 등을 찾아보며 알게 된 지 불과 한 달도 채 안 됐다. 다큐를 보면서 한국여성뿐 아니라 우리나라 여성들도 위안부 동원 피해자였다는 사실을 알게 됐다."

> "나는 54세이고 이번 BTS를 향한 공격을 통해 과거사에 대한 이야기들을 알게 됐다. 너무나 쇼킹하다. 고등학교 시절에도, 대학의 세계사 시간에도 일본이 전쟁 중 잔학행위를 일삼았다는 것을 아무도 내게 말해주지 않았다. 정말 부끄러운 일이다. 희생자들의 말은 이 세계에 '들려야' 할 필요가 있다."[53]

2차 세계대전의 전쟁 역사에서 글로벌 팬덤이 특히 충격을 받고 민감하게 반응한 것은 일본군 위안부에 끌려간 여성들에 대한 이야기였다. 나이토 치즈코(內藤千珠子)는 식민지 공창제도를 군사주의와 식민지주의라는 양쪽의 바퀴로 굴러가는 '제국적 성폭력'의 관점에서 고찰할 필요가 있다고 말한다.[54] 이 폭력이 극단적으

---

53 X(구 트위터), 2018. 11. 12.

54 나이토 치즈코, 「애국적 무관심과 젠더: 현대 일본의 정동(情動) 프레임」, 『아태연구』 제26권 4호, 경희대학교 국제지역연구원, 2019, 5-20쪽.

로 강하게 젠더 구조를 필요로 하고, 폭력의 수신처가 되는 여성 신체에 의존하고 있기 때문이다. 그는 신시아 엔로(Cynthia Enloe)의 주장을 인용해 근현대의 군사주의가 젠더 구조와 밀접한 관계를 맺고 있으며, '남성성'뿐만 아니라 '여성성'의 개념이 중요시되고 이용된다는 점을 강조한다. 대부분이 여성으로 이루어진 BTS 글로벌 팬덤에게 있어, 여성 신체에 대한 폭력을 밑거름 삼아 뻗어간 일본의 제국주의적 팽창 욕망은 젠더화된 폭력의 역사적 구조를 목격하는 기회가 되었다. 자신이 피해자가 아니었기 때문에 "상관이 없다"라고 인식하는 것이 아니라, 모든 여성이 잠재적으로 상품화되는 근현대의 젠더 구조에서 나의 신체 역시 그 폭력과 관련되어 있다고 인식한 것이다.[55] 이러한 인식은 대부분이 여성으로 이루어진 케이팝 팬덤에 대한 폄하, 서구의 남성주의적 음악산업 표준에 의해 주변화되어 온 케이팝의 위상 등 그동안 팬덤 공동체 안에서 적층되어 온 젠더화된 정동을 촉발하는 계기가 되었다.

5. 나가며

이 글은 'BTS 원폭 티셔츠' 온라인 논란의 전개 과정에 대한 팬 커뮤니티의 담론 분석을 기반으로, 팬덤 공동체가 2차대전을 둘러싼 담론 생산과 역사수정주의에 대한 저항적 실천을 통해 초국적 기억 정치의 장에 개입하는 과정을 살펴보았다.

---

55 나이토 치즈코, 위의 글, 16쪽.

다양한 주체들이 미디어의 기술적 중재에 의해 담론장에 포함된 현재의 '표현 공론장'은 매스미디어가 주도한 '재현 공론장'에서 소외되어왔던 소수자 집단을 정치적 담론 주체로 출현시키는 데 일조했으며, 정치와는 무관한 정체성을 가진 온라인 집합 대중이 정치적 의사 표현을 주도한 사례 또한 다양하다. 이런 맥락에서 서로 다른 영토적, 민족적 정체성에 따라 2차 세계대전에 대해 각기 상이한 역사적 의식을 지닌 글로벌 팬덤이, 아시아 국가들이 겪은 전쟁 피해와 고통에 대해 결과적으로 집단적 컨센서스를 형성하고 당시의 기억과 역사를 왜곡하는 역사수정주의에 반대하는 움직임을 보인 것은, 온라인이 지리적 경계를 초월해 일종의 '세계시민적' 공동체의 감각을 형성한다는 기술긍정론의 현실태처럼 보인다. 그러나 실상 온라인에서는 국가 · 민족 · 인종 · 종교 등 기존 정체성에 기반해 경계를 강화하고 상대를 적대하는 '사이버 발칸화' 현상이 심화되고 있으며, 이러한 우려는 'BTS 원폭티셔츠' 논란 초기 당사자국 팬들이 보여준 민족주의적 담론에서도 확인할 수 있다. 이러한 현상은 우리로 하여금 뉴미디어 기술이 제공할 낙관적 미래에 마냥 정향되기 어렵게 만든다.

따라서 BTS 팬덤의 역사수정주의에 대항하는 실천적 개입은 미디어 기술의 중재 측면보다는 해당 집단 내부의 정동적 움직임에 주목할 필요가 있다. 동일한 문화적 취향이라는 가치 체계를 공유하지만 동시에 다양한 영토 정체성과 가치로 이루어진 초국적 팬덤이 어떻게 집단적 컨센서스를 이루고 기억 담론 생산에 동원될 수 있었는지는, 집단 내부에서의 정동의 작동으로 설명될 수 있다. BTS 팬덤이 해당 상황을 BTS의 위상과 레거시에 대한 위기라고 인지하자, 집단 내에 특정한 분위기와 정향이 형성되었고, '관계적 정동'의 작동을 통해 전쟁 중 잔학행위에 대한 비판과 역사수정주의 반대라는 담론 선회가 일어났다. 또한, 여성 신체에 대한 폭력을 밑거름 삼아 뻗어간 일본의 제국주의적 팽창 욕망에 대한 인식의 공유는 젠더화된 전쟁 폭력에 대항하는 관계적 정동을 촉발시켰다. 이는 다양한 초국적 주체들이 연결되면서 국민국가의 경계를 넘어서는 정치적 · 문화적 실천이 작동되는 온라인 담론 현상의 긍정적 사례로 기술될 수 있다.

그러나 온라인 담론의 성격이 기존 정체성을 반영하는 '영토 공간의 부속물'로서의 성격과 '초국적 또는 탈영토적 정체성의 공간'의 성격이 복합적으로 교직하는 가운데 형성된다[56]는 기존 논의를 고려할 때, 논란 초반 한-일 당사자국 팬들이 보여준 민족주의적 담론은 여전히 영토적 경계를 근거로 이루어지는 팬덤 내부 담론에 대한 검토를 필요로 한다. 팬덤 내부의 특정한 영토적 정체성, 다시 말해 아티스트의 영토적 정체성이 공동체의 전반적 담론에 끼친 영향은 없었는지, 그리고 초국적 팬덤 담론에 행사하는 아티스트 본국의 정체성과 영향력이 '역전된 문화제국주의'의 형태가 아닌지에 대한 논의 역시, 트랜스내셔널 팬덤 내부의 내셔널리즘의 작용이라는 측면에서 심층적 후속 논의를 필요로 한다.

---

56 김상배, 앞의 글, 102쪽.

연결된 엄마들, 확장된 목소리, 새로운 정치 주체의 탄생[1]

최서영 · 최이숙

1. 시작하며

이 글은 2017년 3월 전직 국회의원의 한 칼럼을 계기로 모인 여성들이 어떻게 50일 만에 '정치하는엄마들'이라는 단체를 창립하고 모성을 재전유하며, 일상에서 경험하는 다양한 돌봄 이슈를 제기하고 그 해결책을 제도화하는 데 적극적인 정치적인 주체로 거듭날 수 있었는지 탐구한다.

돌봄은 인간 생존에 필수적인 활동으로 2세대 페미니즘의 등장 이후 윤리적 측면에서, 그리고 실천을 구성하는 사회 구조적 차원에서 새롭게 해석되었다. 관련 연구자들이 지적하듯,[2] 관계적

---

1 이 글은 「연결된 엄마들, 확장된 목소리, 새로운 정치 주체의 탄생」, 『미디어, 젠더 & 문화』 제38권 4호, 한국여성커뮤니케이션학회, 2023을 수정 · 보완하여 재수록한 것이다.

2 Eva Feder Kittay, *Love's labor: Essays on women, equality, and dependency*,

실천으로서의 돌봄은 인간과 인간, 인간과 비인간이 상호의존적임을 드러내지만, 현실 속 돌봄은 제공과 수혜의 측면에서 인종/젠더/계급에 따라 불평등하게 배분되어 왔다. 특히 자본주의 사회에서 그림자 노동/부차적인 행위로 규정되는 돌봄은 정치경제 영역에서의 인종-젠더-계급의 불평등을 정당화하고 결과적으로 이를 (재)생산하는 중요한 연결고리로 작용하였다. 그렇기 때문에 연구자들은 돌봄 제공과 수혜의 민주적 전환, 또는 상호의존적 자아의 인식과 인간 및 비인간에 대한 윤리적 실천에 근거한 돌봄 사회로의 전환을 실질적인 민주주의로 나아갈 수 있는 핵심 지점으로 주장해 왔다.[3] 돌봄을 둘러싼 여러 논의에도 불구하고 한국 사회의 (여성주의적) 정치운동에 있어서 '돌봄'을 둘러싼 정치 실천 그리고 그에 대한 학술적 논의는 활발하게 이뤄지지 못하였다.

이는 어떤 면에서 당면한 현실을 바꾸려는 정치 주체의 부재와 무관치 않다. 한국 현대사에서 엄마들의 당사자 정치가 부재했

Routledge, 1999; 한국어 번역본으로는 에바 페더 키테이, 김희강 · 나상원 역, 『돌봄: 사랑의 노동-여성, 평등, 그리고 의존에 관한 에세이』, 박영사, 2016; Kathleen Lynch & Judy Walsh, "Love, care and solidarity: What is and is not commodifiable", Kathleen Lynch et al.(eds), *Affective equality: Love, care and injustice*, Palgrave Macmillan, 2009, pp.35-53; 한국어 번역본으로는 캐슬린 린치 외, 강순원 역, 「사랑, 돌봄. 연대: 상품화 할 수 있는 것과 없는 것」, 『정동적 평등: 누가 돌봄을 수행하는가?』, 한울아카데미, 2016, 64-89쪽; Joan C. Tronto, *Caring democracy: Markets, equality, and justice*, New York University Press, 2013; 한국어 번역본으로는 조안 C. 트론토, 김희강 · 나상원 역, 『돌봄민주주의』, 아포리아, 2014.

3 김현미, 「코로나 시대의 '젠더 위기'와 생태주의 사회적 재생산의 미래」, 『젠더와 문화』, 제13권 2호, 계명대학교 여성학연구소, 2020, 41-77쪽; Kathleen Lynch & Judy Walsh, op.cit; Joan C. Tronto, op.cit.

던 것은 아니지만,[4] 돌봄의 핵심 의제인 돌봄 제공 및 수혜의 불평등에 대한 당사자들의 정치적 활동은 상대적으로 찾아보기 어렵다. 특히, 지난 10년간 저출생, 여성들의 경력 단절, (기혼) 유자녀 여성에 대한 혐오 등을 다룬 언론보도와 관련 정책이 쏟아졌지만, 이러한 현실을 바꾸려는 당사자들의 아래로부터의 정치적 개입과 실천은 집합적인 수준에서 본격화되지 못하였다. 이런 맥락에서 볼 때, 2017년 '정치하는엄마들'의 창립은 '엄마'가 된 여성/양육자들이 스스로의 취약한 사회적 위치에 의문을 제기하고, 나와 내 아이뿐 아니라 모든 인간이 제대로 보살핌을 받을 수 있는 사회를 위해 공적으로 질문하고 정치적으로 행동하기 시작한 집단이 한국 사회에 등장했음을 의미한다. 이들은 2017년 7월 노동과 돌봄이 함께 할 수 있는 사회를 위해 칼퇴근법 제정을 촉구하는 기자회견을 시작으로, 자녀 돌봄과 관련된 정책적 변화를 이끌었고(사립유치원 비리 방지를 위한 유아교육법, 사립학교법, 학교급식법 등 유치원 3법 개정과 어린이 생명 안전법 제정, 어린이집 급간식비 인상), 다양한 캠페인(스쿨미투 지도 만들기 및 법률지원, 성평등한 미디어 공간을 위한 감

---

4 1970년대 전태일의 분신 이후 노동운동가로 거듭난 이소선 여사, 80년대 민주화운동 당시 자녀 또는 가족을 잃은 '민주화실천가족운동협의회/전국민족민주유가족협의회', 최근의 '416 세월호 참사 가족협의회', 산업재해가족피해네트워크 '다시는', '10.29 이태원 참사 유가족 협의회'에 이르기까지 가족의 죽음/피해에 대한 진상규명에서 시작되어 이후 '더 이상 우리 아이와 같은 희생자가 나오지 말아야 한다'는 문제의식으로 이어진 양육자들의 활동은 오랫동안 있어 왔다. 디지털 미디어가 확산된 2000년대 이후 미국산 소 수입 당시 유모차 부대 시위 및 현수막 걸기 캠페인, '미세먼지에 대한 대책을 촉구합니다'의 활동, 그리고 2017년 포항대지진 당시 돌봄주체들의 소셜 미디어인 '포항맘놀이터'에 이르기까지 나의 아이의 안전이 우리의 안전으로 확대된 사례는 한국 사회에서 계속해서 등장해 왔다.

시활동 등)을 통해 일상 속 돌봄의 문제를 사회적으로 환기했다.

이 글은 '정치하는엄마들'이 '사회적 모성'을 표방하며 돌봄을 둘러싼 다양한 문제와 불평등을 공적 영역에서 제기하는 집단이 되어 가는 과정을 분석하고자 한다. 특히 이 글은 '정치하는엄마들'의 참여자들이 어떻게 다양한 미디어 공간을 가로지르면서 스스로의 집합 정체성을 구성하고, 자신들의 문제의식을 사회적 의제로 확장하며 성장했는지 질문하고자 한다. 이를 위해 이 글은 '정치하는엄마들' 회원들과의 인터뷰, 핵심 소통 채널인 텔레그램에 대한 참여관찰, '정치하는엄마들' 관련 언론 기사, 이들의 목소리를 담은 책 『정치하는 엄마가 이긴다』[5]와 성명서의 내용을 바탕으로 이상의 질문에 답하고자 한다. 이러한 연구는 페미니즘 리부트(feminism reboot) 국면에서 다소 간과되었던 (기혼) 유자녀 여성들의 정치적 실천을 구체적으로 살펴볼 수 있는 지점이 될 것이다.

2. 기존문헌 검토 및 이론적 논의

2.1. (기혼) 유자녀 여성의 미디어 이용과 정치 참여

인터넷 이용의 대중화가 시작된 2000년대는 온라인 공간을 활용하는 기혼여성들의 정치적 행위성에 대한 학문적 관심이 시작된 시기이기도 했다. 주부들의 온라인 커뮤니티를 일상의 경험

5 정치하는엄마들, 『정치하는 엄마가 이긴다』, 생각의힘, 2018.

에 기반한 지식을 생산하고 상호 간의 '힘돋우기(empowerment)'를 실천하는 저항적 담론의 장으로 보고 이 안에서의 문화적 실천을 높게 평가한 김수아는 이 커뮤니티의 참여자들이 기술 활용을 통해 일상생활을 재조직하면서 전통적인 성역할 구분에 도전하거나 여성과 남성 간의 호칭 문제를 제기하는 등 관련 담론을 생산하는 모습에 주목했다.[6] 이와 비슷하게 김예란은 대형 포털 사이트의 여성 온라인 카페를 참여자들이 일상적 수다와 대화를 통해 사적인 관심사를 공유하거나 시사적 이슈에 대한 대안적 공론을 형성할 수 있는 '감성 공론장'으로 보고 이를 긍정적으로 평가했다.[7] 기혼여성들이 미디어 이용을 통해 가부장제 젠더 질서의 안 혹은 곁에서 자신들의 행위자성을 발휘하는 문화적 실천을 포착하는 연구는 2010년대 초반까지도 이어졌다. 예를 들면, 이동후는 '사적 영역의 공적 가시화'를 가능케 하는 블로그 활동을 통해 '와이프로거'들이 전통적인 주부 역할을 거부하지 않으면서도 자신의 목소리를 가진 개인의 정체성을 만드는 양상을 연구했고,[8] 김지희는 '주부 파워블로거'들이 관계 지향성 · 수평적 소통 · 보살핌과 같은 가치를 기반으로 여성적 리더십(feminine leadership)과 의견 지도자성(opinion leadership)을 발현하는 것에서 긍정적인 의미를 발견

6 김수아, 「사이버 공간에서의 힘돋우기 실천: 여성의 일상생활과 사이버 커뮤니티」, 『한국언론학보』 제51권 6호, 한국언론학회, 2007, 346-380쪽.

7 김예란, 「감성 공론장: 여성 커뮤니티, 느끼고 말하고 행하다」, 『언론과 사회』 제18권 3호, 사단법인 언론과 사회, 2010, 146-191쪽.

8 이동후, 「와이프로거의 "조금 다른 궤도": 요리, 젠더, 그리고 블로그」, 『지금, 여기, 여성적 삶과 문화』, 이화여자대학교 출판부, 2013, 75-107쪽.

했다.[9]

그러나 남성 생계부양자 모델을 기반으로 한 가부장제 사회의 성별 분업 구조와 이로부터 파생된 성역할 규범과 성차별적 노동 관행에 (기혼) 유자녀 여성들이 직접적으로 도전하는가에 대해 학자들의 평가는 부정적이거나 유보적이었다. 특히 가부장제 이데올로기가 집중된 모성 수행 관련 미디어 이용 연구에서 기혼여성들은 정치적, 집합적 행위성보다는 개인적 차원의 모성 적응에 집중하는 모습을 보였다. 예를 들어, 홍남희는 초기 모성 수행기 여성들이 사적 영역에서 육아를 전담하는 것으로 인해 물리적 이동과 사회적 교류 욕구의 좌절을 경험하고 스마트폰을 이러한 현실에 대처하기 위한 미디어로써 이용하는 것에 주목했다.[10] 그러나 이 여성들은 스마트폰을 자신의 여가 선용이나 성별 분업 구조의 질서에 저항하기 위한 도구라기보다는 아이를 위한 놀이용 · 교육용 애플리케이션 사용이나 육아 및 가사 정보 검색, 인터넷 '맘카페' 등 온라인 커뮤니티에서 공동의 경험을 지닌 다른 여성들과의 사회적 교류 등 모성 수행을 보조하고 촉진하는 도구로써 이용하고 있음을 발견했다. 이러한 스마트폰 이용의 사회적 의미에 대해 홍남희는 "뉴미디어 이용에 능숙하고 적극적인 젊은 여성들이 모성 수행의 일차적 책임자가 되어 가며 가부장적 질서로 편입되어

---

9 김지희, 「주부 파워블로그 연구: 블로깅을 통한 의견 지도자성(opnion leadership)의 발현」, 『미디어, 젠더 & 문화』 제29권 2호, 한국여성커뮤니케이션학회, 2014, 5-40쪽.

10 홍남희, 「초기 모성수행기 여성들의 스마트폰 이용」, 『미디어, 젠더 & 문화』 제21호, 한국여성커뮤니케이션학회, 2012, 135-164쪽.

가는 과정에서 겪는 갈등과 모순을 보여준다"고 평가했다.[11]

강혜원과 김해원 또한 유자녀 여성들이 일상의 선택적 공유로 '엄마'로서의 자신을 재현하는 게시물들을 '#맘스타그램'이라는 해시태그와 함께 인스타그램에서 드러내는 현상을 통해 이들이 어떻게 서로의 일상을 모니터링하며 '엄마'의 일과 정체성을 만들어 나가는지 연구했다. 분석 결과 #맘스타그램은 'SNS시대의 육아일기'로 모성 수행에 수반되는 다양한 소비 활동과 돌잔치 등 각종 의례를 스펙터클하게 전시하는 경향과 함께 '독박육아'의 피로나 사회적 규범과 자신의 욕망 사이의 갈등 등을 주체적이고 성찰적으로 다루는 자기 서사 실천의 경향을 동시에 보이는 것으로 나타났다. 이렇게 강혜원과 김해원은 #맘스타그램에서 나타나는 모성 실천은 결국 한국 사회에서 과거로부터 축적된 모성 이데올로기의 현대적 변형 및 변주에 가깝고, 이 과정에서 엄마들의 연결이 갖는 사회적·정치적 힘은 뚜렷하게 발현되지 않는다는 한계를 보여준다고 해석했다.[12] 위와 같이 (기혼) 유자녀 여성들의 디지털 미디어를 경유한 모성 실천에 관한 연구들은 가부장제 젠더 구조에 편입된 여성들이 성별 분업의 질서를 전복시킬 가능성보다는 이들이 디지털 네트워크 접속을 통해 추구하는 실용적이고 정서적인 차원의 활동(육아 정보 공유, 엄마로서 자기표현, 이에 대한 상호인정 및 지지)의 의미와 그 정치적 한계에 초점을 맞췄다.

11 홍남희, 위의 글, 159쪽.

12 강혜원·김해원, 「소비문화의 전시와 자기서사 쓰기 사이의 줄타기: '맘스타그램'을 통해 본 SNS 시대 모성 실천의 함의」, 『한국방송학보』 제32권 5호, 한국방송학회, 2018, 5-34쪽.

하지만 이 글은 2015년을 전후하여 가시화된 '페미니즘 리부트'의 흐름 속에서 등장한 (기혼) 유자녀 여성들의 좀 더 적극적이고 집합적이며 정치적인 활동에 주목하길 제안한다. 이 중에서도 2019년 서울시 주관 성평등상의 대상 수상자이기도 했던 시민단체 '정치하는엄마들'에 참여한 여성들의 목소리와 활동은 흥미로운데, 이들은 양육과 가사노동 등 사적 영역의 관리자로 호명되지만 돌봄 관련 문제들을 공적 이슈로 만들 수 없었던 여성들의 기존 위치성을 정면으로 거부했기 때문이다. 이에 이 글은 생물학적, 희생적 모성이라는 이데올로기로 여성을 사적 영역에 가두고, 또 이를 볼모로 여성의 노동을 주변화하는 가부장제 사회에서 이 여성들이 어떻게 재생산 영역에서 발생하는 여성에 대한 종속과 차별의 악순환 고리를 끊고자 했는지, 이러한 시도가 또한 모성의 해방적 재전유[13]와 어떻게 맞물리는지 살펴볼 것이다. 유자녀 여성들의 여성주의적 실천을 살펴보는 이 글은 여성에 대한 폭력과 차별에 저항하는 여성들과 미디어 이용 관계를 주로 살펴온 페미니스트 미디어 연구[14]의 범위를 확대하는 데 기여할 것이다.

2.2. 미디어와 집합 정체성 형성

집합 정체성(collective identity)은 사회운동에서 개인들의 참여

13 최이숙, 「모성에 대한 전유와 돌봄의 의제화: '정치하는엄마들'을 중심으로」, 『석당논총』 제77집, 동아대학교 석당학술원, 2020, 39-66쪽.

14 김수아, 「국내 페미니스트 미디어 연구에 대한 비판적 검토: 이론적 검토 및 전망」, 『언론정보연구』, 제55권 3호, 서울대학교 언론정보연구소, 2018, 5-46쪽.

가 어떠한 과정을 통해 집합 행동(collective action)을 가능하게 하는지 이해하는 데 중요한 개념이다. 이 개념은 사회운동의 성공이 동원가능한 자원(resource mobilization)이나 정치적 기회(political opportunity) 등 사회 구조적 변수에 좌우된다는 기존 논의에 만족하지 않은 서구의 신사회운동(New Social Movement) 이론가들이 1980~2000년대에 집중적으로 논의했다.[15] 이들은 사회운동에 참여하는 개인들이 공유하는 의미나 정서, 행위자들 사이의 관계 역시 집합 행동을 실천하는 집합적 주체(collective subject)를 만드는 중요한 변수라고 보았다. 즉, 사회운동의 형성에 있어 참여자들이 관여하는 해석적이고 문화적이며 구성적인 과정을 강조한 것이다.

이와 같은 관점에서 볼 때, 집합 정체성은 "비슷한 특성과 경험을 지닌 행위자들이 공유하는 우리스러움(we-ness)에 관한 감각"[16], 혹은 "행위자들이 자신들의 공통 관심, 경험, 연대로부터 도출하는 집단에 대한 정의"[17]라고 정의할 수 있다. 즉, 사회운동 참

---

15 Alberto Melucci, *Nomads of the Present: Social Movements and Individual Needs in Contemporary Society*, Temple University Press, 1989; Alberto Melucci, "The process of collective identity", Hank Johnston and Bert Klandermans(eds), *Social movements and culture*, University of Minnesota Press, 1995, pp.41-63; Donnatella Della Porta & Mario Diani, *Social Movements: An introduction*, Blackwell, 2006; David Snow, "Collective identity and expressive forms", Neil J. Smelser & Paul B. Baltes(eds), *International Encyclopedia of the Social and Behavioral Sciences*, Elsevier, 2001, pp.196-254; Verta Taylor, & Nancy E. Whittier, "Collective Identity in Social Movement Communities: Lesbian Feminist Mobilization", Aldon D. Morris & Carol McClurg Mueller(eds), *Frontiers in Social Movement Theory*, Yale University Press, 1992, pp.104-129.

16 David Snow, op.cit, p.197.

17 Verta Taylor & Nancy E. Whittier, op.cit, p.105.

여자들이 '우리는 누구이고 무엇을 위해 모인 사람들'이라고 스스로에 대한 인식을 공유하고 논의할 때, 우리는 이를 집합 정체성의 표현으로 이해할 수 있다. 도나텔라 델라 폴타와 마리오 디아니(Donnatella Della Porta & Mario Diani)는 사회운동 참여자들이 집합 정체성의 형성 과정에서 보이는 행동 메커니즘을 다음과 같은 세 가지 요인으로 설명했다. 첫째, 사회운동 행위자들은 우리의 '경계(boundaries)'를 정해야 한다. 공동의 정치적 목적을 가지고 모인 '우리'가 누구인지 정의하는 과정은 필연적으로 우리가 될 수 없는 혹은 우리가 반대하고 비판하는 이들에 대한 정의 또한 필요로 한다. 둘째, 사회운동의 참여자들은 여러 시공간에 흩어져 존재하는 집합 행동의 경험을 연결하고 종합하는 '공동의 의미틀(common frames)'을 가져야 한다. 셋째, 사회운동 행위자들은 복잡한 사회 환경 속에서도 상호 간에 '신뢰하는 관계들로 이뤄진 새로운 네트워크(new networks of relationships of trust)'를 형성해야 한다.[18] 이 과정에서, 집합 정체성의 형성은 사회운동 참여자들이 고정불변의 이데올로기적 합의 지반을 가졌느냐보다는 이들에게 '우리 집단'을 정의하면서 끊임없는 논쟁과 재해석을 실행하는 성찰적 능력(the self-reflexive capacity of a collective subject)이 있느냐에 달려 있다.[19]

위와 같은 집합 정체성에 관한 논의는 최근 '연결된 행동(connective action)', '해시태그 액티비즘(hashtag activism)' 등의 개념에

---

18 Donnatella Della Porta & Mario Diani, op.cit.

19 Maria Bakardjieva, "Do Couds Have Politics? Collective Actors in Social Media Land", *Information, Communication & Society*, Vol.18, No.8, Taylor & Francis Online, 2015, p.984.

서 보이는 것처럼 현대의 사회운동이 주로 미디어 기술에 의존해 조직화되는 것으로 설명하는 경향[20]을 넘어서려는 일련의 학자들에 의해 재개되었다.[21] 이들은 사회운동의 집합성이 개인들의 개별 행위(리트윗 같은 다른 이의 게시물 공유 등)가 소셜 미디어의 알고리즘에 의해 산술적으로 축적된 결과로 형성된다는 식의 기계적 해석을 지양하고, 미디어 기술만이 자기중심적인 개인들을 단결시킬 수 있다는 기술 중심주의적인 관점 또한 경계한다.[22] 그리고 사회적으로 공유되는 의미, 정서, 정체성 등 사회문화적 차원이 어떻게 미디어 기술과 접합되어 사회운동의 동력이 되는지에 주목한다. 즉, 이들은 미디어 기술을 메시지를 전파하고 운동 참여자들을 상호 연결해 주는 도구적 · 조직적 차원에서뿐만 아니라, 상징적 차원에서도 살펴봐야 한다고 강조한다. 예를 들면, 사회운동에서 사

20 Lance Bennett & Alexandra Segerberg, "The Logic of Connective Action: Digital Media and the Personalization of Contentious Politics", *Information, Communication & Society*, Vol.15, No.5, Taylor & Francis Online, 2012, pp.739-768; Manuel Castells, *Networks of Outrage and Hope: Social Movements in the Internet Age*, Polity, 2012; Sarah J. Jackson, Moya Bailey & Brooke Foucault Welles, *#HashtagActivism: Networks of Race and Gender Justice*, The MIT Press, 2020.

21 Nick Couldry, "The Myth of 'Us': Digital Networks, Political Change and the Production of Collectivity", *Information, Communication & Society*, Vol.18, No.6, Taylor & Francis Online, 2015, pp.608-626; Paolo Gerbaudo, "The Persistence of Collectivity in Digital Protest", *Information, Communication & Society*, Vol.17, No.2, Taylor & Francis Online, 2014, pp.264-268; Emiliano Treré, "Reclaiming, Proclaiming, and Maintaining Collective Identity in the #YoSoy132 Movement in Mexico: An Examination of Digital Frontstage and Backstage Activism through Social Media and Instant Messaging Platforms", *Information, Communication & Society*, Vol.18, No.8, Taylor & Francis Online, 2015, pp.901-915.

22 Paolo Gerbaudo, op.cit.

람들이 새로운 용어와 의미, 감정, 상징 등을 표현하고 논쟁하면서 집합 행동을 만들어 가는 과정에서 소셜 미디어가 어떤 역할을 하는지 살펴보는 것이다.[23]

위 논의 중 우리는 특히 디지털 무대의 앞면과 뒷면(digital frontstage and backstage)을 구분해서 보자는 에밀리아노 트레레(Emiliano Treré)의 제안에 주목한다.[24] 여기서 디지털 무대의 앞면(digital frontstage)은 웹 기반 커뮤니케이션에서 누구나 접근해서 볼 수 있는 겉으로 드러난 공간들(external spaces)을 의미한다. 웹사이트나 온라인 커뮤니티, 소셜 미디어 플랫폼의 게시물(실·익명 게시판, 블로그 포스트, 트위터의 트윗, 페이스북의 포스트, 유튜브 비디오 등)들이 여기에 해당한다. 디지털 무대의 뒷면(digital backstage)은 한 사람 혹은 일부 사람들에게만 공개되는 것을 전제로 웹 기반 커뮤니케이션이 이뤄지는 공간들이다. 예를 들면, 트위터나 페이스북, 인스타그램에서의 쪽지(direct messages)나 카카오톡이나 텔레그램 같은 모바일 메시지 서비스앱을 통한 개인 간 혹은 그룹 내 대화(chat)가 이에 해당한다. 사회운동의 맥락에서 디지털 무대의 앞면에서는 운동을 대표할 수 있는 다듬어지고 공식적인 메시지들이 게시되는 경향이 있지만, 디지털 무대의 뒷면에서는 참여자들의 다듬어지지 않은 비공식적인 대화와 논쟁들이 오고 갈 수 있

---

23 Paolo Gerbaudo & Emiliano Treré, "In Search of the 'We' of Social Media Activism: Introduction to the Special Issue on Social Media and Protest Identities", *Information, Communication & Society*, Vol.18, No.8, Taylor & Francis Online, 2015, pp.865–871.

24 Emiliano Treré, op.cit.

다. 트레레는 멕시코 학생들의 요소이132(#YoSoy132) 운동에 대한 연구를 바탕으로 운동 참여자들이 어떻게 디지털 무대의 앞면이 아닌 뒷면에서 내부 소통의 역동성(internal communicative dynamics)을 경험하고 이를 통해 서로 유대감을 느끼면서 운동의 집합 정체성과 집합 행동을 만들어 갔는지 강조했다.

우리는 디지털 무대의 앞면과 뒷면을 구분하는 에밀리아노 트레레의 모델을 수용하는 한편, 이와 동시에 사회운동이 디지털 미디어 외에도 언론, 국회, 법원, 경찰, 학교와 같은 사회 · 정치 · 행정적 기관이나 제도라는 공공의 무대를 통해서도 드러날 수 있고, 이러한 곳에서의 재현이 운동 행위자들의 디지털 무대에서의 소통에도 영향을 줄 수 있다는 점을 감안해 이를 '제도적 무대의 앞면(institutional frontstage)'이라 부르고, 이 요인을 이 글의 분석틀에 포함하려 한다. 실제로 그동안 커뮤니케이션 학자들은 사회운동 참여자들이 필요에 따라 올드미디어를 포함한 다양한 미디어와 제도적 · 물리적 공간을 동원할 뿐 아니라, 이 공간들 사이의 역동성과 함께 사회운동을 만들어 가는 것을 관찰해 왔다. 예를 들어, 2011년 이집트 혁명에서의 미디어와 커뮤니케이션 현상을 연구했던 모하메드 나나브헤이와 록산 파만파마이안(Mohamed Nanabhay & Roxane Farmanfarmaian)은 물리적 시위가 벌어지는 거리와 이를 언론인들이 중계하는 매스미디어, 일반인들이 운용하는 소셜 미디어가 연결되어 서로 영향을 주고받는 증폭된 공론장(amplified public sphere)에서 운동의 참여자들이 어떻게 이러한 복합적이고 다층적인 커뮤니케이션 생태계를 의식하면서 운동을 가시화했는지 연구했다.[25] 비슷한 맥락에서 미국의 점거 운동(occupy movement) 등을 관찰했던 파올로 게르바우도(Paolo Gerbaudo)는 사회운동가들의 트위터나 페이스북 이용은 별도의 사이버 세계 구축이 아닌 '공공장소의 재전유 프로젝트(a project of re-appropriation of public space)'의 일환으로 이해해야 한다고 주장했다.[26]

3. 분석틀과 연구 방법

3.1. 분석틀

이 글은 이상의 이론적 논의에 기대어 '정치하는엄마들'의 참여자들이 어떻게 다양한 공개 범위(공적인: front stage, 공동체적인: hybrid stage, 사적인: back stage)를 지닌 여러 종류의 사회적 공간(제도적 공간, 미디어 공간, 일상 공간)을 넘나들며, 집합적 정체성을 형성하고 소통하면서 이를 바탕으로 정치적 행위성을 발휘하는지 살펴본다. 이때, 〈그림 1〉에서 보이는 분석틀의 사회적 공간은 분석의 편의상 세 가지(제도, 미디어, 일상)로 구분되어 있지만, 실제 이 공간들은 서로 긴밀하게 영향을 주고받으며 상호 연결된 관계에

25 Mohamed Nanabhay & Roxane Farmanfarmaian, "From Spectacle to Spectacular: How Physical Space, Social Media and Mainstream Broadcast Amplified the Public Sphere in Egypt's 'Revolution'", *The Journal of North African Studies*, Vol.16, No.4, Taylor & Francis Online, 2011, pp.573-603.

26 Paolo Gerbaudo, *Tweets and the Streets: Social Media and Contemporary Activism*, Pluto Press, 2012.

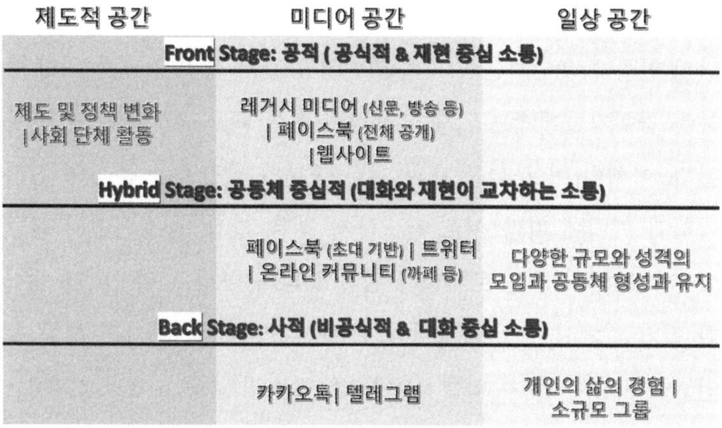

제도적 공간 미디어 공간 일상 공간

Front Stage: 공적 (공식적 & 재현 중심 소통)

제도 및 정책 변화 |사회 단체 활동

레거시 미디어 (신문, 방송 등) | 페이스북 (전체 공개) |웹사이트

Hybrid Stage: 공동체 중심적 (대화와 재현이 교차하는 소통)

페이스북 (초대 기반) | 트위터 | 온라인 커뮤니티 (까페 등)

다양한 규모와 성격의 모임과 공동체 형성과 유지

Back Stage: 사적 (비공식적 & 대화 중심 소통)

카카오톡| 텔레그램

개인의 삶의 경험 | 소규모 그룹

〈그림 1〉 이 글의 분석틀

놓여 있다. 예를 들어, 초등학교에 입학한 자녀를 둔 엄마가 등하굣길에서 만난 자녀의 같은 반 친구 엄마들과 친목 모임을 가진 후, 이 소규모 그룹의 지속적 소통을 위해 카카오톡 채팅방 개설을 할 수도 있고, 법원과 국회에서 아동학대와 관련한 중요한 판결이 내려지거나 새로운 법이 제정된다면, 이 소식은 신문과 방송 등 레거시 미디어에 보도될 가능성이 크며, (기혼) 유자녀 여성이 새로운 지역에 이사 갔다면 그 지역 기반의 맘카페 등 온라인 커뮤니티에 가입해 그 지역의 정보를 얻으려 할 것이다. 이와 동시에 말과 글, 정보와 담론은 '프론트 스테이지', '하이브리드 스테이지', '백스테이지' 사이를 끊임없이 흐르며 각각의 단위에서 소통을 일으킬 수 있다. 이를테면 미투 운동에 관한 언론 기사는 백스테이지 혹은 소셜 미디어 같은 하이브리드 스테이지에서 대화와 토론을 촉발할 수 있고, 온라인 커뮤니티에서 떠도는 '맘충' 이야기는 혐오 담론의 사례로 언론 기사화되기도 한다.

최근의 사회운동과 미디어에 대한 논의[27]가 시사하듯 운동 집단이 만들고 운영하는 디지털 미디어 공간과 물리적 공간 내의 활동은 참여자들에게는 일종의 증강된 현실(augmented reality)로 구성된다. 이처럼 이 분석틀 내의 여러 종류의 공간들은 운동의 진행 상황과 맥락에 따라 서로 긴밀하게 연결, 확장, 축소되면서 변동할 수 있다. 이 글은 도나텔라 델라 폴타와 마리오 디아니가 제시한 집합 정체성 형성 과정에서 참여자들이 보이는 3가지 행동 요인(우리의 경계 정하기, 집합 행동에 관한 공동의 의미틀 만들기, 신뢰하는 관계들로 이뤄진 새로운 네트워크 형성하기)에 유의하면서,[28] '정치하는 엄마들'의 집합적 정체성이 어떻게 다양한 공간들의 변화하는 역동성과 상호 작용하면서 정치성을 획득하고 변화하는지 살펴볼 것이다.

3.2. 연구 방법

'정치하는엄마들'은 2017년 4월 첫 만남 이후 3차례의 오프라인 만남과 지속적인 온라인 만남을 거쳐 2017년 6월 사회적 모성을 표방하는 단체로 출범하였다. 2017년부터 현재까지 이 단체의 회원들(주로 유자녀 여성들)은 '양육자'로서 겪는 삶의 경험을 바

---

27 Emiliano Treré, op.cit; Euisol Jeong & Jieun Lee, "We Take the Red Pill, We Confront the DickTrix: Online Feminist Activism and the Augmentation of Gendered Realities in South Korea", *Feminist Media Studies*, Vol.18, No.4, Taylor & Francis Online, 2018, pp.705-717.

28 Donnatella Della Porta & Mario Diani, op.cit.

탕으로 자신들의 삶과 아이 돌봄과 관련된 다양한 이슈들을 전방위적으로 제기하였다. 2020년 이후 이 단체의 활동은 이전 시기에 비해 약화되었는데, 이는 팬데믹 기간에 가중된 여성 양육자들의 부담이 이들의 정치 참여에 끼친 영향과 사회적 거리두기에 따른 모든 정치활동의 제약이라는 맥락을 고려해야 할 것이다. '정치하는엄마들'의 출범 후 모든 활동을 평가하고 검토하는 것은 제한된 분량상 적절치 않으므로, 이 글은 인터뷰가 진행되었던 2020년 상반기까지의 시기에 집중해 페미니즘 리부트 맥락에서 (기혼) 유자녀 여성들의 정치주체화와 미디어의 역할에 주목하였다.

이 글의 가장 핵심적인 질문인 '평범한 엄마'들이 돌봄을 둘러싼 다양한 이슈를 발굴하고 모성을 재전유하면서 어떻게 현실의 제도와 불평등을 바꾸는 정치주체가 되었는가라는 질문에 답하기 위해서 초창기부터 단체에서 활동했던 회원들에 대한 인터뷰를 실시하였다. '정치하는엄마들'의 의사결정기구인 운영위원회의 연구에 대한 승인 이후 단체의 권리회원[29]들이 일상적으로 소통하는 텔레그램방('열린운영위원회방')에 연구에 대해 공지한 뒤, 참여 의사를 밝힌 사람들을 중심으로 인터뷰를 진행하였다. 그 외에 연구자가 다양한 이유로 이 글에서 목소리를 듣고 싶었던 회원들—예를 들면 지역 거주 회원, 온라인 공간 담당자 등—에게 개별적으

29 출범 당시부터 '정치하는엄마들'의 회원등급은 참여회원과 권리회원으로 구분되었다. 권리회원은 정치하는엄마들에 일정액을 후원하는 회원들로, 참여회원과 달리 정치하는엄마들의 운영진에 대한 투표권을 비롯해 운영 전반에 걸친 의사결정을 할 수 있는 회원이다. 참여회원은 '정치하는엄마들'의 다양한 소모임이나 온라인 공간에서 활동할 수 있는 사람들이지만 운영진에 대한 투표권 및 제반 의사결정 권한은 없는 사람들을 말한다.

〈표 1〉 인터뷰 참여자의 특성 및 인터뷰 방식

참여자	참여시기	인터뷰 방식	자녀유무
A	창립 준비 과정	zoom	유자녀
B	창립총회	zoom	유자녀
C	창립 준비 과정	zoom	유자녀
D	2018년 강연 프로그램 이후	zoom	유자녀
E	2018년 지역 강연 이후	FGI	유자녀
F	맘카페 강연자리	FGI	유자녀
G	창립 준비 과정	FGI	유자녀
H	창립 준비 과정	zoom	유자녀
I	2018년 가을 지인 소개	서면	유자녀

로 연락하여 참여자를 선정하였다. 인터뷰는 2020년 5월부터 8월까지 진행하였고, 팬데믹 상황이었던 점, 그리고 인터뷰 참여자들이 다양한 지역에 흩어져 있었던 점 등을 고려하여 주로 줌(zoom)을 활용한 화상인터뷰 방식으로 이뤄졌다. 그 외 1명의 인터뷰이는 서면으로, 3명의 인터뷰이는 FGI(Focus Group Interview)로 진행하였다. 줌 인터뷰의 경우, 약 1시간 30분~2시간 30분, FGI는 2시간 30분 정도 소요되었다. 원활한 인터뷰를 위해 인터뷰 질문지는 2~3일 전에 연구참여자들에게 전달되었다. 줌에서 녹화된 내용을 바탕으로 녹취록을 제작하였고, 참여자들의 검토를 거쳐 수정한 뒤 활용하였다. 인터뷰이들이 '정치하는엄마들'과 함께 한 시기와 활동상의 특징은 다음과 같다.[30] 활동 시기의 경우 '정치하는엄마들'이 장하나 전 의원의 한겨레 칼럼 '엄마정치'의 제안에서 시작

30 '정치하는엄마들'은 회원들 간에 나이와 직업, 결혼상태, 거주지 등에 대해서 서로 묻거나 공개하지 않고 있다. 이번 인터뷰에서도 이와 같은 사항에 대해서는 질문하지 않았다.

된 만큼 단체 창립 준비 과정에서부터 함께 한 회원들, 그리고 창립 이후 다양한 활동 과정에서 단체를 만나게 되어 가입한 회원들로 구분하였다.

인터뷰 이외에 '정치하는엄마들' 관련 문헌자료(예를 들면 『정치하는 엄마가 이긴다』, 언론보도, 성명서)와 온라인 공간 특히 텔레그램 공간에 대한 참여관찰을 함께 실시하였다. 포털 사이트 다음(Daum)에 연재된 글을 바탕으로 2018년에 발간된 『정치하는 엄마가 이긴다』는 초창기의 단체 결성 과정 및 문제의식을 파악할 수 있는 중요한 자료다. 또한 이 글은 단체 회원들이 활동 과정에서 의제를 발굴하고 상호 소통하는 데 있어서 다양한 종류의 온라인 미디어가 굉장히 중요한 역할을 했다는 점에 주목한다. '정치하는 엄마들'의 주된 회원들은 디지로그 세대라고 일컬어지는 3040 세대들이다. '정치하는엄마들'의 시작이 장하나 전 의원이 제안한 페이스북 페이지였고, 단체의 회원들은 이후 네이버 카페, 텔레그램 등 다양한 온라인 매체를 활용하였다. 단체의 활동 과정에서 각각의 온라인 미디어는 각기 다른 역할을 수행해왔지만, '정치하는엄마들'에서 회원들 간의 깊은 상호소통과 의사결정이 이뤄지는 공간은 텔레그램 공간이다. 연구자 1인이 2018년 상반기부터 온라인 텔레그램 방에 참여하였고, '정치하는엄마들'에 대한 사회적 인지도를 급격하게 증가시킨 활동이었던 '사립유치원 비리'가 이슈화되었던 시기(2018년 9월)부터 현재의 열린운영위원회 방을 비롯해 다양한 소모임 방에 참여하였다. 이러한 참여의 경험, 2020년 5월 1일부터 단체 회원들의 승인하에 1개월간 집중적으로 관찰한 바를 바탕으로,[31] 텔레그램 공간이 디지털 백스테이지로서 어떤 역할을 했는지에 대해서 탐구하였다.

'정치하는엄마들'의 결성과 그 이후의 활동은 2018년 가을 사립유치원 비리를 이슈화하고 이를 패스트 트랙을 통해 '유치원 3법'으로 의제화한 이전과 이후로 나눌 수 있다. 해당 이슈를 주도하면서, '정치하는엄마들'의 회원 수가 급증하였고, 재정이 안정화되고 상근활동가가 생기는 등 단체로서 안정되었을 뿐만 아니라 (A, B, C), 한국 사회에서 '돌봄' 이슈를 대표하는 단체로 자리매김하게 되었다.[32] 이 글은 이러한 일련의 변화들에 유의하면서, '정치하는엄마들'로서의 집합적 정체성의 형성 과정과 그 함의에 대해 논의할 것이다.

4. 독박육아의 고립에 저항하는 '우리'의 구성

4.1. 프론트 스테이지와 백스테이지를 가로지르는 호명과 응답

31 '정치하는엄마들'의 텔레그램에 대한 참여관찰은 단체회원들의 승인을 얻어 진행되었는데, 진행과정에서 텔레그램 대화방 내용은 직접 인용하지 않는 것을 조건으로 관찰이 이뤄졌다. 연구자 1인이 오랫동안 '참여'관찰하면서 참여자와 동일시할 수 있는 점을 경계하고, 수집한 자료를 보다 성찰적이고 맥락적으로 해석하기 위해 해당 단체 활동 경험이나 활동가들과 라포가 없는 연구자와 공동 분석을 수행하였다.

32 최이숙, 앞의 글.

2017년 3월 25일 한겨레 신문에 실린 전직 국회의원 장하나의 글은 도발적인 제목(엄마들이 정치에 나서야만 '독박육아' 끝장낸다!)과 함께 '엄마'와 '정치'의 조합이라는 기존에 없었던 프레임을 선보이며 '장하나의 엄마 정치' 칼럼 연재의 포문을 열었다. 본인이 양육자로서 느낀 부조리한 육아의 현실과 사회 변화의 필요성을 역설하는 이 칼럼은 "저와 마음이 통하신다면, 이제 우리 만납시다"라는 요청과 함께, 행동의 거점으로 페이스북 페이지(https://www.facebook.com/political.mamas)를 제시했다.[33] 이 칼럼에 대해 훗날 '정치하는엄마들' 창립 당시 공동대표였던 이고은은 "이 말이 자신을 호명하는 것 같았다"고 언급했고,[34] 김신애 역시 다스뵈이다 출연 중 "저 사람은 나고, 나는 저 사람이야"라는 생각으로 빨려 들어갔다고 회고했다.[35]

페이스북 페이지에서 확인된 사람들의 소통과 공감은 장하나가 4월 7일 발행된 한겨레 신문의 두 번째 칼럼과 페이스북 페이지에서 오프라인 모임을 제안하는 계기가 되었다. 장하나는 "제 가슴을 뛰게 만드는 건 '엄마 정치를 해보자, 만나자, 달려가겠다'는 엄마들이 진짜 나타났다는 사실입니다"라며, 4월 22일 서울여성플라자에서 「엄마의 삶 그리고 정치: 독박육아 대 평등 육아」라는 주제로 "나의 삶, 우리의 문제들을 정치적인 관점에서 다시 보

---

33 장하나, 「엄마들이 정치에 나서야만 '독박육아' 끝장낸다!」, 『한겨레』, 2017. 3. 25.

34 정치하는엄마들, 앞의 책, 239-318쪽.

35 〈김어준의 다스뵈이다〉 36회, 딴지방송국, 2018. 10. 27. (https://www.youtube.com/watch?v=_iKiZSudLXM)

고 정치적인 해결책을 함께 찾아보자"고 제안했다.[36] 전국 각지에서 서울여성플라자로 모인 30~40명의 엄마들은 거의 대부분이 서로 잘 알지 못했음에도 3시간여의 오프라인 모임 이후, '정치하는 엄마들 준비위원회'를 꾸렸다. 그리고 2017년 5월 13일 2차 모임, 6월 11일 3차 모임이자 창립총회를 거쳐 '정치하는엄마들'이라는 비영리단체를 세상에 등장시켰다. 인터뷰 참여자 C는 첫 오프라인 모임을 이렇게 평가했다.

> "맘카페 보면 그냥 울고 끝나는 경우들이 너무 많아서 저는 사실 또 그럴까봐 많이 걱정하고 갔었어요. 근데 첫 만남하고 나서 아, 이게 울고 끝나지 않을 거 같은 거예요. 그냥 느낌이 딱 그랬어요. 이 사람들이 '이거 변해야 된다'로 의견이 모아지는 걸 보고 아 여기 뭐 하나 저지를 수 있겠다는 생각이 들어서 이제 두 번째 모임도 갔던 거죠."

페이스북은 개인 이용자들이 지닌 각각의 네트워크와 함께, 크고 작은 공동체들이 그룹의 형태로 포진해 있는 미디어 공간이다. 장하나는 레거시 미디어가 제공하는 프론트 스테이지에서의 외침을 이에 응답을 원하는 사람들이 모여들 수 있는 페이스북이라는 하이브리드 스테이지에 연결했다. 이는 그동안 일상과 맘카페에서 출구 없이 들끓었던 사적 공간의 하소연과 낙담, 우울로 가득한 (기혼) 유자녀 여성들의 정동을 실어 나르는 수송관을 하

36 장하나, 「한국 엄마들 초음파검사 횟수가 두 배인 이유」, 『한겨레』, 2017. 4. 7.

이브리드 스테이지와 백스테이지 사이에 개설한 것과 같은 효과를 불러일으켰다. 칼럼의 내용에 공감하고, 이제는 좌절의 상태에서 벗어나, 다른 이들과 함께 변화를 위해 행동하고 싶은 사람들은 장하나가 제시한 페이스북 페이지를 방문했고, 댓글을 달고, 이 페이지에 글을 쓰고, 다른 방문자의 글을 읽고, 이 페이지의 글들을 자신의 페이지에 공유하고, 자신의 해석을 더해 소개하면서 '엄마 정치'라는 새로운 프레임을 전파하는 데 기여했다.

이 중에서도 특히 페이스북의 공유 기능은 이 모임을 향한 열망의 정서를 상호 확인하고 오프라인으로 확장하는 중요한 역할을 했다. 예를 들어, 인터뷰 참여자 B는 "장하나의 칼럼을 읽었지만, 날 ('정치하는엄마들' 모임으로) 이끌었던 것은 내가 신뢰하는 사람들이 이 칼럼에 대해 긍정적으로 소개하고 평가하고 공유하는 페이스북 포스팅이었다"고 언급했다. 장하나의 칼럼과 '정치하는 엄마들' 모임에 대한 피드를 공유하는 개개인들이 서로서로 해당 모임에 대한 관심과 참여를 이끌었던 것이다. 페이스북 페이지 또한 장하나의 글을 읽으면서 공감했던 사람들이 서로의 존재를 확인하고, 제안된 오프라인 모임에 대한 궁금증을 상호 간 메신저를 통해 풀면서 오프라인 모임을 실현시킨 핵심 연결고리였다(인터뷰 참여자 G). 이렇게 반(半)공공적 성격을 띠는 페이스북에서의 거점은 익명의 개인들이 모여 단체 창립이 이뤄진 초기에 참여자들이 페이스북에서 각자가 지닌 신뢰 자원을 동원할 수 있게 했고, 메신저 등을 통한 상호 소통을 용이하게 했다. 이 과정은 "신뢰하는 관계들로 이뤄진 새로운 네트워크를 형성"[37]할 수 있었던 첫 '오프라인 모임'을 성공적으로 치르는 데 필수적인 역할을 했다.

'정치하는엄마들'의 초기 참여자들은 이 단체를 세상에 널리 알리고 더 많은 이들의 참여를 끌어내기 위해 스스로 경험한 대중적 소통의 성공 원리를 확장해 적용했다. 즉, 레거시 미디어의 프론트 스테이지에서의 '호명'을 계속해서 유지하는 한편, 이에 '응답'하려는 사람들이 일차적으로 모일 수 있고 개인 블로그/페이지와도 연계되는 하이브리드 스테이지(페이스북, 네이버 카페)와 날 것의 대화와 치열한 토론, 행동 기획을 진행할 수 있는 백스테이지(텔레그램)를 마련해 상호연결한 것이다. 이러한 의식은 아래의 인터뷰 참여자 C의 발언에서도 드러난다.

> "텔레그램의 경우에는 조금 더 검증된 회원들이 들어올 수 있는 공간으로 생각했었어요. 네이버 카페는 1차 검증이 끝나신 분들이 오는 거고, 그래서 페이스북 그룹을 오픈을 시킨 거였거든요. 그건 누구나 들어올 수 있게. 그래서 페이스북 그룹에서 우리에게 힘을 실어줄 분들이 네이버 카페로 오고, 여기서 정말 활동할 사람들은 텔레그램으로 오는 식으로."

이런 차원에서 '호명'의 일선에 선 장하나의 '엄마 정치' 한겨레신문 연재는 화제가 된 첫 칼럼 이후로도 약 8개월간 지속되며 '정치하는엄마들'의 소식을 공지하고 중계했다. 이에 더해 일부 참

---

37 Donnatella Della Porta & Mario Diani, op.cit, p.94.

여자들은 2017년 7월부터 포털 다음에서 스토리 펀딩을 진행한 뒤, '정치하는엄마들'의 창립 과정과 문제의식을 담은 "정치하는 엄마가 이긴다"라는 제목의 책을 2018년 5월 발간했다. 책이라는 올드 미디어는 레거시 미디어에 신생단체를 소개할 계기를 제공하는 한편, 그와 동시에 지역에 존재하는 여러 모임(맘카페, 지역 책 읽기 모임)에서 저자 간담회 형식의 오프라인 행사를 열 수 있는 가교 역할을 했다.

결과적으로 2017년 6월 11일 창립 이후 6개월간 '정치하는엄마들'의 활동은 레거시 미디어의 공적 무대에 총 53회(전국일간지, 방송사 기준) 노출되었으며, 이는 오래된 여성단체인 여성 민우회에 비해 2배 이상 많은 보도 양이다. 단체 창립은 진보지인 경향신문과 한겨레에 보도되었고, 10일 후에 있었던 첫 공식 활동인 칼퇴근법 제정 촉구 및 6월 추경예산 통과를 촉구하는 기자회견은 중앙일간지와 JTBC 〈소셜스토리〉에 방영됐다. 동시에 장하나 전 의원을 비롯해, 조성실, 이고은, 윤정인 등의 초기 운영위원들의 레거시 및 온라인 미디어와의 인터뷰가 지속되었다.[38] 창립 당시 권리 회원 34명, 네이버 카페 회원 100여 명 남짓했던 신생 단체가 레거시 미디어에 노출될 수 있었던 것은 장하나라는 전직 국회의원의 제안으로 단체가 결성되었다는 화제성과 함께 당시의 사회

---

38 「조성실 정치하는엄마들 공동대표 '인간다운 시대를 위한 엄마들의 정치세력화'」, 『경향신문』, 2017. 6. 17; 「[인터뷰 | 윤정인 '정치하는엄마들' 운영위원] "엄마들 목소리 반영해 보육정책 만들자"」, 『내일신문』, 2017. 6. 21; 「"엄마들 목소리를 들었다면 안철수가 단설유치원 발언을 했을까?"」, 『미디어오늘』, 2017. 6. 18; 「"맘충? '한국판 서프러제트'로 기록될 겁니다" - [인터뷰] 장하나 '정치하는 엄마' 공동대표」, 『프레시안』, 2017. 7. 7.

적 조건, 조직의 내적 조건이 맞물린 것으로 해석할 수 있다. 이에 대해 인터뷰 참가자 B는 기자 출신 회원들이 많았다는 점, 엄마와 정치라는 이질적 조합의 프레임, 그리고 양육과 돌봄의 문제점을 많은 이들이 의식하고 있는 사회적 조건 때문이라고 평가했다.

> "일단은 그 뭐 ('정치하는엄마들'이라는) 이름값이 굉장히 컸던 것 같고, 초창기에 제가 창립총회 처음 갔을 때 느꼈던 분위기처럼 모두가 생각하고 있던 문제점이었어요. (중략) 이건 나 개인의 문제가 아님을 알고 있었고, 바꿔야 하는데 바꾸지 못했던 것에 대해서 분노하고 있었고 그런 것들이 굉장히 응집되어 있었기 때문에 사회적인 분위기는 이미 충분했던 것 같아요. (중략) 그냥 그 문제의식이 언론환경에 있는 분들한테도 더 깔려있었던 거죠. 그래서 그분들에게 그냥 지원받았던 것 같아요. '이런 문제를 제기하는 단체가 있네', '내가 계속 생각했던 부분인데 드디어 이야기를 하네'라고 해서 언론에 있던 엄마들, 여성들이 아니어도 육아 문제에 대해서 힘들어하던 분들의 지원도 초반에는 무시할 수 없었던 것 같아요."

레거시 미디어의 활용과 노출은 이 기사들이 공유된 페이스북 페이지 및 포털과 언론사의 소셜 미디어와 유튜브 등을 통해 이 이슈에 관심 있는 사람들을 회원 또는 활동가로 모으는 계기가 되었다. 다른 시민단체에서 활동하던 인터뷰 참여자 D는 자신이 '정치하는엄마들' 회원이 된 동기 중 하나는 생긴 지 얼마 되지 않은 단체에서 여는 기자회견에 대한 언론의 관심을 보고 활동 방식을 배우기 위해서였다고 말했다. 이외에도 '정치하는엄마들' 네이버 카페에는 "2017년 6월 국회 앞에서 있었던 칼퇴근법 관련 기자 회견 보도를 보고 카페에 가입하고 단체 활동에 참여하게 되었다"는 글이 함께 게시됐다. 2018년에도 레거시 미디어는 회원 수 및 영향력 확장에 있어서 지속적으로 중요한 역할을 했다. 2018년 10월 연구자가 지역의 오프라인 모임에서 만난 한 회원은 'SBS 스페셜'의 〈앵그리맘의 반격〉(2018년 5월 13일 방영)을 시청하고 가입하게 되었다고 언급했으며, 인터뷰 참가자 G는 이 프로그램 방영 후 회원 수가 증가했다고 회고했다. 인터뷰 참가자 E, F, I와 같은 신입회원들이 새롭게 들어오는 문을 열어주면서 '정치하는엄마들'은 창립 1년 만에 회원 수는 100명(권리회원 기준)을 넘었다.

4.2. "돌봄을 수행하는 모든 이들이 엄마": 실천으로서의 모성, 돌봄의 사회화

사적 영역에서 돌봄을 수행하며 느끼는 고립에 저항하며 '정치하는엄마들'이라는 호명에 응답한 참여자들은 함께 소속감을 느낄 수 있는 '우리'를 정의하고 그 경계를 정해야 했다. 이는 참여자들이 '우리는 누구이고, 무엇을 위해 모였으며, 무엇을 어떻게 그리고 왜 할 것인가'에 대해 분명히 공유하는 의미나 정서가 있을 때, 이러한 집합적 정체성을 바탕으로 집합 행동을 해 나갈 수 있기 때문이다. '정치하는엄마들'의 프론트 스테이지 중 하나인 홈페이지에 있는 소개글("아름다운 '엄마 노릇'이 가능한 사회를 꿈꿉니다")[39]은 '우리는 누구인가'에 대해 다음과 같이 정의하고 있다.

> 엄마들의 이런 고통은 우리 사회 구조의 각종 불합리와 모순에 따른 공적인 문제입니다. 그럼에도 우리 사회가 임신, 출산, 육아로 이어지는 인간의 생애 주기적 과제를 오로지 '여성'의 사적인 일로만 규정하고 가두는 데서 오는 억압과 착취의 산물입니다. (중략) '정치하는엄마들'은 엄마들의 직접적인 정치 참여를 통해 엄마들의 정치세력화를 도모하고 ▲모든 엄마가 차별받지 않는 성평등 사회 ▲모든 아이가 사람답게 사는 복지 사회 ▲모든 생명이 폭력 없이 공존하는 평화 사회 ▲미래 세대의 환경권을 옹호하는 생태 사회를 만들고자 합니다. '정치하는엄마들'은 꼭 아이를 출산한 생물학적 엄마만의 단체가 아닙니다. 아빠, 할머니, 할아버지, 이모 등 돌봄을 수행하고 있거나 향후 수행하고자 하는 모든 양육의 주체를 아우르는 '사회적 모성'이 바로 '정치하는엄마들'의 주인공입니다.

사실 모성의 경계를 여성의 생물학적 몸과 출산의 경험에 귀속시키지 않고, 양육의 경험과 실천에 두려는 '양육적 모성' 논리는 새로운 것이 아니며, 2000년대 이후 한국 사회에 빈번하게 등장하기 시작한 모성의 사유 방식이라고 할 수 있다.[40] 그럼에도 불구하고 실천으로서의 모성, 돌봄의 사회화를 양대 축으로 한 '사회적 모성'을 위와 같이 공식적이고 직접적으로 표현한 '정치

---

39 https://www.politicalmamas.kr/post/142

40 최은영, 『한국 여성의 모성 기획과 균열에 관한 질적 연구』, 서울대학교 박사학위논문, 2014.

하는엄마들'의 행동은 정치적 행위성 차원에서 볼 때, '토로'에 그쳤던 기존의 (기혼) 유자녀 여성들의 문화적 실천을 넘어선다. 이는 일상 속 나와 아이들의 문제를 간파하고 돌봄을 둘러싼 다층적인 불평등에 저항하는 집합적 주체의 등장을 의미한다. 또한 이들은 돌봄의 윤리가 갖는 정치적 가능성을 의식하고 인간과 비인간이 모두 존중받고 공생하는 사회를 지향함을 천명했다. 생물학적 모성에 대한 가부장적 인식과 그에 대한 문화적 재현이 한국사회에서 여전히 건재하고,[41] 이에 더해 돌봄 노동의 상품화에 따른 돌봄 제공의 젠더화/인종화/계급화, 돌봄 수혜의 불평등이 점차 심화되는 상황을 고려할 때, 이들의 '사회적 모성'을 향한 도전과 실천, 돌봄중심사회를 향한 모색이 갖는 의미에 더욱 주목할 필요가 있다.

생물학적 여성의 출산 여부를 떠나 양육/돌봄을 제공하는 이라면 누구나 '엄마'가 되는 '정치하는엄마들'에서는 양육에 참여하는 아빠와 아이들의 삶을 책임지는 비혼 역시 '사회적 모성' 실천의 주체가 된다. 이러한 '정치하는엄마들'이라는 새로운 집합적 정체성은 아빠/할머니/할아버지 참여자들 혹은 돌봄 이슈에 관심 있는 비혼 참여자들이 단체 홍보에 적극적으로 동참하는 모습에서도 드러난다.[42] 동시에 돌봄의 윤리가 지향하는 상호존중의 문

---

41 정영희, 「텔레비전 드라마 속 모성 판타지에 대한 여성주의적 고찰: KBS 드라마 「동백꽃 필 무렵」을 중심으로」, 『한국언론학보』 제64권 4호, 한국언론학회, 2020, 132-166쪽.

42 〈정치하는 엄마들 (1)〉, JTBC 소셜스토리, 2017. 6. 22. (https://www.youtube.com/watch?v=cjmHe-Om5DU); 〈비혼 특집: 언니? 언니? 언니라고? 이모 삼촌 누구나 정치하는엄마들 OK!〉, 유튜브 채널 '정치하는엄마들', 2020. 7. 7.

화는 이들이 나이, 성별, 사회적 직책과 상관없이 서로를 부르는 '언니'라는 호칭을 통해 강화되었다. 호칭에 엉킨 서열과 위계, 차별과 배제의 논리를 넘어서려는 이러한 노력은 참여자들이 서로를 평등한 위치에서 대하고, 이에 기반해 서로를 신뢰하고 함께 행동하는 것을 더욱 가능하게 했다. 『정치하는 엄마가 이긴다』의 저자들은 이 호칭의 의미에 대해 다음과 같이 해석했다.

> "우리는 나이가 많건 적건, 남자건 여자건, 서로를 언니라 부르기로 했다. 그러자 신기하게도, 예전보다 서로를 부르는 데 주저함이 없어지고 관계 맺기의 어려움이 열어지는 경험을 하기 시작했다. (중략) 형식은 내용을 규정한다. 우리는 애초부터 서로를 언니라 부르며 동등한 위치에서 관계맺기를 시작하고 약속했다. (중략) '언니'의 정서는 정치하는엄마들의 민주주의를 잘 보여준다. (중략) 누군가 아이를 키우면서 겪은 불합리를 하소연하듯 털어놓으면, 하나 둘 이야기를 보태고 의견을 더해 사회적 이슈로 확장시키는 일이 자연스럽게 이뤄진다. 이것이 정치하는엄마들의 더 큰 가능성을 말해주는 가장 강력한 힘이다."[43]

사회적 모성과 돌봄 중심 사회에 대한 '정치하는엄마들'의 비전 및 '언니' 호칭에서 배어나는 상호존중 문화가 참여자들을 끌어당기는 요인(pull factor)이었다면, '정치적'인 여성에 대한 한국 사

(https://www.youtube.com/watch?v=8MrvEoyKN_I)

43 정치하는엄마들, 앞의 책, 71-72쪽.

회 전반의 배척, 주변화, 억압이 가득한 사회문화적 조건은 참여자들을 '정치하는엄마들'로 밀어내는 요인(push factor)이었다. 참여자들이 '정치하는엄마들'의 공간을 마치 '오아시스' 혹은 '피난처'처럼 여기게 된 데는 『82년생 김지영』에 대한 사회적 백래시가 상징하듯, 이들이 자신의 삶의 조건과 공동체의 중요 이슈에 대해 목소리를 낼 때마다 부딪쳤던 주변의 반응("예민하다, 유난스럽다, 잘난척한다")에서 받았던 상처와 자기검열의 경험이 있었다(인터뷰 참여자 B, E). '정치하는엄마들'에 오면서 이들은 "내가 이야기하는 거에 대해서 스스로 검열하지 않고"(E), "편하게 이야기할 수 있었다"(B)고 만족감을 표했다.

'정치하는엄마들'은 돌봄을 둘러싼 여러 이슈에 공적 목소리를 내기 힘든 현실에 비판적이었던 소수자들이 함께 모여 개입하며 시작되었다. 이들은 '우리는 누구인가'에 대한 명확한 경계들을 설정했고, '일상 속 하소연의 사회적 이슈화'와 같은 자신들의 행동에 대한 공동의 의미틀을 만들었고, 서로 존중하고 지지하고 신뢰하는 관계를 형성했다. 이러한 성격의 네트워크를 구성하며 참여자들은 과거의 자기검열과 억압, 위축됨의 경험에서 벗어나 함께 목소리를 내며 성장하는 경험을 하나씩 쌓아 나갔다. 이렇게 '우리'를 만들고, 우리의 '집합 행동'을 통해 '자신'을 재정의하는 해방의 과정은 참여자들이 다양한 미디어와 제도, 일상의 공간들을 넘나드는 과정과도 긴밀하게 연결된다. 다음 장에서는 '정치하는엄마들'이 어떻게 온라인의 '악플 공격 및 신상 노출'의 위협을 피해 가면서 '사회적 모성'을 향한 집합 행동을 실천했는지 살펴본다.

5. 일상 속 돌봄을 공적 무대에 올리는 "참지 않는 언니들"

5.1. 디지털 뒷무대이자 기획 본부로서의 텔레그램

단체 창립 후 '정치하는엄마들'이 주로 활용한 플랫폼은 페이스북 페이지, 네이버 카페, 텔레그램이었다. 단체의 온라인 공간을 관리했던 C가 앞서 말했듯, 단체가 시작됐던 페이스북 페이지가 완전히 공개된 공간이었다면, 네이버 카페는 조금 더 관심 있는 사람들이 모이는 접근성에 제한이 있는 공간이고, 텔레그램은 단체 활동에 관여도가 가장 높은 사람들이 모이고 접근성 제한도 가장 큰 곳이다. 텔레그램 단체채팅방은 오프라인 모임이나 네이버 카페에 참여했던 사람들이 좀 더 일상적으로 다른 참여자들과 소통하고 싶을 때 전화번호를 남기면서 초대를 요청하고 관리자의 허락을 받으면 접근할 수 있었다. 여기서 단체 창립 준비 및 활동 조직에 있어서 가장 핵심적인 공간은 "역사는 텔방에서 쓰인다"[44]는 언급이 시사하듯 텔레그램 단체채팅방이었다.[45]

왜 페이스북이나 네이버 카페가 아닌 텔레그램 단체채팅방

---

44 강미정 · 임아영, 「정치하는엄마들의 탄생」, 정치하는엄마들, 앞의 책, 30쪽.

45 『정치하는 엄마가 이긴다』에 의하면, 한국인들이 대중적으로 이용하는 카카오톡이 아니라 텔레그램을 소통의 플랫폼으로 선택한 이유는 '보안'상의 이유였다(강미정 · 임아영, 위의 글).

이 이들의 집합 행동 조직을 위한 주요 소통 통로가 되었을까? 단체 창립 당시 해외 체류 중이었던 G는 가장 큰 이유로 텔레그램의 어포던스와 모임에 필요한 소통 방식 사이의 호환성을 지적했다. '스마트폰'으로 네이버 카페에 글 쓰고 댓글 다는 것이 텔레그램에 비해 상대적으로 불편했다는 것이다. 즉 텔레그램과 같은 인스턴트 메시지 서비스가 갖는 편리함, 일상성, 즉각성은 스마트폰 이용이 일상화된 한국에서 사람들이 빠르게 소통하고 의사결정을 내리기에 최적화된 플랫폼의 특징이라 할 수 있다. 동시에 텔레그램으로의 접근이 여러 단계를 거쳐 이뤄졌던 점을 고려할 때, 단체채팅방 참여 회원들의 경우 페이스북 페이지의 구독자나 네이버 카페 회원들에 비해 세상에 개입하고 싸우는 '정치하는엄마들'이라는 정체성을 강하게 공유하는 사람들이었다고 볼 수 있다. 이러한 특성들이 결합되면서 텔레그램 단체채팅방은 상대적으로 공개된 두 온라인 플랫폼(페이스북 페이지, 네이버 카페)을 관리하고, 공개적인 단체 활동을 기획하고, 비공개적인 대화와 토론을 수행하는 디지털 뒷무대로서 기능하게 되었다.

텔레그램은 에밀리아노 트레레가 언급한 디지털 백스테이지의 역동성을 그대로 보여주는 공간이었다. 회원들의 멘션으로 텔레그램 단체채팅방에 쌓이는 메시지 개수는 순식간에 수백 개에 이르렀다. 그래서 회원들은 텔레그램 방에 처음 들어온 사람에게 알림을 꺼두라고 충고하기도 한다. 강미정과 임아영의 평가처럼 일상과 낭만, 정치가 공존하는 곳이 텔레그램이었고, 일상에서 느끼는 문제들이 다시 공적인 방식으로 논의되는 곳이기도 했다. "일상의 언어와 정치의 언어가 뒤섞이고, 재미와 공감을 느끼다가

의식화와 행동으로 이어지는 공간"[46]으로서의 텔레그램은 여성들의 온라인 정치활동에서 발견되는 '감성 공론장'의 면모가 가장 두드러진 곳이기도 하다. 일상의 경험이 유사한 사람들이 공감할 수 있었기 때문에 A는 초기 텔레그램 방의 대화가 "너무 재미있었다"고 회고했다.

집합 행동의 조직 차원에서 볼 때, 텔레그램 단체채팅방은 단체의 자원을 끌어내고, 의제를 논의하고, 의사결정을 하는 공간이었다. 양육자의 상황을 고려할 때 전통적인 사회운동 조직에서 수행했던 기자회견과 같은 오프라인 이벤트를 개최하기 쉽지 않았음에도, 단체 창립 후 첫 6개월간 3차례의 기자회견을 할 수 있었던 것은 소위 '집단 모성'의 방식으로 명명되는 '이어달리기'를 통해 조직의 자원을 효율적으로 동원했기 때문이다.

> 플래카드 만들 때도 뭐 어떻게 만들지 모르는데 '누구 하실 분?' 이렇게 하면은 누가 '저 사실 경력 단절녀 되기 전에 홍보회사에서 일했어요'하면서 포스터를 딱 만들고 '근데 지금 애 데리러 가야 돼요. 누가 이거 인쇄소에 맡겨주세요' 하면 그 사람이 던지고, 또 누가 그 다음에 찾으러 가고 약간 이런 방식으로 했고.[47]

소위 '시간 거지'인 엄마들이 오프라인 모임과 기획 강연, 그리고 기자회견과 보도 논평 발표를 이어갈 수 있었던 것은 이러한

---

46 강미정 · 임아영, 앞의 글, 27쪽.

47 〈김어준의 다스뵈이다〉 방송 중 조성실의 발언. 2018. 10. 26.

자원 동원 방식 덕분이었고, 이는 텔레그램을 통해 이들이 항시 연결되어 있기에 가능했다.

동시에 일상 속에서 문제적으로 여기는 이슈를 텔레그램에서 논의하고 빠른 의사결정을 통해 시의적으로 적절한 목소리를 낼 수 있도록 참여자들이 상호 지휘하는 공간도 백스테이지였다. 일례로 2017년 7월 25일에 발표된 "유아교육, 보육은 비즈니스가 아니다"라는 성명서[48]는 서울시 교육청 주최 '제2차 유아교육발전 5개년 기본계획' 관련 세미나가 사립유치원 원장들의 모임인 한유총(한국유치원총연합회)의 무력에 의해 무산된 사건을 목격한 회원들이 먼저 현장에서 성명서 초안을 작성하였고, 이를 텔레그램에서 '이어달리기'를 통해 수정/논의/완성하면서 발표된 것이었다. 디지털 뒷무대에서 경험한 이러한 역동성은 단체 회원들에게 이 신생 단체에 대한 신뢰를 주기에 충분한 것이었다.

> 네 그니깐 현장 성명 냈을 때. 그때였어요. '아 이렇게 기민하게 활동할 수 있구나.' 그니까 거기서 어떤 문제를 느끼고 거기서 바로 분노하고 거기서 그 정말 되지 않은 자원으로 바로 성명을 넘기고 그걸 또 받아서 자료로 낼 생각을 하고 의사를 결정하고, 처음 보는 모습이었던 거죠. 이렇게 신속하게 이루어질 수 있는 것. 그니깐 문제를 인식하는 것들도 사실 쉽지 않지만. 문제를 인식했을 때 '어떻게 해야겠다'라고 결정해서 결과물을 내고 그 결과물을 또 어떻

48 이 성명서의 작성 과정에 대해서는 김신애. 백운희, 「거리에 나서다. 정치하는엄마들」, 정치하는엄마들, 앞의 책, 94-96쪽 참조.

게 반영해 가고, 일이 딱딱 진행되는 것이 저한테는 무척 새로웠던 것 같아요. 아 여기 정말 다르다. 내가 만일에 의지를 갖고 뭔가를 문제제기하면 이것이 논리성을 가지고 사람들을 설득할 수 있다면 당연히 되겠구나, 할 수 있는 구조구나를 느꼈던 것 같아요. (인터뷰 참여자 B)

동시에 기자회견, 성명서 발표 등 제도적 공적 무대에서 이뤄진 성과들이 공유됨으로써, 텔레그램은 가장 먼저 조직의 활동을 평가하고 활동이 지속되고 있음을 실시간으로 느낄 수 있는 장으로 기능했다. 24시간 지속되는 상호작용은 자신과 함께 싸우며, 모성 신화를 넘어 돌봄의 정치를 수행하고 자신의 현실을 바꾸고자 하는 존재들을 끊임없이 서로 연결하고 확인시키면서 단체의 활동을 지속시키는 핵심적인 공간이었다.

5.2. "우리는 문제를 해결하는 사람들": '정치하는엄마들'의 성장과 텔레그램의 분화

재정과 인력난 및 경험 부족과 같은 '정치하는엄마들'이 신생 단체로서 초기에 맞닥뜨려야 하는 현실이 바뀌기 시작한 것은 2018년 가을 전국적인 이슈로 부상한 사립유치원 회계 비리 문제를 이들이 제기하면서부터였다. 사립유치원 비리는 초창기 '정치하는엄마들' 회원들이 관심을 가졌던 여러 보육 이슈 중 하나였다(인터뷰 참여자 C). 〈김어준의 다스뵈이다〉에 출연했던 김신애에 의하면 '정치하는엄마들' 회원들이 심야에 텔레그램 단체채팅방에서 이야기를 나누다 이 이슈를 '파보기'로 결정하고, 각 시도 교육청이 실시한 유치원 감사에서 적발된 유치원의 이름과 비리 내용에 관한 정보 공개를 2017년 12월 청구하면서 시작되었다. 정보 공개 청구가 대부분의 교육청과 교육지원청에서 무시당하자, 이들은 2018년 5월 비리 유치원 명단 공개를 요구하며 국무조정실과 인천 교육청을 상대로 행정소송을 냈고 7월에 국무조정실로부터 그 명단을 받을 수 있었다.[49]

1차적으로 이 이슈는 백스테이지에서의 일상적인 대화가 단체의 의제가 되고, 회원들이 실질적으로 개입한 전형적인 사례이다. 동시에 레거시 미디어의 공적 무대와 제도적 차원의 공적 무대인 정당, 국회 내에서의 협업이 사회적 의제화 과정에서 중요한 역할을 담당하였다. '정치하는엄마들'은 2018년 가을 회계 비리를 저지른 사립유치원의 명단을 언론에 공개했고, MBC를 비롯한 언론의 연속보도가 이어졌다. 또한 그 해 국정감사에서 박용진 의원실과의 협업을 통해 그 실체가 낱낱이 드러나면서 사립유치원 비리는 전국적인 이슈로 부상하였다.[50] 나의 아이를 돌보고 교육하는 사립유치원에 대해 양육자들이 가졌던 의문이 현실에서 구체적으로 드러나고 이에 대한 사회적 분노가 고조되면서, 유치원의 회계 투명성을 정책적으로 관리/규제하기 위한 유치원 3법은 12월 패스트 트랙에 상정되었다. 그리고 2020년 1월 그 법안이 국회에서 통과되었다. 이슈가 가장 뜨거운 관심을 받았던 2018년 10월부터

---

49 〈김어준의 다스뵈이다〉, 앞의 방송.

50 「비리 유치원 공개 뒤엔 '엄마들'의 추적 있었다」, 『한겨레』, 2018. 10. 20.

패스트 트랙으로 지정되었던 2018년 12월까지 '정치하는엄마들'에 대한 기사는 총 194건으로(중앙지와 방송사 기준) 여론의 관심과 응원을 얻어나갔다. 뿐만 아니라, '정치하는엄마들'은 정책 결정에 영향을 미치는 이해 당사자 중 하나가 아니라 사립유치원의 반대편에 있는 "테이블 위의 협상 대상자"(C)이자 이 문제를 해결할 수 있는 핵심 행위자로 부상했다.

레거시 미디어에의 빈번한 노출, 제기된 이슈의 법제화 및 제도 개선을 일군 것에 대해 C는 "벤처로 따지면 기술이전 하나 한 거"와 같다고 평가하였다. 단체의 대중적 인지도가 높아지면서 회원 수가 3배 이상 늘었는데,[51] 이는 단체가 이슈를 제기하고 집합행동을 위해 동원할 수 있는 자원의 수준이 달라짐을 의미한다. 1년 동안 상근자와 사무실이 없었던 '정치하는엄마들'이 이 사건을 겪으면서 사무국 상근자 2명을 둘 수 있었고, 서울NPO에 공용 사무실도 마련하게 되었다. 그에 따라 이제까지 완전히 특이하게 운영되던 단체에서 활동이 조금 더 체계화되고 "시민단체와 비슷"(D)해졌다. 또한 '정치하는엄마들'이 '내 아이의 문제'가 아닌 '우리 아이의 문제'를 이야기하는 단체로 사회적으로 각인되면서, '정

51 국민일보에 따르면, 박용진 더불어민주당 의원이 유치원 감사 결과를 실명 공개했을 당시, '정치하는엄마들' 회원 수는 500명 수준이었지만, 유치원3법(유아교육법 · 사립학교법 · 학교급식법 개정안)이 패스트 트랙으로 지정된 다음 날인 28일 회원 규모는 1,600명을 넘겼다. (「'정치하는엄마들' 2개월 만에 회원수 3배로 증가」, 『국민일보』, 2018. 12. 18.) 당시 회원 관리를 담당한 C는 "김어준 방송이 나가고 그 다음 날 저희가 600명을 찍었어요. 그 1주일 동안 이제 하루에 한 100명씩 느는 거예요. (중략) 그것도 막 절반 정도가 다 권리회원(하략)"이라고 당시의 상황에 대해 언급했다.

치하는엄마들'은 창립 1년 만에 그동안 간과되었던 한국 사회의 다양한 돌봄 이슈를 의제화하는 단체로 부상했다. 집합 행동을 조직할 수 있는 실질적 자원과 제도적 기반(사무국)이 마련되고, 국회의 일정(예산안 심의, 정기 국회 등)을 고려해 정책 입안에 적극적으로 개입하면서 2019년~2020년 상반기까지 스쿨미투 지도 발표와 교육청을 상대로 한 소송, 어린이 생명안전보호법의 제정, 급식비 인상 등의 제도적 변화를 이끌어냈다. 2018년 가을 이후 '정치하는엄마들'의 제도적, 공적 가시화는 그동안 개인의 이슈로만 치부되었던 '돌봄'을 사회의 중요한 의제로 설정하게 했고, '정치하는엄마들'은 이를 담당하는 주요한 플랫폼 혹은 대변인으로 위치하게 되었다.[52]

제도적 미디어 공간 및 정치 공간에서 '정치하는엄마들'의 인지도가 증가하고, 회원수가 증가하면서 디지털 공간에 진입하는 사람들의 수 역시 늘어났다. '정치하는엄마들'의 창립, 그리고 초기 1년 동안 단체에 관심 있는 사람들이 모여 소통할 수 있는 핵심 공간이었던 텔레그램에도 변화가 있었다. 특히, 100명 정도의 회원들이 소통하던 텔레그램은 한 번의 해체를 겪었다. 사립유치원 비리가 이슈화되면서 텔레그램에서 논의했던 내용들이 "자꾸 새어나가는" 일이 벌어지면서(C), 전체 회원들이 자유롭게 소통하던 공간은 '폭파'되었고, 텔레그램 공간은 권리회원들이 참여할 수 있는 열린운영위원회 공간과 다양한 소모임 방으로 분화되었다(B, C). 소모임은 관심사가 있는 회원들이 모여 자율적으로 생성할 수

52 최이숙, 앞의 글.

있지만 단체의 공식 소모임이 되기 위해서는 일정한 활동 후 운영위원회의 승인을 거쳐야 한다. 2020년 상반기에도 성평등 이슈에 관심 있는 회원들이 개설한 '모두를 위한 평등'과 팬데믹 시기 빈번해진 아동학대 문제에 대해 논의하는 '아동학대방지' 소모임이 새로이 개설되었다. 네이버 카페 역시 다양한 성향을 지닌 사람들이 유입되면서, 사립유치원 비리 이슈가 진행되는 동안 자신의 아이가 다니는 유치원의 이야기를 했다가 피해를 보는 회원들이 생기기도 했다. 카페 공간에 대한 관리가 쉽지 않아지면서, '정치하는엄마들'은 2020년 2월 카페에서의 활동을 공식적인 공지 외에는 사실상 동결했다. 단체에서 가장 오픈된 공간인 페이스북 페이지와 페이스북 그룹의 경우, 해당 그룹/페이지에 가입된 사람들이면 누구나 글을 올릴 수 있는 공간이기 때문에 때로는 특정 정치적 성향을 지닌 사람들이 공간을 소위 '도배'하기도 했다.

다른 공간에 비해 보다 걸러진 사람들이 참여하는 텔레그램방 역시 단체 인지도가 올라가고 다양한 사람들이 회원으로 유입되면서 참여자들은 더 이상 이곳을 서로 자유로이 이야기할 수 있는 '안전한 공간'으로 인식할 수 없게 되었다. H는 텔레그램 단체 채팅방 중 가장 큰 공간인 열린운영위원회 방에서는 자신의 의견을 이야기하기 조심스럽다고 말했고, 대신 자신이 활발히 활동하는 소모임 방에서 주로 이야기를 나누게 된다고 했다. 인터뷰 당시 운영위원이었던 A 역시 이전에 비해 회원 수가 늘어나면서 말 한마디 한마디가 조심스러워졌다고 토로했다. 인터뷰 참여자들은 "우리는 문제를 해결하기 위해 모인 사람들"(H)이라고 스스로를 규정했기에 그러한 성격이 강한 텔레그램의 열린운영위원회 방의 대화는 공적 사안(선거, 학교 돌봄, 성폭력 사건 등)에 집중되었고, 일상의 경험(아이와의 갈등, 좋아하는 공연정보)에 관한 대화는 소모임에서 이뤄지는 경향을 보였다. 인터뷰 참여자들은 생활을 공유하고, 어려움을 토로할 수 있었던 공간과 시간이 필요한 것 같다고 지적하면서(A, B, H), 소모임 활동에서 만나는 사람들을 통해 이러한 아쉬움을 해소한다고 언급했다(H).

초기 '정치하는엄마들' 운영의 디지털 뒷무대이자 헤드쿼터로서의 텔레그램의 변화가 '정치하는엄마들'의 집합 행동을 조직하는 과정에서는 어떠한 변화로 이어졌을까? 단체에 참여한 회원들과의 소통 통로로서의 텔레그램의 역할은 유지되었다. 텔레그램 열린운영위원회는 회원들의 다양한 활동이 예고되고 실시간으로 중계되었고 그에 대한 응원과 격려가 함께 하는 공간으로 자리했다. 동시에 기자회견 등 단체 행사의 참여자를 조직하는 공간으로서 여전히 유의미했다. 특히 레거시 미디어와 제도적 공간의 공적 무대에서 '정치하는엄마들'의 부상을 이끌었던 사립유치원 회계 비리의 이슈화와 유치원 3법의 제안, 어린이 생명안전보호법안 제정, 그리고 급식비 인상과 같은 정책 변동 과정에서 회원들의 문자메시지 보내기와 온라인상의 캠페인(SNS 인증샷과 해시태그)이 조직되고 공유되는 공간으로 의미를 지녔다. 열린운영위원회 텔레그램 채팅방은 초창기 사적 토로의 공간으로서의 성격은 약화되었으나 후면에서 집합 행동을 조직하고, 동원하는 역할은 여전히 유지되었다.

디지털 백스테이지 내에서 열린운영위원회가 공적 공간의 성격을 띠었다면 소모임 공간은 회원들에게 상대적으로 사적이면서 보다 날 것 그대로의 대화가 일어나는 공간이 되었다. 열린운영위원회 공간에 비해 자신과 보다 유사한 관심사를 지닌 사람들이 모이게 되면서, 소모임 방에서는 때로는 열린운영위원회 공간에서 미진했던 부분이 다시 논의되기도 했다. 또한 특정 이슈에 있어 열린운영위원회의 논의와 소모임 참여자들이 다른 결을 나타난 경우, 소모임에서의 발화는 감정적인 토로와 해결 방안에 대한 논의가 함께 나타났다.

동시에 소모임의 존재는 '정치하는엄마들'이 제기하는 의제와 활동의 다양화로 이어졌다. 소모임별로 새롭게 의제를 발견하고 별도의 활동을 조직하기도 했는데, 돌봄팀에서 2020년 초 초등돌봄길라잡이를 만들거나 성명서를 작성하는 경우가 대표적이다. 활동 과정에서 집합 행동의 양식인 '이어달리기'를 통해 집단 모성이 다시금 실행되기도 했다. 2020년 5월 '정치하는엄마들' 돌봄팀은 돌봄교실 법제화와 관련된 성명서를 작성했는데, 돌봄방(현재 초등돌봄방)에 있던 회원이 초안을 작성하고 이에 대해 다른 회원들이 직접 첨삭하거나 의견을 제안하는 방식으로 완성한 후 사무국에서 이를 발표하였다. 이 성명서는 공표된 직후 열린운영위원회 방에 공유되었다. 조직할 수 있는 인적/재정적 자원이 확대되고, 다양한 소모임이 조직되고, 사무국이라는 물리적 공간이 형성되면서 사립유치원 비리 이슈화 이후 '정치하는엄마들'의 의제와 성명서 발표는 더욱 빈번해졌다.

디지털 뒷무대의 성격이 보다 공적인 성격으로 변모했지만, 단체의 활동이 조율되고, 조직되고, 그 성과들이 가장 먼저 공유되는 공간, 일상의 의제를 유지하는 공간으로서의 의미는 여전히 유지되었다. 디지털 뒷무대의 공적 성격 강화는 문제 해결자로서 '정치하는엄마들'의 집합적 정체성이 강해진 데 따른 역설적인 결과라고 할 수 있을 것이다.

6. 나가며

> "'정치하는엄마들'이 되기 전까지 양육의 문제는 본인이 가족 안에서 해결해야 하는 문제로 여겼습니다. 사회의 문제라도 혼자의 힘으로 해결할 수 없기에 무력감을 느끼기도 했습니다. 불합리하다는 목소리조차 낼 수 없었지만 함께 목소리 내고 제도를 개선해 보니 '우리는 할 수 있다'. '우리는 더 정치적이어야 한다'는 생각이 강해졌습니다." (인터뷰 참가자 I)

이 글은 '정치하는엄마들'의 초기 3년의 활동에 주목하면서, 모성 신화와 돌봄에 대한 저평가가 공존하는 한국 사회에서 이들이 어떻게 다양한 층위의 제도, 미디어, 일상 공간을 넘나들며 돌봄의 문제를 제기하고 해결하는 새로운 정치 주체로 부상했는지 탐구했다. 이는 한국 사회에서 (기혼) 유자녀 여성들의 정서적 발화('엄마'가 되는 과정에서 겪는 힘듦, 분노, 무기력과 우울)가 다양한 디지털 미디어 공간에서 지속되어 왔고, 이에 더해 '페미니즘 리부트' 국면 이후 이들의 집합적이고 정치적인 실천이 시작되었음에도 이에 대한 관심이 부족했기 때문이다.

2017년 '정치하는엄마들'의 등장은 돌봄 제공자로서 겪었던 차별, 아이들에게 충분한 돌봄이 제공되지 않는 사회현실에 대한 이들의 경험과 분노와 우울이 다양한 미디어와 일상의 공간을 넘나들며 응축된 결과라고 볼 수 있다. 정치적 발화가 여성들의 주요 온라인 커뮤니티에서 터부시되고, '엄마'와 '아이'에 대한 혐오가 팽배한 사회 분위기에서 이러한 벽을 넘기 위해 용기를 내고 행동하려는 사람들이 서로를 호명하고 그에 응답하였다. 이들은 모성의 재전유를 통해 돌봄을 담당하는 모든 이들이 '엄마들'임을 천명함과 동시에 돌봄이 중시되는 사회로 나가기 위한 비전을 제시하고, 단체 안에서 상호존중의 문화와 신뢰 관계를 형성하면서 '정치하는엄마들'로서의 집합적 정체성을 형성하였다. 디지털 뒷무대로서의 텔레그램은 이들이 물리적 거리와 시간적 한계를 넘어 각자가 지닌 자원을 동원하며, 일상의 문제를 공적 무대(레거시 미디어, 국회, 지방정부 등)에 역동적인 방식으로 올릴 수 있도록 해 준 기획 본부였다. 이를 통해 이들은 개인의 위치에서 대항하지 못했던 집단(사립유치원)에 함께 싸우고 제도정치와 협상해 나갈 수 있었다. 이러한 행동이 제도적 성과를 얻으며, '정치하는엄마들'의 참여자들은 참지 않고 함께 '문제를 해결하는 사람들(D)', '할 수 있는 우리'로서의 집합적 정체성을 형성했고 이를 바탕으로 단체 역시 성장하였다. 사립유치원 비리를 척결하기 위한 2018년 싸움이 법적/정책적 제도 개선으로 이어지면서, 참여자의 수가 증가함과 동시에 '정치하는엄마들'은 '나', '나의 아이'의 문제로 치부되던 이슈를 '우리의 문제'로 함께 고민하고 행동할 수 있는 공간이자 플랫폼으로 자리하게 되었다.[53] '정치하는엄마들'의 결성과 그 활동은 그들의 정관이 제안하듯 우리 모두가 돌봄의 책임자임을 인식하고, 돌봄의 윤리적 가치에 근거하여 모두가 존중받는 사회를 만들기 위해 무엇을 해야 할지 본격적으로 질문하고 개입하는 집단이 부상했음을 시사한다. 또한 그동안의 여성주의 정치 실천에서 찾아보기 힘들었던 의제들이 새롭게 발굴되고 돌봄 민주주의 사회를 향한 새로운 정치적 실천이 실행될 가능성을 보여준다.

팬데믹 이후 '돌봄 실천'이 이뤄지는 사회 구조에 대한 관심은 그 어느 때보다 고조되었다. 많은 여성주의 연구자들이 산업사회의 임금노동/성장 패러다임을 넘어 돌봄 실천을 포용하고 타자에 대한 감각과 인간-인간, 인간-비인간 사이의 상호존중을 실현하는 돌봄 패러다임과 함께 돌봄사회로의 전환이 필요하다고 주장했다. 이러한 측면에서 볼 때 당사자 정치를 표방하며, 돌봄 주체로서 '우리'를 호명한 '정치하는엄마들'의 목소리는 2023년 지금 이 순간에도 여전히 유의미하다. 노동과 돌봄이 함께 할 수 없는 분노에서 출발한 이들이 제기했던 돌봄 불평등의 다양한 모습들은 여전히 해결되지 않았다. 이들의 목소리가 팬데믹과 포스트팬데믹을 거치면서 어떻게 변모하였고, 상호존중의 문화와 신뢰관계를 바탕으로 다양한 미디어를 넘나들며 '참지 않고 행동하며 해결하는 우리'로서 형성된 정체성이 어떻게 변화했는지에 대해서는 추후 지속적인 연구와 논의가 요청된다. 특히 페미니즘운동을 비롯해 진보 정치 전반에 대한 대대적인 백래시, 새로운 운동의

53 최이숙, 앞의 글.

의제와 실천에 대한 필요성, 노동과 돌봄이 여전히 양립하기 힘든 현실 속에서 2020년부터 현재까지 '정치하는엄마들'이 어떠한 활동을 하고, 어떠한 목소리를 낼 수 있을지, 그리고 그 활동이 여성주의 정치 실천에서 갖는 의미는 무엇인지 관심 있게 지켜봐야 할 것이다.

3부

연결된 '과거'와 역사적 정동: 이야기, 종교, 미학의 정동 정치

어머니의 신체와 연결성
: 구비설화에 나타난 '어머니'의 용인과 배제 양상을 중심으로[1]

강 성 숙

1. 어머니 신체의 구현과 규범의 개입

이 글은 구비설화에 보이는 어머니의 신체에 주목해 모성 또는 모성성의 의미를 재해석하려고 한 시도이다. 설화는 오랜 기간 다양한 사람들을 거쳐 이루어진 집합적 결과물이므로 고정관념을 대변하는 경우가 많지만, 한편으로는 주류와는 다른 생각을 드러내기도 한다는 점에서 그 의의가 큰 문학 장르이다. 하지만 실제 작품에서 이를 명쾌하게 구분하기란 쉽지 않다. 켜켜이 쌓인 시간과 서로 다른 관점의 층위는 때로 엉겨 붙어 이야기의 의도나 의

1 이 글은 「어머니의 신체와 연결성-구비설화에 나타난 '어머니'의 용인과 배제를 중심으로」, 『여성문학연구』 제58집, 한국여성문학학회, 2023를 수정 · 보완하여 재수록한 것이다. 수용자 관점의 해석, 신체(성) 및 가족주의 개념의 방향을 제공해주신 젠더 · 어펙트연구소 학술대회, 지정토론자 최기숙 선생님, 그리고 한국여성문학학회 편집위원회 선생님들께 감사드린다.

미를 한 가지로 쉽게 판단할 수 없기 때문이다.

이 글에서는 모성(성)에 대한 고정관념을 위반하는 설화 텍스트 속 여성의 태도, 말, 관계를 살피고 이들이 제기하는 새로운 문제를 검토하고자 한다. 최근 서구적 근대를 극복하기 위한 새로운 대안을 찾기 위해 생태적, 양성공존적 동양적 모티프에 주목하는 움직임들이 활발한데, 구비설화를 통해 그 해석적 대안을 모색할 수 있을 것으로 보인다.

'어머니'는 문학에서 중요하게 다루어지는 대상이다. 누구든 어머니 없이 존재할 수 없다. 그런데, '어머니'는 용어에서부터 관계 속에서 정의되는 개념이어서, 그 존재가 온전한 개별적 주체로 드러나거나 해석되기 어려운 측면이 있다. 문학사의 처음을 여는 여성 인물인 웅녀의 주요 행위 역시 기자 정성과 출산이었다는 사실에서도 오래전부터 여성이 어머니로서 자식, 가족과의 관계를 통해 그 존재를 입증할 수 있었음을 알 수 있다.

설화 속 '어머니'의 모습을 고찰한 최근 연구는 주로 어머니의 정체성, 주체성을 읽어내고자 했으며, 이러한 시도는 모성(성)을 바라보는 시각을 다각화하는 데 기여했다. 이인경은 '어머니' 개념을 '아들이나 딸을 가진 여자'라는 의미로 규정하며 구비설화에 나타난 어머니의 모습에서 여성의 자아정체성을 규명하고 주체로서의 어머니를 조명하고자 했다.[2] 정경민 역시 예전의 모성 연구에

---

2 이인경은 '어머니'가 자식의 관점에서 희생적, 헌신적 타자로서만 서술, 찬양되는 점을 경계하면서 자식에 대한 맹목적 희생은 과도한 기대와 집착의 '남근적 모성'이라는 역기능이 나타날 수 있음을 지적했다. 그는 자식과 결별하고 새로운 배우자와 결합하는 어머니에게서 주체성을 읽어내려 했다. 이인경, 「구비설화

서 간과되었던 어머니의 주체성에 주목했다. 모성은 사회 · 역사적 구성물로서, 이는 개인의 욕망과 결합해 다양한 모습으로 드러나기 마련이다. 정경민은 어머니의 자기정체성 또한 그 주체의 지향('이념'과 '욕망')에 따라 여러 모습으로 나타날 수 있음을 확인하고자 했다.[3]

'모성'을 단일한 개념이 아니라 다양하고 복합적으로 바라봐야 한다는 시각을 확보하고, 모성의 주체적 모습을 찾아내고자 한 최근 연구 성과는 여성 담론을 구성하고 발전시키는 데 기여해왔다. 하지만, 여성의 주체성을 탐색하는 과정에서 설화가 내포하는 여러 층위의 문제의식을 간과한 측면도 있어 보인다. 설화가 다루는 여성 주체의 행위는 어떤 측면에서 옹호되지만 어떤 층위에서는 문제로 인식되기 때문에, 그 다성성을 고려하며 전승의 진정한 의미를 파악할 필요가 있다.

또한 어머니의 존재 조건이나 역할 수행과 관련한 실천적인 대안 모색의 문제는 아직 논의 대상이 되지 못했다. 이 글은 '어머니'에게서 모성, 모성성, 여성 주체의 가능성 등을 발견해낸 선행 연구의 성과를 바탕으로 이루어진 것이다. 그렇지만 그동안 구비설화의 여성 주체 연구가 지닌 한계를 극복하기 위해 어머니가 구체적 신체로 구현되는 방식에 주목하여 실제로 어떤 신체가 바람직하다고 평가되는지, 모성의 찬양이나 혐오가 구성되는 방식과 그 의미는 무엇인지 알아보고자 한다. 나아가 가족주의의 대안적

에 나타난 '어머니'」, 『국어국문학』 제131권, 국어국문학회, 2002, 343-372쪽.

3 정경민, 「구비설화의 어머니 형상을 통해 본 모성과 여성 인식 연구」, 이화여자대학교 박사학위논문, 2015, 1-225쪽.

모습을 다루는 설화를 통해 가부장제가 규정하는 모성(성)을 반성적으로 사유할 수 있는 가능성을 찾아보고자 한다.

설화 속 어머니의 신체는 개별적인 자연적 실체 내지 본질적 고유성으로서의 실재와는 거리가 있다. 어떤 신체가 더 중요한지 결정하고, 이를 기준으로 서사 안팎에서 가치 평가를 내리는 것은 다양한 신체를 산출하고 통제하는 규범의 강제에 의해서일 가능성이 크기 때문이다.[4] 필자는 설화에 등장하는 어머니를, 주체로서 자기 정체성을 구현하는 인물로 볼 수 있는가 하는 점에서 회의적인 입장이다. 뤼스 이리가레(Luce Irigaray)에 따르면 "여성이란 본질도 아니며 본질을 가지고 있지도 않다." 왜냐하면 "여성"은 형이상학의 담론으로부터 애초 배제된 존재이기 때문이다. "물질"이 형태화되는 과정에서, 즉 '어머니'가 서사 내에서 모습을 드러내기까지 권력관계를 거쳐 사회적 신체로 구현되는 과정에서 형이상학의 지배적 담론은 어머니의 본질을 배제해왔을 가능성이 크며, 그리하여 엄밀히 여성적인 것-어머니의 실체는 명명될 수 없는 상태로 남게 되었다.[5] 어머니의 본질적 성격이 파악되기 불가능하다고 할 때, 설화는 어머니의 실재와 인식 사이, 어떤 지점에서 어머니를 형상화하고 있는지 따라가며 살필 수밖에 없다.

---

4 주디스 버틀러(Judith Butler)는 모성적 특징 역시 육체적 양태들의 문화적 인위적 구성 형태로 파악한다. 규범은 애초 다양하고 개별적이었을 모성-어머니들을 하나의 담론 속에 정교화시키는데, 설화는 규범을 수행적으로 반복하는 어법인 동시에 이를 벗어나고자 하는 양태를 함께 담고 있는 대상으로 본다. 육체의 물질성과 권력과 주체, 육체와 규범에 대한 시각은 주디스 버틀러, 김윤상 역, 『의미를 체현하는 육체』, 인간사랑, 2003, 1-519쪽 참조.

5 주디스 버틀러, 위의 책, 80-92쪽 참조.

설화는 그 장르적 특성상, 오랜 기간 많은 사람들이 내면화한 규범의 내용을 파악하기에 유용하다. 설화 속 '어머니' 역시 규범적 강제가 개입된 물리적 신체로 읽을 때, 구체화된 사회적 실체로서의 성격이 잘 드러날 수 있을 것으로 본다. 어떤 신체가 더 중요하게 평가되고 어떤 신체는 배제되는지, 즉 가부장제 권력과 규범 하에서 용인되는 신체와 그렇지 못한 신체가 무엇인지를 파악하는 것이다. 이를 통해 원래 '어머니'라는 존재가 지닌 자녀와의 관계, 연결이 어떻게 차단되고 생성되는지 알 수 있을 것이다. 설화가 어머니의 신체를 어떻게 용인, 허용, 배제하는가를 살피는 과정에서, 어머니의 신체를 구성하는 규제적 규범의 자가당착을 발견해내고, 규범 또는 탈규범이 아닌 대안적 신체의 가능성을 찾아볼 수 있지 않을까 기대한다.

2. 설화 속 어머니, 용인과 배제의 양상

구비설화에서 용인되는 대표적 어머니-신체는 '훌륭한 아들을 낳고 기르는 어머니'라 할 수 있다.[6] 훌륭한 어머니란 '훌륭한 아들'의 어머니인 것이다. 그런데, 설화에서 훌륭한 아들을 낳는 어머니는 규범적 여성의 틀을 벗어나는 모습을 보인다. 어머니로서의 역할—아들 낳기—를 훌륭히 수행하기만 한다면 규범적 모

6 정경민은 이 유형에 해당하는 어머니를 '이념-욕망' 통합형으로 분류해 '소신으로 큰 인물 낳은 어머니' 항목에서 논의했다. 정경민, 앞의 글, 75-80쪽.

성(여성)성의 틀을 벗어나는 형태까지 용인되는 것이다. '정승 낳을 여자', '손병사 출생담' 유형 설화에서 보이는 강력한 어머니가 이에 해당한다. 이들은 훌륭한 아들을 낳는 것만으로 탈규범적 행동을 용인받는다. 다음 어머니-신체 유형으로, 효자 아들을 만들어내는 도구적 신체로서의 병든 어머니를 들 수 있다. 효행담의 어머니는 늙고 병들었지만 아들을 효자로 만들어 보상받을 수 있도록 하는 전제 조건으로 존재하므로, 이 이야기 속에서 병든 어머니 신체는 제한적으로나마 용인된다.[7] 마지막으로 '어머니 폭로로 잃은 명당' 유형 설화에서 보이는 어머니-신체는 가족주의에 위협이 되는 어머니의 존재에 대한 비난과 배제의 방식으로 드러난다. 진실을 발설한 것만으로 '죄'를 얻어 '남'으로 치부되는 어머니는 부계 가족을 유지하는 방식이 여성(어머니)을 배제함으로써 이루어지는 부정의한 것임을 드러내는 기제로 작동한다. 2장에서는 설화의 문면에서 표면적으로 용인, 배제되는 어머니의 신체가 어떤 양상으로 드러나는지 살펴보겠다.

2.1. 아들 낳는 신체 칭송과 규범적 신체의 확장

밀양지역의 인물 손병사에 관한 설화는 손병사보다 그 어머니 이야기가 더 폭넓게 전승되고 있다. 설화 속 손병사 어머니는 여성으로서 마땅히 갖추어야 할 자질이라고 인정되는 관습적 규범에

7 '효불효' 설화, '아이 죽인 노모' 설화에서 '어머니'는 딜레마 상황에서 효성의 진위, 정도를 규명하는 데 이용되기도 한다.

서 벗어난 행동을 보인다. 가문과 마을의 규범에 아랑곳하지 않을 뿐 아니라, 시가의 규범과 관습에도 정면으로 맞서 대결하는 인물이다. 이러한 독특한 행보는 손병사 어머니를 훌륭한 아들을 낳을 수 있는 비범한 인물로 인식하는 근거가 된다.

'손병사 어머니가 시집와서 사당을 없앴다'라는 모티프는 가장 많은 각편에서 공통적으로 나타난다. 그리고 이 사당 철폐 행위는 '손병사 어머니가 신행을 마음대로 왔다', '임신한 손병사 어머니 배 위로 지네가 지나갔다', '손병사 어머니가 치마를 벗거나 큰 대자로 잤다', '손병사 어머니가 아무 데서나 오줌을 쌌다', '손병사 어머니가 오줌 누는 소리가 컸다'와 같은 모티프와 더불어 전승의 핵심적인 요소가 된다.[8]

손씨 집안 대대로 모시는 사당을 없앤 손병사 모친의 행위는 이 집안의 대를 이을 아들의 출산과 생존과도 직결되는 것이다. 손병사 어머니가 사당을 불태우자 사당의 혼령은 그 아들을 잡아간다. 자식을 잃는 일은 '어머니'로서 감내하기 가장 힘든 시련일 것이다. 다른 사람들이 아이가 죽는 이유를 사당의 귀신과 연결해서 이해한 반면, 손병사 모친은 아들의 죽음 앞에서도 귀신에게 굴복하지 않고 자신의 의지를 관철함으로써 귀신을 물리친다.

본고에서 주목하는 것은, 귀신도 함부로 할 수 없는 운명을

---

8 손병사 이야기의 모티프와 전승 지역은 황은주, 「손병사 이야기 연구-밀양 산내 · 산외면 현지조사 자료를 중심으로」, 연세대학교 석사학위논문, 2007, 18-20쪽 참조. '임신한 손병사 어머니 배 위로 구렁이가 지나갔다.'라는 모티프 내용은 채록 내용을 검토한 후, '구렁이'를 '진대' 즉 '지네'로 바꾸었다. 손병사 어머니 설화 자료 목록과 『구비문학 대계』 미수록 자료는 위 논문을 참조했다.

타고나는 자손을 낳는 훌륭한 어머니의 몸에 관한 것이다. 이 설화를 전승하는 이들은 병사를 낳은 어머니의 자질을 언급하며 그 훌륭함에 대해 이야기하는데, 이는 기존의 여성 규범과 거리가 있는 것이어서 문제적이다.

> 아, 그거는- 이런 말이 있지요. 그- 참, 병사 놓을 참, 어머니가 시집을 올 때, 좀- 말을 할라 카면 좀- 뭐 어떠한 그기- 있는데-, 좀, 여자-지만은 대담한 고오, 말하자면은 뭔-강, 여자지만은, 여자다운 게 아이고 남자의 성격이라도 아주- 참, 에- 그 뭐라카꼬? 대담하는, 그런 성품을 가지싰든 모양이지요.[9]

어머니로서 여성은 훌륭한 사회구성원을 재생산하는 토대였기 때문에 전통사회에서는 여성의 처신에 대해 광범위하고도 세밀한 규제가 이루어졌다. '잠자며 엎디지 말며', '더워도 치마를 걷지 말고', '가려워도 긁지 말며' 등에서 보이는 것처럼 본능적 무의식적 차원의 제한이나 규제까지 강요되었다.[10] 참고 견디는 것이 부녀자의 미덕으로 인식되는 상황에서, 손병사 어머니의 행위는 규범적 처신과는 거리가 있으므로, 위 설화 구연자 손정호 씨(남, 75세, 밀양 산외면 다죽 다원마을)는 손병사 어머니 이야기를 대단히 신중

---

9 황은주, 위의 글, 48쪽 재인용.

10 '밥 먹을 때 국을 건더기를 건져(젓가락으로) 먹지 말 것', '고기를 한번 이로 베어 먹다가 도로 그릇에 넣지 말 것' 등 조선시대 여성의 규제 항목은 전방위적이며 상세하다. 이러한 세세한 규칙을 감내하는 것이 부녀자의 덕목으로 인식되어 왔다. 김용숙, 『韓國 女俗史』, 민음사, 1990, 85-209쪽.

한 태도로 구연하고 있다.

"그- 참", "좀- 말을 할라 카면 좀- 뭐 어떠한 그기- 있는데-", "좀", "말하자면은 뭔-강", "참, 에- 그 뭐라카꼬?" 같은 언술에서 보이듯이 손병사 어머니가 보여주는 규범 파괴적 모습과 훌륭한 아들의 훌륭한 어머니라는 결과론적 주제 사이에서 극도로 조심스러운 태도를 보인다. 구연자는 끊임없이 머뭇거리며, "여자-지만은 대담한", "여자지만은, 여자다운 게 아"인 성품에 초점을 두고자 한다. 손병사 모친은 여성답지 않고, 오히려 "남자의 성격"에 가깝다는 것인데, 규범적 여성의 훌륭한 성품을 지닌 것이 아니지만 결과적으로 훌륭한 아들을 낳았기 때문에 훌륭한 여성(어머니)이 될 수 있는 것이다. 여성에게 강요되는 덕목과 어머니로서 주창되는 대담한 자질은 여전히 모순적이다. 손병사 모친의 비범한 모습 역시 긍정적 자질로 해석될 수 있는지 재검토해야 할 부분으로 보인다.[11]

'어머니의 자질로 용인되는 담대한 신체'는 '규범적 여성의 모습'과 극명한 차이가 있지만, 훌륭한 아들을 낳아 기르기에 현실적으로 필요한 자질이라면 탈규범적으로 보이는 모습도 이야기 안팎에서 허용된다. 규범적 범주를 벗어나는 여성의 모티프는 '손병사 어머니' 유형(『한국구비문학대계』 133-1) 이야기에 국한되지 않고 '정승 낳을 여자' 유형(『한국구비문학대계』 231-8)에서 공통적으로 나타난다.

11 이에 대해서는 3장에서 재론하기로 한다.

초행을 채리가주고 인제 마 영해 들어 인제 영덕쯤 왔든 모양이라. 보이 동네 장구 소리가 뚜당당 뚜당당 그래.

"아나(여봐라)."

"예."

"여 보고 놔."

놓그던. 놓으께네, 새로 시집가는 신행이 그 머, 장구소리만 듣고 거 찾아갔단 말이여. 드가멀라

"어라, 여 이눔들아, 여 술 한 상 잘 채리와라."

거 드가이, 인제 참 술 한 상 갖다놓고 잘— 먹었다. 먹고, 자기 어른도 맘대로 안돼. 어예 됐기나 워낙 참 딸이 댓장이 세니, 참 맘대로 안되고 해.

그래 갔는데, 해가 다 빠져갈 고비에(무렵에) 나오네.[12]

신행 신부가 도중에 가마를 멈추고 내려서 술을 먹고 놀다가 해가 질 무렵에야 다시 길을 나서는 모습은 손병사 어머니 설화에도 보이는 공통화소이다. 친정 부모도 딸의 기세를 꺾기 힘들 만큼 대가 센 여성은 시댁으로 조화롭게 편입되기 쉽지 않아 보인다. 그렇지만 기가 센 여성은 (조신하고 순종적인 부덕과는 위배되나) 서사의 문면에서 그 '건강하고 강인한' 정신적 육체적 조건으로 말미암아 훌륭한 아들을 낳기 적합한 인물로 그려진다.

12 '정승 낳을 며누리', 『한국구비문학대계』 7집 6책 479쪽. (이후 '『대계』 7-6, 479'로 표기)

옛날 인제 놋요강 인제 시가서 가주간단 말이여. 해필 요기다가 나두고 사랑주인이 문앞 곁이 앉았는데, 사돈이 여 앉았그던 [손으로 문쪽을 가리키며] 거다(거기다가) 대놓고 오줌을 누이 "왕왕왕" 그러먼 머 봇물 곁이 "쉬" 긋는다. (그랜다) 그 시부가 하는 말이 **[청중1: 거 놋요강에 어예 소리가 귀에 나니껴?]** **[청중2: 그 옛날에는 거 목화씨 넣어 가그던.]** [실제 소리를 내면서] 혀를 끌끌 차이 "허 참, 이눔들이, 머 대감 놀(날을) 보지가 그만도 안되까바." [일동: 폭소]

그래, 그래고 인제 머하고, 그래 인제 안동에서 찻 정승 그거를 갖다가…. 그이 첫 정승이 글로 났네. 여자도 워낙 덕지 시고[13] 하먼 **[청중: 덕지 그거는 왈패지]** 큰 자식 낳는 모양이래.[14]

시집가는 새색시는 생리 현상을 해결하는 일에서도 조심스러워야 하기에 신행 가는 가마 안에서 오줌 누는 소리가 새어나가지 않도록 요강에 목화씨를 넣어 갔다. 요강에서 "왕왕왕", "쉬" 하는 소리가 났다는 구연자의 말에 청중이 "놋요강에 어예 소리가 귀에 나니껴?"라고 의문을 제기한 것은 그 때문이다. 그런데 정승 낳을 새색시는 시아버지가 문밖에 있는 것도 아랑곳하지 않고 방음장치 되지 않은 요강에 봇물 같은 오줌을 갈긴다. 청중은 "덕지 그거는 왈패지."라며 기가 센 색시의 행동이 무례함을 지적하고 있다. 시아버지가 혀를 차며 나무라자, 색시는 "대감 놀 보지"라 그렇다

13 고집이나 뱃장이 센 것. (원문 주석)

14 '정승 낳을 며누리', 『대계』 7-6, 479.

며 응수하고, 구연자는 그래야 "큰 자식 낳는 모양"이라며 옹호한다. 아래 손병사 어머니 이야기에서도 훌륭한 자식을 낳을 재생산 신체 기관으로서의 가치가 여성 · 며느리로서 시아버지 · 시어머니와의 위계나 관계, 사회적 관습적 질서를 뛰어넘어 수용됨을 알 수 있다.

> 그 미느리가 말이야 행동이 아주 **고약해여**. 난잡하든 안하지만 장거어 하든 그런 **번접스런 행동**을 하고.
> 한날은 가마이 본께 말이지 그 미느리가 요시로 말하마 낮잠을 자는데 사라마다도 없고 잇날에 홑치마만 입고 잔단 말이라. 그래가주 고만 홑치마 훠떡 걷어 부치가지고 아랫도리를 전부 다 내놓고 말이지. 낮잠을 자다 본께 파리가 자꾸 달라들어여. 그게. 정통에 말이지, 시아바이가 가마이 본께 같잖단 말이라. 미느리 보긴 봤는데 저기 사람은 괜찮은데 **저래가주 되겠나** 싶어서. 그 미느리가 그래가 있으이 말할 수도 없고. 그래 내주 미느리 깬 뒤,
> "잠을 자도 말이지 그래 **난잡**하기 그래 자면 되나?"
> "어허 어때요 병사 날 궁긴데(구멍인데) 뭐 손병사 날 궁긴데, 괜찮다."
> 그래가주 그 미느리가 손병사를 낳더래여.[15]

아무데서나 함부로 낮잠을 자고, 속옷을 입지 않을 뿐 아니라 홑치마도 무색하게 아랫도리를 내놓고 있는 모습은, 더워도 치마

15 '행동거지 고약한 손병사 모친', 『대계』 7-16, 287.

를 걷지 말라는 규범 항목을 떠올리지 않아도 상식적 예의범절에 어긋나 있는 "고약"한 행동으로 보인다. 그러나 시아버지는 그런 며느리를 보며 저래서 되겠나 하고 염려하기는 하지만, 화를 내거나 쫓아내는 것이 아니라 "같잖"은 정도로 이해하며 "사람은 괜찮"다고 애써 무마한다. 며느리라는 신분에 알맞은 격식을 갖춘 것은 아니지만 그 됨됨이는 인정한다는 태도다. 며느리로서 지녀야 하는 것, 며느리로서 괜찮은 사람의 조건은 바로 서사가 지향하는 바와 같이 아들을 낳는 것이다. "병사 날 궁기"라면 여타의 오점은 다 용인되고 의심과 논란은 봉합될 수 있는 것이다. 오히려 이 서사는 규범에 맞는 여성의 순종적 덕목에서 '벗어난' 자질의 비범함에 더 주목한다.

> 병사, 참 할부지를 뱄을 때 마루에 어데 여름인데 누붔슨께로 와? 여, 예전에는 그-긴대, 큰-먹구리 겉은 긴대가 안 있으요? [김영희: 예] 긴대가 참, 어- 그, 몸을 스치, 넘, 넘어가는데 아무런 그- 참, 스심없이, 무슨 그긋도 없었다-, 그래서 그 분 낳았던 결과가 참, 그런 부인이 태생했다-[16]

앞의 예문에서 홑치마만 입고 조심성 없이 낮잠을 자는 며느리의 기행은 그러한 행위를 할 만한 대범함으로 해석된다. 위 예문에서는 먹구렁이처럼 커다란 지네가 몸을 스치고 가도 개의치 않는 임신부의 모습이 나타난다. 임신부는 실제로 아이를 지키기 위

16 황은주, 위의 글, 부록 16쪽.

해 항상 조심해야 하므로 많은 금기가 따라다닌다. 하지만 지네가 닿아도 꿈쩍하지 않는 강인한 정신력을 지닌 신체는 훌륭한 아들을 낳는 결과를 산출하기 때문에, 이는 앞서 기행을 감행하는 신체를 용인하는 근거가 된다.

규범과 관습을 마음대로 허물고 스스로 아들을 낳을 신체임을 어필하는 이 여성을 기존 논의에서는 자기 의지대로 움직이고 판단하는 주체로 해석하고자 했다. 그러나 아들을 낳을 몸이면 무엇이든 양해될 수 있다는 결과론적 사고는 인륜과 예의, 문화를 '과정'이 아니라 '결과'로 귀결시키는 것이기에 위험한 지점이 있다. 이 설화는 그 자체로 부계 가족의 성공적 영속이 내포하는 야만성을 드러내는 서사로 사유할 수 있겠다.

2.2. 효자 만들기로 도구화되는 신체의 의존성

앞서 논의한 아들 낳는 강인한 신체의 어머니와 대척점에 있는 존재가 '아픈 어머니'일 것이다. 아픈 어머니는 대개 효행설화에서 효자 효행의 대상으로 등장하는데, 이는 '효자의 효행을 유발하는 기제로만 존재할 뿐 자식과 관계 맺거나 그 행위에 반응하지 못하고 타자화'되는 경우가 많다.[17] 대부분 효행설화에서 어머

17 『삼국유사』「효선」 편 초기 효행설화에서는 자녀의 효행에 대한 부모의 반응이나 태도를 살필 수 있으나 이후 『고려사』「열전」 '효우' 편이나 조선시대 교화서에서는 자식과의 관계나 소통의 양상이 드러나는 경우가 거의 없다. 부/모는 병약하고 위험에 처해 있어 구원이 필요한 존재로서, 효행의 대상 또는 전제로서만 나타난다. 강성숙, 「효행 설화 연구-『삼국사기』, 『삼국유사』에 나타나는 효행 양상을 중심으로」, 『동양고전연구』 제48집, 동양고전학회, 2012, 7-39쪽.

니는 나이가 많거나 병들었거나 이미 죽은 상태로 등장한다. '효행' 자체가 자식이 부모에게 하는 행위이기 때문에, 효행설화는 자식의 조건이나 행위에 초점이 맞춰질 수밖에 없는 이야기다. 이런 한계가 있지만, 본고에서는 효행 대상의 신체적 특성이 비교적 드러나는 『구비문학대계』 '어머니 병 고친 효자' 이야기를 대상으로 삼아 효행설화에서 드러나는 어머니의 신체에 대해 살펴보고자 한다.[18]

'어머니의 병 고친 효자' 이야기에서 필자는 '효자'가 아닌 '어머니'에 주목하고자 한다. 먼저, 이 설화 유형에서 어머니의 신체는 '병'으로 특성화되어 있다. 따라서, 그 병이 무엇인지 아는 일은 어머니의 성격을 파악하는 데 매우 중요하다. '어머니의 병 고친 효자' 이야기에 등장하는 '어머니의 병'은 구체적으로 '눈이 멂'(2편), '앉은뱅이고 봉사'(1편), '앉은뱅이'(1편), '곱추'(1편), '반신불수'(1편), '피부병'(1편), '구렁이 허물'(1편), '퉁퉁 부음'(1편)으로 나타나며, 다른 설명 없이 '아프다'거나 '중병' 또는 '죽을병'에 걸렸다고 표현되는 경우가 가장 많았다(8편). 증상의 차이가 조금씩 있

18 '어머니 병 고친 효자' 이야기 대상 목록(총 17편)은 다음과 같다. ①어머니 병 못 고친 편작(대계 4-2 362), ②어머니 병은 못 고친 편작(대계 7-8 757), ③어머니 병은 못 고친 편작(1)(대계 7-13 78), ④천하명의 편작(대계 8-13 126), ⑤편작(대계 2-4 782), ⑥어머니 병 고친 효자(대계 7-8 306), ⑦어머니 병 고친 사슴(대계 3-1 446), ⑧어머니 병 안 고친 명의원(대계 5-5 156), ⑨효성으로 고친 어머니의 병(대계 5-5 510), ⑩어머니 병 고친 화타(대계 3-2 285), ⑪이석환의 침술(대계 7-4 243), ⑫명의 유희태(대계 8-3 446), ⑬유명한 의원(대계 8-4 233), ⑭신연당 유의태(대계 8-6 486), ⑮유의태 의원도 못 고치는 병이 있었다(증보대계 8-11 G002+AKS-UR20_Q_2405_1_04A), ⑯유의태 약물통의 효험(증보대계 GUBI+04_08_FOT_20120116_PKS_KGS_0001), ⑰명의 유의태(증보대계 8-14 G002+AKS-UR20_Q_2189_2_05A)

지만, 이야기 속 어머니는 모두 거동이 불편해 바깥 활동에 제약이 많은 질환을 앓고 있다는 점에서 공통된다.

> 서모가 병이 우에 들었는고 하이까네, 온 몸이 두껍지라. 뚜껍지. 저 저 저 똑 나무 뚜껍지매이로 [손으로 자기 몸을 가리키면서] 온 천지 이래 가 들었는데, 천지에 마 마 아들이, 인자 서모 몸에서 난 아들이 업고, 어무이 업고서러, 형이인데 삐끼갖고(마음이 상하여) 업고, 우리 어무이 내가 한번 고쳐 보겠다고, 업고 저어리 마 팔도강산 약 구하러 간다고 가이까네,[19]

> 즈 어머니가 병들어 각구 사 년 동안얼 반신불수가 돼 가지구 방이 들어 앉어 똥 오줌얼 싸두 즈 어머니 병얼 목 고친다 그거여.
> 그래 인제 변작이 아우가 있넌디. 그 아우가 즈 어머니 병얼 고칠라구 애럴 써두 또 목 고쳐. 그래 재산 좀 있넝 거 다 읎애뻐리구, 병 고칠라다 병언 목 고치구 죽게 됐어. 즈머니가. 죽게 됐으닝께 말단에 가서 즈 어머니가,
> "네가 내 병을 고칠라구 그케 애를 써두— 목 고친다. 나는 죽는다. 죽게 생겼으닝까, 바람이나 좀 쐬구 죽으야겄으닝깨 나 좀 엌구저— 산 날맹이 워디가서 그 공기나 좀 쐐 다구."[20]

> 그 자기 큰 아들이, 참 시방은 의사라 카지만 이친엔 의원이라 카

---

19 '천하 명의 편작', 『대계』 8-13, 126.

20 '어머니 병 못 고친 편작', 『대계』 4-2, 362.

지. 의원이 큰 의원이라.

자기 어머이가 앉을뱅이가 되가주고 들앉았는데 약을 모리는 건 아이지요. 약을 아, 훤해기 알아도 그 약을 구할 도리가 없어. 약이 머어냐 하면 봉(鳳)을 잡아가지고 산말랭이 가서 꾸우 먹고, 이전 해골에 물 고인거 그 놈을 들고 마시만 직효인 줄은 아나마 그걸 구할 수가 없네. 구할수가 없으니 도리 없잖아.

그래 그 동생이 하나 있는데 동상은 아무 것도 모르고 이리(이렇게) 일만해묵고 사는 사람인데, 그래 저거 헝을 자꾸 책망을 하고, (중략) 그래 한날은 저거 어머이가 작은 아들떠로(아들에게),

"내 이 참간[21] 이래 들앉았으니 갑갑해서 전딜 수가 없다. 업고 니 업고라도 오데 바람을 좀 씨이다고(쏘여다오)."

아, 그러이 작은 아들이 업고서로 참 사방을 이리 들아댕기다가,[22]

'어머니의 병 고친 효자' 이야기 전면에 등장하는 인물은 '편작', '유이태', '화타'로 대표되는 용한 의원이지만 실제로 어머니의 병을 낫게 하는 행위를 하는 인물은 의학적 지식이 없는 명의(名醫)의 동생이다.[23] 어머니를 낫게 할 약이 무엇인지는 알지만, 그 약을 구할 방도가 없어 아무 것도 못(안) 하는 형 '편작' 대신, 동생은 어머니가 죽기 전에 뭐라도 해보자 하는 마음에서 어머니를 들

---

21 '참간'은 무슨 말인지 확실치 않다. 뜻은 늘, 항상인 듯하다. 원문 각주 참고.

22 '어머니 병 고친 효자', 『대계』 7-8, 306.

23 며느리가 어머니에게 약이 되는 음식을 드리는 행위자로 등장하는 경우가 1편(『대계』 7-13, 78) 있지만, 그 외에는 모두 어머니를 업고 길을 나서는 아들이 주 인물로 등장한다.

쳐 업고 집을 나선다(17편 가운데 12편). 어머니 스스로 집 밖으로 나가기를 청하는 경우는 17편 가운데 3편 정도가 발견된다.[24]

아픈 어머니가 혼자 힘으로 바깥 활동을 하기는 힘들다. 병 때문에 바깥으로 이동하지 못하는 것인지, 외부 활동을 할 수 없는 환경에 있었기 때문에 병이 난 것인지는 분명하지 않지만, 어머니의 병은 바깥으로 나가서 돌아다님으로써 치유될 수 있는 성질의 것임은 분명하다. 아들은 약을 구할 목적으로 어머니를 업고 길을 나서지만 정작 약이 무엇인지 모른다. 그는 다만 목이 마르니 물을 구해오라거나 닭이 먹고 싶다는 어머니의 요구를 들어주기 위해 움직일 뿐이다. 이곳저곳을 돌아다니며 우연히 발견한 물과 고기가 사실은 어머니를 치료할 수 있는 명약이었는데, 이는 효자만이 구할 수 있는 것이었다.

이 서사에서 어머니는 아들을 움직여 효행을 하게 만드는 직접적 동인이며, 아들의 효행은 어머니의 치유로 완성된다. 하지만 어머니 스스로 자신의 병을 해소할 수는 없다. 어머니는 아들의 등에 업히지 않고서는 밖으로 나갈 수조차 없는 의존적 존재이다. 아들은 구하기 힘든 것을 계속해서 자신에게 요구하는 어머니의 청을 무조건 받아들여 수행함으로써 '편작'보다 나은 효자-명의가 된다. 여기서 어머니의 병든 신체는 치료약의 효험, 구약(求藥) 과정의 기이함, 효행의 대단함을 위해 정교하게 배치되는 효자 만들기를 위한 도구로써 배치된다. 어머니의 병이 지닌 불활동성은

24 '어머니의 병 고친 효자' 이야기 17편 가운데 2편은 어머니가 집 밖으로 나가지 않고 아들이나 며느리가 어머니가 원하는 것(닭고기, 사슴)을 구해주고 병을 낫게 하는 경우다.

바깥세상으로 연결되지 못하는 결과를 낳는 것인데, 이러한 문제가 해소된 이후 서사는 어머니를 어떻게 그리고 있는지 다음 장에서 살펴보기로 하겠다.

2.3. 가족주의의 무한 배제, 통제되는 신체

'어머니는 남', '엄마는 남이다', '여자는 어머니부터 남이다'는 『한국구비문학대계』 '여자가 비밀 누설해 망하기(아내는 믿을 수 없다)' 유형에 속하는 설화의 제목이다.[25] 남편과 아들이 공유하던 가족의 비밀(남편이 실수로 이웃의 아이를 죽인 사실/남편의 시신을 우물에 넣으라는 유언)을 뒤늦게 알게 된 어머니(아내)는 수년간 이 비밀을 지키다 자신을 '남(외인)'이라 치부하는 아들(남편)의 태도에 분노하고 결국 이를 발설한다. 그래서 '어머니는 남'이라는 말이 생겨났다.

> 여자라 카는 거는 고만치 가볍단 말이 그런 데서 나왔는기라. …… 여자는 말을 못 참기 때문에 그래서 오줌을 못 참는다 안 카나.[26]

---

25 '여자가 비밀 누설해 망하기 유형'은 풍수설화 연구에서 부분적으로 다루어졌고(신월균, 『풍수설화』, 밀알, 1994, 1-227쪽.), 여성 주체의 소외 문제와 연관해 지배이념 체제 문제를 거론한 논의가 이루어진 바 있으며(김영희, 「비극적 구전 서사의 연행에서 나타나는 비밀 폭로자로서의 여성 이미지 연구」, 『한국고전여성문학연구』 제10권, 한국고전여성문학회, 2005, 267-324쪽.), 여성의 말하기 방식의 의미를 살피는 측면에서 논의되기도 했다. '여자가 비밀 누설해 망하기 유형' 설화 목록은 강성숙, 「설화 속 여성의 말하기」, 『한국고전여성문학연구』 제17권, 한국고전여성문학회, 2008, 22쪽 참조.

26 '호식기 면치 못한 신랑', 『대계』 7-5, 158.

'어머니는 남'이라는 인식은 서사 내부에서뿐 아니라 위와 같은 화자의 논평에서도 유형화되어 나타난다. 화자는 여성이 애초에 그 속성상 참을성이 부족하므로 말을 참지 못하고, 그 때문에 오줌을 참지 못한다고 하면서 여성의 신체를 부정적으로 평가하고 있다. 실제로 여성이 남성에 비해 소변을 자주 보는 이유는 요도 길이가 짧고 근육의 양과 힘이 부족하기 때문이다.[27] 성별에 따라 다른 신체적 특징을 편향적으로 해석하고 이를 어머니를 배제하는 정당한 이유로 만드는 논리는 어머니(여성)의 발화를 통제함으로써 남성 중심의 가족을 유지, 강화하는 데 기여한다. 어머니의 '입'을 통해 나온 말은 실제로 그것이 진실일지라도 여성의 가벼운 신체를 통해 나온 것이어서 믿을 만하지 못하다고 평가된다. 또한, 결과적으로 어머니의 '말'이 남성 가족에게 나쁜 결과를 가져왔기 때문에, 말의 내용이 무엇이든 어머니는 비밀을 공유해서는 안 되는 '남'이 되는 것이 마땅하다는 편견만 증폭될 뿐이다.

'여자는 남'이라는 인식은 '여자가 비밀 누설해 망하기(아내는 믿을 수 없다)' 유형에서뿐 아니라 친정 부모의 묏자리 뺏는 딸 이야기에서도 나타나는데, 특히 풍수와 관련한 서사에서 이러한 인식이 두드러지게 나타남을 볼 수 있다. 풍수사상은 좋은 땅에 집터를 정하거나 조상을 묻으면 행복한 삶을 보장받을 수 있다는 믿음에서 근거하며, 조상을 길지(吉地)에 묻으면 그 조상의 기운이

27 여성의 요도 길이는 3~4cm 정도이며 남성은 약 20cm 정도이다. 서울 아산병원 인체정보 참조. (https://www.amc.seoul.kr/asan/healthinfo/body/bodyDetail.do?bodyId=121)

후손에 미쳐 후손이 잘된다고 하는 '동기감응론(同氣感應論)'과 연관이 있다. 문제는 풍수사상을 기반으로 하는 풍수설화가 남성 중심의 욕망을 다루어 가부장제 사회의 영속을 꿈꾸는 이야기라는 점이다. 철저하게 남성중심적 세계관이 지배하는 영역에서 여성은 도구화되고 대상화되기 마련이다.[28]

> 머시가 저거 아들이, 아들이 사 형제고 영감 할마이 이래 사는데, 인자 죽을 임종시가 딱 됐어. 돼 놓이 하는 말이,
> "아부지요 아부지요, 이얘기로 하고 가시소."라고 하이까네.
> "아, 외이(外人)이 있는데 어예(어찌) 얘기로 하겠노?"
> [청중: 맞지러.] 이카그덩.
> "그래 외이이 눙기요(누굽니까)?"
> 크이. [청중: 지거매다.]
> "니거 엄마 아이가?"
> [청중: 글치(그렇지). 그 외이이지러.] 그라그덩.
> 그래 지거매가 그 소리 듣고 나와뿌렜그덩. 나오이 하는 말이,
> "내가 죽그덜라, 이 동네에 묵는(먹는) 우물에 내 머리를 비다(베어다) 옇어라."
> [청중: 아하.]
> "옇어야 그래 내, 내가 잘 된다."
> 잘 되머 인자 그 자석이 잘 돼그덩.

---

28 풍수발복설화에 등장하는 여성의 대상화 문제는 강성숙, 「풍수설화를 통해 본 남성 발복(發福)의 양상과 그 의미」, 『우리 문학의 여성성 · 남성성』, 월인, 2001, 41-70쪽 참조.

요 이미가(母가) 나와가 가마 들었어. [청중: 듣고 이제 말은 난다.] 외이이라 소리 들으이 그게 안타갑고, [청중: 그캐.] 좀 앤 됐그덩. 앤 돼 놓이, 요래 들으이까네 그카그덩. [청중: 지거매가. 옛날부텀 본대(원래) 아바이카는 해도 어마이칸 하지 마라 그그덩.] 그래.

그래 비가, 머리로 비가주고 동네에 저거 아부지 유언한 대로 비-가 명지(명주)에다 싸가주고 마 웅굴(우물) 속에다가, 많은 인가이(人間이) 묵는 웅굴에다 옇었다 말다. 옇어 놓고. 옇어 놓이, [목소리가 높아진다.] 웅굴에 물이 빈덕(변덕)을 하네. 그리이, [큰 소리로] 벌-게졌다가 푸-래졌다가 마 둔갑을 하그덩. 이라이 동네사람이 마.

"이 웅굴물이 와 이로(이렇노)?"

꼬 야다이(야단이) 나네. 나이.

내그로(내도록, 여태까지) 암(아무) 말도 아 하고 있다가 마 아들하고 마 맏아들하고 쌈을 했어. [청중: 쌈을 해가 인자 어마이 다 칸다.] 응, 쌈을 했어. 쌈을 하이,

"아이고, 저놈우 자석 보소. [외친다.] 보소. 동네사람 다 들어 보소. [청중: 고 밉어가.] 저거 지거 애비 죽어가주고 두(頭) 비가주고, 웅굴에 갖다 옇어 나가, 그래가 글타."

이카그덩.

아이고 그래가 마,

"해명 글치."[29]

고, 동네사람이 마 운동을 해가주고 마 물로 푼다.

---

29 하면 그렇지. 그러면 그렇지. 원문 각주 참조.

물로 푸고 졸우이까네. [탄식하듯이] 세사아!(世上에) 요이(龍이) 돼, 요이 돼가주고 날개가 다 다 생게가(생겨서) 득천할라 크더란다. 그래 시퍼러이 마 마 앤 죽어뿄나. 그 직구직이(집구석이) 쫄딱 망했대요. [청중: 맞다. 그래 맞다.]

[차분하게] 그래 여자라 크는 거는 참 이거는 참 사물(邪物)이고. [청중: 그캐 어마인 남이라 캤다.] 그칠(그렇게) 몬땐 게 여자라요. [청중: 어마인 남이라 크이.] 그래. 남이라꼬. [청중: 어마인 남이라.][30]

'어미는 남이다' 설화는 '어머니가 남인 유래'를 밝히는 사건에 관한 이야기인 듯 보이나 실제로는 어머니를 남으로 여기는 인식 때문에 생긴 사례를 보여주며, '어머니는 남'이라는 애초의 인식을 공고히 하는 이야기다. 청중들 역시 이야기를 구연하는 중간중간 이야기판에서 '어머니는 남'이라는 인식에 동조한다. 풍수설화의 향유층은 남성이 우세한데, '여자는 남'이라는 인식에 동조하는 태도 역시 이러한 향유층의 성향과 무관하지 않다.

아버지에게서 아들로 이어지는 부계의 연결은 설화에서 아버지가 명당에 무덤을 쓰는 행위로 더욱 강화된다. 아버지의 기운을 받는 자손(아들)은 명당의 직접적인 수혜자가 되기 때문이다. 하지만 여기서 어머니는 이 부계 가족의 번성과 영속을 위태롭게 할 수도 있는 존재로 상정된다. 이러한 의심에 합리적 근거는 애초에 없었다. '어머니는 남'이라는 근거 없는 믿음은 가족의 번성이라

---

30 '어미는 남이다',『대계』7-3, 462.

는 명목 아래 어머니를 배제하는 일을 당연하게 만든다. 아들과의 관계 속에서 '어머니'라는 이름을 부여받은 여성은 가부장적 부계의 연속성과는 무관하고, 나아가 가부장 사회의 지속에 위해가 되는 존재로 재편되기에 이른다. '어머니는 남'이라는 인식은 어머니의 배제를 낳고, 이러한 배제는 어머니가 자신이 낳은 아들이 아버지의 기운을 받아 성공하는 것을 방해하는 결과를 가져오며, 이를 통해 또다시 '어머니는 남'이라는 관념을 강화하는 구조가 무한 반복된다.

이 설화는 사실 아버지와 아들로 이어지는 부계 가족이 '살해'라는 반윤리적 행위를 묵인하는 과정으로 성립됨을 폭로하는 서사로 볼 수 있다. 실제로 어머니는 가족을 위협하는 존재가 아니라 진실을 드러냈을 뿐인데, 남편과 아들은 진실을 말하는 어머니를 '남'으로 타자화한다. 부자는 가문 존속을 위해 살해라는 비윤리적 범죄를 은닉하는 부정의한 연결체인 것이다. 자기 범죄를 은닉하기 위해 오히려 죄 없는 어머니를 겨냥하는 방식은 피해자를 가해자로 만드는 익숙한 방식이다. 메타적 차원에서 보면 이 설화는 부계 가족의 정당성에 의문을 품고 이를 폭로하는 역할을 수행하고 있는 것으로 보인다.

3. 어머니의 신체와 설화의 징후적 문제 제기

설화 속 어머니의 신체는 아들 낳는 몸으로 칭송되거나 아들을 효자로 만드는 데 기여하거나 가족주의로 연결되는 구성원으로부터 배제되는 방식으로 이용되어 왔다. 가부장 사회의 권력관계는, 통제하고 강제하는 방식으로 어머니의 신체를 구성해온 것이다. 설화 속 어머니가 여성으로서 자신의 정체를 드러내며 실현할 수 있는 여지는 찾기 힘들다. 이 장에서는 앞서 논의한 어머니의 신체가 갖는 한계를 짚어보고, 어머니의 신체가 가부장제의 기획에서 벗어날 가능성 역시 설화 속에서 찾아보고자 한다.

3.1. 가부장제의 자가당착을 드러내는 신체

앞서 훌륭한 아들을 낳는 어머니의 신체가 드러나는 이야기를 다루면서, 규범과 관습을 깨는 남다른 어머니의 행동이 용인되는 이유를 살폈다. '손병사 어머니' 설화에서는, 훌륭한 아들을 낳아 가부장제 권력이 안정적으로 이어질 수 있다면 기행을 감행하는 여성의 신체도 용인될 수 있는 것으로 나타난다. 훌륭한 인물을 낳을 여성은 "대인"이기에 기존의 틀에 얽매이지 않는 대담함을 지니고 있으며, 그 여성의 남다름을 일상적 윤리로 규제할 수 없다고 평가되었다.

그러나 설화 내부에서 정승, 병사를 낳을 만한 여성을 긍정하면서도 염려하는 시아버지의 태도와 자유로운 처신을 하는 여성에게 여성답지 않다고 조심스럽게 표현하는 설화 구연자의 구연 양상을 주목해볼 필요가 있다. 이는 설화 안팎에서 여성성의 규범적 인식에 대한 균열을 자연스럽게 노출시키며, 그 자체로 여성성에 대한 정상적 이해의 복합성을 드러내는 징후로 읽을 수 있겠다.

여성이 자신의 신체(성기)를 드러내는 부주의함에 대해 "손병사 날 궁긴데 괜찮다"라고 대변하는 것은 '훌륭한 아들만 낳으면 무엇이든 용납될 수 있다'라는 발상에서 기인하는 태도이다. 이는 시아버지와 며느리의 인간관계조차 대를 잇는 역할로 축소될 때 나타나는 무례함, 야만성의 징후로 보인다. 여자는 며느리가 되어 아들만 낳으면 된다는 것 자체가 야만 그 자체이며, 이야기는 이러한 사유를 함께 다루고 있는 것이라 볼 수 있다. 시아버지에게 '보여진 몸'을 아랑곳하지 않는 며느리의 행위는 자유롭거나 담대한 것이 아닌 '무례함'이며, 그것을 허용, 승인 가능한 것으로 만드는 '아들 낳기(human making)'라는 의무나 기대야말로 '비(非)-인간적'인 것이 아닌가를 사유할 지점이 여기에 있는 것이다.

훌륭한 아들을 낳을 수 있는 신체라면 일탈적 행동마저도 용인받는 이러한 방식은 가부장제 사회가 용인하는 규범적 신체의 조건을 확장하는 자가당착을 초래했다고 볼 수 있다. 규범과 관습을 마음대로 허무는 행동을 용인하고 아들 낳는 기계로서의 기능을 강조하게 되는 이야기는 그 자체로 무례와 야만이 정당화되는 과정을 보여주며, 아들만 낳으면 다 된다는 반-문명적 폭력이 된다.

다음 예문은 손병사 어머니가 아들, 며느리와 어떠한 관계를 맺고 있으며, 그 관계 양상에 대해 향유자들은 어떤 평가를 내리고 있는지 파악할 수 있는 이야기 자료이다. 아들의 목숨을 위협하는 귀신의 존재 앞에서도 타협하지 않고 자신의 의지를 관철하는 어머니는 강인하다. 그런데, 이 강력한 어머니는 자식에게도 자신이 옳다고 여기는 방식을 강요할 가능성이 크다.

장개를 들여 가지고 서당에 공부를 시키는 기라. 공부를 시키는데, 내외간에 도저히 한 방에 못 가게 하는 기라. 자기 모가(어머니가) 공부를 갖다가 과거(科擧)하도록은 도저히 내외간에 한 방에 못 가거로 하거든.

그러니 참 서당에서 댁이(아내가) 보고 짚어 오 봐야 얼굴도 한 번 못 보고 가는 기라. 한 번은 가만이 생각하니 말이지, 종놈을 시킨 기라. 사다리로(사닥다리를) 놓으라 캔 기라. 밤에 와 가지고 이쪽 저쪽 사다리를 놓아 가지고 밤에 들어가 가지고 참 자기 댁을 만내 가지고 하룻밤, 하룻밤이라야 조금 잤지. 도망가야 된께.

몰리(모르게) 그 뭐 그래 그날부터 태기(胎氣)라. 그 손병사 손자 아인가 말이야, 응, 그래 인자 저거 모하고 병사가 하는 말이 말이야,

"내 자석은 그 방에 들어간 일이 없는 머리, 이거는 종의 자식이다. 간부 자식이다."

갖다가 덮어 씌와(쓰게 해) 뺐는 기라. 씌와니 자기 아들이 가만, 병사아들이 가만 생각하이, 서글프도 안 하거든.[31] 분명히 내가 난 저거 내 아들인데, 그래 사실로 턴다.

"사실, 내가 사다리를 놓고 들어가 가지고 내가 하룻밤 같이 잤단 말이야."

그라몬 그 애가 컸으몬 다행인데 그냥 죽어 뺐다 이기라. (중략)

아침 밥상을 들고 오는데, 그래 종년이 들고 온단 말이야. 자기 댁이 못 들고 오고. 부모 엄명에,

---

31 서글프기 짝이 없거든. 원문 각주 참조.

"어데 못 된 기 들고 와?"

말이야. 그래 참 저 인자 자기 댁이 들고 오이께 참, [하던 말을 고쳐서] 종년이 들고 오니께 다부 다시 돌려 보냈는 기라. 또 드가 가지고 또 밥상을 또 애기(며느리로) 들고 오라 카이께 들고 갈 수 있는가? 어른이 명령이 나야 들고 가지 말이야.

또 종년이 또 들고 갔는 기라. 또 밥상을 후차(쫓아) 보냈는 기라. 후차 보낸께, 세 번 만에 자기 인자 처가 할 수 없으니 밥상을 들고 가인께, 문지방서 눈이 동그래 죽어 뻤어. 그래서 손병사가 끝이 없어. 뒤도 없고 끝도 없고 아무 것도 없어. 자손이 없어. [청중: 그래 이전에 부모가 너무 그라몬 안 돼.][32]

'손병사 일화(1)'에서 손병사 어머니는 귀신의 위협으로부터 살려낸 자식의 입신양명을 위해 아들에게 과거 공부를 시킨다. 어머니는 과거에 합격하기 전에는 아들이 합방하지 못하도록 통제하지만, 아들은 몰래 아내를 만나 잉태시킨다. 며느리가 임신했다는 사실을 알고 손병사 어머니는 아들이 방에 들어가지 않았으니 며느리가 훼절했다고 의심한다. 아들의 해명으로 며느리는 누명을 벗었지만 결국 태어난 아들은 죽어버린다. 손병사 어머니는 며느리가 밥상을 직접 들고 오지 않는다며 여러 번 밥상을 물리고 호통을 쳤는데, 결국 며느리는 밥상을 들고 들어가다 놀라 죽어버리고 만다. 결국 손병사에게는 대를 이을 자식이 없게 되었다.

손병사 어머니는 '손병사'라는 훌륭한 아들을 낳았기에 칭송

32 '손병사(孫兵使) 일화(1)', 『대계』 8-7, 588.

되는 존재였다. 실제로 손병사 이야기의 전승자 대부분이 병사 어머니를 훌륭하고 대범한 여인으로 평가하고 있었다. 훌륭한 어머니의 규범적 기준을 확장하면서까지 인정한 강인한 어머니에 대한 평가가 대부분 긍정적이지만, 위의 예문에서처럼 과도하게 자식의 삶에 개입하는 모습은 서사 내부에서 절손의 결과를, 이야기판에서는 과도한 부모 개입에 대한 부정적 평가를 초래한다.

가부장적 남성 욕망을 실현하는 도구적 방편으로 활용되는 강인한 어머니 신체는 결국 아들/며느리의 욕망과 감정을 살피지 못함으로써 새롭게 대를 이을 훌륭한 자손과 연결되지 못하게 된다. 자기 자식만을 위하느라 며느리의 존재 조건에 대해 돌아보지 못하는 모습은 그가 편협한 가족주의에 사로잡혀 있음을 보여준다. 애초 손병사 어머니가 없앤 사당이나 무당, 고목 등은 마을공동체가 신앙하던 대상이었을 것이다. 공동체가 기반으로 하던 가치 체계는 손병사 어머니를 구성하고 포상하는 가문 중심의 유교 권력에 의해 사라지게 된다. 손병사 어머니를 만들어낸 권력 질서는 규범적 어머니 신체를 확장하면서까지 가부장제의 연속성을 구현하고자 했지만, 결국 이기적이고 배타적인 가족주의의 실체를 드러내며 다음 세대와의 연결에 실패하게 되는 것으로 읽을 수 있다. 손병사 어머니의 신체는 결국 가부장제가 스스로 자가당착을 드러내는 장이라 하겠다. '무례'를 '대범함'으로 승인받은 손병사 어머니는 아들의 성공을 위해 과도하게 아들 부부를 통제하다가 결국 며느리를 죽게 만드는 '결과론적 괴물'이 되는 것이다. 이 설화는 가부장제의 허구적 연속성을 징후적으로 드러내는 문제제기로 볼 수 있다.

3.2. 돌봄(돌보기/돌봄 받기)에서 놓여나기, '편협한 가족주의' 벗어나기

앞서 효행설화에서 보이는 어머니의 병이 주로 바깥 활동을 하지 못하는 문제로 나타나며, 어머니 신체는 아들 효행을 위한 전제, 도구로서의 성격을 지닌다고 파악했다. 그리하여 어머니는 철저히 효자인 아들에게 의존할 수밖에 없는 수동적인 존재로만 그려진다. 그런데 '어머니의 병 고친 효자' 이야기는 아들의 효성 자체뿐 아니라 효성의 결과로 나타난 어머니의 치유 또한 중요하게 다루어진다.

물을 갖다 주이께 홀짝 다 마시뿌고.
"야야 내 곤하다. 좀 누버실란다.[33]"
"그럼 주무시소."
싫컨 자서 뿌드득이 다리를 쭉 피민서 눈도 퍼뜩 떠서,
"허허 이게 웬일이고 울 어무이 눈 떴네요. 인자 고마 가입시다."
"말라고 업히노 눈떴지 다리 다 떨어져서 있는데 내가 말라꼬 업히, 걸어가지."
걸어서 집으로 왔능기라.[34]

33 누웠을란다. 원문 각주 참조.

34 '이석환의 침술', 『대계』 7-4, 243.

"너는 엊저녁부터 사뭇, 나는 먹구 인저 배두 부르구 병이란건 울건 청청이여. 그래 내가 너를 업구 인저 가야되겄다."

이여. 그래 이러구 얼마나 나 참 [청중: 웃는다] 세상에 그런 약이 어딧어? 일변 자시구 일변 괜찮으니. 아 자꾸 자기 아들을 자꾸 업자는겨.

"얘 너 업혀라. 내 기운이 아주 팔팔해서 그냥 못 걸어 가겠으니께 너 업구 가두 내 충분히 걸어간다." (중략)

어떻게 빨리 걷는지. 뭐 치맛, 치맛바람이 참 펄렁한단 말여. (중략)

"이제 따라 댕길 필요 없다. 이제 병자두 아닌데 구찮게 왜 자꾸 따라 댕겨? 집으로 가자."

아 그래 집으로 오는 길이란 말여. 그냥 빠른 걸음에 그냥 뭐 팔을 내젓으며 가니께 아 거진 자기 집에 인제 다 와 간단 말여.[35]

앞을 보지 못하고 걸어다니지 못하던 어머니가 약을 먹고 낫게 되자 가장 먼저 한 일은 자신을 업겠다는 아들의 요청을 거절한 것이다. 심지어는 이제 자신이 아들을 업겠다며 아들에게 업히기를 자꾸 권하기까지 한다. 어머니에게 그동안 가장 절실했던 것은 아들의 돌봄에서 놓여나는 것이 아니었을까. 아들의 행동이 효성의 발로로서 자연스러운 것이라고 해도 어머니에게 아들에게 의존했던 시간이 마냥 편안하지만은 않았을 것이다.

아들의 등에 업혀 바깥세상으로 나오게 되었지만, 약을 얻어서 낫기 전까지 어머니는 스스로 움직이지 못하는 의존적인 상태

---

35 '어머니 병 고친 화타', 『대계』 3-2, 285.

에만 머물렀다. '어머니의 병 고친 효자' 이야기에서 병든 어머니는 여타 효행설화에서처럼 효행의 대상으로 도구화되는 데서 그치지 않는 모습을 보여준다. 등에 업혀 아들에게 요구만 하던 어머니는 병이 낫게 되자 이제 치마를 펄럭이고 팔을 내저으며 혼자 걸어서 집으로 다시 돌아온다.

'어머니의 병 고친 효자' 이야기에서 어머니가 애초에 어떻게 해서 병이 났는지 알 수 있는 정황은 없지만, 어머니가 바깥세상으로 나옴으로써 문제가 해결된다는 점에서 '개로 환생한 어머니 여행시킨 아들'과 공통되는 지점이 있다. '개로 환생한 어머니 여행시킨 아들' 설화에 나타나는 어머니는 자식을 키우고 집안 살림만 하느라 집 밖으로 나가지 못해 개로 환생한다. 세상 구경도 못하고 집 안에만 있던 어머니가 개가 되는 이유는 '내 것', '내 자식'만을 위해 지독하게 살림만 했기 때문이다. 이야기의 문면에서 이는 "죄"로 표현된다.[36]

> 어머니가 자식 키우느라 세상 구경을 못하고 죽었는데 저승에서 세상 구경도 못했다며 받아주지 않고 개로 환생시켜 세상 구경을 하고 오라고 했어요. (채록자: 왜요? 죄가 되나요?) 그렇지 그것이 죄가 되지, 세상 구경 안 한 것이 죄야.[37]

---

36 '개로 환생한 어머니 여행시킨 아들'에서 나타난 어머니의 문제는 김혜미, 「설화 〈개로 환생한 어머니 여행시킨 아들〉에 나타난 어머니의 문제와 그 해결과정」, 『고전문학과 교육』 제20권, 한국고전문학교육학회, 2010, 285-306쪽 참조.

37 '돌아가신 어머니 여행시킨 효자', 『대계』 4-5, 490.

자식을 돌보느라 바깥 구경을 하지 못하고 집에만 머무르게 되는 어머니는 사회적 · 공적 관계망을 형성하지 못하게 되며, 이는 자기 자식과 가족만을 위하는 편협하고 왜곡된 관계를 만들 수 있다. 그렇게 된다면 자식에게 과도하게 집착하게 되는 문제뿐 아니라 타인과 관계 맺지 못하고 남에게 무언가를 나누어주거나 공유할 수도 없는 문제가 생기게 마련이다. 이야기는 이를 '죄'라고 규정하는 것이다. 자녀 양육과 가사로 인해 외부로 나가지 못하고 집에만 머무르게 되는 어머니의 신체는 자식에게만 연결되려 하면서 문제를 발생시킨다. 설화는 편협한 가족주의에서 벗어나 호혜와 공유의 공동체로 나아가는 일이 병들고 죄를 받아 변한 어머니의 신체를 치유할 수 있는 방법이 될 수 있음을 역설하고 있다.

실제로 '개로 환생한 어머니 여행시킨 아들'의 구연자는 대부분 노년 여성인데, 이들은 자신과 이야기 속 어머니를 연결하며 이야기를 통해 자기 성찰로 나아가는 모습을 보여준다. 가정 내에서 주어진 어머니의 의무를 다하는 것이 죄가 될 수 있다는 설화의 언표는 여성이 스스로의 삶을 사유할 수 있는 계기를 만들어주는 동시에, 어머니를 가정 내에 가두고 아들 낳는 도구로 기능하게 만들어 병들고 죄짓게 한 세계의 문제를 드러내는 것으로 읽을 수 있다.

3.3. 연결되지 않음으로 연결되기

앞서 2장에서 풍수설화가 남성 중심의 욕망을 다루며, 가부장

사회의 영속을 다루는 이야기임을 재확인했다. 이러한 남성 중심적 관점이 '어머니 폭로로 잃은 명당' 설화에서 '여자는 남'이라는 인식을 구성했다고 하겠다. 아버지의 묏자리를 명당에 써 아들에게 그 기운이 이어지도록 하려는 풍수사상의 기획은 가족의 이해와 공동체의 이해가 상충할 때 성공하기 어렵다는 사실 역시 '어머니 폭로로 잃은 명당' 설화에서 확인할 수 있다. 이 설화에서 어머니의 존재는 편협한 가족 이기주의가 성공하지 못하는 데 기여함으로써 남성 위주의 가족 공동체에서 배제된다. 그렇다면 가부장제 가족 이데올로기와 결합되지 않는 풍수설화는 다른 이야기를 할 수 있을까? '벽송(백송)대사' 혹은 '진묵대사'와 그 어머니의 묘에 얽힌 이야기는 가부장제의 영속을 기도하는 여타 풍수설화와는 차별되는 지점이 있다.

> 옛날 이 고장에 인저 벽송대사라는 중이 있었댜. 근디 그 어머니 되는 사람이 남팬(남편)은 일찍 이별하고 손(자손)이 없었던겨. 인제 손을 보기 위해서 송씨 가문으로 개가를 했던겨. 그때 아들을 하나 난게 그게 바로 벽송여. [조사자: 네. 벽송대사.]
> (중략) 그 시절에는 아, 뭐 양반 상놈 차별이 심했잖아? 그래서 아버지도 함부로 부르지도 못하고 그리고 제사 지낼 때도 같이 참석치도 못하고 인저 그런 관습이 있어갖고, 그래서 인저 인저 그 구박이랑게 이루 말할 수도 없었당게 잉. [조사자: 예 그렇죠. 그 옛날에.]
> 그참 나쁜 건디, 그래 인제 그 벽송이란 사람이 그 어머님 품을 떠나서 집을 나와갖고 깊은 산에 수도를 떠났던겨. (중략)

아, 근데 자식 하나 있던 그 아들이 집을 더났응게 그 어머니는 사방을 찾아 헤멨던겨. 그러다가 거기서 벽산에서 수도하는 아들을 만나가지고 집으로 돌아라기를 빌었던거여. 근디 거기서 한번 굳은 결심을 한 벽송대사가 가기를 거절한거지. 에 그래서 인저 아들하고 작별을 하고서 약속을 했던겨. 그 어머니가. (중략)

어머니가 아들 만날 때마다 아들 하나 있는게 중이 돼갖고 수도했지만, 내 후손이 끊어졌으니 슬프다 하면서 아들보고 한탄을 했던겨. 그때마다 벽송대사가 알기를,

"어머니 염려마시라."고.

"자손이 없더라도 그 뭐 한탄할 것이 있냐?"

하면서 어머니를 위로했던 거지. (중략)

무덤이 오늘날까지 내려와서 정월 보름날 또는 팔월 보름날 두때 말여잉. 그 성찬을 차려놓고 아무라도 거기 가서 인제 향불을 피워놓고 제사를 지내면, 아! 일 년 동안에 병도 없고 운수대통한다는 뭐, 그런 얘기가 있고, 무덤 위에 있는 풀을 뜯어갖고 약을 하면 병에 신통하다고 하는 그런 얘기가 있어.

지금 수백 년 지났지만 그 벽송대사가 예언한 대로 향불이 그치지 않고 계속 피고, 그 주민들은 거길 갖다 명당이라고 믿는 사람들이 아주 많이 사람들 입에 오르내린다고 그런거지.[38]

벽송대사의 어머니는 일찍 남편을 여의고 다른 가문으로 개가를 해 벽송을 낳았다. 서자로 태어난 벽송은 차별대우를 받다 결

---

38 '백송대사와 어머니 묘', 『대계』 5-3, 530.

국 출가하게 되는데, 어머니는 이를 받아들이지 못하고 후손이 끊어졌다며 슬퍼했다. 어머니가 돌아가시자 벽송은 오래도록 흠향 받을 수 있는 명당에 묘를 썼다. 다른 각편에서는 이 명당을 "철년무자손(千年無子孫)에 철년영화지(千年榮華地)"(『대계』 6-3, 488), "천년화지지(千年火之地)"('진묵대사 어머니 묘소와 물고기 살린 이야기', 『증보대계』 전북 김제시 서암4), "무자손천년향화지지(無子孫千年香火之地)"('진묵대사 어머니 묘소', 『증보대계』 전북 김제시 검산동), "천년지향(千年之鄕)"('진묵대사가 어머니를 위해 마련한 묘소와 성모암', 『증보대계』 전북 김제시 만경읍)이라고 명명한다.

벽송대사는 출가 수도승이므로 후손을 통해 가계를 이을 수 없는 조건에 놓여 있다. 그러나 그는 어머니를 위해, 자식이 없어도 영원히 영화를 누릴 수 있는 묏자리를 잡아준다. 자손이 없는데 묏자리를 써서 누릴 수 있는 복록은 무엇이며, 이러한 복록은 어떠한 방식으로 구현될까. 풍수사상의 동기감응론은 명당의 기운이 혈연으로 연결된 이들에게 감응되어 영향을 미친다고 하는데, 벽송대사에게는 자손이 없음에도 명당을 찾은 이유는 일차적으로 어머니를 위해서다. 그렇다면 어머니 명당의 기운은 누구에게 연결되는 것인가. 자손이 없는 이에게 영원히 영화로울 수 있는 조건은 자손이 아니더라도 언제까지나 어머니를 기억하고 추모하는 것이다. 사람들은 일 년 동안 무탈하고 운수대통하기 위해 무덤을 찾아 성찬으로 차리고 향불을 피운다. 명당은 무덤에 난 풀이 병을 치료하는 약이고 무덤에 가 절하면 소원을 이루게 된다는 믿음을 현실화하는 통로인 것이다.

벽송대사의 어머니는 혈연으로 이어진 자손에게서 제사를 받지는 못했지만, 결국 병을 치료하고 소원을 이루려는 수많은 사람들에게서 흠향을 받게 되었다. 결국 이 명당은 수많은 이들의 기도처 역할을 하면서 어머니의 신체(무덤)와 기도하고 추모하는 이들을 연결하는 매개가 된다. 따라서 이 무덤은 액운에서 벗어나 복록을 누리고자 하는 모든 이들을 위한 장소이기도 한 것이다. 애초 편협한 가족주의의 이기적 욕망을 실현하며 어머니마저 배제해온 풍수사상의 작동 기제는 벽송에 와서 그 혈연의 연결을 끊고 모든 이와 연결되는 공유지의 형태로 탈바꿈하게 된다. 이렇게 해서 벽송대사 어머니의 신체는 가부장제의 기획과 연결되지 않음으로써 더 많은 것들과 연결되어 생명력을 얻게 된다.

아들에서 아들로 이어지는 이 부계혈통의 명맥을 유지하기 위해 벽송이 태어났지만, 그는 적자가 아니었기 때문에 차별받았다. 아들과 딸, 적자와 서자의 끝없는 구분과 차별을 낳는 분열적 세계에서는 인간다운 삶이 불가능하다. 벽송의 출가는 자신을 둘러싼 폭력적 세계에 대항한 선택으로 볼 수 있다. 나아가 그는 자신과 그 대를 잇는 아들이 아니라 어머니와 수많은 다른 이들을 연결하면서 대안적 공동체를 기획해낸다. 이 설화는 가부장제 연속성 구현 방식에 문제를 제기하며 어머니의 신체가 연결되는 방식을 새롭게 제안하고 있다고 해석할 수 있겠다.

4. 결론

이 글은 연결신체 이론을 모색하기 위한 방법의 일환으로 구비설화에 보이는 어머니의 신체에 주목해 모성 또는 모성성의 의미를 들여다보고자 했다. 모성(성)에 대한 고정관념을 위반하는 텍스트 속 여성의 태도, 말, 관계를 자세히 들여다보고, 기존의 해석을 기반으로 하되 새로운 문제를 제기하고자 했다.

다양한 신체를 산출하고 통제하는 규범적 강제는 어떤 신체가 더 중요한지 결정하고, 이를 기준으로 서사 안팎에서 가치 평가를 내린다. 구비설화가 어머니의 신체를 어떻게 용인, 허용, 배제하는가를 살피는 일은 통념과 맞닿아 있는 대중의 인식을 알아보는 데 유용하다. 특히 이 글에서는 통념과 고정관념이 발생시키는 설화의 문제 제기에 착안해, 어머니의 신체를 구성하는 규제적 규범의 자가당착을 발견해내고, 이를 통해 탈규범에서 나아가 대안적 신체의 가능성을 모색하고자 했다.

구비설화에서 용인되는 어머니-신체는 훌륭한 아들을 낳고 기르는 어머니라 할 수 있다. 이를 위해서는 규범적 모성(성)의 틀을 벗어나는 모습까지 용인된다. '손병사 모친' 설화에서 보이는 규범에 벗어남으로써 규범의 영역에 포함되는 강력한 어머니가 이에 해당한다. 효자 아들을 만들어내는 도구적 신체로 기능하는 병든 어머니는 제한적으로나마 용인되는 어머니-신체라 하겠다. 효 이데올로기의 강화를 위해 존재하는 병든 어머니 신체는 딜레마 상황에서 효성의 진위, 정도를 규명하는 데 이용되기 때문에 여전히 유용하다. '어머니 폭로로 잃은 명당'에서는 어머니-신체가 부계 가족에 위협이 된다면 언제든 비난받고 배제되는 양상으로 드러난다. 사실의 진위나 맥락의 논리와 무관하게 어머니는 아버지-아들로 이어지는 부계 영역 외부의 인물이기 때문에 부족하고 잘

못을 저지르며, 그래서 나쁘다고 평가된다.

어머니의 올바른 신체를 구성하는 과정에서 설화는 규범적 이데올로기를 그대로 드러내기도 하지만, 이를 구체화하고 확장하는 과정에서 모순되고 무리한 기획의 정황을 노출하기도 한다. '정승 낳을 며느리' 이야기와 '손병사 모친' 이야기는 여성을 향한 아들 낳기의 의무와 기대가 얼마나 폭력적 문화를 정당화하는지를 드러내며, 효행설화는 어머니를 대상화함으로써만 어머니의 신체를 인정하고 수용한다는 점에서 문제적이라 볼 수 있다. 또한 설화 '어머니는 남이다' 유형 설화는 부정의한 방식으로 영속을 기획하는 가부장 사회의 문제를 폭로하고 있는 것으로 읽을 수 있다. 이들 설화는 모두 어머니의 신체를 통해 가부장의 전통이 얼마나 비정상적이며 폭력적인 과정과 결과를 양산하는지를 보여주는 징후적 기제로 작용한다는 데 의의가 있다.

구비설화에서 모성(성)이 구체적 신체로 구현되는 방식은 대체로 다분히 폭력적이다. 어머니의 신체를 '아들 낳는 도구'로만 인정하는 태도나 '돌봄의 대상'으로서만 제한하는 것 모두 바람직하지 않다. 폭력적이고 야만적인 방식으로 어머니의 몸을 제한하는 부계 혈통 영속의 기획은 이러한 설화의 존재 자체로 이미 도전받고 있었다고 생각된다. '벽송대사' 설화는 지금도 여전히 우리 사회에서 보편적으로 통용되어 관습화된 이러한 폭력적 태도에서 벗어날 대안 역시 제시하고 있다. 편협한 가족주의에서 벗어나 가족의 경계를 해체하고 새로운 연결성을 모색하는 설화의 해결 방식은 가부장제의 기획을 단절함으로써 새로운 가능성을 열어주는 것으로 읽을 수 있다. 나와 내 가족이 더 큰 관계망으로 연결되어 있다는 것, 배제와 소외로 문제를 해결할 수 없다는 것, 성찰하지 않는 믿음은 도그마가 될 수 있다는 것을 깨닫는다면 지금보다 더 나은 단계로 한 걸음 나아갈 수 있을 것이다.

일제하 일본인 사회사업과 조선인
: 일본 불교 정토종(淨土宗)의 화광교원(和光教園)을 중심으로[1]

소현숙

1. 머리말

개항 이후 조선에 거주하는 일본인은 비약적으로 증가하여 1920년에는 40만, 1945년 무렵엔 약 80~100만에 달하였다. 이처럼 많은 일본인이 이주하였음에도 불구하고 재조일본인에 대한 학계의 관심은 오랫동안 저조한 채로 남아 있었다. 지배와 저항이라는 이분법적 인식이 지배적인 학문 패러다임으로 자리 잡고 있던 분위기에서 이들을 식민권력과 분리된 독자적 범주로 인식하기가 쉽지 않았기 때문이다. 그러나 1990년대 이후 식민권력을 '일제'라는 획일적인 집단으로 이해하는 단순 도식이 비판되면서 재조일본인들의 다양성과 그 역할에 관한 관심이 증대되었다.

---

1 이 글은 「일제하 일본인 사회사업과 조선인-일본 불교 정토종(淨土宗)의 화광교원(和光教園)을 중심으로-」, 『사림』 제85호, 수선사학회, 2023을 수정 · 보완하여 재수록한 것이다.

식민자로서 재조일본인의 역할에 대해서는 이들을 '침략의 첨병'으로 평가한 가지무라 히데키(梶村秀樹)나, 일본 서민에 의한 '풀뿌리 식민지배'로 보았던 다카사키 소지(高崎宗司)의 연구에서도 드러나듯이, 식민지 지배에 조력했던 '풀뿌리 식민자'였다는 평가가 지배적이었다.[2] 그러나 재조일본인과 조선인의 관계는 단순히 적대적인 것은 아니며, 그 안에 갈등, 불화, 저항, 타협, 협력, 교류, 연대 등 다양한 관계가 형성되고 있었다는 전성현의 지적처럼,[3] 재조일본인의 활동과 역할에 대한 평가는 더 다양한 관점에서 논의될 필요가 있다. 최근 '정착민 식민주의'라는 틀로 재조일본인 상공인의 활동을 분석한 우치다 준(内田じゅん)은 이들이 식민권력과 조선인 엘리트층 사이에서 중간자적 역할을 담당하였으며, 조선인 엘리트들과의 협력을 모색하며 '동화'나 '내선일체' 같은 권력 당국의 슬로건보다 자신들의 경제적인 실리를 우선시하였다고 주장하였다.[4] 재조일본인과 식민권력, 조선인 엘리트 사이의 관계를 섬세하게 추적함으로써 재조일본인의 역할에 대한 새로운 시각을 제공한 점이 주목된다. 이처럼 최근 재조일본인 연구는 시기에 따른 변화와 구체적인 사례 분석을 통해 그 역할과 인

---

2 梶村秀樹, 「植民地と朝鮮人」, 『日本生活文化史 8-生活のなかの國家』, 河出書房新社, 1974; 『梶村秀樹著作集1-朝鮮人と日本人』, 明石書店, 1992; 다카사키 소지, 이규수 역, 『식민지 조선의 일본인들』, 역사비평사, 2006.

3 전성현, 「식민자와 식민지민 사이, 재조일본인 연구의 동향과 쟁점」, 『역사와 세계』 제48권, 효원사학회, 2015.

4 우치다 준, 한승동 역, 『제국의 브로커들-일제강점기의 일본 정착민 식민주의 1876~1945』, 도서출판 길, 2020.

식의 다면성을 포착하고자 노력하고 있다.[5]

이 글에서는 재조일본인 민간 사회사업 활동을 중심으로 조선총독부와 재조일본인, 그리고 조선인 사이의 관계를 살펴보고자 한다. 그동안 재조일본인 연구는 정치인, 관료, 지주, 자본가, 교육자, 게이샤, 여학생 등 다양한 직업군의 인물들이 탐구대상이 되었으나,[6] 사회사업을 담당했던 이들에 관한 연구는 미진했다. 일본인 사회사업가들은 조선인을 통치의 대상으로 삼았던 조선총독부의 관료나 경찰, 혹은 경제적인 지배-착취 관계에 놓여 있던 지주나 자본가와 달리, 빈곤한 조선인들의 '구호'라는 공공적 의제와의 연관 속에서 활동하였고, 그 과정에서 조선총독부와 조선인을 매개하는 역할을 담당했다. 그런 점에서 이들의 활동을 분석하

---

5 이형식 편저, 『제국과 식민지의 주변인: 재조일본인의 역사적 전개』, 보고사, 2013; 이규수, 『제국과 식민지 사이: 경계인으로서의 재조일본인』, 어문학사, 2018; 李東勳, 『在朝日本人社會の形成-植民地空間の變容と意識構造』, 明石書店, 2019; 전성현 · 하지영 · 이동훈 · 이가연, 『일본인 이주정책과 재조선 일본인사회』, 동북아역사재단, 2021 등.

6 李昇燁, 「植民地の「政治空間」と朝鮮在住日本人社会」, 京都大 博士學位論文, 2007; 배석만, 「일제시기 부산의 대자본가 香椎源太郎의 자본축적 활동」, 『지역과 역사』 제25호, 부경역사연구소, 2009; 김명수, 「재조일본인(在朝日本人) 토목청부업자 아라이 하츠타로(荒井初太郎)의 한국진출과 기업활동」, 『경영사학』 제26권 3호, 한국경영사학회, 2011; 배석만, 「부산항매축업자 이케다 스케타다(池田佐忠)의 기업활동」, 『한국민족문화』 제42호, 부산대학교 한국민족문화연구소, 2012; 전성현, 「식민자와 조선: 일제시기 大池忠助의 지역성과 '식민자'로서의 위상」, 『한국민족문화』 제49호, 부산대학교 한국민족문화연구소, 2013; 권숙인, 「식민지 조선의 일본인 화류계 여성-게이샤 여성의 생애사를 통해 본 주변부 여성 식민자」, 『사회와 역사』 제103호, 한국사회사학회, 2014; 최혜주 편, 『일제의 식민지배와 재조일본인 엘리트』, 어문학사, 2018; 히로세 레이코, 서재길 · 송혜경 역, 『제국의 소녀들: 경성제일공립고등여학교생의 식민지 경험』, 소명출판, 2023 등.

는 것은 조선총독부-재조일본인-조선인 사이의 관계를 탐색하는 데 좋은 사례를 제공할 것이다.

이제까지 식민지 조선에서의 일본인 사회사업 활동에 대해서는 자선 사상에 기초하면서도 식민지 지배권력과 밀착하여 조선인을 교화하는 데 앞장섰던 '식민권력의 하수인'으로서 역할을 하였다고 이해해 왔다. 그러나 이들의 사회사업 활동을 단순히 식민지배의 일환으로만 이해한다면, 그들의 활동이 특정한 방식으로 나타난 이유와 그러한 사업을 매개로 조선총독부 및 조선인과 맺었던 관계의 다면적 의미를 포착하기 어렵다. 그런 점에서 정토종(淨土宗)의 교육사업을 '침략 과정의 첨병'이라는 단순한 시각에서 벗어나 '제국과 식민지 관계의 다양한 근대성'이라는 차원에서 분석한 제점숙의 연구는 주목된다. 이 연구에서 그는 정토종의 활동이 총독부의 정책뿐만 아니라 정토종의 일본 본토 활동의 연장선에 있었으며, 근대적 교육기관이 절실했던 조선인들의 적극적인 참여 속에서 이루어진 점을 밝혀냄으로써 보다 복잡한 제국-식민지 근대성의 동학과 재조일본인의 역할을 드러냈다.[7]

이러한 문제의식에 공감하면서, 본 연구에서는 1920~30년대 일본 불교 종파 정토종에 의해 설립되었던 화광교원(和光教園)의 활동을 살펴볼 것이다. 화광교원은 향상회관(向上會館)[8]과 더불어 조선총독부의 지원 속에서 활동한 대표적인 일본 불교의 사회사

---

7 제점숙, 「일본불교의 근대인식과 개항기 조선」, 『일본근대학연구』 제32호, 한국일본근대학회, 2011, 110쪽, 126-128쪽.

8 향상회관은 일본 불교 정토진종 대곡파(大谷派)가 1922년 설립한 사회사업기관이다.

업 기관이다. 화광교원에 대해서는 일찍이 일본제국주의에 편승한 일본 불교가 자비 사상을 바탕으로 한 인보관 사업을 통해 조선인을 황민화하려는 목적에서 설립되었다는 점이 강조되었다.[9] 그러나, 제점숙은 화광교원이 3.1운동 이후 조선총독부의 요청에 따라 설립되었지만, 그 설립의 이면에 일본 내 일본 불교 사회사업의 근대화라는 흐름이 있었음을 간과할 수 없다고 지적하였다. 더불어 식민지 조선에서 펼쳐진 화광교원의 활동이 본국의 불교 사회사업을 모방했지만, 단순히 종교적 교화라 할 수 없는 사회교화적 내용을 담고 있었다는 점에서 화광교원의 활동은 식민지적 근대성의 성격을 띨 수밖에 없었다고 분석하였다.[10] 화광교원을 조선총독부 정책의 하수인으로만 바라보는 기존의 관점에서 벗어나, 일본인 사회사업이 갖는 독자적 맥락과 의미를 살펴보았다는 점에서 이 연구는 화광교원에 관한 연구를 한층 진전시켰다. 그러나 화광교원의 활동을 조선총독부와 화광교원 운영자들이라는 양자적 관계의 틀에서 조명하여, 그 사업에 기부했던 민간 재조일본인이나 사업의 대상이 되었던 조선인 등 화광교원의 활동을 둘러싼 다양한 주체들을 시야에 넣지 못한 점은 다소 아쉽다. 한편, 이 글에서 주로 분석하는 화광교원 노동숙박소와 관련해서 이병례의 연구가 있다. 경성지역의 노동숙박소를 그 운영 주체에 따라 비교

9 윤정수, 「외세의 조선 진출과 인보관사업의 태동-화광교원과 태화여자관을 중심으로」, 세계한국학대회 발표논문, 2006; 尹晸郁, 『植民地朝鮮における社會事業政策』, 大阪經濟法科大學出版部, 1996, pp.165-180.

10 諸点淑, 「東アジア植民地における日本宗教の「近代」-植民地朝鮮における日本仏教(浄土宗)の社会事業を事例として-」, 『日本近代學研究』 제20집, 2008.

분석한 연구로 화광교원 노동숙박소의 운영은 식민지 조선인의 교화라는 이데올로기적 목적이 강하게 투영되어 있었다고 설명한다.[11]

사회사업이 단순히 조선총독부나 사회사업 단체 설립·운영자들의 의도만으로 이루어질 수 없다는 점에서 시설을 둘러싼 다양한 주체들의 관련성을 살펴보는 것은 화광교원의 활동을 이해하기 위한 필수적인 작업이다. 이러한 관점에서 본 연구는 조선총독부, 정토종과 화광교원, 재조일본인 기업가, 그리고 조선인이라는 다양한 주체들의 관계에 주목하면서 화광교원을 사례로 일본인 사회사업이 어떻게 펼쳐졌는가를 분석해 보고자 한다.

2. 일본 정토종(淨土宗)의 사회사업과 화광교원

일본 정토종이 조선에 포교 활동을 시작한 것은 19세기 말엽부터였다. 1897년 부산에서 첫 포교 활동을 시작한 정토종은 이듬해 경성에 개교원(開教院)을 설립하면서 포교의 기초를 마련하였다. 정토종보다 한발 앞서 조선 개교를 시작한 진종 대곡파(眞宗大谷派)가 주로 일본인 거류민을 위한 포교에 주력했던 반면, 청일전쟁 이후 조선에 진출한 정토종은 일본 거류민을 위한 사업이 더는 필요치 않게 된 상황에서 눈을 돌려 조선인의 포교에 적극적으로

---

11 이병례, 「1920~30년대 경성 노동숙박소의 장소성과 운영실태」, 『향토서울』 제88호, 서울역사편찬원, 2014.

나섰다.[12]

정토종은 특히 여타 다른 일본 불교 종파와 달리 현지화 전략을 취하면서 상당히 효율적으로 조선인 신자를 획득해 나갔다. 한글로 된 교보와 책자를 편찬하고 학교를 세우며, 대한제국 황실과 우호적 관계를 맺는 등의 방식을 취하였다. 그리하여 신도 수가 비약적으로 증가하여, 1906년 무렵에는 전국 주요 도시 12개소에 교회소를 개설하였고, 한인교회도 183개소에 달하였으며, 조선인 회원만 약 3만 2천 5백여 명에 달하였다.[13] 이러한 기세 속에서 1910년 일제가 조선을 병합하자 정토회는 전국을 순회하며 전도회와 강연회를 개최하는 등 보다 적극적으로 활동해 나갔고,[14] 1913년 경성 관수동 102번지에 조선인 교화를 목적으로 한 정토종 조선인 교회 도량 '일념사(一念舍)'를 운영하는 등 포교사업에 매진하였다.

정토종의 포교 과정에서 사회사업은 중요한 역할을 했다. 정토종은 진종대곡파와 더불어 식민지 사회사업에 적극적으로 간여했던 대표적인 일본 불교 종파였으며, 근대 일본의 사회사업 발전에도 중요한 역할을 하였다.[15] 특히 정토종은 개성학당, 한남학당, 해주학당 등 일찍부터 조선인에게 일본어를 보급하기 위한 학교

12 諸点淑, 앞의 글, p.119.

13 한동민, 「대한제국기 일본 정토종의 침투와 불교계의 대응」, 『한국독립운동사연구』 제34호, 한국독립운동사연구소, 2009, 170-171쪽.

14 성주현, 「1910년대 일본불교의 조선포교활동」, 『문명연지』 제5권 2호, 한국문명학회, 2004, 82쪽.

15 諸点淑, 앞의 글, p.140.

를 각지에 설립하고, 승려 교육을 위한 명진학교의 설립에도 관여하는 등 교육사업에 매진하였다.

정토종이 화광교원을 설립하면서 보다 본격적으로 사회사업에 나서게 된 것은 3.1운동 직후 문화통치로의 전환이라는 정치적 변화 속에서였다. 3.1운동으로 인하여 지배체제의 위기를 맞은 조선총독부는 일종의 사회적 통합책으로서 사회사업정책을 도입하고자 했다.[16] 이 과정에서 조선총독부는 종교 단체를 비롯한 기존의 사회사업단체에 대한 지원을 확대해 나갔는데, 이러한 지원에 힘입어 1920년 정토종이 경성부에 화광교원을 설립하게 되었다. 종로통 3정목에 위치한 화광교원은 승려였던 오기노 준도(荻野順導)[17]가 원장을 맡았고, 학원부 · 숙박부 · 교화부를 설치하였다. 그리고 이후 직업소개부, 식사부, 인사상담부 등을 설치하며 사업을 확장해 나갔다.

화광교원 측은 사업을 계획하는 가운데 총독부 및 각 관청의 사회사업과에 방문, 관리들과 만나 의견을 나누는 등 설립과정에서 조선총독부 측과 긴밀한 협의를 거쳤다.[18] 조선총독부는 화광교원에 대한 지원을 아끼지 않았는데, 설립 당시 조선총독부 소관 부지를 싼값에 대여하였고, 1924년에는 전 조선군사령부 청사

---

16 예지숙, 「조선총독부 사회사업정책의 전개와 성격」, 서울대학교 박사학위논문, 2017, 58-59쪽.

17 오기노 준도가 어떤 인물인지에 대해서는 구체적인 행적을 찾지 못했다. 일본 불교 및 정토종 관련 인명사전, 일본사회사업 인명사전에도 그의 이름은 없었다. 다만, 『(朝鮮總督府始政25周年記念)記念表彰者名鑑』에 따르면, 그의 원적은 도쿄로 승려라는 점만 확인할 수 있다.

18 和光教園出版部, 『和光教園事業要覽』, 1927, p.6.

인 관수동 101-2, 114, 116-8번지 56평을 양도하였으며, 1926년에는 관수동 120번지 337평을 무상으로 대여했다. 나아가 조선총독부 구청사의 일부 2층 건물 89평도 양도하였다. 이것들은 모두 당시 1급지에 해당하는 요지였다. 조선총독부가 대여하거나 양도한 토지는 화광교원 전 소유지 면적의 절반 이상에 해당하는 것으로, 식민지 당국의 화광교원 활동에 대한 기대감과 관심도가 얼마나 컸는지를 짐작할 수 있다.[19]

화광교원의 설립목적을 보면, 화광교원은 불교의 근본정신에 따라 개인을 완성하고 사회를 정화하는 '정불국토 성취중생(淨佛國土 成就衆生)'[20]의 대업을 달성하고, '군민일가 사방일화(君民一家 四方一化)'의 '덕광적 일대가족주의(德光的 一大家族主義)'의 '국시(國是)'를 받들어 새로운 동포의 교화를 실행하여 도시빈곤자를 위한 인보사업을 벌이는 것을 사명으로 하였다.[21] 도시빈곤자를 교화하여 천황을 중심으로 한 가족주의 질서 속으로 조선인을 포섭해 나가고자 하는 의도를 명확히 드러내고 있었던 것이다.

이처럼 정토종의 화광교원 설립에는 총독부 측과의 협의와 그 지원이 중요한 계기가 되었다. 그러나 정토종 내부의 움직임 또한 주목해 볼 필요가 있다. 화광교원의 설립자금을 대는 데 결정적 역할을 했던 후쿠나가 마사지로(福永政次郎)가 다카세 상점(高瀨商店)통해 벌어들인 수익으로 상당한 여유자금을 확보하게 되었고,

19 윤정수, 앞의 글, 5쪽; 諸点淑, 앞의 글, p.145.

20 청정한 불국토를 이룩하여 중생을 성취시킨다는 뜻.

21 荻野順導 編, 『和光教園事業要覧』, 和光教園, 1936, pp.3-4.

이 자금으로 사회사업에 착수하고자 정토종의 승려 이나가키 신가(稻垣眞我) 등에게 상의하기 시작하였던 것은 1918년이었다. 이 돈을 기반으로 교원의 창립에 관한 업무가 쿠가 지코(久家慈光)에게 맡겨졌다. 오기노는 경성개교원의 주임으로 부임하기 전부터 조선에서 7, 8년간 조선인 교회소를 맡아서 그 교화에 힘쓴 경험이 있었는데, 조선인을 교화하기 위해서는 단순히 설교만으로는 효과를 거둘 수 없고 생활에 입각한 구제 즉, 수산(授産)을 겸한 지도, 인보사업을 겸한 지도교화가 필요하다고 생각하였고, 화광교원을 설립함으로써 이를 실천하고자 하였다.[22] 이러한 점을 고려한다면, 화광교원의 설립은 총독부 측의 요청에 따른 것으로 단순화할 수 없고 정토종 내의 사회사업이라는 독자적인 흐름 속에서도 이해될 필요가 있다. 총독부 측이 정치적 안정의 필요성에서 사회사업의 효과에 기대하였다면, 정토종은 역시 종교의 포교 관점에서 조선인들의 생활 안정이 필요하다는 견해를 갖고 있었고 그 실천이 화광교원의 설립으로 나타났다고 할 수 있다.

나아가 화광교원이 초기부터 노동자숙박소를 설치하는 등 다른 사회사업단체와 달리 노동자의 보호에 주력했던 것은, 그것이 일본 본토에서 이루어진 정토종 사회사업의 연장선상에서 진행된 것이라는 점을 보여준다. 일찍이 독일에 유학하여 사회정책을 배우고 돌아와 일본 근대 불교사회사업의 기초를 닦은 와타나베 가이쿄쿠(渡辺海旭)가 주도한 정토종의 사회사업은 일찍부터 구빈(救貧)을 목적으로 하는 자선사업에서 탈각하여 방빈(防貧)을 목적

22 車田篤著, 『持円福永政治郎翁伝』, 高瀬合名, 1943, pp.162-163.

으로 하는 사회사업으로 그 성격이 변화해 갔다.[23] "감정중심주의에서 이성중심주의로, 일시적이고 단편적인 것에서 과학적이고 계통적인 것으로, 시여구제에서 공제주의로, 노비주의에서 인권주의로, 사후구제에서 방빈으로"라는 사회사업의 5대 방침을 제시하여 근대적 의미의 사회사업을 선구적으로 개척해 간 와타나베는 1911년 정토종 노동공제회를 설립하여 이러한 사상을 실현하고자 했다.[24] 그는 사회사업의 주된 목적을 '제세이민(濟世利民)'으로 제시하고 불교도의 구제사업이 공제와 보은을 기반으로 행해져야 한다고 역설하였는데,[25] 그가 말한 보은 사상은 독일 사회정책 혹은 사회사업의 영향을 받은 것으로, '구하는 자와 구해지는 자의 차별'관을 극복한, 개인적 구제가 아닌 사회적 구제를 제시한 것이었다.[26]

이처럼 일본에서부터 선구적으로 방빈사업에 나섰던 정토종 측의 경험은 1920년대 진행되었던 총독부의 사회사업 정책의 전환 과정에도 기여했던 것으로 보인다. 주로 노동 능력이 없는 자에 대한 제한적 구제에 주력했던 조선총독부는 1920년대 들어 계층의 하강을 막거나 상승시켜 빈민의 발생을 미리 방지한다는 방빈사업으로 전환하고자 했다. 즉, 일하지만 빈곤한 '땀 흘리는 빈

---

23 구빈이 이미 발생한 빈곤자를 구제하는 것을 의미한다면, 방빈은 빈곤자의 발생을 미리 방지하는 것을 목표로 한다는 점에서 다르다.

24 諸点淑, 앞의 글, pp.115-117.

25 長崎陽子, 「近代日本佛教における社會事業」, 『印度學佛教學研究』, 印度學佛教學學會, 제49권 1호, 2000, pp.182-183.

26 吉田久一 · 長谷川匡俊, 『日本佛教福祉思想史』, 法藏館, 2001, p.187.

민'에 대한 대책을 강구하는 것이 방빈의 요체였는데, 이들의 생활상 불편을 완화하기 위한 시설로서 직업소개사업, 노동자숙박소, 공설시장 등이 강구되었다. 이러한 방향 전환은 1918년 쌀 소동을 계기로 전면적으로 전환되었던 일본 본토에서의 사회정책의 전환 및 사회사업의 도입과도 밀접하게 연관된다. 일본 내무성 관료로서 사회사업의 도입과 사회행정의 확대 업무에 종사한 경험이 있는 정무총감 미즈노 렌타로(水野錬太郎)를 중심으로 한 '내무성계 관료'들이 조선총독부 관료로 임명되면서, 조선에서도 이러한 전환이 시도되었다.[27] 그러나 1920년대 초까지도 일본 내지의 사회사업을 조선에 적용하는 것이 과연 타당한 것인지에 관해서는 총독부 관료 내에서도 비판 여론이 있었다.[28] 민간의 사회사업 단체들도 대체로 고아원이나 부랑자 수용 등 구제사업에만 매진하고 있던 상황으로 방빈 사업으로의 전환이 수월하게 진행된 것은 아니었다. 그런 상황에서 일찍부터 방빈 사업의 구체적인 모습을 보여주면서 사업을 실제로 실행해 나간 화광교원의 활동은 방빈 사업을 새롭게 모색하고자 했던 조선총독부의 처지에서도 참고가 될 만한 것이었다.

나아가 조선총독부에게 화광교원은 사회사업에 대한 조선총독부의 빈약한 기여를 가려주는 좋은 가림막이 되었다. 조선총독부는 '구빈에서 방빈으로'라는 구호를 내걸고 사회사업으로

27 예지숙, 앞의 글, 56-67쪽.

28 조선총독부 초대 사회과장 야지마(矢島杉造)는 절대빈곤자가 대다수인 조선에서는 방빈보다는 구빈책이 오히려 시급하다고 보았다. 矢島杉造, 「會報の發刊に제して」, 『朝鮮社會事業』, 1923. 5; 예지숙, 앞의 글, 67쪽 재인용.

의 전환을 모색했지만, 실제 예산지출은 여전히 구제와 교화사업에 집중되어 있었다. 이런 상황에서 화광교원의 활동은 조선총독부가 지원하는 방빈 사업이라는 선전 효과를 발휘하여 총독부의 예산과 노력을 절감하는 효과를 가져다주었다. 총독부는 주기적으로 하사금과 보조금을 지급한다는 발표를 통해 사회적 복리에 힘쓴다는 이미지를 구축하고 "천황의 은혜"를 운운할 수 있었던 것이다.

3. 화광교원의 운영과 재조일본인 사회사업가의 기부

학원부, 숙박부, 교화부의 3부로 시작한 화광교원은 이후 의료부, 직업소개부, 인사상담부, 염매식사부, 이발부, 구호부, 숙박부, 수산부 등을 개설하면서 사업을 점차 확장하여 명실상부한 인보관으로서의 면모를 갖춰나갔다. 1925년 무렵 각 부의 설비는 거의 정비되어, 학원부의 경우 학생 수가 6백여 명, 숙박부의 경우 1개년 수용 연인원이 3만 명을 돌파하였으며, 직업소개부는 매월 670명을 취직시키는 등 사업이 점차 자리를 잡아갔다. 그렇다면 각 부는 어떻게 운영되었던 것일까.

우선 학원부는 1920년 빈곤 여아와 노동자 자녀에게 간단한 문자와 숫자 관념을 가르치기 위하여 정원에 매일 놀러 오는 아동들을 불러 모아 간이학교를 설치한 것으로부터 시작되었다. 처음에는 월사금 없이 문방구까지 지급하면서 세민 아동을 수용했으나, 해를 거듭할수록 입학을 희망하는 자가 증가하자, 조선교육령에 따른 초등교육을 실시하기로 하였다. 이에 따라 얼마간의 수업료를 받고 수업 연한을 4년, 이후 6년으로 확대하였고, 1927년 보통학교령에 따른 사립보통학교로 변경되었다. 1936년 당시 16학급 1,065명의 학생이 수업을 받고 있었다. 이외에 간이부가 있어서 학령아동으로 취학하지 못한 인근의 빈곤아동을 받아 간단한 일본어, 한문, 수(數) 교육을 실시하였는데, 1936년 당시 학생은 52명이었다. 교원은 화광보통학교의 경우 1936년 현재 일본인 교원이 남 8명, 여 1명, 조선인 교원이 남 6, 여 4명으로 구성되어 있었다.[29]

숙박부는 도시에 유랑하는 노동자들의 보호를 목적으로 설치된 것으로, 조선인에게 적당한 온돌이 깔린 숙박실을 설치하여 숙박의 편의를 제공하고 이와 함께 식사, 이발, 입욕, 직업의 소개 및 지도를 개시하였다. 애초에 종로 3정목 27번지의 건물을 차입하여 운영하였는데, 이곳이 전차 도로에 면하여 "도시미관이나 풍기, 위생상으로 보아" 부랑 · 배회하는 자유노동자가 출입하는 숙박소의 위치로 타당하지 않다는 여론이 일자, 1928년 위치를 이전하였다. 1927년 동아일보 보도에 따르면 화광교원 숙박부는 20여 칸[間] 쯤 되는 방에 매일 밤 평균 70~80명이 투숙하였다. 숙박자는 조선인뿐만 아니라 일본인도 포함되어 있었는데, 1920년 조선인 163명, 일본인 3명에 불과했던 숙박자 수는 1930년 조선인 2,169명, 일본인 27명, 1935년 조선인 4,048명, 일본인 3,898명으로 증가하

29 荻野順導 編, 앞의 책, pp.12-14.

고 있었다.[30] 한편, 1930년에는 궁내성으로부터 특별 하사금을 받아 여자 숙박부도 설치하였다. 그러나 점차 시설이 낡아지면서 노동숙박소의 상태가 나빠졌던 것으로 보인다. 1934년 동아일보는 화광교원 노동숙박소와 경성부영 노동숙박소가 "감옥소 감방이나 경찰서 유치장에 못지않은" 상태라고 보도하고 있음은 이를 보여준다.[31]

〈표 1〉 화광교원 숙박자 수 추이

	숙박자 실수(實數)			숙박자 연수(延數)			1인당 숙박일수
년도	조선인	일본인	합계	조선인	일본인	합계	
1920	163	3	166	2,148	8	2,156	12.3
1925	2,854	38	2,892	23,246	393	23,639	8.2
1930	2,169	27	2,196	20,207	600	20,807	9.5
1935	4,048	3,898	7,946	27,144	11,631	38,775	4.9

출처: 荻野順導 編, 『和光教園事業要覽』, 京城, 和光教園, 1936, 19-20쪽.

소개부는 애초에는 별도의 부가 없이 숙박자 중에서 직업이 없는 자를 위해 소개를 하는 데 머물렀으나, 점차 구인 의뢰까지 받게 되면서 1921년 말 직업소개를 별도의 부로 설치하고 소개사무를 담당하게 되었다. 또, 수산부(授産部)는 1924년 10월에 개설되었는데, 관수동 102번지 화광교원 본부 안에 작업장을 두고 털실 짜는 기계 15대, 양말 제작기 33대, 재봉틀 4대를 갖추어 노동자가 일할 수 있게 하였다. 1년 생산액이 1만 5천 원에 달했는데,

30 荻野順導 編, 앞의 책, pp.19-20.

31 「歲暮風景點 (其三)」, 『동아일보』, 1934. 12. 16.

20여 명의 남녀가 장갑 뜨는 일과 군대에서 쓰는 털 속옷 짜는 일을 하였다. 남자는 한 달에 평균 25~30원, 여자는 14~15원을 벌었다고 한다.[32] 세탁부도 있어 값이 싸고 신용이 있고 바느질까지도 해주었기 때문에 일반으로부터 상당한 호평을 들었다고 한다.[33]

이외에 식사부, 이발부, 목욕부를 운영하였는데, 식사비는 1식에 8전 하던 것이 후에 12전 5리까지 상승했다. 1930년대 초반부터는 토막민 보호사업에도 나서게 되어, 1934~35년 무렵에는 정릉리와 아현리의 토막민 보호사업에도 관여하였다.[34]

화광교원의 직원은 1936년 무렵 이사 8명, 직원 47명에 달하였다. 이사는 전원이 일본인이었고, 직원에는 25명의 조선인이 포함되었는데, 주로 교원이나 보모, 각부의 주임 등을 담당했다.

사업에 따르는 재원은 주로 조선총독부와 일본 황실 측의 보조금 및 하사금, 후쿠나가 마사지로 등 재조일본인 유력자들의 기부금을 통해 충당되었다. 화광교원의 설립과정에서 막대한 자금을 댔던 후쿠나가 마사지로는 독실한 정토종 신자로, 주로 부산에서 활동하였고, 부산의 '재계 4웅(財界 4雄)' 중 하나로 일컬어졌던 인물이다. 1864년 일본 오우미 간자키군 다케베무라(近江國 神崎郡 建部村)에서 태어난 그는 23세인 1886년 부산에서 다카세 상점을 경영하고 있던 숙부 다카세 마사타로(高瀬政太郎)의 권유로 조선으로 와서 50여 년을 부산의 대자본가로 군림하였다. 원래 일

32 「飢寒에 우는 街頭窮民 호구책도 가지가지(2)」, 『동아일보』, 1927. 1. 25.

33 「해마다 늘어가는 화광교원의 업적」, 『동아일보』, 1933. 5. 18.

34 荻野順導 編, 앞의 책, pp.2-8.

본으로부터 잡화를 소액으로 수입하여 판매했던 다카세 상점은 후쿠나가의 권유로 면포의 수입 판매를 주 업무로 변경한 이후 엄청난 부를 축적하였다. 그는 1900년대 중반부터는 면화 재배를 시작하였고 아울러 1910년대에는 본격적으로 토지매수와 간척사업을 진행하여 대지주가 되었다. 소작제 농장 경영을 통한 면화와 미곡의 일본 유출과 판매로 면포 수입 판매 활동보다 더 큰 이익을 얻게 되었다. 후쿠나가는 부산상업회의소 특별의원, 부산일보사 대주주, 조선와사전기 대주주 등으로 재직하면서 부산지역의 원로로서 활동했고, 부산상업실천학교와 부산공생원을 설립하는 등 교육 및 사회사업에도 간여하였다. 이후 활동무대를 경성으로 넓혀 화광교원 설립에 가담하게 되었다.[35]

그가 화광교원에 기부한 금액의 총액은 약 12만 2천 엔에 이르는데, 이는 단체 및 개인 기부자를 통틀어 가장 큰 액수였다. 1930년대 중반 그가 사망하여 기부가 끊기게 되자, 화광교원 측이 "등대의 빛을 잃어버리고 조난을 당한 듯한 정신적 대타격"을 입었다고 표현하며,[36] 운영상의 어려움을 토로했을 정도로 그의 역할은 컸다.

---

35 車田篤著, 『持円福永政治郎翁伝』, 高瀬合名, 1943. 후쿠나가의 자세한 생애와 활동에 대해서는 이가연, 「부산의 '식민자' 후쿠나가 마사지로의 자본축적과 사회활동」, 『석당논총』 제61호, 석당학술원, 2015 참조.

36 荻野順導 編, 앞의 책, p.9.

〈표 2〉 화광교원 기부금 총액 비교(1920~1035)

(단위: 엔, %)

기부자	조선총독부 보조금	궁내성 하사금	후쿠나가 기부액	총액
액수	36,000	9,600	122,328	167,928
총액 대비 비율	21	8	73	100

출처: 荻野順導 編, 『和光教園事業要覽』, 1936, 69-90쪽.

기존 연구에서 후쿠나가의 이러한 사회사업과 기부활동은 '미개한 신동포 조선인들을 교화하고 그들에게 문명을 전파하며 조선인을 체제 내로 포섭하려는 의도에서 나온 것'으로 해석되었고, 이에 따라 그는 '제국의 첨병'이자 '풀뿌리 식민자'라고 평가되었다.[37] 식민지 조선에 와 있던 일본인들이 일반적으로 조선인에 대한 차별 감정을 강하게 가졌던 '제국의식'의 포로들이었으며,[38] 화광교원의 활동이 결국에는 조선인의 교화를 중요한 목표로 삼고 있었다는 점을 고려할 때 이러한 평가는 쉽게 이해될 수 있다.

그러나 이러한 설명은 개별자로서 재조일본인의 개성을 탈각시키고 그 다양성을 포착하기 어렵게 하는 단점이 있다. 후쿠나가는 신앙심이 매우 독실했고 사려 깊은 인물이었다고 평해지는데, 그는 독특하게도 항상 "조선인을 자신이 운영하였던 다카세 상점의 고객으로서 자신이 오늘날의 성공에 이르게 한 은인"으로 여겨 "항상 깊은 감사의 마음"을 가졌다고 한다. 그의 평전에서는 이러한 그의 자세가 빈궁한 조선인을 위해 학교를 경영하고 사회사업

37 이가연, 앞의 글, 327-329쪽.

38 윤건차, 「식민지 일본인의 정신구조-'제국의식'이란 무엇인가」, 이형식 편저, 『제국과 식민지의 주변인-재조일본인의 역사적 전개』, 보고사, 2013, 53쪽.

을 일으키게 된 이유였다고 소개하고 있다.[39]

이러한 후쿠나가의 사례는 얼마나 독특한 사례일까? 그것을 어떻게 평가할 수 있을까? 이 부분에 대해서는 앞으로 더 분석해 볼 필요가 있지만, 여기서 다른 한 인물을 언급해 보겠다. 열성적인 불교 신자였으며, 조지야(丁子屋) 사장이었던 고바야시 겐로쿠(小林源六) 역시 온갖 사회사업 단체의 설립과 운영을 자금 면에서 지원하고, 또 점내에 청년훈련소와 여자점원수양기관을 설치하여 '조선인 자활(授産) 사업'에 진력하였다. 1929년 백화점으로서 재출발하였을 때는 매일 조례에서 점원에게 "불법(佛法) · 상도(商道)에 정진"하여 "특별히 조선인 여러분들을 소중하게" 여기도록 주의를 시키는 등, '내선융화'를 일종의 상업전략으로 삼았다고 한다.[40] 고바야시의 사례를 볼 때, 후쿠나가가 조선인에 감사의 마음을 품었던 것도 종교적이면서 동시에 일종의 상업전략이었다고 볼 수도 있다.

한편, 아사노 타츠로(淺野太三郎) 역시 화광교원의 고문이자 기부자였는데, 그는 1872년생으로 야마구치현 출신이다. 1905년에 조선에 건너와 인천, 경성 등지에서 일용잡화상과 목욕탕업, 미두취인소 중매업, 주택임대업 등에 종사했다. 1926년 경성부협의회원으로 선출되었으며, 그 밖에 조선토지경영회사, 조일양조주식회사, 경성비료주식회사 등의 취체역, 조선저축은행 감사, 조선취인소 이사, 조선증권금융 취체역, 경성방송국 이사 등을 역임했다.

---

39 車田篤著, 앞의 책, p.149.

40 丁子屋商店, 『丁子屋小史』, 1963. 우치다 준, 「식민지 조선에서의 동화정책과 재조일본인-동민회를 사례로 하여」, 이형식 편저, 앞의 책, 168쪽 재인용.

1928년 10만 원을 기부하여 재단법인 아사노육영회(淺野育英會)를 창립하는 한편, 조선신사, 경성고등상업학교 등에 기부하였고, 자신의 고향인 야마구치현에 도서관 건축비를 부담하는 등 사회사업에도 활발히 참여하였다.[41] 『사업과 향인(事業と鄕人)』에 실린 그의 인물평에는 "경성에 있는 야마구치현 출신자 중에서 성공한 견실한 자산가로" "공공사업에도 많이 노력한" 인물이며 "사회에 꼭 많이 있어 주었으면 하는 모범적인 부호"라고 소개되었다. 또 그는 "한때 엄청난 이익을 챙겼다는 소문이 돌아 투기하는 모험사업가로 잘못 알려지기도" 했지만, "사치와 낭비를 하지 않으며 수수한 성격"이라고 소개되었다.[42] 투기하는 모험사업가라는 다소 부정적인 오명을 "모범적인 부호"로서 자리 잡게 하는 데 그의 사회사업에의 기부활동이 큰 영향을 미치고 있음을 볼 수 있다. 쉽게 추측할 수 있듯이 재조일본인 유지들에게 사회사업 활동은 부를 축적하는 과정에서 얻을 수도 있는 부정적 시선을 완화하고 사회적 유지로서의 면모를 과시할 수 있는 좋은 수단이었다.

이처럼 총독부의 지원과 재조일본인의 기부가 이어졌지만, 화광교원의 운영이 안정적이었던 것은 아니었던 듯하다. 1922년 화광학교의 교사 3명이 학교에 대한 불만을 품고 사직서를 제출하였는데, 주요 이유는 교사에 대한 처우가 열악했기 때문이었던 듯하다. 경비의 부족으로 교사에게 한 달에 35원씩을 주었는데, 밤

41 朝鮮新聞社 編, 『朝鮮人事興信錄』, 朝鮮人事興信錄編纂部, 1935, pp.8-9; 民衆時論社 · 朝鮮功勞者銘鑑刊行會 編, 『朝鮮功勞者銘鑑』, 民衆時論社 · 朝鮮功勞者銘鑑刊行會, 1935, p.143.

42 高橋三七 著, 『事業と鄕人』 1, 實業タトムス社 · 大陸硏究社, 1939, p.702.

에 잘 곳도 없고 월급은 조석거리도 넉넉지 못해서 겨울에 교실에서 잠을 청해야 할 정도로 열악한 상황이었다는 점이 언급되고 있음은 이를 보여준다.[43]

4. 노동숙박소와 조선인들

그렇다면 화광교원의 설립과 운영에 대한 조선인들의 반응은 어떠했을까? 우선, 설립 당시 총독부로부터 토지와 건물을 대여 혹은 양여(讓與)하는 과정에서 조선인들과 마찰을 빚었던 점이 눈에 띈다. 예컨대, 용산 금정에는 조선인들이 관우 등 여러 명장의 석상을 안치하고 해마다 식제를 지내고 복을 빌었던 당집이 있었는데, 이 당집이 토지조사사업을 통해 총독부의 소유로 변경되었고 다시 그 집을 총독부가 1922년에 화광교원에 기부함으로써 문제가 되었다. 당집을 신성시하였던 조선인들은 총독부의 불하에 반대하여 대항책을 논의하였는데, 화광교원 측은 이에 대해 자신들이 "조선 사람을 상대로 공익사업을 경영"한다는 점을 강조하면서 조선인들을 설득하였다.[44] 또, 조금 뒷 시기이기는 한데, 1933년 부외 용강면 소유인 시가 10여만 원의 모범림을 면 당국이 화광교원에 단 1만 3천여 원에 팔아버린 일이 있었다. 이 문제로 부 협의회에서 갈등이 불거졌는데, 면장은 빈민이 늘면 면민의 부담이 과

43 「三教員의 同盟辭職」, 『동아일보』, 1922. 9. 10.

44 「關公과 佛像의 紛爭 룡산금뎡당집문뎨」, 『동아일보』, 1922. 8. 21.

중해진다고 하니 빈민 구제를 위해서 판 것은 잘못이 없다고 항변하였다.[45] '조선인을 위한 공익사업'이라는 언설은, 화광교원이 부지확보 과정에서 있었던 조선총독부와의 유착관계와 땅을 빼앗긴 조선인들의 억울함 등을 모두 덮어버리는 효과를 발휘하였다.

그렇다면, 그러한 공공성, '조선인을 위한 공익사업'은 실제 그 사업의 대상이 되었던 조선인들에게 어떻게 경험되고 있었을까? 아래에서는 방빈 사업의 일환으로 진행된 노동숙박소의 사례를 통해 이를 살펴보기로 하겠다.

1920~30년대 노동자의 주거 문제는 자못 심각했다. 돈을 벌기 위해 경성으로 몰려온 노동자들은 잠잘 곳이 없어서 공원의 벤치나 나무 그늘, 인가의 처마 밑 등에서 노숙하는 경우가 많았다. 1921년 부산의 사례를 보면, 잠잘 곳이 없어 시가에서 방황하며 낮에는 노동하고 밤에는 음식점을 떠돌며 "봉로방에서 등걸잠을 자는" 노동자의 수가 거의 1천 5백 명이나 된다고 보도되고 있었다.[46] 이와 같은 현실은 치안 문제와도 연결되어 우려를 낳았다. 가가오 렌지타로우(加加尾橙太郎) 부산경찰서장은 "상당한 민적도 없으며 또 숙박계도 없음으로" "온갖 범죄는 다 이틈에서 우러나오고 모든 범죄자는 다 이 틈에 몸을 숨기는 터"라며, 음식점 영업자를 모아 놓고 그들을 재우지 말라고 훈계하였고, 노동자들을 구제하기 위한 무료숙박소의 필요성을 지적하였다.[47] 노동숙박소는

45 「용강면 모범림 방매를 싸고 도는 분규내용」, 『동아일보』, 1933. 4. 7.

46 「천오백의 방랑자」, 『동아일보』, 1921. 5. 27.

47 「천오백의 방랑자」, 『동아일보』, 1921. 5. 27.

노동자의 보호기관이기도 했지만 동시에 부랑 노동자가 가져올 위험을 방지하기 위한 통제기관이기도 했음을 알 수 있다.

경성 역시 다를 바 없는 상황이었다. 화광교원이 노동자를 보호한다며 숙박의 편의를 제공하기 위해 노동자숙박소를 설치한 것은 이러한 상황에서였다.[48] 1920년대 초반부터 각지에 노동숙박소가 설치되기 시작했는데, 화광교원 노동숙박소는 평양부영 노동숙박소(1920년 6월), 인천부영 노동숙박소(1920년 8월)에 이어 세 번째로 설치된 사설 노동숙박소였다. 경성에서 부영노동숙박소는 1929년 12월에 가서야 문을 열었다. 1934년 화광교원의 숙박 정원은 120명으로 다른 노동숙박소에 비해 규모가 컸고, 이용 연인원도 월등히 많았다.[49]

화광교원 노동숙박소에서는 지켜야 할 규칙이 있었는데, 그 내용은 첫째, 조선인은 매일 5전 이상 저금할 것, 둘째, 2일간 계속해서 저금하지 않는 자는 숙박을 거절할 것, 셋째, 내지인은 부청 및 경찰서로부터 보호의 의뢰를 받은 자만 수용할 것, 넷째, 숙박인은 작업복 이외에 갈아입을 옷 한 벌을 준비할 것, 다섯째, 숙박인에 대한 개인 조사는 매일 시행하고 숙박소의 취지에 어긋나는 자는 엄중히 숙박을 거절할 것이었다.[50]

구세군이 운영한 숙박소가 구빈을 목적으로 한 숙박소였다면, 화광교원은 방빈을 목적으로 하였고, 걸인과 노는 사람을 재

48 和光教園出版部, 앞의 책, 1927, p.7.

49 이병례, 앞의 글, 262쪽.

50 和光教園出版部,『和光教園事業要覽』1927, p.10.

우지 않는다는 뜻으로 5전씩의 숙박료를 부과했다.[51] 이와 같은 가격은 당시로서는 상당히 저렴한 것으로 1930년대 토목공사장 노동자들을 위한 인부 공동숙박소의 경우, 하루 약 30~33전을 내야 묵을 수 있었고, 1930년대 중반에는 30~70전을 내야 했다.[52]

화광교원 노동자숙박소는 다양한 사람들이 이용하였다. 일용직 인부들이 가장 많았고 그 외 절대다수가 도시의 잡업에 종사하는 사람들 즉, 군인 · 노동자 · 직공 · 배달인 · 고용인 · 급사 · 행상 · 소매상인 · 농민 · 점원 · 구두 수선공 · 무직자 등이었다.[53] 토막이나 불량주택을 포함한 각종 가옥의 수요자가 주로 가족과 함께 생활하는 빈민들이었다면, 노동숙박소의 이용자들은 단신으로 도시에서 일하는 자들이었다.[54]

화광교원은 숙박소 사업을 시행하는 가운데 조선인들의 요구를 적극적으로 수용해갔다. 여자 숙박부를 만들어 간 과정을 보면 이를 알 수 있다. 즉, 화광교원에 숙박부가 생기자, 집이 없는 여성들이 잠을 청하는 일이 속출하였는데, 이를 거절하기 곤란하여 임시로 사택의 방 하나를 제공하던 것이 점차 그 수가 증가하여 결국 여자 숙박소를 따로 마련해야만 하는 상황이 되었다.[55] 이렇게 경성으로 여성들이 몰려들었던 것은 특히 경제공황과 재해로 어

---

51 「飢寒에 우는 街頭窮民 호구책도 가지가지(2)」, 『동아일보』, 1927. 1. 25.

52 이선민, 「1930년대 도시 노동자의 주거난과 주거양태의 변화」, 가톨릭대학교 석사학위논문, 2001, 36쪽.

53 「朝鮮社會相の斷面...勞動宿泊所を視く」,『朝鮮及滿洲』 303, 1933. 2.

54 이선민, 앞의 글, 33-34쪽.

55 荻野順導 編, 앞의 책, p.18.

려움을 겪던 농촌의 현실 때문이었다. 재해를 입고 먹고 살길이 없으나 의지할 남편도 없는 여성들이 때로는 아이들까지도 동반하여 각지로부터 경성에 들어와 살길을 도모하고 있었다. 1933년 화광교원에 숙박한 여성들에 대한 보도에 따르면, 여성들은 남원, 곡성, 철원, 부여, 공주, 수원 등 전국으로부터 왔고, 생후 6개월부터 7세까지 어린아이들을 동반한 이들도 있었다. 이들은 "한발로 농사를 망쳐 버리고 흉년이 되니 부잣집에 가서 일해주고 밥 얻어먹을 수도 없어 벌이 좋다는 경성을 찾아"온 "홀어머니들"이었다.[56] 취업률이 저조한 속에서도 그나마 일본인 가정집의 식모로 가는 경우가 빈번하게 있어서 도시에서는 여성의 취업률이 남성보다 나았다.[57] 1933년 7월 남녀별 취직 상황을 보면, 조선인 남성의 취직률이 35%에 불과했던 데 비해 여성 취직률은 42%, 1933년 12월에는 조선인 여성의 취직률이 60%에 달하였다.[58] 이런 상황에서 전국 각지에서 먹고살기 위해 여성들이 도시로 몰려들고 있었다. 화광교원은 여성들의 취업을 돕기 위해 숙소 위층에 구직자들의 벌이를 위한 세탁장을 설치하는 등 수산을 위한 노력도 병행하였다.[59]

이처럼 주로 남성 노동력의 동원을 위해 직업소개소와 노동자

---

56 「災地의 홀어머니 部隊, 和光宿泊所에서 逐出」, 『동아일보』, 1940. 1. 24.

57 「和光紹介所 五月中統計」, 『동아일보』, 1929. 6. 7.

58 「남자보다 여자가 구직률이 양호」, 『동아일보』, 1933. 8. 10; 「구월중 취직 여자가 우세」, 『동아일보』, 1933. 10. 8; 「구직 전선에 여자군 대진출」, 『동아일보』, 1933. 11. 11; 「구직의 삼할 겨우 취직돼」, 『동아일보』, 1933. 12. 7.

59 「和光教園에서 婦人宿泊所新設」, 『동아일보』, 1931. 4. 14; 「和光教園의 女子宿泊所」, 『동아일보』, 1931. 11. 21.

숙박소를 활용했던 경성부와 달리, 화광교원은 도시로 몰려든 집 없는 여성들의 존재와 그들에게도 숙박소가 필요한 현실을 인식하면서 여성들을 위한 시설을 마련해 갔다. 이는 정책을 통해 일방적으로 진행된 조선총독부 측의 관제 사회사업과 달리, 민간의 사회사업시설로서 화광교원이 조선인 빈곤자들과의 대면 관계 속에서 업무를 수행해나가야 했던 상황에서 조선인 측의 요구를 수용하며 자신의 역할을 만들어갔던 측면을 보여준다. 그런 면에서 관에서 행한 사회사업보다 조선인의 생활에 더욱 밀착해 들어갔다고 평가할 수 있다.

그러나 절대적인 빈곤이 만연한 속에서 애초에 목표했던 방빈사업이 제대로 작동하기는 어려웠다. 무엇보다 저임금에 허덕이는 노동자들의 현실은 그 자체로 암담한 것이었다. 그날 벌어 그날의 목숨을 부지하여 가는 막벌이하는 노동자들의 경우 운이 좋아서 잘 벌면 하루 50~60전을 벌었는데, 그들 대부분은 12전 5리의 밥값도 감당치 못하여 호떡이나 고구마, 좁쌀로 연명하고 있었다.[60] 저임금 상황에서 5전의 숙박비마저도 아끼기 위해 노동자들은 여름이 되면 숙박소에 머물지 않고 거리에서 노숙하는 것을 선택하였다.[61] 또, 임금이 너무 낮아서 가족이 함께 생활하기조차 곤란한 처지에 놓이게 되어, 결국 아내와 아이는 식모로 들어가고 남편은 공동숙박소에서 생활하며 가족의 이산을 경험하기도 했다.[62]

---

60 「死線에 接한 生活 勞働宿泊所에 모여드는」, 『동아일보』, 1923. 5. 15.

61 「노동숙박소 수용수」, 『동아일보』, 1936. 7. 10.

62 「고물가시대상의 점묘(3)」, 『동아일보』, 1937. 6. 12.

이처럼 만성적인 실업과 빈곤의 상황에서 화광교원의 실무자들은 숙박비를 내지 않고 버티는 사람들을 맞닥뜨려야 했고, 이들을 어떻게 관리할 것인가는 큰 문제였던 것으로 보인다. 화광교원 측은 일하는 자에게만 숙박시킨다는 원칙을 세워놓고 하루에 5전씩을 받았으나, 의도치 않은 실업으로 그에 부응하지 못한 채 숙박소에 머물 수밖에 없었던 사람들이 존재했다. 개중에는 일년내내 자기의 세간살이까지 갖다두고 살림을 하며 버티는 사람들도 있었다.[63] 이렇게 비용을 내지 못하는 자에 대해서 숙박소 측은 강제로 축출하는 것으로 대응했던 것으로 보인다. 예컨대, 1927년 17세의 오흥봉은 부모를 잃고 의지할 데 없어 서울로 올라와 지게꾼 노릇을 하며 노동숙박소에 머물렀으나 며칠 동안 벌이가 없어 한 푼도 벌지 못하고 배가 고파서 지게도 질 수 없는 상태가 되었다. 숙박소 측은 돈을 안 내고 벌이를 안 하는 사람은 재울 수 없다 하여 그를 쫓아냈다.[64] 또, 1940년 1월에는 여자숙박소에서 어린아이까지 업은 여성 7~8명이 쫓겨났다. 화광교원 측은 천연두 전염을 이유로 쫓아냈지만, 경찰부 위생과에서 그들을 진찰한 결과 천연두 전염의 위험이 없었다. 화광교원 측은 취급하기 곤란한 점이 있어서 그리되었다고 변명하였는데, 오랫동안 무료로 묶는 여성들을 쫓아내기 위해 전염병을 핑계로 대고 있었음을 알 수 있다.[65]

---

63 「飢寒에 우는 街頭窮民 호구책도 가지가지(2)」『동아일보』 1927. 1. 25.

64 「罪人 만드는 現代의 社會」, 『동아일보』, 1927. 1. 16.

65 「災地의 홀어머니部隊 和光宿泊所에서 逐出」, 『동아일보』, 1940. 1. 24.

돈을 내지 않고 숙박하는 자를 쫓아내는 과정에서 때때로 폭력도 사용되었다. 1924년 숙박 중이던 노동자 장익수가 일을 나가지 않고 놀고 있다는 이유로 숙박소의 이사 마츠모토 사부로(松本三郞)가 단장으로 장익수의 머리를 난타하여 피가 흐르는 폭력 사건이 발생하였다.[66] 1932년에는 명확한 이유는 모르겠지만, 주임이 젊은 여성을 문에 가둬놓고 구타하는 사건이 일어나 "손버릇이 그렇게 사나울진대 그 안에 하룻밤을 쉬러 들어가는 사람은 갑옷 투구나 쓰고 들어가야 될" 일이라며 언론의 비난을 받기도 했다.[67]

이러한 사실들은 화광교원이 노동자들에게 편의를 제공하고 노동 의욕을 고취하여 방빈 사업에 매진하고자 하였지만, 그것이 쉽지 않았음을 보여준다. 실업과 빈곤이 만연한 조선의 상황에서 대다수 조선인 노동자들은 일을 구할 수 없어 굶주린 배를 움켜줘야 하는, 당장 구호가 절실한 현실을 마주하고 있었기 때문이다.

더욱이 일본 본토에서와 달리 식민지에서의 사회사업은 일본인과 조선인이라는 식민지배-피지배 관계라는 기본적인 차별구조를 넘어서기가 쉽지 않았다. 화광교원에서 활동했던 재조일본인들이 조선인들을 비하하는 언행으로 조선인들과 마찰을 빚곤 했던 사실은 이를 보여준다. 심지어 화광교원의 조선인 교사들이 일본인들의 민족 차별적 언행에 반발하여 "이전부터 그들이(일본인들이) 우리에게 조선 사람들은 정도가 유치하니 어쩌니 하는 말을 하여 모욕이 무상하므로" 사직을 결행하였던 사건이 발생했

66 「和光教園理事가 勞働者를 亂打出血」, 『동아일보』, 1924. 5. 6.

67 「휴지통」, 『동아일보』, 1932. 1. 9.

다.[68] 이러한 사건들을 본다면, 화광교원의 실무자와 구제를 받는 조선인 사이의 차별 문제는 쉽게 해소되기 어려운 문제였다. '구하는 자와 구해지는 자의 차별'을 극복한, 개인적 구제가 아닌 사회적 구제를 실천하는 일은 식민지라는 지배-피지배 관계 속에서 그리 녹록지 않은 과제였음을 짐작할 수 있다.

5. 맺음말

이상에서 재조일본인 사회사업가들의 활동과 조선인들과의 관계를 일본 정토종이 운영하였던 화광교원의 사례를 통해 살펴보았다. 일본에서 근대적 사회사업을 선구적으로 개척하였던 정토종은 19세기 말 조선에 건너와 조선인을 대상으로 적극적으로 포교 활동을 펼쳐나갔고 다양한 교육사업을 진행하였다. 나아가 1920년 3.1운동의 여파 속에서 조선사회의 안정을 추구했던 조선총독부의 적극적인 지원 속에서 화광교원을 설립하였다. 그러나 화광교원의 설립이 단지 조선총독부의 의도에 따라 이루어진 것만은 아니었다. 일찍이 와타나베 가이쿄쿠를 중심으로 독일의 사회정책의 영향을 받아 방빈 사업을 추구해 온 정토종 사회사업의 흐름은 조선에서 화광교원의 설립으로 나타났으며, 그에 따라 노동자숙박소를 설립하는 등 다른 사회사업단체와 달리 노동자의 보호에 주력하였다. 학원부, 숙박부, 교화부로 출발한 화광교원은

68 「三敎員의 同盟辭職」, 『동아일보』, 1922. 9. 10.

이후 의료부, 직업소개부, 인사상담부, 염매식사부, 이발부, 구호부, 숙박부, 수산부 등을 개설하면서 사업을 점차 확장하여 명실상부한 인보관으로서의 면모를 갖춰나갔다.

이러한 사업에 따른 재원은 주로 조선총독부와 일본 황실 측의 보조금 및 하사금, 후쿠나가 마사지로와 같은 재조일본인 유력자들의 기부금을 통해 충당되었다. 조선총독부는 화광교원에 약간의 보조금을 지급함으로써 "천황의 은혜"를 선전할 기회를 획득할 수 있었고, 화광교원의 활동은 방빈 사업에 대한 총독부 측의 빈약한 기여를 가려주는 좋은 가림막이 되었다. 기부금 납부를 통해 화광교원 사업 재정의 70% 이상을 담당했던 재조일본인 유력자들은 대개 조선으로 건너와 상업과 농업 등을 통해 부를 축적하고 지역의 유지로서 활동하던 인물들이었다. 특히 기부금을 많이 내 화광교원에게는 "등대의 빛"과도 같은 존재였던 후쿠나가는 조선인에 대한 차별 감정을 지닌 '제국의식'의 포로였던 일반적인 재조일본인들과 달리, 조선인을 자신의 성공을 있게 한 은인으로 인식하며 빈궁한 조선인들을 위한 사회사업에 매진하였다. 후쿠나가를 비롯한 일본인 기부자들에게 화광교원의 사회사업은 종교적 실천이면서 동시에 일종의 상업적 전략으로 부를 축적하면서 얻게 된 부정적 시선을 완화하고 사회 유지로서의 면모를 과시할 수 있는 좋은 수단이었다.

화광교원은 부지의 확보과정에서 문제가 될 때마다 '조선인을 위한 공익사업'이라는 것을 명분으로 내세워 조선인들을 설득하였다. 다양한 조선인들이 노동숙박소를 이용했는데 특히 여성들의 존재는 주목된다. 화광교원은 관에서 실행했던 사회사업과 달리 기민하게 조선인의 요구에 반응하면서 새로운 사업 영역을 창출해갔다. 집 없는 여성들이 잠을 청하는 일이 속출하자 결국 여성을 위한 숙박소를 별도로 설치했던 것은 이를 보여준다. 주로 남성 노동력의 동원과 수급을 위해 직업소개소와 노동자숙박소를 활용하고자 했던 경성부와 달리, 화광교원은 조선인의 생활에 더욱 밀착하여 그 필요에 부응해 갔던 것이다.

그러나 방빈 사업의 일환으로 진행된 노동숙박소의 구체적인 상황을 보면, 그 공익사업은 애초에 기획했던 노동하는 빈민을 구제한다는 목표에 쉽게 다가가기 어려운 구조 속에 놓여 있었음을 알 수 있다. 무엇보다 만성적인 실업과 빈곤 속에서 숙박료를 지불하지 못하는 사람들을 통제해야 하는 어려움에 봉착했고 이는 결국 조선인에 대한 일방적이고 폭력적인 대응으로 이어졌다. 더욱이 실무자 사이에 존재했던 민족적 차별 감정과 그에 따른 마찰 속에서 정토종 사회사업이 애초에 추구했던 '구하는 자와 구해지는 자 사이의 차별'을 극복한 사회적 구제는 도달할 수 없는 이상으로 남아 있었다.

일본 내셔널리즘과 미와 멸망의 정동(情動)[1]

이 지 현

1. 들어가며

본 연구에서는 현대 일본 대중문화 및 문학 속에서 지속적으로 재현되고 있는 내셔널리즘 코드를, 일본 고전 문학에서부터 발견되는 멸망의 정동과 관련하여 고찰해 나가고자 한다.

현대 일본의 국가주의(nationalism)나 민족주의 분위기는 어떤 논리에 의해 구성되고 사회적 감성과 결부되고 있는가. 일본 내셔널리즘을 살펴볼 때, 언어적 구조로 설명하기 어려운 힘과 충동이 어떤 특정 내러티브나 감각에 반응을 일으키며 국가와 결합하는 현상을 종종 발견할 수 있다. 내셔널리즘 문제에서 문학의 서사

1 이 글은 「일본 내셔널리즘과 미와 멸망의 정동(情動)」, 『日本文化学報』 제97집, 한국일본문화학회, 2023과 「대중 문화에 나타난 일본 내셔널리즘 표현구조」, 『日本思想』 제39호, 한국일본사상학회, 2020에 게재된 글을 수정 · 보완하여 재수록한 것이다.

나 이데올로기 연구로는 밝힐 수 없는 부분, 즉 비의식적, 비물질적, 비인격적인, 몸체에 내재하는 무의식적 기억[2]과 같은 정동(情動, affect)이 국가에 결합하는 현상에 대해서 어떻게 바라볼 수 있을까.

예를 들어 일본에서 근대 이후 애국심을 고취해야 하는 상황이나 국가 비상시에 전쟁 당위성을 설명해야 할 때, 멸망하는 미에 대한 충동이나 비극적 죽음을 통한 영웅 만들기 서사 등이 국민들의 감정적 공감을 불러일으키곤 했는데, 여기에서 결합하는 감각은 전장(戦場)에서 현실에 굴복하지 않고 이상을 위해 죽음을 각오하도록 강력한 동요를 일으켰던 미적 충동이었다. 이는 1930년대 일본낭만파(日本浪曼派)[3]와 우익 비평가 야스다 요주로(保田與重郎)[4]의 멸망의 이로니(ironie, イロニー)[5] 담론에서 가장 뚜렷하지만,

---

2 브라이언 마수미, 조성훈 역, 『정동정치』, 갈무리, 2018, 308쪽.

3 유럽의 낭만주의적 문화적 담론을 이용해서 1930년대 일본의 독자적 민족적인 내셔널리즘을 발전시킨 사상적 조류. 야스다 요주로(保田與重郎), 가메이 카쓰이치로(亀井勝一郎) 등 독문과나 미학과 출신이 중심이 되어 독일 낭만주의의 공감을 통해 출발하였고, 1935년 3월에는 국문학 잡지 『日本浪曼派』를 창간하였다. 세계 속에서의 일본을 구현하자는 주제로 민족 의식을 강조하다 1930년대 후반부터 정치적 우경화된 색채를 드러낸다.

4 평론가. 전통주의, 반근대 주의를 주장하고, 세계 중의 일본을 구현하려는 목표로 일본 민족 의식의 강조, 고전 문화의 회귀를 주장했다. 전후에는 사회당을 중심으로 한 아시다 히토시(芦田均)내각으로부터 '가장 악질적인 우익인사'라는 비난을 받고 공직에서 추방당하게 된다.

5 18세기 독일 사상계와 문예계의 정신사상의 한 현상인 낭만주의의 난해한 용어. 역설적 모순, 위대한 패배 등으로 해석될 수 있다. 현실과 이상의 분리에서 오는 동경과 혼돈이 존재하고 필연적으로 좌절의 결말을 내포하고 있다. 이 글에서는 일본낭만파가 쓰는 「イロニー」 개념어와 독일어 ironie의 발음에 맞추어 아이러니가 아닌 이로니로 칭한다.

시기적으로는 근대 평론이나 고전 문학 『헤이케모노가타리(平家物語)』까지 거슬러 올라가며 또한 현대 애니메이션에서도 그 징후를 보이고 있다.

이러한 정동은 일본 문화와 사회의 복잡한 제 양상 속에서 논리, 언어를 넘어 효과적으로 내셔널리즘의 파동을 전달하며 때로 대중에게 즉각적인 마력을 발휘하기도 한다. 어쩌면 이는 독일 나치즘에서의 감각을 연상시키는 면이 있는데 독일낭만주의 기원이 되는 게르만 민족의 영웅 서사시 『니벨룽겐의 노래(Das Nibelungenlied)』가 바그너에 의해 오페라곡 〈니벨룽겐의 반지〉로 만들어진 후, 제2차 세계대전 당시 나치즘하의[6] 독일 전역에서 이 곡이 열광적으로 울려 퍼졌던 현상은 일제 전시체제 하에서의 '위대한 몰락'의 미학에 닿아 있다.

이에 본 연구에서는 일본 고전 서사에서부터 현대 대중문화까지에서 보이는 내셔널리즘 코드를 멸망(滅び)의 미학, 멸망의 이로니와 관련하여 고찰하고, 지금 현재까지도 반복적으로 재현되면서 내셔널리즘을 견고히 하는 멸망에 대한 정동의 흔적을 찾아보고자 한다.

내셔널리즘 문제를 정동적 측면에서 고찰하는 것은 이미 정동 개념의 설립자인 브라이언 마수미가 정동과 파시즘의 관련성에 대해 정동정치와 미학정치를 같은 궤도에 놓고 고찰한 것에서 시작하여,[7] 한국 사회의 파시즘과 정동적 영향 관계를 밝혀낸 권

---

6 허창운 옮김, 『니벨룽겐의 노래』, 범우사, 1990, 578쪽.

7 브라이언 마수미, 앞의 책, 304-378쪽.

명아의 연구는 물론[8] 최근에는 일본적 내셔널리즘이 성폭력과 결합한 구조로 무의식 속에서 정동과의 관련성을 고찰한 연구[9] 등으로 이어지고 있다. 나이토 치즈코(内藤千珠子)는 여기에서 논리를 갖지 않은 인터넷 시대의 신중간 대중이 사소한 감정적 영향에 의해 정치적으로 좌우로 흔들리는 현상을 지적하며 그들을 넷우익의 전단계인 '플로트'로 규정하고,[10] 이러한 플로트의 경우 특히 어떤 이미지나 서사에 반응하면서, 언어 및 규범과 엮여 있는 감정(emotion)과 다른, 미정형의 힘과 충동과 같은 정동에 크게 영향을 받게 됨을 말한 바 있다. 그러므로 내셔널리즘 연구에서 각 상징의 관계와 힘들의 파동이 만들어 내는 흔적들에 대해 주의 깊게 살펴보지 않을 수 없는 것이다.

여기서 고찰할 대상은 2013년 7월에 미야자키 하야오(宮崎駿) 감독이 자신의 마지막 장편 애니메이션으로 선언했었던[11] 〈바람이 분다(風立ちぬ, The Wind Rises)〉[12]에서의 군국주의 미화, 내셔널리즘 논란을 멸망의 정동과 관련하여 새로운 각도에서 살펴보고, 2022년의 TV애니메이션 〈아니메 헤이케모노가타리(アニメ平家物語)〉

8 권명아, 『역사적 파시즘』, 책세상, 2005; 권명아, 『무한히 정치적인 외로움』, 갈무리, 2012.

9 内藤千珠子, 『愛国的無関心』, 新曜社, 2015.

10 内藤千珠子, 위의 책, pp.17-18.

11 미야자키 하야오 감독이 자신의 마지막 작품으로 선언한 작품이지만 10년 만에 다시 은퇴를 번복하고 2023년 10월에 스튜디오지브리에서 〈그대들은 어떻게 살 것인가(君たちはどう生きるか)〉를 공개하였다.

12 애니메이션과 소설의 제목이 동일하기에 이 글에서 애니메이션의 제목은 〈바람이 분다〉로, 소설의 제목은 『바람이 분다』로 표기하도록 한다.

등 현대 대중문화에서 지속적으로 재현되는 멸망의 감각도 함께 고찰해 나갈 것이다. 〈바람이 분다〉의 경우 군국주의 미화 논란에 대해 '내 영화를 보면 의도를 알게 될 것'[13]이라고 하는 제작자의 해명이 나올 만큼 여러 논란의 가운데에 있었지만 여기서는 작가의 제작 의도와 별개로 독자가 작품을 마주할 때 시각적, 청각적으로 촉발되는 정동과의 연관성을 살펴봄으로 이 작품을 다시 해석해 나갈 수 있을 것으로 보인다. 때로는 이러한 정동이 관객의 감상성(sentimentalism)을 활용하는 서사의 변용에 의해 더 효과적으로 발현되기도 한다. 작품 내에서 지로의 서사가 어떻게 감상성을 극대화하도록 변주되고 있는지에 대해서도 고찰해 나갈 것이다.

일본 전후 전쟁 책임에 대한 문제가 여전히 남아 있음에도 일본 내셔널리즘의 상징이 지속적으로 재생산되는 상황을 목도하는 지금, 수동적 잠재태로 존재하다가 어느새 정동적 영향을 주고받으면서 활성화되곤 하는 일본 내셔널리즘 감각의 한 단면을 살펴 나가도록 하겠다.

---

13 「"일본 군국주의 논란, 내 영화 보면 알 것" 미야자키 하야오 감독 공식 은퇴 선언」, 『경향신문』, 2013. 9. 6.

2. 미야자키 하야오의 〈바람이 분다〉와 정동적 내셔널리즘

〈바람이 분다〉는 공개 전부터 감독의 제작 은퇴 선언으로 주목을 받은 후, 역대 지브리 영화 중 다섯 번째로 흥행에서도 성공을 거두어 국민 영화 타이틀을 얻게 되었고[14] 해외에서도 주요 영화상[15]을 수상하며 거장의 면모를 다시금 과시한 작품이지만 그의 마지막 작품을 둘러싼 아시아 각국 독자들의 반응은 엇갈렸다.

작품 속 전투기 추락 장면이 일본 제국의 파멸을 상징하는 것 같다고 하여 일본 내 우익 세력들의 비난의 표적이 되었고, 한국을 비롯한 동아시아에서는 군국주의 미화라는 비판 여론 등으로 인해 다소 차가운 시선을 받게 된다. 이에 이례적으로 미야자키 하야오는 한국 미디어를 자신의 스튜디오에 초청하여 팬들을 위한 자신의 입장을 표명하고[16] '지로를 감싸려는 의도도, 일본 젊은이의 사상을 고취하려는 의도도 아니'라며 자신의 제작 의도의 순수성을 호소하기도 했다.

실제로 한국과 중국의 위안부 문제나 전쟁 배상 등의 문제에

---

14 「超意外な結果！？ジブリ映画の興行収入ランキング｜最下位一歩手前にあの名作！？」, 『Cinemas Plus』, 2019. 6. 1. https://cinema.ne.jp/recommend/ghibli2020040117/2/

15 보스턴 영화 비평가 협회상 애니메이션 영화상, 제70회 베니스 국제영화제 황금사자상, 제86회 미국 아카데미상 장편 애니메이션 영화상 등 다수 수상하였다.

16 "지로는 아름다운 비행기를 만들고 싶었을 뿐, 그가 그 시대에 태어난 것이 불행" 「尖閣&慰安婦発言も異常だ 宮崎駿『風立ちぬ』に秘めた政治的意図」, 『テーミス』, 22巻 9号, 2013, p.87.

관심을 가지고, 반전주의자로 활동해 온 이력을 가진 그가, 굳이 제로센(零戦)을 소재로 삼은 이유에 대한 의문과, 이 작품이 정치적으로 가지는 의미를 규정하기 애매함으로 인해 한국에서 논란은 여전히 이어져 왔다. 게다가 아베(安倍晋三) 정부의 최장기 집권 이후 우경화 색채가 짙어진 최근 일본의 미디어에서 내셔널리즘이 어떻게 발현되고 있는지도 중요한 관심사인 가운데, 본 작품은 무엇보다 미시마 유키오(三島由紀夫)가 말했던 '감각적 결속의 영역'[17]에 가까운 정념적 일본 내셔널리즘의 특징과 관련하여 살펴볼 수 있는 작품으로 보인다.

이 작품의 정치적 · 역사적 의미에 대해서는 그동안 일본 내 우익적 입장에서의 노골적인 비난, 즉 「미야자키 하야오 〈바람이 분다〉에 숨은 정치적 의도(宮崎駿『風立ちぬ』に秘めた政治的意図)」,[18] 「〈바람이 분다〉 미야자키 하야오 감독의 반일 망상을 비웃다(「風立ちぬ」宮崎駿監督の反日妄想を嗤う)」[19]와 같은 비판적 논평이 쏟아진 한편으로 또 군국주의 미화에 대한 경계의 입장에서 독자에 대한 무신경함을 지적한 일부의 시각이 있어 왔다. 그러나 작품에 대한 우려의 시각마저도 일본의 원전 피해 지역에 대한 배려 부족에 대한 지적에 머물러 있어[20] 글로벌 팬을 지닌 미야자키 감독의 역사

---

17 三好幸雄(編), 『三島由紀夫必携』, 学灯社, 1983, p.18.

18 「尖閣&慰安婦発言も異常だ 宮崎駿『風立ちぬ』に秘めた政治的意図」, 『テーミス』, 22巻 9号, 2013.

19 「「風立ちぬ」宮崎駿監督の反日妄想を嗤う」,『正論』, 501号, 産経新聞社, 2013, pp.246-253.

20 天野恵一, 「Culture & Critique 文化情報 映画を「読む」· 本を「観る」「美しい夢」のもたらした現実をキチンとみよ: 「風立ちぬ」(宮崎駿監督) · 『空の戦争史』(田

적 책임의식의 빈약함을 지적하는 비평적 내용에까지 확장해 나가지 못하는 한계 안에 있었다.

한국에서는 이 작품의 해석에 대해 다소 견해가 나뉘는 편이어서, 군국주의에 대한 미화에 대한 비판이나[21]과 수용자 측에서 이 영화가 진정성 있게 받아들여지는 데 실패했다고 보는 시각[22] 등 일본보다는 작가의 역사적 책임 의식의 부재를 지적하는 논평이 보이고 있지만, 한편으로 미야자키 감독의 해명을 수용하여 역사의식에 대한 문제 제기가 영화의 근본 주제를 이해하는 데 도움되지 않는다고 하는 옹호적 입장도 발견된다.[23] 그중에는 비판, 수용의 분명한 선을 긋지는 않지만 〈바람이 분다〉가 역사수정주의적 우익 소설과는 분명히 궤를 달리 하고 있다고 하는 박선영의 논고도 눈에 띈다.[24] 어린 시절부터 지브리를 친숙하게 접해 온 연구자들은 미야자키 감독의 평소 군국주의에 대한 반대 입장을 들며 심정적으로 이해하려는 해석을 내놓기도 했다. 이 작품에 대한 해석이 여전히 명쾌하지만은 않은 논란으로 남겨져 있는 가운데, 이 글에서는 작품의 정치적 입장이 아닌, 일본의 미학적 정동이 불

中利幸)」, 『インパクション』, 192号, インパクト出版会, 2013, p.142.

21 김종태, 「지부리 애니메이션에 나타난 전쟁의 서사와 의미」, 『한국문예비평연구』 제50호, 한국현대문예비평학회, 2016, 231-250쪽.

22 박기수, 「바람이 분다, 풍경과 꿈의 붕괴된 파토스」, 『한국언어문화』 제57권, 한국언어문화학회, 2015, 171-195쪽.

23 정경운, 「미야자키 하야오의 〈바람이 분다〉에 드러난 "아름다움"과 "살아야 함"의 의미연구」, 『감성연구:(Emotion Studies)』 제12집, 전남대학교 호남학연구원, 2016, 199-229쪽.

24 박선영, 「지브리 영화 〈바람이 분다〉 다시 읽기」, 『일본학보』 제111호, 한국일본학회, 2017, 235-263쪽.

러일으키는 내셔널리즘과의 관계성의 측면에서 새롭게 접근해 보고자 한다.

2.1. 지로와 호리 다쓰오(堀辰雄)의 결합

관동대지진과 쇼와(昭和) 대공황, 제2차 세계대전의 그림자를 드리우고 있어 세계공황, 실업, 빈곤과 전쟁으로 절망감과 불안, 니힐리즘, 향락주의가 횡행하던 1930년대를 배경으로 하고 있는 이 작품은 호리 다쓰오(堀辰雄)[25]의 자전 소설 『바람이 분다(風立ちぬ)』(新潮社, 1937)의 제목과 줄거리를 차용하여, 비행기 설계자 '지로'와 소설의 주인공 '나' 두 사람이 겹쳐진 새로운 캐릭터의 주인공을 만들어내고 있다. 즉 제로센을 만든 비행기 제작자로서의 지로의 인생을 주 테마로 하고, 산속에서 요양을 하는 소설 『바람이 분다』에서의 약혼녀와의 로맨스 서사를 빌려 줄거리를 재구성하고 있다.

제2차 세계대전 당시 일본형 비행기라는 것을 정립하고, 무엇보다 이름에서부터 어느 정도 위험성이 느껴지는 제로센[26]을 탄생시킨 호리코시 지로(堀越二郎)라는 인물을 왜 호리 다쓰오와 연결

25 호리 다쓰오(堀辰雄,1904~1953). 프루스트와 릴케의 영향을 받은 신감각파(新感覚派) 작가. 전시하 어두운 시절에 활동하면서 시류에 영합하지 않고 섬세하고 순수한 독자적 문학 세계를 확립했다. 『바람이 분다』는 폐결핵으로 요양을 했던 본인의 자전적 소설로 알려져 있다.

26 진무천황(神武天皇) 즉위 연도인 기원전 660년부터 2600년이 되는 해인 1940년에 생산되었다고 하여 황기(皇紀)연도 끝자리 0을 가져와 제로센(零戦)이라 명명한 것으로 국수주의(國粹主義)적 의미가 강하다.

하고 있을까? 두 사람을 결합한 이유를 묻는 인터뷰에서, 감독은 "이 시대(1930년대)의 사람 중 가장 나 자신에게 가깝게 느껴진 사람이 지로와 호리이다. 지로의 내면은 호리가 되어 있었다"[27]라며 두 사람의 공통점을 말하고 있지만, 그 구체적인 지점에 대해 설명한 바는 없다.

한편 '그저 아름다운 비행기를 만들고 싶었을 뿐'이었다며 전투기에 몰입하는 지로의 모습에 깊은 울림을 느껴 작품을 제작하게 되었다는 감독의 발언과 '지나치게 아름다운 것에 대한 집착이 인생의 덫'인 것을 알면서도 몰입하지 않을 수 없었다는 그의 고백을 주목할 때 떠올리게 되는 것은 미에 대한 동경을 멈추지 못하는 "인간 본성에 가까운 미적 충동"[28]이라고 했던 1930년대 일본 낭만파의 파멸의 충동이다. 일본낭만파의 모태가 되었던 개념인 멸망의 미학은, 절망적 현실 앞에서 절대적 존재나 미를 동경하다가, 그 가치를 향해 죽을 수도 있는 몰입을 이어가고, 그 후 필연적으로 찾아오게 되는 파멸을 오히려 동경하게 된다는 이로니적 미적 충동이다.

청년 시절의 지로가 밤낮으로 비행기 생각에만 몰두하여 비행기에 대한 자신의 꿈을 이야기할 때, 그것은 메타포적으로 '아름답지만 저주받은 꿈'이라는 말을 듣는데, 이는 낭만주의의 멸망의 이로니 감각과 동일선상에 있다고 할 수 있다. 이 작품에서 멸망의 미학은 파멸이 예견되었지만 완벽한 비행기를 향한 열망에 이

27 「宮崎駿「時代が僕に追いついた」「風立ちぬ」公開」, 『日本経済新聞』, 2013. 7. 27.

28 吉田精一, 『浪漫主義研究』, 桜楓社, 1979, p.99.

끌리는 지로의 열정과 죽음이 예견된 병을 앓는 여인과의 결혼을 감행하는 순애보적 사랑으로 형상화되어 있다.

소설 『바람이 분다』에서는 양상이 조금 다르다. 주인공 '나'가 약혼녀 세쓰코의 치료를 위해 요양원이 있는 산속 아름다운 자연 속에서 투병 생활을 하는 애틋한 시간이 그려지지만 '나'는 이러한 소소한 행복 외에 자신에게 현실적 삶에 대한 욕망이 있는 것을 느끼며 불안해하고, '나'의 불안을 눈치챈 세쓰코는 본가로 떠나 버리고 만다. 그러나 애니메이션에서는 소설과 달리 다가오는 죽음을 알면서도 주위의 반대를 무릅쓰고 결혼을 감행하는 보다 극적인 설정으로 구성되어 있다. 지로와 시한부를 선고받은 아내는 결혼식을 올리고 한 집에서 부부로 생활하는 모습도 그려진다.

완벽한 일본형 전투기를 만들기 위해 밤낮 몰두하는 비행기를 향한 지로의 열정과, 순애보적 사랑으로 '죽음의 과정을 바라보며 살아간 남자의 타오르는 시간'의 드라마적 요소는 실로 제로센의 '아름답지만 저주받은 꿈'과 교차되고 있는 것이다. 두 사람이 겹쳐진 인물 위에 보이는 것은, 두 캐릭터에 공통적으로 나타나는 멸망의 정동의 어느 지점이라고 할 수 있지 않을까.

미야자키 감독이 2013년 『문예춘추(文芸春秋)』와의 인터뷰 중 "호리코시 지로라는 인물이 전투기를 만든 의도와 본마음을 정확하게 알 수 없지만 제로센 비행기를 보고 한마디 '아름답다'라고 했다고 한다. 이것이 호리코시의 본마음이었다고 생각한다"[29]라

29 「記念対談 自分の映画で泣いたのは初めてです『風立ちぬ』戦争と日本人 零戦の誕生, 関東大震災…… ただ懸命に生きた時代の証言」, 『文藝春秋』 91巻9号, 文藝春秋社, 2013, p.96.

고 한 말에서 '잘 모르겠다'는 것은 오히려 그의 솔직한 표현이었을 것이다. 오직 집중한 것은 지로의 '아름답다'라는 말로,[30] 이 작품은 지로가 '지나치게 아름다운 것에 대한 집착'을 가지고 그것이 '인생의 덫'인 것을 알면서도 몰입하지 않을 수 없었던 이로니의 감성이 자신에게 동일하게 흐르고 있음을 뒤늦게 깨달은 감독의 자기 고백과도 같다.

그러나 주의해야 할 것은 미와 멸망의 이로니가 불러일으키는 미세한 내셔널리즘의 공진, 즉 지각 반응에 의한 행동 이전에 관객들의 마음에 일어나는 파문과 활성화의 감각이다. 이는 일본주의 담론으로 유명한 야스다 요주로의 평론이 일제 전시하 초인적인 용맹을 일어나게끔 정동했던 감각이기도 하다. 일본낭만파들은 심정적으로는 낭만주의의 이로니적 미학에 동의하였고, 대외적으로는 민족주의와 고전 문화를 강조하면서, 최종적으로는 천황주의에 귀결되어 갔다. 이러한 감각은 개인적 몸이나 집단적 몸과 마음을 정동하면서[31] 때로는 '국가'라는 개념에 들러붙기도 했다.

2.2. 감상성의 정동과 은폐된 폭력

한편, 간과할 수 없는 부분은 군국주의 및 전쟁폭력을 상징하는 제로센이 이 작품에서는 감상성(感傷性, Sentimentality)을 은밀하

30 "지나치게 아름다운 것에 대한 동경은 인생의 덫이기도 하다. 아름다움에 경도될 때 그 대가는 적지 않다" (「映画について-企画書」, 〈風立ちぬ〉 홈페이지. https://www.ghibli.jp/kazetachinu/message.html)

31 멜리사 그레그 외, 최성희 · 김지영 · 박혜정 역, 『정동이론』, 갈무리, 2015, 290쪽.

게 동반한 형태로 그려지고 있다는 점이다. 특히 작품에서 지로의 제로센을 지고지순한 러브스토리를 결합한 부분에서 더욱 두드러진다.

간 사토코(菅聡子)는 일본 문화에서 폭력을 은폐하는 감상주의가 근대부터 이어지고 있으며, 현대 대중문화에서 그런 형태가 더 자주 드러나고 있음을 지적하면서,[32] 태평양전쟁 당시 국가주의를 위해서 국민들이 희생될 때나 전쟁에 동원될 때에도 언제나 은밀한 감상주의가 그들을 움직여 왔다는 점을 들고 있다. 출정하는 군인들이나 후방에서 돕는 여성들도 나라를 위해 자신이 사용될 수 있다는 것에 감격하면서 기꺼이 희생을 자처했다.

이처럼 일본 전시중의 국가주의 폭력은 감상성을 통해 그 정당성을 획득해 왔고 국가를 위한 국민들의 애국심은 감상성의 정동에 의해 생산되고 유지되었다. 예를 들어 소녀 소설작가 요시야 노부코(吉屋信子)[33]가 중일전쟁의 종군작가로 글을 썼을 때, 그녀가 독자들에게 적극적으로 전쟁 협력의 마음을 불러일으켰던 방법은 많은 부분 '감상성'이라는 무기를 기반으로 하고 있었다.

이러한 감상성은 미야자키 하야오가 '지로'란 인물을 소설 『바람이 분다』의 주인공 '나'와 동일 인물로 만든 지점에서 다시 확인할 수 있다. 즉 전쟁폭력, 군국주의를 표상하는 제로센의 설계자인 지로가 이 작품에서는 죽음도 극복하는 순애보의 지고지

32 菅聡子, 『女が国家を裏切るとき』, 岩波書店, 2011, pp.1-14..

33 요시야 노부코(吉屋信子, 1896~1973). 다이쇼(大正), 쇼와(昭和)시대에 소녀 소설 『꽃이야기(花物語)』(『少女画報』, 1916~1926), 『여자의 우정(女の友情)』(『婦人倶楽部』, 1933~1934 등을 연재하였다.

〈그림 1〉〈바람이 분다〉 영상 중 일부

순한 사랑의 주인공으로 변모되어 있다. 감독의 이러한 창조적 각색으로 인해 지로와 제로센은 새로운 표상을 갖게 되기에 일각에서 "애니메이션 기법으로 극한의 아름다운 순애 드라마라는 옷으로 제로센의 폭력의 실체를 보이지 않게 감싸고 있다"[34]는 지적이 나오는 것도 타당해 보인다.

특히 영상에서 제로센이 비행하다 추락하는 모습과 결핵에 걸린 나오코가 피를 쏟는 모습이 교차되면서 편집되어 있는 부분은 감상성을 극한으로 끌어올리는 장치로도 보인다. 지로의 비행기를 향한 열정과 순수는 나오코를 향한 애틋한 사랑과 오버랩 되다가 찬란하게 빛나던 지로의 비행기는 추락하고, 시한부 환자임에도 아내로 맞이했던 나오코는 마침내 죽음을 맞이하고 만다.

---

34 天野恵一, 위의 글, p.142.

이렇게 지로와 나오코의 사랑이 죽음으로 끝나면서 지로를 향한 관객의 안타까움은 배가되고 제로센의 파괴와 두 남녀에 찾아온 죽음의 이별로 인한 감상성의 파동은 관객에게 전달된다. 지브리 특유의 영상미를 충분히 살린 시각적 효과는 물론 쇼와(昭和) 시대에 대한 아련한 향수를 불러일으키는 아라이 유미(荒井由美)의 1970년대의 곡 〈하얀 구름(白い雲)〉의 아련한 OST를 통해 청각적으로도 환기되고 관객의 신체는 감상성에 반응하면서 그 효과는 극대화된다.

알려진 바와 같이 지브리 스튜디오의 작품에서 이러한 감상주의가 활용되는 경우는 처음이 아니다. 초기 지브리 작품인 〈반딧불이의 무덤(火垂るの墓)〉(1988)의 경우, 도쿄 공습때 부모와 가족을 잃고 먹을 것이 없어 굶주리는 소년 형제의 비참한 모습으로 관객들의 눈물샘을 자극하며 흥행에도 성공한 바 있다. 다카하다 이사오(高畑勲) 감독이 제작한 이 작품은 전쟁으로 인한 폐해를 전달하는 반전 메시지를 포함하고 있긴 하지만 전쟁의 책임에 대한 역사적 인식 부재와 더불어 전쟁 피해자로서의 당사자성을 지나치게 강조한 감상주의로 동아시아 관객들에게 미묘한 불편함을 안겼는데[35] 감상성의 정동이야말로 폭력을 미화하고 은폐할 수 있는 가장 효과적인 무기라 할 수 있는 것이다.

한편, 이러한 내셔널리즘의 감각을 활성화하는 미와 멸망의 정동은 때로 정리되지 않은 방향으로 다른 정동을 촉발하기도 한

35 이에 대해 김종태가 〈바람이 분다〉와 〈반딧불이의 묘〉의 유사성에 대해 언급한 바 있다. (김종태, 위의 글.)

다. 그 일례로 2006년 작인 햐쿠타 나오키(百田尚樹)의 우익 소설 『영원의 제로(永遠の0)』[36]가 〈바람이 분다〉의 논란 이후에 영화로 제작·발표되고, 2015년에는 급기야 TV도쿄(テレビ東京)에서 드라마로도 방영되면서[37] 호리코시 지로의 이름이 다시 대중적으로 주목받게 된 사실을 들 수 있다. 역사수정주의 색채를 띄는 이 소설이 다양한 매체로 제작된 것은 이 시기 일본에서 우익적 색채가 짙어지기 시작한 분위기와도 관련이 있지만 미야자키 하야오의 제로센 논란에서 시작된 대중적 홍보 효과의 덕도 무관하지 않아, 이후 제로센을 소재로 한 수많은 서적들이 출간되면서 서점가를 장식하게 되는 현상을 이끌게 된다. 군국주의와 별개로 보아달라는 하야오의 의도와 달리, 애니메이션을 통해 환기된 대중의 정동은 전혀 다른 방향으로 흘러가 버렸다고 볼 수 있을 것이다.

미야자키 하야오가 지로와 호리 다쓰오를 버무려 탄생시킨 작품에 역사적 견해나 의도를 일부러 넣지 않았다고 하더라도 〈바람이 분다〉에 보이는 미의 충동은 고전 작품에서부터 현대문화까지 일본인의 무의식에 각인되듯 계승되어 온 감각 중 하나이다. 이 감각은 여러 정동들이 변주와 이동을 하며 내셔널리즘과 결합해 왔고 또한 새로운 권력의 양태를 만들어 낸다. 그러기에 이러한 정동적 작용들은 때때로 불편한 기시감을 불러일으키기도 한다. 보다 역사적으로 이러한 정동들이 어떠한 계보를 가지고 있는지 살펴보기 위해, 이하에서는 가마쿠라(鎌倉)시대의 고전 서사로 거슬

---

36 百田尚樹, 『永遠の0』, 太田出版, 2006.

37 櫻井 武晴 脚本, 佐々木 章光 監督, 〈ドラマスペシャル永遠のゼロ〉, テレビ東京, 2015. 2. 11.~2015. 2. 15.

러 올라가 일본에 영향을 미쳐 온 미와 멸망의 정동과 일본 내셔널리즘의 관계성에 대해서 고찰해 보도록 하겠다.

3. 〈아니메 헤이케모노가타리〉와 『헤이케모노가타리』

한편 일본의 미와 멸망의 정동과 내셔널리즘의 관계를 보여줄 또 하나의 텍스트로서 주목하고 싶은 것은 800여 년 전의 고전이면서 현대까지 드라마, 영화, 애니메이션 등 여러 장르로 지속적으로 향유되어 온 서사물 『헤이케모노가타리(平家物語)』[38]의 기요모리(清盛) 에피소드이다. 이 서사는 최근까지도 대중적으로 인기를 얻어 2022년 1월 TV애니메이션 〈아니메 헤이케모노가타리〉가 후지 TV에서 11부작으로 방송되었고 이는 곧 일본의 FOD, Amazon Prime Video, Netflix 등 주요 OTT 서비스로 발신되기도 했다.[39]

화려했던 왕조의 몰락, 전쟁에서 죽음을 각오한 자의 위대한 패배를 미로 연결하는 『헤이케모노가타리』의 서사는 일본인들에게 이미 익숙한 내용이지만 여기서 상기하지 않을 수 없는 것은 헤이케 멸망의 이로니가 근대 이후 자주 내셔널리즘과 결합하여

---

38 13세기경 가마쿠라시대에 성립된 작자 미상의 군기 문학. 헤이케(平家)의 번영과 몰락, 무사 계급의 출현 등의 내용을 담고 있다.

39 2022년 1월 フジテレビ를 시작으로 해서 テレビ西日本, 関西テレビ, 北海道文化放送와 각종 OTT 서비스를 통해 대대적으로 발신되었다. (2023. 12. 현재 국내 미공개)

왔던 사실이다. 에도시대까지 이 군기물(軍記物語)은 사무라이의 권위와 세력의 교체를 정당화하기 위한 목적으로 주로 읽혀 온 작품이었다. 그러나 러일전쟁 전 평론가 다카야마 쵸규(高山樗牛)에 의해 감상성이 감도는 무사혼이 강조된 이후, 필요시마다 국가주의과 민족의식을 고양하기 위한 텍스트로 변모해 왔다.

쵸규는 『다이라쇼고쿠(平相国)』(1901)에서 "예로부터 영웅의 최후가 사람의 마음을 감동시키는 경우는 흔히 있어 왔으나 기요모리같이 비장한 죽음을 맞이한 예는 일찍이 보지 못했다"[40]라고 하며 기요모리의 인물론을 새롭게 전개하였고 이는 격동의 세기인 메이지를 살아가는 일본 국민들의 마음에 적지 않은 반향을 일으키게 된다. 그리고 러일전쟁 직후인 1906년에 국민서사시로 규정되면서, 야마다 비묘(山田美妙), 시마무라 호게쓰(島村抱月), 이시카와 준(石川淳) 등 근대 유명 작가들에 의해 서사가 재창조되기도 하였다.[41]

쵸규가 그동안의 인기 캐릭터였던 요시쓰네(義経) 등의 인물이 아닌 기요모리에게 주목을 한 것은 그가 불굴의 용기를 가지고 죽음 앞에 '순수'하게 몰입하는 낭만적 기질을 지닌 인물이었기 때문이었다. 이후 기요모리 인물론은 1930년대 전쟁기에 들어서며 앞서 살펴본 야스다 요주로에 의해 다시 한번 환기되는데, 야스다는 평소에 그가 주장하던 '위대한 패배' 개념을 덧입혀 기요모리를

---

40 高木市之助外(編), 『國語國文学研究史大成』 第9, 三省堂, 1960, pp.80-89.

41 田美妙, 『史外史伝 平清盛)』, 1910; 武者小路実篤, 『清盛と仏御前』, 1913; 島村抱月, 『清盛と仏御前』, 1914; 山崎紫紅, 『清盛と西光』, 1920; 石川淳, 「おとしばなし清盛」, 1951 등.

위대하고 순수고 용맹한 국민 영웅의 이상형으로 재탄생시키게 된다.

야스다가 주목한 『헤이케모노가타리』 서사의 특징 역시 승리가 불가능한 상황에서도 가문을 위해 비장하게 싸우다 쓰러지는 고귀한 패자의 모습이 강조되는 것이었다. 그는 『헤이케모노가타리』를 "헤이케 몰락의 아름답고 장대한 패전"[42]으로 평하면서 이 작품이 전쟁을 둘러싼 일본의 전통적 충의와 희생의 정신을 훌륭하게 구현한 것으로 규정하였고, 이를 통해 15년 전쟁 당시 전장에 나가는 젊은이들에게 죽음에 맞설 수 있는 불굴의 정신을 고무시키기도 했다.[43] 평론 「기소노 카쟈(木曽冠者)」에서는 전쟁에서 죽음을 마주하는 병사들의 행위를 미와 연결해 다음과 같이 표현하기도 한다.

> 여기에는 무언가 심대한 업(業)이 존재하는 것 같다. 무사가 전쟁에서 생명으로 묘사한 업의 아름다움이다. 이러한 업의 아름다움은 이즈미시키부가 자신의 몸으로 묘사한 아름다움과 다름없이 훌륭한 것이다.[44]

이처럼 미와 죽음을 연결시켜 국가 비상시마다 국민들 앞에 불려 나왔던 기요모리 서사의 미학은 독일에서 사회 · 정치적 상황

42 保田與重郎, 『(改版)日本の橋』, 東京堂, 1939, p.201.

43 하루오 시라네 · 스즈키 토미 편, 왕숙영 역, 『창조된 고전-일본문학의 정전 형성과 근대 그리고 젠더』, 소명출판, 2002, 154쪽.

44 保田與重郎, 『保田與重郎全集』 第2巻, 講談社, 1971, p.102.

에 따라 민족의식 고취를 위해 활용되었던 서사시 『니벨룽겐의 노래』[45]를 연상시키기도 한다. "민족 문학의 가장 숭고한 기념비로서 민족에 대한 자부심, 세계 패권을 장악하는 독일에 대한 희망"[46]을 충만케 한다고 서술된 이 서사시는 독일 민족주의를 형성하는 데 중요한 역할을 담당하였고 이후 R. 바그너에 의해 오페라곡 〈니벨룽겐의 반지〉(1869)로 만들어지자 히틀러는 이 곡을 전쟁 선전을 위해 적극 활용하게 된다.

일본에서는 『헤이케모노가타리』의 기요모리 서사가 근대 국가변혁기나 전쟁기 등 국가적 위기가 있을 때마다 일본 독자 앞에 소환되기를 반복하였고, 그러한 감각은 최근까지도 지속적으로 재현되었다.

예를 들어 NHK 대하드라마로 제작된 〈다이라노 기요모리(平清盛)〉는 동일본 대지진 후 아베(安部) 내각이 새롭게 출범한 직후인 2012년에 방영되기 시작한 작품으로 당시는 1901년 근대초의 시대 격변기와 마찬가지로 국가적으로 강력한 사기 진작이 필요한 상황이었다. 전쟁과 같은 비상시에 국민들의 마음을 강하게 환기시켜 줄 어떤 것이 필요시 되었다.

3 · 11 대지진 직후의 국가 재건이 절실한 때에 기요모리가 상징하는 멸망의 이로니 서사가 제시된 것은 러일전쟁 당시 국민들

---

45 게르만 민족의 전설을 토대로 13세기에 창작된 중세 영웅 서사시, 19세기 초 나폴레옹의 정복 전쟁을 통해 『니벨룽겐의 노래』에 대한 관심이 고조되었고 이후 바그너가 작곡한 오페라곡 〈니벨룽겐의 반지〉는 2차 세계대전 선전과 독일 민족주의 의식의 고취를 위해 활용되기도 했다.

46 Fr. Heinrich von der Hagen에 의한 1807년 개정판 서문. 허창운, 『니벨룽겐의 노래』, 범우사, 1990, 578쪽.

을 하나로 모으는 역할을 했던 다카모리 쵸규의 기요모리론의 역할에 다르지 않았다. 동일본 대지진 후 정권 교체를 하여 출발한 아베 내각이 내건 구호는 "일본을 되돌린다(日本を取り戻す)"였고, 각종 우익 내셔널리즘 발언이 당연한 듯 미디어에 노출되기 시작했다. 〈다이라노 기요모리〉가 방영된 시점은 태평양전쟁 시기에 야스다의 언설이 나온 이유와 같이 절실한 국가적 요구가 있었던 시점이었다. 헤이케 멸망의 드라마가 일본인 전체의 운명으로 상기된 것이다.

그리고 최근인 2022년, TV애니메이션 〈아니메 헤이케모노가타리〉에서는 극 초반에 비와(びわ, 琵琶法師)라는 소녀에 의해 「너희들은 곧 멸망할 것이다(お前たちはじき滅びる)」라는 예언이 전해지고, 모든 것이 정해진 듯 파멸의 단계를 쌓아가는 '몰락의 아름답고 장대한 패전'의 서사가 다시 펼쳐진다. 쵸규의 멸망의 정동, 야스다 요주로의 미와 멸망의 정동은, 2022년의 관객들에게는 귀여운 캐릭터와 함께 한 친근한 모습으로 안방까지 배달되었다.

이 작품 속 궁정의 화려함과 일본 특유의 계절감에 대한 묘사는 꽃잎이 떨어지는 봄의 모습이나 반딧불이가 날아다니는 여름밤, 가을의 아름다운 단풍, 겨울의 흰 눈 등 사계의 모습 등 색연필로 그린 듯 아름다운 작화로 표현되고, 전통악기부터 현악기, 포스트 락, 일렉트로닉 음악 등으로 청각적으로도 감상성이 극대화되지만 이는 곧 귀족과 무사, 남녀 시종은 물론 어린 아기인 안토쿠(安徳) 천황까지 바다에 입수하는 일가의 충격적 파멸로 전환된다. 아름다운 영상과 음악은 비극적 결말과 극적으로 대비되고, 가마쿠라 시대에서부터 근대 초 태평양전쟁 당시까지 익숙했던 멸망의 감각은 현대의 관객에게도 매혹적이고 친숙하게 눈과 귀에 전달되고 있다. 이 애니메이션을 '대걸작'으로 평하면서 관객의 마음에 스며드는 극의 여운과 매력을 소개한 한 칼럼에서도 이러한 멸망의 감각을 언급한 바 있다.[47]

하지만 애니메이션 극의 헤이케(平家)의 멸망의 이로니가 근대 이후 자주 내셔널리즘과 결합하여 민족주의, 국가주의를 고양시키는 코드로서 작동했었다는 사실을 상기한다면 〈아니메 헤이케 모노가타리〉의 현대화된 멸망의 정동의 감각에 저항감을 가질 필요는 있어 보인다. 집단적 무의식 속에서 계승되어 간[48] 미와 멸망의 감각이 국가주의에 들러붙는 것은 일찍이 미시마 연구자 노구치 다케히코(野口武彦)에 의해 '끊임없이 되살아나는 마음 밑바닥에 잠재되어 있는 마성'[49]으로 지적되기도 한 부분이다. 이 감각은 잊혀진 듯 보이다 어느새 포장되어 새로운 모습으로 대중 앞에 나타나기를 반복해 왔다.

이러한 정념적인 내셔널리즘은 미시 충격에도 소생되기도 하고 이성적 비판보다 언제나 강력하기에 무장하기가 쉽지 않다. 그러므로 이러한 불편한 정동적 작용들의 낌새들에 더욱 주의를 기울이지 않을 수 없는 것이다.

---

47 堀井憲一朗, 「アニメ『平家物語』は「宝」と呼びたいほどの"大傑作"なぜこれほど胸に迫るのか?」, 『現代ビジネス』, 講談社, 2022. 2. 9. https://gendai.media/articles/-/92282

48 권명아, 『역사적 파시즘』, 책세상, 2005, 10쪽.

49 野口武彦, 『三島由紀夫の世界』, 講談社, 1970, p.242.

4. 나오며

〈바람이 분다〉와 감독의 의도를 정치적으로 바라볼 것인가 하는 논의는 지금까지 그랬듯 시각에 따라 다양한 견해가 나올 수 있지만, 앞서 살펴본 바와 같이 이 작품에 보이는 미적 충동은 고전 작품에서부터 일본 전시하, 그리고 현대까지 일본인의 정신에 무의식 속에 잠재되어 있다가 살아나기를 반복해 오며 국가주의와 결합했던 멸망의 이로니 감각에 매우 닮아 있다.

『헤이케모노가타리』에서 보였던 미와 멸망을 동일 선상에 놓고 무사혼을 강조했던 미학은 때로 민족주의적 정서, 내셔널리즘과 결합하여 태평양 전시하와 같은 국가비상시에 소환되곤 했지만, 현대에는 각종 문화 콘텐츠로서 안방 TV로 배달되고 있다. 이 모습은 때로 아름답고 친근하게 포장되어 대중의 무의식에 스며든다. 즉 〈바람이 분다〉에서 시각적, 청각적 효과로 극대화된 미적 충동은 러브스토리의 감상성과 함께 어린 시절부터 지브리 애니메이션을 향유해온 아시아 팬들에게, 또 일본인들의 쇼와(昭和) 시대를 향한 향수와 함께[50] 저항없이 수용되고 제로센의 표상은 관객의 기억 속에 새롭게 재배치된다.

또한 고전 『헤이케모노가타리』에 배어 있던 멸망의 감각은 현대 애니메이션에서는 감각적인 영상과, 고전과 테크노가 결합된

50 미야자키 하야오는 기획의도에서 쇼와시대, 즉 아버지 세대에의 향수로서 이 작품을 기획하게 되었음을 밝히고 있다. (「映画について-企画書」, 〈風立ちぬ〉 홈페이지 참조)

현대적 BGM을 통해 젊은 층의 무의식 속에 잠입해 간다. 이처럼 일본과 아시아 관객이 자기도 모르게 군국주의를 상징하는 제로센의 표상에 무장해제 되고, 경계보다는 경외를 그린 작가의 시선을 따라가면서, 내셔널리즘을 정동적으로 수용해나가게 된다.

독자에게 남겨진 과제는 작품 속에 숨겨진 이러한 감상성에 저항하려는 독해의 실천이다. 다양하게 변주하면서 감각과 결속하는 정동적 작용들의 낌새와 징후, 감상성에 숨겨진 폭력을 인지하는 것이 무엇보다 필요하다. 또 이러한 대중문화 속 멸망의 미학의 감각이 일본 사회적 문화적 이데올로기와 내셔널리즘으로 연결되는 복합적 양상을 파악하여 새로운 사유와 실천을 위한 대안 정동을 모색하는 방향으로 전환되어 나가야 할 것이다.

〈바람이 분다〉는 감독 자신의 그동안의 필모그래피를 통해 구축한 세계를 집대성한 의미를 가지는 작품인 만큼 그 의미가 남다르다고 할 수 있고 일본 내에서는 국민 영화의 타이틀까지 얻었다. 이 작품의 정동적 작용을 생각할 때, 그러기에 더욱 아쉬움이 남는 부분이라 하겠다.

4부

정동적 정의와 존재론적 전회: 부정의에 맞서는 대안 이론과 실제

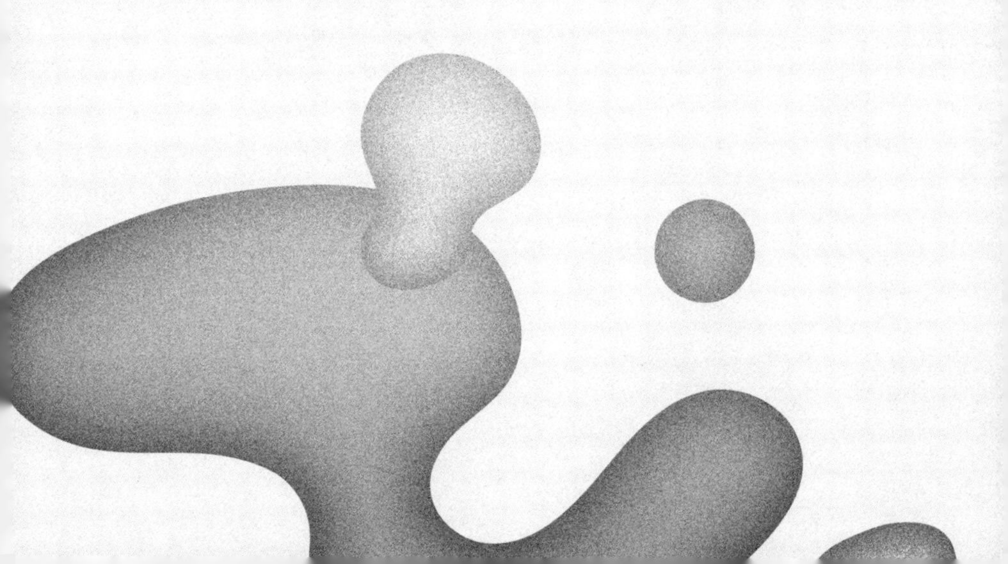

비접촉시대에 돌봄노동자의 삶과 노동의 위태로운 기술로서 정동적 부정의[1]

정 종 민

1. 들어가는 말

코로나19 팬데믹 상황에서 경험하는 돌봄 대란은 존중받지 못하고 돌봄 받지 못하는 돌봄노동자의 현실을 적나라하게 보여준다. 돌봄노동자들은 잠재적인 바이러스의 희생자이자 전파자일 수 있다는 불안감과 함께 실제 감염 시 위험수당 · 휴업수당 · 실업수당을 받지 못할 수도 있는 불평등하고 불공정한 상황에 놓여 있다. 또한 일과 가족 모두를 지킬 것을 강요당하는 현실에서 노동현장에 뛰어들 수밖에 없는 돌봄노동자의 현실적 · 도덕적 딜레마는 이들의 취약한 상호의존성을 적실하게 보여준다. 급기야 필수노동자라는 명목으로 인권과 노동환경에 대한 구체적인 보호나

---

1 이 글은 「비접촉시대에 돌봄노동자의 삶과 노동의 위태로운 기술로서 정동적 부정의」, 『한국문화인류학』 제55집 3호, 한국문화인류학회, 2022를 수정 · 보완하여 재수록한 것이다.

지원이 부족한 상황에서 중단 없는 노동을 강요하는 사회는 돌봄 노동자를 육체적 · 정신적 피로를 넘어 소진에 이르게 하고 있다.[2] 특히 2019년 현재 돌봄노동자의 92.5%는 여성인데, 이 중 56.9%가 50대 이상으로 한국 사회의 돌봄이 중장년과 노년의 여성에 크게 의존하는 "젠더불평등"과 돌봄의 고령화 경향이 뚜렷이 나타나고 있는 점에 주목할 필요가 있다.[3] 이런 점에서 돌봄을 특정 젠더, 즉 '여성성'에 기댄 개인의 사랑 · 헌신 · 희생이라거나, 수익 창출을 위한 상품으로 접근하는 시장제일주의를 비판하는 것은 "돌봄 부정의(care injustice)"를 극복하고 "공공성"을 통한 사회화의 정당한 방향처럼 보인다.[4] 나아가 현재의 사회적 · 문화적 · 정치적 · 경제적 · 젠더적 차이에 따라 불평등하게 분배된 돌봄이 아니라 인간의 취약성과 상호의존성을 기반으로 하는 돌봄 민주주의를 사회 기

---

2 박지선, 「팬데믹 시대, '필수노동자' 보호 및 지원을 위한 연구: 장기요양 돌봄 노동자를 중심으로」, 『사회적질연구』 제6권 2호, 한국인문사회질학회, 2022; 김지향 · 한숙정, 「코로나19 대유행 시 일 노인요양시설에 종사하는 요양보호사의 직무경험에 대한 연구」, 『한국보건간호학회지』 제35권 1호, 한국보건간호학회, 2021.

3 석재은, 「코로나19 국면에서 재조명된 장기요양 돌봄노동자의 취약성과 사회적 과제」, 『한국사회복지학』 제72권 4호, 한국사회복지학회, 2020, 135쪽; 김소진, 「재난불평등과 젠더, 그리고 팬데믹 이후의 과제」, 『민주법학』 78호, 민주주의법학연구회, 2022, 198쪽.

4 김희강 · 박선경, 「코로나19, 돌봄부정의, 돌봄포용국가」, 『한국행정학보』 제55권 2호, 한국행정학회, 2021, 56쪽; 김희강 · 임현, 『돌봄과 공정』, 박영사, 2018; 박선경 · 김희강, 「코로나19 위기 속 돌봄의 공공성과 국가 역할에 대한 인식」, 『한국과 국제정치』 제37권 1호, 경남대학교 극동문제연구소, 2021, 121쪽; 이선미, 「돌봄의 특성과 돌봄 공공성의 요건」, 『사회와 이론』 제29호, 한국이론사회학회, 2016.

본값으로 채택할 것을 강조하는 주장은 설득력 있게 다가온다.[5]

하지만 돌봄의 개인화 · 젠더화 · 상품화 · 외주화가 우려되는 현실에서 오늘을 감내하고 살아내는 수많은 돌봄노동자들의 돌봄 실천은 자리를 잃고 방황하고 있다. 즉, 기존 국내외 돌봄 담론과 분석은 현실 비판과 미래에 대한 상상 및 대안을 제공하지만, 불확실하고 불안정한 현실과 미래밖에 보이지 않는 오늘을 사는 돌봄노동자의 지금-여기의 돌봄을 추동하기에는 설득력이 부족하다. 무엇보다 팬데믹을 온몸으로 부대끼며 살아내는 돌봄노동자의 현실은 국가로부터 호명되는 영웅의 모습과 차이가 있다. 대부분이 분노 · 무기력감 · 배신감 등 부정적인 감정과 정동들로 점철되어 있어 서로 간의 상당한 괴리가 있다.

이러한 차이와 간극에서 내가 주목하는 것은 돌봄노동자들이 돌봄부정의를 마주하면서 추동하는(되는) 정동적 부정의(affective injustice)이다. 전자가 불공정하고 불평등한 삶과 노동을 배태시킨 돌봄의 사회 구조적인 부정의를 의미한다면,[6] 후자는 돌봄노동자들이 부정의한 상황을 몸으로 부대끼며 상응하면서 촉발하는 얽히고설킨 삶의 자기원인으로서의 생생한 힘, 에너지, 생명력을 말

---

5 김창엽 외, 『돌봄이 돌보는 세계: 취약함을 가능성으로, 공존을 향한 새로운 질서』, 동아시아, 2022; 김희강, 『돌봄민주국가』, 박영사, 2022; 석재은, 「돌봄정의(Caring Justice) 개념구성과 한국 장기요양정책의 평가」, 『한국사회정책』 제25권 2호, 한국사회정책학회, 2018; 석재은, 「코로나19 국면에서 재조명된 장기요양 돌봄노동자의 취약성과 사회적 과제」, 『한국사회복지학』 제72권 4호, 한국사회복지학회, 2020; 신경아, 「팬데믹 시대 여성 노동의 위기에 관한 페미니즘적 성찰」, 『페미니즘연구』 제21권 2호, 한국여성연구소, 2021.

6 김희강 · 박선경, 앞의 글, 56쪽; 김희강 · 임현, 앞의 책; 조안 C. 토론토, 김희강 · 나상원 역, 『돌봄 민주주의』, 아포리아, 2014.

한다. 이는 코로나19 장기화에 따른 돌봄노동자들의 부정적인 정동을 우울증 · 불안장애 · 직업 스트레스 등의 병리학적 증상으로만 보고 관리하고 통제해야 할 것으로 간주하는 입장에 이의를 제기하는 것이다.[7] 또한 존중받지 못하는 이들의 "정동노동(affective labor)"에 대한 인류학적 개입이자 정치적 · 윤리적 실천이라고 할 수 있다.[8] 이를 위해 필자는 정동을 주로 신체적 · 생물학적 현상으로 다루는 신경과학적 접근[9]이나 인지 · 재현 · 담론 등 인지적 과정과 분리된 비재현적 현상으로 접근하는 들뢰즈 학파의 전통을 비판적으로 확장한다.[10] 즉 정동은 주위 세상과 마주하는 과정에서 드러나는 감정이나 정서의 "넘쳐흐름"으로 신체를 통해 체화되고 누적되어 생생하게 영향을 미치지만, 언어로는 쉽게 규정지을 수 없는 어떤 힘 또는 그에 따른 변용으로서의 사회적 · 문화적 · 담론적 실천이라고 이해한다.[11]

---

7 예를 들어 팬데믹 기간 돌봄노동자의 직무경험연구는 교육과 상담, 정서적 지지를 위한 기초 자료로서 중요한 근거를 제공하지만, '아픈 몸'을 일하도록 추동하는 힘은 설명하지 못한다. 김지향 · 한숙정, 앞의 글.

8 질 들뢰즈 외, 정남영 · 조정환 · 이승준 역, 『비물질노동과 다중』, 갈무리, 2005; Michael Hardt, "Affective Labor", *Boundary 2*, Vol.26, No.2, Duke University Press, 1999.

9 안토니오 다마지오, 고현석 역, 『느끼고 아는 존재』, 흐름출판, 2021.

10 질 들뢰즈 · 펙릭스 가타리, 김재인 역, 『천개의 고원』, 새물결, 2001; 브라이언 마수미, 「정동적 사실의 미래적 탄생: 위협의 정치적 존재론」, 멜리사 그레그 · 그레고리 시그워스 편저, 최성희 · 김지영 · 박혜정 역, 『정동 이론: 몸과 문화, 정치의 마주침에서 생겨나는 것들에 대한 연구』, 갈무리, 2015.

11 정종민은 스피노자-베르그송-들뢰즈-마수미로 이어지는 철학적 전통을 따르면서도, 정동이 신체를 경유하는 연속적인 경험이라는 점에서 사회적 · 담론적 · 문화적 · 물질적 실천들 사이의 '물질-흐름'에 주목할 것을 강조한다. 좀 더

이 연구에서는 인지증과 사는 사람들을 돌보는 돌봄노동자를 중심으로 정동적 부정의가 어떻게 '잔혹한' 일상과 노동 과정에서 생산 · 소환 · 전이 · 추동되는지를 묘사하고 분석한다. 더불어 돌봄노동자가 미래의 낙관주의에 매몰된 존재가 아니라 어려운 현실과 미래를 직시하며 분투하는 행위자임을 밝힌다. 또한 고단한 현실을 살아내야 하는 돌봄노동자들에게 정동적 부정의가 역설적으로 위태로운 삶과 노동의 가능성이 됨을 보여줄 것이다. 나아가 부정적이라고 해서 주변화되고 배제되었던 정동적 부정의를 포용 · 인정 · 존중해야 할 정치적 대상임을 강조하며 돌봄노동자 간의 부분적인 연결 가능한 신체적 경험으로서 연대의 가능성을 제시하고자 한다.

2. 돌봄부정의에서 정동적 부정의로

돌봄노동자들의 일상은 사랑 · 호혜 · 돌봄 · 보람 등 '좋은 삶'에 대한 간절한 기대와 실천만 있는 것이 아니었다. 돌봄의 주변

자세한 내용은 정종민, 「인지증(치매)과 정동적 시민권: 영국 오소독스 유대인 요양원 사례를 중심으로」, 『비교문화연구』 제27집 1호, 서울대학교 비교문화연구소, 2021, 364-365쪽 참조. 한편 권명아는 국내 정동 연구에 다양한 이론적 기원과 전통을 인정하면서도 젠더, 페미니즘, 퀴어, 서벌턴 이론이 배제된 "반페미니즘적 이데올로기"와 서구 이론을 반복하는 일부 "지적 식민주의적 태도"를 비판한다. 자세한 내용은 권명아, 「비교 역사적 연구를 통해 본 정동 연구의 사회정치적 의제: '여자 떼' 공포와 다스려질 수 없는 자들의 힘」, 『여성문학연구』 제39호, 한국여성문학학회, 2016, 12-13쪽 참조.

화에 따른 배신감, 그런데도 아무것도 할 수 없어 보이는 상황에 대한 무기력감, 코로나19 감염으로 자신의 실직뿐만 아니라 가족의 건강까지 위험에 빠트릴 수 있다는 위기감 등이 얽히고설켜 있었다. 실제로 돌봄노동자들의 일상은 육체적 · 정신적으로 피곤한 상태를 넘어 때론 주체성을 잃어버리고 마모되어 어떠한 다른 가능성도 생겨날 것 같지 않은 소진된 인간(the exhausted)의 흔적을 보는 듯했다.[12] 하지만 일상을 더이상 반복할 힘도 삶의 의지도 모두 소진한 상태에서도 또 다른 삶이 출현할 것이라는 들뢰즈의 기대는 너무 가혹해 보인다. 기대라는 것이 자본주의에서도 소진될 수 없는 인간의 욕망을 기반한다는 점에서 가령 돌봄노동자들이 소진된 이후라도 잠재적인 것을 현실화할 수 있다는 가능성에 일견 동의하더라도, 바로-여기 구조화된 돌봄불평등을 견디기는 무척 힘들기 때문이다. 당장 일을 중단하면 더이상 갈 곳을 찾기 힘든 상황에서 이들에게 소진될 때까지 삶을 다그치라는 것은 너무나 잔인하게 들린다. 평평한 운동장이 아닌 기울어진 무대 위에 서 있는 여성의 역사적 · 사회적 · 정치적 · 경제적 · 젠더적 불평등에 대한 치밀한 이해가 필요한 대목이다.[13] 무엇보다 더는 새로운 것을 실현할 수 없다고 돌봄을 보는 것은 돌봄노동자의 나이 · 지위 · 경력 등의 다양성과 이들의 역동적인 현실에 대한 지나친 단순화이며, 구조화된 돌봄불평등을 드러내지 못하고 감내하라는

---

12 질 들뢰즈, 이정하 역, 『소진된 인간: 베케트의 텔레비전 단편극에 대한 철학적 에세이』, 문학과지성사, 2013.

13 대표적인 페미니즘과 젠더 정치에 기반한 정동 연구로 권명아, 『여자떼 공포, 젠더 어펙트: 부대낌과 상호작용의 정치』, 갈무리, 2019 참조.

오인으로 연결될 수 있는 위험성도 있다.

비슷한 맥락에서 미래에 대한 허구적인 희망이나 환상을 심어줌으로써 언젠가 그 꿈을 이룰 것이라는 개인적인 애착심(attachment)을 통해 자본주의가 재생산되는 과정을 정동적 관점에서 비판한 로렌 벌랜트(Lauren Berlant)의 "잔혹한 낙관주의"도 마찬가지이다.[14] 돌봄노동자들이 느끼는 일상화된 위기는 공감하지만 잔혹한 미래에 매달리지 않고 누구보다도 미래가 불확실하고 불안정하고 심지어는 현재 상태와 비교해서 크게 좋아지리라고 기대도 하지 않기 때문에 벌랜트의 낙관주의를 기계적으로 적용하는 것은 현실을 왜곡할 위험이 있다. 게다가 지난 3년여 간 최저시급만을 받고 팬데믹을 지켜온 돌봄노동자들이 증명하듯이 이들을 미래에 저당 잡힌 사람들로 묘사하는 것은 사실이 아니며, 팬데믹 상황에서 더 악화된 돌봄부정의를 매일 마주해야 하는 돌봄노동자들이 도대체 왜, 어떻게 오늘을 살아내는지를 충분히 설명하지 못한다.

이런 점에서 캐슬린 린치(Kathleen lynch)와 그의 동료들이 돌봄대화를 통해 정동의 관점에서 돌봄을 분석한 연구는 사적인 가정에서 수행되는 돌봄에 귀를 기울임으로써 그동안 드러나지 않고 인정받지 못한 그림자 노동의 실상을 드러내며 새로운 인식론적 · 방법론적 접근 가능성을 보여준다.[15] 특히 개인적 · 지역적 · 국가적 · 세계적 수준에서 성 · 계급 · 계층 · 인종 등에 따라 차별적으

---

14 Lauren Berlant, *Cruel Optimism*, Duke University Press, 2011, p.1.

15 캐슬린 린치 외, 강순원 역, 『정동적 평등: 누가 돌봄을 수행하는가』, 한울, 2016.

로 돌봄에 대한 사랑·희생·헌신을 강요하고 돌봄을 둘러싼 학대·방임·폭력에 대해서 묵인하는 돌봄불평등을 적나라하게 고발하고 비판한다. 하지만 사랑·돌봄·연대의 가치를 회복하는 것이 더욱 어려워지고 미래가 불안정한 오늘날 돌봄노동자들이 어떻게 하루하루를 버티며 그 동력은 어디에서 나오며 어떻게 작동하는지를 설명하지 못한다. 최소한 그동안의 공적 역사에서 간과된 돌봄노동자들의 삶과 노동의 역사는 무엇이며, 어떻게 작동하는지를 묻지 않을 수 없다.

이 점에서 사라 아메드(Sara Ahmed)가 다른 사람이 만들어 놓은 행복을 좇기보다는 불행의 역사에 주목하라는 조언은 그동안 인정받지 못하고 존중받지 못한 불행·상실·난관의 삶과 노동을 새롭게 바라볼 수 있는 관점을 제공한다.[16] 아메드는 장애·성적지향·국적 때문에 불행해야 한다면, 당당하게 타자가 만든 행복에 포섭되지 말고 "정동 이방인"이 되라고 강조한다.[17] 나아가 타자화된 행복의 역사에서 오직 배제를 통해 포섭된 사람들, 예를 들어 페미니스트, 성 소수자, 이주민들의 불행은 "행복하지 않은 것, 행복의 결여, 행복의 부재"라고 낙인찍기보다는 이들의 불행 그 자체에 "역사"를 부여함으로써 대안적인 역사를 만들 것을 주창한다.[18]

돌봄 연구와 관련하여 내가 주목하는 것은 정동이라는 이론

---

16 사라 아메드, 성정혜·이경란 역, 『행복의 약속: 불행한 자들을 위한 문화비평』, 후마니타스, 2019.

17 사라 아메드, 위의 책, 82쪽.

18 사라 아메드, 위의 책, 38쪽, 82쪽.

적 · 방법론적 가능성을 보여준 린치의 연구와 정동을 통해 '불행'을 역사화한 아메드의 인식론적 전환이다. 전자가 돌봄이 사회적으로 젠더화되고 구조화되어 인정받지 못하는 돌봄불평등을 정동적 관점에서 적나라하게 들춰냈다면 본 연구는 한 걸음 더 나아가 그 정동적 부정의가 일상에서 어떻게 실행(enacted)되는지에 주목한다. 아메드의 연구는 거의 매일 반복적으로 마주하는 부정의한 현실에 상응하여 조율하는 정동적 존재로서의 돌봄노동자의 일상과 노동에 대한 성찰의 기회를 제공한다. 우선 팬데믹 상황에서 노동 현장에 내몰린 대부분의 돌봄노동자가 타인의 행복에 포섭되기보다는 부당한 현실을 마주하는 과정에서 분노 · 무기력 · 상실 · 두려움 등의 감정을 넘어 거친 강도(intensities)로 경험하는 것들에 대한 아카이브를 요구한다. 그리고 다른 신체들과의 접촉을 통해 연결하고, 때론 단절을 추동하며 체화하면서 부정적인 정동과 연결되어 있다는 이유로 주변화된 정동적 부정의를 인정하도록 한다. 하지만 여기서 머물거나 좌절하지 않고, 다른 신체(인간, 비인간, 부분-신체)들을 경유하여 소통 · 공유 · 공감하는 데서 새로운 연결 가능성을 탐색할 수 있는 인식론적 틀을 제공해준다.

3. 연구대상과 연구방법

이 글에서는 주로 노인, 특히 인지증과 사는 사람을 돌보는 사회복지사, 요양보호사, 간호조무사를 중심으로 이들의 돌봄 경험과 돌봄 서사에 주목한다. 〈표 1〉에서 보듯이 2021년 7월부터

2022년 7월까지 약 1년 동안 서울 · 광주 · 전남지역에서 일하고 있는 돌봄노동자 14명을 중심으로 "돌봄대화(care dialogue)"를 했으며, 재가복지센터의 운영과 관련하여 시설장과 심층면접을 했다.[19]

〈표 1〉 연구참여자의 일반적 특성 (2022년 7월)

이름	성별	근무지	직업(현-과거)	연령(세)	경력(년)
김명희	여	서울 (사)	요양보호사-노조활동	52	11
김은경	여	담양 (재)	요양보호사-주부, 사회봉사	69	6
박서영	여	광주 (사)	요양보호사-주부, 노조활동	55	7
박서준	남	광주 (재)	사회복지사-서비스운송, 건설노무	30	2
박혜진	여	광주 (사)	요양보호사-주부, 노조활동	54	7
서명숙	여	광주 (재+병)	방문간호사-주부, 간호조무사	52	6
오은영	여	담양 (재)	사회복지사-공무원, 회계사무원	60	7
이도윤	남	광주/담양 (재)	시설장-건설업, 가구 판매	60	7
이예원	여	광주 (재+원)	요양보호사-상담사무, 요식업	60	11
이정숙	여	광주 (재)	사회복지사-공인중개사	59	4
이정희	여	담양 (재)	요양보호사-주부	60	6
정수빈	여	담양 (재)	요양보호사-주부, 자동차 정비업	50	12
정정희	여	광주 (재)	요양보호사-주부, 식당노무	44	5
차지후	남	서울 (사)	요양보호사-노조활동	46	5
황유진	여	광주/담양 (재)	요양보호사-교회, 사회봉사	60	2

※ 근무지에서 사: 사회서비스원, 재: 재가복지센터,
병: 요양병원, 원: 요양병원을 말한다.

전국돌봄서비스노동조합과 광주 · 전남의 두 요양 기관의 협조로 잠정적인 연구참여자 명단을 확보하고 개별적인 전화 연락과 눈덩이 표집을 통해 연구참여자를 찾았다. 기관윤리위원회의

19 캐슬린 린치 외, 앞의 책, 21쪽.

개인정보 처리방침에 따라 개인 및 기관 정보는 가명 처리했다. 그리고 돌봄대화가 '팬데믹 상황에서 돌봄의 도덕적·윤리적 실천'이란 연구의 일환임을 미리 알렸다. 원활한 대화가 이뤄질 수 있도록 연구참여자가 편안해하는 시간과 장소를 선택했으며, 동의서를 받은 후 약 1시간 30분 정도의 대화를 나눴다. 대화는 팬데믹으로 인한 돌봄 대란을 소재로 시작하여 자연스럽게 연구참여자의 일과 생애에 관한 이야기로 옮겨갔다.

돌봄대화 중 발화자의 과정적인 움직임에서 정동 간의 마주침을 포착할 수 있는 감정적·수행적·표현적 특징을 기록한 현장노트와 연구자의 기억은 정동적 배치와 흔적을 추적하고 작동 메커니즘을 파악하는 데 핵심 자료가 되었다. 수집된 자료를 통해 개별 노동자의 일상과 노동의 특징을 파악하고 비교 검토하는 과정에서 돌봄부정의와 관련된 "정동적 실재(affective reality)"와 정동적 조율(affective attunement)이라는 두 가지 특징을 발견하였다.[20]

4. 익숙한 돌봄 대란과 생성적인 정동적 실재

급격한 경제성장과 민주주의 발전을 겪은 한국 사회는 1997년 외환위기 이후 빠르게 재편된 신자유주의적 경제체제를 통해 가족해체와 삶의 안전망 붕괴 등 후기 근대적 위기로 이어졌다.[21]

---

20 브라이언 마수미, 앞의 책, 99쪽.

21 조혜정, 「후기 근대적 위기와 '돌봄 국가'적 패러다임 전환을 위한 시론: '차가운 근대 cold modern'에서 '따뜻한 근대 warm modern'로」, 『사회과학론집』 제27

이 과정에서 돌봄은 으레 여성 가족구성원 혹은 그 여성을 대신하는 상대적으로 더 취약한 여성의 일로 간주되어 주변화 · 외주화 되었으며, 보이지 않는 노동으로 홀대받았다.[22] 연구참여자들 역시 지역과 사회적 배경에 따라 그 위기와 부담의 정도는 차이가 있었지만 1997년 외환위기 등 과거에도 돌봄노동은 한결같이 홀대받았다고 했다. 또한 코로나19 팬데믹 상황에서 자신을 포함한 가족의 안전을 담보로 타자를 돌봐야 하는 당면한 모순된 삶은 개인에 따라 정도의 차이가 있으나 이구동성으로 유일무이한 재난 사건이 아니며, 아마도 이게 끝이 아닐 것이라고 강조했다. 여기에서 내가 주목하는 것은 돌봄노동자의 쉽게 잊히지 않고 끈적끈적하게 신체화되어 소외된 세계를 구성하는 정동적 실재이다. 이는 정확한 과학적 지식이나 정보를 통해 구성하는 실재적 사실이 아니라, 느껴진 실재(felt reality)에 주목하는 것으로 팬데믹 상황에서 돌봄노동자들이 임박한 위기와 사회적 분위기를 어떻게 감지하고 반응하는지를 추적 · 기술 · 분석하는 것이다.

집 1호, 연세대학교 사회과학연구소, 2006.

22 안숙영, 「돌봄노동의 여성화에 대한 비판적 고찰」, 『한국여성학』 제34권 2호, 한국여성학회, 2018.

4.1. 낯익은 위기와 공감의 증폭

돌봄노동자에게 팬데믹은 처음 겪는 상황이지만 어디에서 경험했던 것처럼 친숙하게 다가오는 이유는 돌봄이 사회화되던 그 순간부터 불평등하게 분배되고 존중받지 못해 온 노동의 신체화된 경험 때문이었다. 김명희의 이야기처럼 팬데믹 상황에서 돌봄 공백이라는 초유의 사태가 새로운 문제인 듯 드러났지만, 연구참여자들은 이미 "몸으로 느끼고" 있었으며, 늦게나마 모든 국민이 알게 되어 그나마 "다행"이라는 양가적 감정을 보였다. 물론 팬데믹 초기 다른 나라에서 발생한 수만 명의 사망 소식에 어떻게 대처해야 할지 믿을만한 정보가 없었기 때문에 이들도 움츠렸던 것은 사실이었다. 그렇지만, 늘 그렇듯이 돌봄노동자들은 스스로 동원할 수 있는 자원이 한정된 상황에서 대중매체 · 동료와의 대화 · 소문 · 사회적 분위기를 좇으며 자구책을 찾기 위해 분주했다. 즉 여성, 특히 중년 이상의 '엄마'로서 본인뿐만 아니라 가족 모두가 견뎌내야 할 위기라면 앉아서 대책 없이 당하느니 선제적으로 움직이는 것이 유리하다는 일상의 탄력성 같은 것으로 이제는 체화되어 끈적하게 달라붙어 있는 몸의 기술을 소환하는 것이었다.

돌봄노동자들은 코로나19에 의한 재난이 돌봄수요자뿐만 아니라 본인 가족의 건강까지 신경써야 하며, 동시에 이러한 위험은 누구도 피할 수 없음을 빠르게 감지했다. 이런 면에서 돌봄수요자의 요구로 2020년 2월 말부터 6월 중순까지 일이 없었던 박서영의 "코로나로 죽으나, 굶어서 죽으나"라는 말은 단순한 하소연이나 무기력함 이상의 실천의 '강렬도'를 담고 있다. 무엇보다 월급이 아닌 시급을 받는 상황에서 일이 없으면 수입도 없었다. 설상가상으로 돌봄노동자가 소속되어 있는 재가복지센터는 그 기간을 실직으로 처리해주지 않았기 때문에 휴업급여나 실업급여도 받을 수 없었다. 이런 상황에서 누구보다도 먼저 돌봄수요자의 안녕을 묻고 누구보다도 먼저 백신 접종을 끝냈다. 이를 알려야 하는 것은 재가복지센터의 몫이었지만 돌봄노동자의 노력은 더 간절했다. 상황의 시시비비를 가릴 처지가 아니었다. 생계를 위해 "위험이 있더라도" 현장에 나서야 하는 현실적인 이유는 박서영이 "지금도…" 하며 한참동안 이어졌던 침묵의 무게만큼이나 강렬한 것이었으며, 일상의 변화로 이행되었다.

> 어쨌든 너무 이게 우리가 코로나로 이 뭐 어떤 상황에 벌어질 수도 있지만, 또 생계라는 게 돈이 없으면 안 되는 거잖아요. 근데 … 지금 몇 개월 동안 일이 없었잖아요. 4개월 5개월 돈이 들어오지 않는다는 건데 현실적으로 돈이 없으면 살 수가 없는 거잖아요. 그때 저희가 진짜 지금도 … 노동자들의 삶이 마찬가지지만 코로나로 죽으나, 굶어서 죽으나 이건 어떤 것이 더 큰 건지 모르겠더라고요. … 현실이 그렇잖아요. … 저는 그렇게 생각해요. 저희가 할 수밖에 없는 거예요. 아무리 그런 위험이 있더라도 할 수밖에 없는 저희의 현실이고.(박서영, 2021. 9. 1.)

또한 이러한 딜레마는 돌봄노동자가 현장에서 겪는 혼자만의 고민이 아니었다. 일을 마치고 집에 돌아오면 직장과 학교에서 돌아온 가족들이 무사히 보낸 하루에 감사했다. 다시 말하면 코로나

19 대응은 돌봄노동자 혼자 잘한다고 해서 해결될 문제도 아니고 가족과 사회구성원 모두의 노력이 필요했다. 더구나 언제 끝날지 모르는 팬데믹 상황에서 긴급 실업 지원 급여나 소득 손실에 따른 수당이 불확실한 점을 고려하면 가족 구성원 누구에게도 '잠시 멈춤'을 강요할 수는 없었기에 가족 구성원간의 서로 조심하고 '함께 돌봄'을 추동하는 공감으로 증폭되었다.

> 지금은 조금 그게 힘들죠. 조금 예민해질 뿐이죠. 말은 하지 않지만, 눈을 보면 딱 보이죠. 보이니까. 차마 저도 우리 딸도 "엄마 나 쉴까?" 미용쪽으로 일하니까 아무래도 글죠. "나도 좀 쉴까?" 그런 얘기를 많이 해요. 그래도 어찌 됐든 "니 판단에 맡기겠다. 엄마도 네 판단에, 어떻게 보면 너도 종사자고, 엄마도 할머니도 할아버지도 종사자다 보니까 어떻게 그런 부분은 이래라저래라 할 수 없다." 그래도 "니 판단에 맡기겠다. 엄마도 하지마라고 할 수 없다. … 업종만 다를 뿐이지 힘든 것은 똑같다. 그러니 신중하게 잘 생각해서 잘 결정하자." 해요.(정정희, 2021. 8. 19.)

일을 할 수 없는 상황은 단순히 일이 '없음'만을 의미하는 것이 아니었다. 월급제 노동자에게 지급된 수당이 시급제로 일하는 돌봄노동자에게까지 확대되어야 한다는 주장은 김명희 등 노조활동가가 바라는 바다. 하지만, 실제 정정희를 포함한 대부분의 돌봄노동자에게는 주면 받는 것이지만 언제 줄지도 모르는 돈을 마냥 기다리는 사람은 한 명도 없었다. 말할 필요도 없이 돌봄노동자를 대표하는 사람이 한 명도 참석하지 않는 정책 회의나 국회를 통해 이 문제가 빨리 해결될 거라 믿는 노동자도 없었다. 다만 돌봄노동자들이 확실히 인지하는 것은 돌봄수요자가 돌봄을 받지 못할 수도 있다는 낌새를 알아차린다면 지금까지 양자 간에 쌓아왔던 신뢰와 믿음이 깨질 위험이 있다는 것이다. 그뿐만 아니라 자신의 부재는 다른 돌봄노동자가 그 위험한 자리를 대신해야 했다. 이는 시설장인 이도윤, 사회복지사인 박서준과 이정숙의 말처럼 팬데믹 상황에서는 인력 수급이 원활하지 않아 교체 인력이 부족해 동료가 피로로 소진될 수 있다는 점도 유의해야만 했다. 물론 일을 중단하면 실직처리가 되며 그 자리를 다시 찾는 것은 불가능했다. 미용 일을 하는 정정희의 딸도 마찬가지다. 여기서 정정희가 딸에게 "신중"하게 결정하자는 것은 엄마로서 일을 할 수밖에 없음을 딸에게 강요하기보다는 서로의 고통을 공유하고 공감의 이행으로 확산됨을 알 수 있다.

이렇듯 정정희를 비롯한 대부분의 여성 돌봄노동자들은 단순히 주어진 직분과 역할을 어쩔 수 없이 해내는 것이 아니다. 반복되는 지루한 일상에 매몰되는 것이 아니라 소외된 돌봄노동자, 인생 선배, 동료, 며느리, 딸, 엄마로서 다양한 관계를 횡단하며 오고가는 대화를 통해 연결가능한 신체를 만들어 낸다. 즉 서로의 사정을 이해하고 공감하는 과정에서 체화된 끈적끈적한 삶의 지혜로서 서로를 보살피는 '함께 돌봄'이라는 정동을 발현하는 것이다.

4.2. 있지만 없는 돌봄 매뉴얼과 삶의 강도의 위축

팬데믹 상황에서 대면접촉을 통한 돌봄노동은 감염위험을 피할 수 없으며 그 책임의 상당 부분은 돌봄노동자의 몫이 되었다. 문제는 차지후가 "어디까지 해야 하나?"라고 하소연하듯이 끝없이 지연되는 정상화의 약속이 몸과 마음을 지치게 한다는 점이다. 김명희는 그 원인을 한마디로 있지만 없는 "돌봄 매뉴얼"이라고 했다. 「노인복지법」, 「노인장기요양보험법」, 「근로기준법」 등 현행법을 통해 최소한 돌봄노동자들의 노동권 · 건강권 · 인권 등을 보장 · 보호할 수 있지만 이를 감시할 책무가 있는 정부 · 지방자치단체 · 국민건강보험공단이 그 몫을 소홀히 한다는 것이다. 한마디로 현재 노인장기요양기관 중 국가와 지방자치단체가 제공하는 돌봄 비율은 3% 미만이며, 그 외 대부분이 민간위탁방식으로 운영되고 있는 상황에서 정부와 공단은 노동자의 희생을 강요하고 개인 사업자들의 눈치만 보고 있다고 비판했다. 「근로기준법」 준수나 표준근로계약서 작성 등은 잘 지켜지지 않으며, 돌봄이 사회화되는 과정에서 저임금과 불안정한 일자리로 고착되었다고 분노했다. 결국 돌봄노동은 사회적으로 꼭 필요하나 개인적으로는 피하고 싶은 그러나 피할 수 없는 필요악이 되었다.

> 저도 10개월간 일했다가 금요일 날 일 마치고 오는데 토요일 날 오전에 센터장으로부터 문자가 왔더라고요. 월요일 출근하지 말라고 … 어쨌든 간에 근로계약서를 1년 썼거든요. 적어도 1년간은 저의 고용을 보장해야 되는 거 아니냐? … 그럼 나 센터로 출근하겠다. 그럼, 여기에 대한 임금을 줘야 된다, 근데 못 준다는 거예요. 이런 게 그러니까 근로계약서를 써도 … 실제 법의 보호는 하나도 못 받고 있는 거예요. … 재가(복지센터) 같은 경우는 한 달에 60시간

은 일을 해야 사대보험도 되고 법적 보호도 돼요. 퇴직금도 60시간이 돼야지 발생하거든요. 근데 내가 하고 싶다고 그래가지고 될 수 있는 부분들이 아니어서 어디는 59시간 그래서 되게 악의적인 사용자는 59시간만 줘요. 그러기를 2년을 일해도 퇴직금은 못 받아요.(김명희, 2021. 9. 2.)

더욱이 2021년 전국서비스산업노동조합연맹의 「요양보호사 임금실태조사 및 처우개선 방안 연구」에 따르면 월급제의 경우 월 30~40만 원, 시급제의 경우 961원을 덜 받는다.[23] 그리고 팬데믹 상황에서 자가격리 등의 이유로 돌봄노동을 잠시 멈춰야 하는 경우 대부분 시급제 돌봄노동자는 급여뿐만 아니라 시간외 근무·실업·퇴직 수당도 받지 못한다. 정부는 2022년 9월 장기요양 운영 합리화에 따라 요양보호사가 감당하는 이용자 수를 2.5명에서 2.3명당 1명으로 낮춘다고 발표했다. 하지만 한겨레신문 「대한민국 요양보고서」가 밝혔듯이 이것이 시설에서 요양보호사 1명이 거주인 2.5명을 항상 담당해야 함을 의미하는 것이 아니다.[24] 이는 전체 거주인 대비 요양보호사 수를 의미하기 때문에 박혜진의 말처럼 주말·야간·연휴 등 특정한 시간대에 30명의 거주인을 1~2명의 요양보호사가 돌보더라도 현행법상 불법이 아니라 제재할 근거도 없다.

---

23 강은희·이상민·신석진·최재희, 「요양보호사 임금실태조사 및 처우개선 방안 연구」, 전국서비스산업노동조합연맹, 2021.

24 「대한민국 요양보고서」, 『한겨레』, 2019. 5. 13.

보통은 저녁 6시부터 시작하고 다음 날 9시에 퇴근하거든요. 15시간! 근데 일은 12시간 하는 것으로 해요. 3시간 잠자는 시간 빼는 거예요. 그게 이제 휴게시간인 거죠. 네 그러니까 … 휴게시간이라고 하는 것은 내가 내 마음대로 쓰는 것이 휴게시간이잖아요? 나갔다 올 수도 있고 잠을 잘 수도 있고 그래야 되는데 못 자요. … 만약에 30명 어르신이 계셔요. 그러면 이제 30명이 계시는데 요양보호사는 두 명이 해요. 두 명이서 하는데 휴게시간이 있다고 그랬잖아요. 그러면 이 한 사람은 이제 자러 가요. 그러면 혼자서 이 30명을 돌봐야 되는 거예요. … 법이라고 하는 게 뭔가 상과 벌이 있어야 되는데 그게 미약하죠. 없어요. 미약하니까 안 지켜도 그만인 거예요.(박혜진 2021. 9. 1.)

또한 장기요양기관은 2022년 현재 전체 예산 중 각각 61.6%(노인요양시설), 86.6%(방문요양) 이상을 인건비로 지출하도록 규정되어 있지만 이를 어겼을 경우 제재할 수 있는 행정처분 규정이 미비하다. 더구나 요양보호사 · 사회복지사 · 간호사 · 물리치료사 등 장기요양을 구성하는 직종과 경력별 표준인건비 기준이 없어 시간제로 일하는 요양보호사의 임금이 현실화될 가능성도 희박하다.[25] 무엇보다 주휴 및 연차수당 등을 고려한 임금계산 방식이 너무 복잡해 회계에서 빠지더라도 전문가가 아니면 알아보기 힘들어 피해를 보는 경우가 많다. 그 대표적인 사례가 시설에 들어갔

---

25 서대석 · 오봉욱, 「방문요양보호사의 임금 분석을 통한 처우개선방안 연구」, 『사회과학리뷰』 제7권 2호, K교육연구학회, 2022.

다가 코호트격리가 돼서 교대 인력 없이 돌봄을 제공해야 했던 시간제 노동자의 경우다.

> 그 안에 갇힌 거죠. 요양보호사 선생님과 그 선생님이 케어했던 어르신 분 중에 (확진자가) 나올 수 있기 때문에 그래서 코호트격리가 들어갔는데 … 2~3일 갇힌 거예요. … 그러다 보니까 원래 교대 인력이 들어와야 하는데 못 들어오니까 노동 강도가 세지는 것이잖아요. 그래서 안에서 잠도 자요. 근데 이제 거기가 휴게실은 넉넉하지 않으니까 그러니까 힘든 게 있는 거죠. … 코호트격리되는 순간에 거기에 있는 사람들에 대해서 뭔가 대책이 있거나 마루에 침대가 있는 것이 아니라 대부분 간이침대 하나 놓고 잠깐 누워 있다가 일하는 것이고, 3교대는 원래 1시간이 휴식 시간인 거고 좋은 침대가 있겠어요? … 이렇게 누워서 격리돼서 있는데 임금 관련해서 건강보험공단에서 챙겨주는 것이 없는 거예요. … 실제로 안 들어가는 선생님들은 (월급제라서) 안 들어가도 일을 했다고 인정을 해주는데 안에 있는 사람은 뭐냐 그거죠. … 집에는 못 들어가고 노동강도는 세지고, 너무나 불합리하다 생각했죠.(차지후, 2021. 9. 3.)

코호트격리가 우연한 사건으로 인해 구조적으로 불평등하게 배분되고 불인정 되는 돌봄부정의라면 김장하기 등 집안일을 시키는 경우는 일상에서 돌봄노동이 저평가되고 존중받지 못하는 사례이다. 김명희는 특히 재가복지센터에서 제공하는 돌봄의 경우 크게 가사 · 정서 · 일상생활 · 의료 · 간호 · 기능(인지)훈련 지원 등으로 나뉠 수 있는데 대부분이 가사 지원에 활용되고 있으며, 실제로 돌봄노동을 가사도우미로 간주하는 경우가 비일비재하다고 분노했다. 류임량이 정부가 노인돌봄전문인력이라고 하지만 적절한 역할이나 직업 지위 없이 "파출부 플러스 간병인"이나 "효 나누미"라는 모순적 정체성을 부여하는 것을 비판하는 것과 같은 맥락이다.[26] 물론 보건복지부나 건강보험공단이 제공하는 돌봄 매뉴얼에 따라 재가복지센터가 돌봄수요자와 계약을 맺을 때 구두로 돌봄에 대한 기본 안내를 제공한다고 하지만, 돌봄노동자들은 현장에서 잘 지켜지지 않는다고 했다. 특히 돌봄노동자와 수요자 간의 상호의존성에 의한 유대와 신뢰 관계보다는 위계에 의해 수요와 공급이 이뤄지면 여성에 대한 폭력이 언제라도 작동할 수 있으며, 그로 인한 모욕을 견디는 것은 돌봄노동자의 몫이라는 점은 별로 변하지 않았다고 토로했다.[27]

> 어르신하고 대화도 하고 가장 중요한 거는 이게 너무 웃긴 게 이 정서 지원이라고 하는 거, 네 사람과 사람과의 소통과 공감, 이 부분들이 진짜 많은 에너지가 필요한데 우리나라에서는요… 재가 같은 경우는 가사 지원, 정서 지원, 신체활동 지원 등이 있는데 98%가 가사 지원에 대한 요구로 써요. 와서 청소해 주고 그러니까… 파출부를 부르는 것보다 더 싼 가격, 특히 재가가 그런 거예요. … 그

---

26 류임량, 「제도화된 돌봄노동자의 역할 구성과 직업지위-재가 요양보호사의 사례를 중심으로」, 『페미니즘연구』 제17권 2호, 한국여성연구소, 2017, 191쪽, 200쪽.

27 신유정, 「돌봄과 모욕에 관한 연구」, 『비교문화연구』 제27집 1호, 서울대학교 비교문화연구소, 2021.

러니 이 정도 (돈) 주면은 고맙다 그래야지. 이러면서 … 실제 당사자들도 그런 게 익숙해져 있기도 하고 참고 견디고 인내하고 내가 조금 참으면 되지 이런 거를 10년 이상 하고 있으니 저희들이 그래서 완전히 무감각해졌어요. 어르신들 물고 뜯고 할퀴고 침 뱉고 그냥 이런 게 일상이에요. 그냥 "야! 이년아." 이 부분들은요 그냥 호칭이에요. "저 잡년이 아주 나를 밥도 안 먹여주고" 이런 부분들, "쌍년" 이런 거 있잖아요.(김명희, 2021. 9. 2.)

요약하면 한마디로 돌봄 매뉴얼은 팬데믹 상황에도 불구하고 좀처럼 변화하지 않은 것, 그러므로 더욱 익숙해서 때론 무감각해질 정도가 되어버린 노동자 특히 여성의 희생을 대가로 하는 돌봄노동의 상징물이라 할 수 있다. 김명희는 필수노동자라고 사회적 거리와 최소한 일주일의 한두 번의 코로나19 검사를 강요하면서도 2008년 노인장기요양보험제도가 출현한 이래 불안정한 노동환경은 거의 변하지 않았다는 점이 이제는 "분노"를 넘어 노동자를 "무기력"으로 이끈다고 강하게 비판했다. 이러한 모순적인 현실에서 드러나는 감정과 정서 사이의 흐름은 스피노자가 언급했던 기쁨보다는 슬픔으로 위축되는 삶의 강도를 보여주는 대목이라 할 수 있다. 문제는 이러한 돌봄부정의가 쉽게 해결되지도 않으리라는 것과 당장 한 명의 돌봄노동자의 힘으로 할 수 있는 일 또한 별로 없다는 것을 체화된 경험으로 잘 알고 있다는 사실이다. 그리고 여기가 끝이 아니라 이러한 현실을 견뎌 내는 것은 개별 노동자의 기술과 역량, 즉 개인에게 전가된 "책임"이라는 점에서 오는 상실감과 무기력감이 피로를 넘어 소진의 정동에 이르게 한다는 것이다.

4.3. 체화되어 무뎌지는 젠더의 굴레에서 위태롭게 피어나는 활력

1남 3녀의 막내딸로 태어난 정수빈은 10대 때 교통사고로 식물인간이 된 오빠를 3년 동안 돌봤다. 가정형편이 어려워지면서 다른 언니들과 마찬가지로 "여자가 무슨 공부"냐며 대학 포기를 종용하던 부모의 뜻을 어기질 못했다. 대학 합격통지서를 찢어버린 대신 일찍 직장생활을 시작했다. 20여 년이 지나 이혼한 언니가 아파서 잠시 친정에 머물렀을 때 구박하며 나무라던 부모를 보며 여성의 삶을 다시 되뇌었다. 언니는 죽어서 남해 바닷가 어딘가에 뿌려져 흔적도 없이 사라졌지만, 죽은 지 30여 년 지난 오빠 묘는 정수빈이 지금도 벌초를 하고 있다. "배운 것이 도둑질"이라며 1기 요양보호사 교육과정에서 대변 치우기, 기저귀 갈기 등 다른 수강생들이 역겨워하며 힘들어하는 것을 천연덕스럽게 하는 것을 자신도 놀라워하며 '천직'이라고 받아들인 것이 12년째다.

대학 졸업 후 관공서에서 근무하던 오은영은 8남매 중의 막내였던 남편과 결혼할 때까지만 하더라도 '철밥통'이라 불리는 공무원직을 스스로 그만두리라고는 상상도 못했다. 하지만 시어머니가 중풍으로 쓰러지자 상황이 돌변했다. 시아버지, 친정어머니까지 병상에 누우면서 "누구 하나가 희생해야" 온 가족이 일상을 누릴 수 있었다. 오은영은 이 상황을 회피할 수도 있었지만 돌이켜 생각해 보니 "배려하는 마음" 때문인 것 같다며 시부모를 내내 돌봤다. 이후 친정어머니까지 돌보게 되면서 먼저 죽을 것 같아 이웃의 도움을 받기도 했지만, 양가 모두 돌봄의 역할은 언제나 오은영의 몫이었다. 이후 남편의 건설사무소에서 회계를 도와주며 번창하는 사업을 지켜보기도 했지만, 2008년 금융위기 이후에도 불경기가 이어지면서 자신의 건강도 급격히 악화되었다. 남편과 상의한 끝에 파산 직전에 모든 사업을 정리했고, 1년간 쉬면서 친구의 권유로 요양을 했다. 이 과정에서 친구로부터 재가복지센터 운영을 듣게 되었고, 건설업보다 사업 규모는 훨씬 작지만, 사회봉사도 할 수 있다는 생각에 남편과 함께 돌봄 사업을 시작했다.

> 제가 직장을 그만둔 이유도 (시)어머님 때문에 그만뒀어요. (시)어머님이 중풍으로 계셨기 때문에 계속 안 좋은데 제가 직장을 못 다니겠더라고요. 그래서 그만두고 이렇게 (시)어머님을 제가 모셨는데 그런 마음이 있어서 나도 이것을 했는가도 모르겠어요. 이제 조금 배려하는 마음이 저한테 있었기 때문에 이 일을 했겠죠. … 어렵더라고요. 보니까 누구 하나가 희생해야지만 그 결실들이 이렇게 집안에도 좋은 저기를 남기고 트러블(문제) 없이 가족 간에도, 형제 간에도, 이게 (남편이) 막내 8남매 막내였어요. 막내였는데 제가 그걸 했는데, 제가 했기 때문에 이제 가족은 화목했죠.(오은영, 2022. 3. 11.)

고맙다는 인사 한마디 없었던 무뚝뚝하던 시아버지의 마지막 길을 2년여간 돌봤던 김은경은 군인인 남편을 따라 40여 년간 전국 방방곡곡을 돌아다니다가 퇴직 후에 귀촌했다. 인근에서 박물관을 운영하는 친오빠의 권유와 퇴직 후에 사회봉사 활동을 같이 하자는 남편의 의견에 따라 "시골"을 선택했다. 하지만 정착한 지 1년쯤 남편이 뇌출혈로 쓰러지면서 가족 돌봄을 시작했다. 지난 세월 그녀는 남편의 경력에 방해가 되지 않도록 조신하고 또 조심해야 한다는 말에 결혼반지 한번 제대로 끼고 외출하지 못했다. 대신에 동료 군인 부인들의 모범이 되기 위해 부대 근처에서 방황하는 청소년들이나 독거노인들을 돌보는 사회봉사 활동을 지속적으로 해왔었다. 그리고 틈틈이 생활에 필요한 여러 자격증을 취득했으며, 10여 년 전에 취득한 요양보호사 자격증도 그중 하나였다. 물론 김은경의 대학 전공과 전혀 관련이 없었고 결혼 전에는 상상도 못 한 것이었지만 어느새 돌봄이 익숙해졌다.

정수빈, 오은영, 김은경 모두 상황과 조건은 다르지만, 집안에서 본인이나 배우자가 첫째이든 막내든 상관없이 가족을 돌본 경험이 있고, 현재 돌봄노동에 종사하는 데 큰 동기가 된 점은 같다. 더불어 여자라서, 배려의 마음으로, 남편의 성공을 보이지 않게 뒷바라지하기 위해 수행한 돌봄은 동기는 다르지만, 가족 간의 원만한 관계를 유지하기 위해 불만이 있을 수 있는 불공정하고 갈등적인 상황을 본인이 기꺼이 감수한 점도 비슷하다.[28] 아마티아 센(Amartya Sen)은 이를 "협력적 갈등(cooperative conflicts)"이라고 부른다. 가족과 친족 구성원 간에도 협력이 필요할 때가 있는데 이때 돌봄을 제공하는 당사자는 돌봄에 필요한 자원을 또 누군가에게

28 에바 페더 키테이, 김희강 · 나상원 공역, 『돌봄: 사랑의 노동-여성, 평등, 그리고 의존에 관한 에세이』, 박영사, 2016. 102-104쪽.

의존하기 때문에 동일한 기여가 있더라도 결과적으로 인정을 받지 못하거나 상대적으로 취약한 위치에 노출됨을 지적했다.[29] 이는 한국 가족의 가부장 중심의 질서에서 사랑 · 애정 · 효 · 전통을 강조하면서 협력을 요구하지만, 실제는 불평등하고 일방적인 여성의 희생과 그로 인한 갈등이 은폐됨을 보여준다. 마찬가지로 정수빈은 배움의 기회를, 오은영은 공무원 직을, 김은경은 전공 공부를 포기해야 했다. 그리고 이러한 돌봄 관계는 생애 과정에 따라 돌봄의 대상만 바뀔 뿐 지속적으로 이어졌다. 정정희가 "감정노동"이라고 일컫는 돌봄을 지속하기 위해서는 "내가 참아야 참는 사람이 오래간다고 그러잖아요. 거의 많이 참는 편이에요."라고 한숨을 쉬며 말한 것은 이제는 너무 오래되어 무뎌지고 저항하기에 지친 무감각과 피로의 흘러넘침 즉 정동노동으로 확장된다. 기억할 것은 정수빈과 오은영처럼 불평등하게 구조화된 전통을 끊기 위해 노력하면서도 그 과정에서 터득한 몸의 기술이 새로운 삶의 수단으로 전환될 수 있다는 가능성이다. 물론 이 가능성은 김은경의 실망스러운 말씨처럼 "몸에 밴" 기술은 "부모님한테 잘해야지, 자식한테 잘해야지, 며느리한테 잘해야지. 샌드위치 세대"인 중 · 노년의 돌봄노동자가 '어쩔 수 없이' 받아들여야 하는 소외된 현실의 반복이라는 점에서 슬픔의 정동이 드러난다. 동시에 이 벗어나기 어려운 현실 사이에서 자기 세대와 조금이나마 다른 삶을

---

29 Amartya Sen, "Gender and Cooperative Conflicts", *WIDER working papers*, UN, 1999, pp.20-30.

살고 또 요구하는 다음 세대에서 변화와 희망을 목격하면서 돋아나는 날것의 끈질긴 생명력을 확인한다.

5. 피로와 소진 사이 정동적 조율

돌봄 위기는 개별 노동자의 역량에 따라 다른 강도로 다가왔으며, 끊임없이 변화하는 세상에 대응하면서 피로와 소진 사이에서 다양한 배치를 드러냈다. 시부모님, 친정어머니까지 하루 24시간을 돌본 경험이 있는 오은영은 그 당시를 기억하며 한 사람에게 돌봄을 강요하다 보면 너무 많은 스트레스를 받아 견디지 못할 것이라며 꼭 돌봄노동자들이 "숨을 쉬게끔 해줘야 한다"고 강조했다. 이정희는 팬데믹 상황이 피로와 스트레스를 풀 수 없는, 그야말로 "1초도 숨을 못 쉬게" 하는 피로와 소진의 공간이 되었다고 절규하였다. 여기에서 이 숨 막힘은 불행한 현실을 가리키는 것을 넘어 돌봄부정의에 의한 소진을 강한 강도로 은유하는 표현이다. 그리고 아이러니하게도 그 숨이 막힐 것 같은 상황은 오늘도 수많은 돌봄노동자를 부정의의 현장으로 이끄는 위태로운 가능성을 잉태한다.

본 장에서는 개별 노동자들의 자원 · 기술 · 지식 등이 한정된 상황에서 불평등하게 강요된 부담이 개인의 책임으로 굴레 지워졌을 때 드러나는 정동적 부정의가 어떻게 소통 · 공유 · 전유 되는지를 살펴본다. 특히 팬데믹이 장기화되면서 '잔혹한' 현재와 아직 결정되지 않은 미래가 조우하는 과정에서 부과되는 감당하기 힘든 개인적 책임을 자렛 자이곤(Jarrett Zigon)의 조율(attunement) 개념으로 재해석한다. 자이곤은 "정치, 법 혹은 도덕의 영역에서 자신을 평가·판단·관리·통제할 수 있는 자기-반성적·합리적 능력"으로서 "자기-통제적이며 자발적 인과관계(spontaneous causality)"를 의미하는 오늘날의 책임 개념을 강하게 비판한다.[30] 궁극적으로 그는 책임감 있다는 의미가 "과거의 경험이나 현재의 생활적·사회적·정치적 조건은 말할 필요도 없고 미래의 희망이나 기대에 관계없이 규범에 따라 자기 자신을 관리할 수 있는 사람"으로 한정함으로써 "세상과 단절"을 초래한다고 경고한다.[31] 그러면서 책임을 수행한다는 것은 선험적·형이상학적 인본주의로 환원하는 것이 아니라 가능성이 무궁한 세계만들기(worldbuilding)라는 응답-능력(respond-ability)이라고 역설하며, 조율을 통해 실행함을 강조한다. 책임에 대한 이러한 이해를 바탕으로 여기에서는 팬데믹 상황을 감내하면서 돌봄을 수행한 돌봄노동자의 응답-능력에 주목한다. 특히 필수노동자로서 돌봄노동자에게 부여된 책임의 수행이라는 규범적 관점을 넘어 소진 상태로까지 내몰린 상황에서 제한적이지만 끊임없이 마주하는 상황에 상응하며 수행한 돌봄을 정동적 조율의 관점에서 살펴본다.

5.1. 감염병보다 무서운 실직과 신뢰의 상실 사이

30 Jarrett Zigon, *Disappointment*, Fordham University press, 2017, p.132.

31 Jarrett Zigon, 위의 책, p.132.

존중받지 못하는 돌봄노동은 단순한 육체노동을 넘어 끊임없이 부정의 감정을 통제하고 즐거운 감정을 표출해야 하는 감정노동이면서 누적되어 체화되면서 삶에 생생하게 영향을 미친다는 점에서 정동노동이다.[32] 특히 팬데믹 상황에서도 필수노동자에게 요구되는 접촉노동은 앞에서 언급했듯이 전파자와 감염자일 가능성과 더불어 그로 인한 사회로부터의 낙인과 소외 그리고 실직으로 인한 불안정한 생계에 대한 불안감을 초래했다. 이런데도 노동현장에 나설 수밖에 없는 돌봄노동자의 취약한 조건은 박서영의 말처럼 "개인의 노력으로" 어떻게 할 수 없는 것으로 보인다. 시설에서 근무할 경우 방호복이 제공되기도 하지만, 재가방문의 경우는 손소독제와 마스크가 전부인 상황에서 방역의 책임은 오롯이 돌봄노동자의 몫이었다. 정수빈의 사례처럼 설령 돌봄수요자에 의해 감염되었더라도 마을에서는 이미 "정수빈" 요양보호사가 다녀갔다며 의심의 손가락질이 한참 오간 뒤였고, 오인과 낙인을 회복하는 데는 훨씬 더 긴 시간과 더 큰 노력이 필요했다. 하지만 모든 사람이 조심하고 또 조심할 수밖에 없다는 박서영의 말처럼 이

---

32 앨리 러셀 혹실드(Arlie Russell Hochschild)가 감정이 어떻게 상품화되는지를 고찰하면다면, 김관욱은 콜센터 상담사의 노동 연구를 통해 특정한 기분, 상냥함, 친철함 등을 강요하는 '감정규칙 매뉴얼'은 감정노동의 차원을 넘어 상담사들의 행동 능력을 감소 혹은 무기력하게 한다는 점에서 정동노동에 주목해야 한다고 했다. 앨리 러셀 혹실드, 이가람 역, 『감정노동』, 이매진, 2009; 김관욱, 「'과일 바구니, 식혜, 붉은 진드기 그리고 벽': 코로나19 사태 속 콜센터 상담사의 정동과 건강-어셈블리지」, 『한국문화인류학』 제53집 3호, 한국문화인류학회, 2020; 김관욱, 「"뭐라도 하려는" 그녀들: 팬데믹 시기 콜센터 여성상담사의 노동쟁의 속 정동정치」, 『한국문화인류학』 제56집 1호, 한국문화인류학회, 2023.

는 죄어오는 불안에 꼼짝달싹 못 하고 갇혀버리는 것이 아니라 개인과 가족 수준에서 할 수 있는 대응으로 전개되었다. 이들이 할 수 있는 것은 우선 김은경처럼 가족이나 친지 방문을 대폭 줄이거나 순번을 정함으로써 가족 전체가 감염되는 최악의 사태를 예방하는 것이었다. 김은경은 두 아들 내외와 영상통화를 자주 하지만 직접 만난 지는 두 해가 지났다고 했다. 부부 사이에도 마찬가지다. 얼마 전 뇌출혈로 쓰러져 한 달 동안 사경을 헤맸었던 남편은 집에서도 식사 시간을 제외하고 서로 마스크를 쓰고 생활할 것을 제안했으며, 현재까지 지속되고 있다.

> 못 모였어요. 애들도 한 번도 못 왔어요. 그래서 이제 맨 영상통화만 영상으로 통화하고. … 아빠(남편)가 저항력이 약하다고 밤에도 마스크를 쓰고 자라고 그래요. 제가 딱 가잖아요. 그러고 돌아다닌다고 딱 밖에서 옷을 다 저기하고(갈아입고) 오라고요. 그래갖고 항상 마스크 그리고 딱 수건도 딱 자기 거 따로 내 거 따로 색상을 딱 해갖고 분리해갖고 쓰자고 그래요.(김은경, 2022. 3. 10.)

김은경 부부처럼 24시간 동안 마스크를 쓰지는 않지만, 대부분 다른 돌봄노동자의 가족 구성원들은 친구와 친척 모임을 대폭 축소하거나 아예 온라인 모임으로 전환했다. 이러한 대응은 그야말로 온 가족의 협조가 있었기에 가능했다.

> 불안해했었는데 근데 이제 신랑하고도 가족들하고도 연락하고 그런 것 이야기해 줬어요. 글고 뭐 ○○동 할머니 같은 경우는 안 들

어가면 식사도 안 하시고 그러니까 신랑이 항상 K94 마스크 잘 써야 한다. 손 씻고 잘해라. 그리고 갔다 오자마자 무조건 욕실로 샤워 먼저 하라고. 남편도 말하고 항상 조심하게끔 하고, 특히 아들 같은 경우도 다 컸기 때문에 "PC방 가지 말아라. 왜냐면 엄마가 이쪽 병원 쪽도 있고 방문간호도 하는데 행여나 너가 확진자와 동선이 겹치면, 그러면 상황이 안 좋게 된다." 말을 했었어요. 그래서 코로나 이후 PC방을 전혀 가지 않았고 다니고 있던 헬스장도 다 중단하고 친구하고 많이 안 만나요.(서명숙, 2021. 8. 28.)

그렇지만 그 협조가 모두 제공된 정보에 기댄 자발적인 동의가 아닌 즉흥적인 경우도 있어 항상 위험을 내포하고 있었다. 이예원은 서울에서 맞벌이하는 딸의 부탁으로 손주를 떠맡게 되었지만, 지금까지 해오던 돌봄을 멈출 수 없었다. 다행히 어린이집이 문을 여는 날이면 괜찮았지만, 팬데믹이 악화되면서 어린이집이 문을 닫자 잠시라도 손주를 맡길 곳이 없었다. 하는 수 없이 딸 몰래 손주를 데리고 돌봄을 수행했다. 돌이켜 보면 위험천만한 일이었지만, 돌봄수요자에 대한 믿음과 신뢰가 있었기에 가능한 일이었다. 돌봄수요자들은 이예원과 함께 간 손주의 재롱을 보는 즐거움을 만끽할 수 있었지만, 이예원에게는 다시 하고 싶지 않은 경험이었다.

코로나 때도 일했죠. 손주 보면서. 애들은 아기가 있으니까 안 갔으면 하죠. 근데 이제 어르신들은 또 항상 또 도움을 받다가 안 받으면 집안 형편이 이제 꼴이 아니고, 또 음식도 제대로 못 드시고. 그런 어르신들이라 어쩔 수 없이 가야 해요. 그러면 애들 아기가 있기 때문에 집에서는 안 좋아하죠. … 손 씻고 마스크 쓰는 방법밖에 없고. 일할 때 어린이집에 보내고 … 어린이집 문 닫을 때는 데꼬 다녔어요. 하!하!하! 데리고 다녔어요. 맞아요. 그때는 친정어머니가 (친정)아버지를 돌보고 있었거든요. 그러니까 엄마 아부지가 너무 좋아하셔요. 아기 재롱을 보니까 너무 좋아하셔요. 그러니 또 어르신도 아무 데도 안 가, 나도 아무 데도 안 가고, 다른 데 안 가고, 서로 믿고 우리 식구들이니까 괜찮다 하는 생각으로 나도 이제 밖의 사람 안 만나고 조심하고.(이예원, 2021. 8. 19.)

말할 필요도 없이 돌봄 과정 중 혹시나 발생할 수 있는 감염을 예방하기 위해 실내 환기는 물론 재가복지센터에서 제공한 손 소독제와 방역 장갑뿐만 아니라 마스크를 2장씩 착용하기도 했다. 돌봄수요자에게도 마스크를 쓸 것을 권유했다. 물론 김은경이 돌본 노인처럼 이제 마스크 쓰는 것이 익숙해져 "혼자 계시다가도 저만 똑똑 떠들고 들어가면 마스크를" 쓰는 "점잖은 치매"도 있었지만, 얼굴이 보이지 않는다며 마스크를 자꾸 벗기려는 노인도 있어 혼자서 지킬 수 있는 것은 아니었다. 그리고 오은영처럼 감염병은 예고 없이 닥쳤다. 2022년 10월 지금이야 7일의 자가격리를 요구하지만, 질병관리청의 확진자 및 접촉자 관리 기준이 변경되기 전(2022년 2월 9일)만 해도 14일 격리였기 때문에 가족 중에 누군가 발열 등 감염증상이 나타나면 발 빠르게 대처해야 했다.

이게 재채기나 기침할 때는 자기 방에 들어가서 하고 그런 식으로

하고 이제 이렇게 거실에 나올 때는 이제 마스크 쓰고, … 이제 저기 다행히도 저는 피해갔는데 그 마스크를 잘 쓰고 기침이나 재채기할 때는 각자 방에서 문 열어놓고 재채기하고 거기서 이제 재채기하고 난 다음에 저기 하면 소독 다 하고, 방에 소독을 세 통을 썼어요. 제가 분무기를 각자 방에다 다 넣어주고 그 소독기를 다 넣어주고 재채기하면은 다 하고 화장실 갔다 오면 다 뿌리고 그런 식으로, 저는 제가 그랬어요. 이제 저는 안 걸리려고 제가 24시간 마스크를 쓰고 있었어요. 마스크 쓰고 계속하니까 그래도 피해 가더라고요. 그리고 계속 이제 자가 키트 계속해보고 혹시라도 또 모르니까 또 가가지고 또 PCR 검사 또 네 번인가 하고 그랬어요.(오은영, 2022. 3. 11.)

오은영의 남편은 출장 이후 발열 증상이 있어 보건소에서 PCR 검사를 통해 확진을 받았다. 동시에 남편의 자가격리가 시작되었으며, 오은영은 "지나치다 싶을 정도로" 개인과 가족 방역을 신경 썼다. 24시간 마스크 착용은 물론 창문을 열고 기침이나 재채기를 하면 환기와 소독을 철저히 해 줄 것을 가족 구성원 모두에게 당부했다. 혹시나 해서 매일 신속항원검사를 했으며 필요하다면 PCR 검사까지 했다. 다행히 오은영은 감염병을 피했다. 하지만, 집 안에서 운동하던 중 잠깐 마스크를 벗었던 아들은 확진되어 거의 한 달간 비상 상태로 살았다. 집 안팎을 동시에 돌봐야 했던 오은영은 육체적인 피로뿐만 아니라 감염에 대한 공포와 불안 때문에 거의 소진에 이르렀다고 했다. 사실 열도 없이 기침만 자주 하는 남편과 아들을 보며 코로나19가 크게 걱정할 것은 아니라는 것을 알고 내심 안심했다. 하지만, 또 한편으론 일할 수 없다는 사실과 그에 따른 돌봄수요자와의 약속을 지킬 수 없다는 불안감에 정신을 바짝 차려야만 했다. 그리고 정말 쓰러질 것 같아 토요일 단 하루만이라도 집 안팎의 아무 일도 하지 않고 혼자만의 시간을 갖겠다고 선언했다.

이렇듯 코로나19 확진에 대한 불안감과 위태로운 감정은 일상에 붙박여서 소진되는 삶을 보여주는 듯하다. 하지만 감염병보다 더 무서운 강도로 다가오는 새로운 상황들—예를 들어 금전적 상실, 돌봄수요자와의 약속, 가족 건강, 사회적 낙인—과 복잡하게 얽히면서 새로운 삶의 배치와 관계에 따라 드러나는 끈덕진 활력은 일상의 반복에 주름과 굴곡을 제공한다. 그리고 저항하는 것조차 버거운 팬데믹 상황에서 신체에 각인된 두려움과 무기력을 넘어 다양한 관계들의 축소, 멈춤, 전이, 확장 등을 경험한다. 즉 돈, 돌봄수요자와의 신뢰, 사랑, 가족 건강, 영상통화 등 복잡한 현실에서 마주하는 상황과 조건을 통해 끊임없이 새로운 의미 있는 관계의 확장 및 (재)구성으로 이어짐을 알 수 있다. 그리고 이러한 실천은 수식이나 인과론처럼 아귀가 잘 들어맞는 선형적인 배열이나 코드화로 단순화할 수 있는 것이 아니라 언어로 쉽게 표상될 수 없는 힘, 에너지, 생명력으로 발현됨을 알 수 있다.

5.2. 강한 강도로 다가오는 취약한 상호의존성

캐슬린 린치는 "누가 돌봄을 수행하는가?"라고 물으면서 돌봄은 일방적으로 베풀고 받는 것이 아니라 상호 의존적임을 강조한다.[33] 이는 돌봄수요자가 팬데믹을 이유로 돌봄을 거부하거나 욕설과 모욕으로 일과 노동자를 폄훼하는 사례에서 보듯이 돌봄 현장에서는 돌봄노동자뿐만 아니라 돌봄수요자의 협력 없이는 원활한 돌봄이 어렵다는 점에서 확인할 수 있다. 한 걸음 더 나아가 린치는 서구 자유주의 사상이 독립적이고 자율적인 온전한 존재로서의 개인을 인간존재의 기본값으로 상정함으로써 그 기준(장애, 질병, 나이, 인종, 섹슈얼리티 등)에 포함되지 않는 '비정상적인' 사람들을 배제한 근대적 시민성을 비판한다. 그리고 건강하고 온전한 사람은 이미 정해져 있는 것이 아니라 인간의 생애 과정에서 조우하는 무수한 관계 및 상황에 따라서 의존성은 변화하기 때문에 근대적 시민성은 취약한 상호의존성을 기반으로 한 돌봄의 시민성으로 전환되어야 함을 촉구한다. 이러한 논의를 기반으로 여기에서는 돌봄 민주주의의 시민 되기의 가능성을 돌봄노동을 통해 살펴본다.

박서영은 짧게는 3~4개월 길게는 2~3년 동안 접촉노동을 통해 친근해진 "내 부모 같은" 돌봄수요자의 "빤히 보이는 현실"을 무시하기란 힘들었다고 고백했다. 와상의 노인을 돌보던 정정희는 성인이 된 자녀들이 타지에 살아 돌볼 수 없었던 상황을 회상하며 그 "짠"한 마음을 숨길 수도 없었고 딱히 규정지을 수 없는 이런 감정의 흐름에 몰입될 수밖에 없었다. 한마디로 "안 해드릴 수가 없어. 그게 눈이 보이니까" 하면서 눈치로 먼저 돌봄수요자가 어색하거나 궁색하지 않도록 물어보기 전에 미리 알아서 돌봄

33 캐슬린 린치 외, 앞의 책.

을 수행했었다.

외상환자들, 움직이지 못하는 분들, 기저귀를 차신 분들은 그런 냄새가 있어요. 특히 남자분들은 그런 남자분들은 냄새, 소변 냄새가 아주 독해요. 그리고 대변 냄새 겹치면 아주 독해요. 거기에다가 욕창이 생기면 나도 그거가 정말 엄청 힘들어요. … 아 진짜 그 욕창이 생길 때는 파리가 똥 싸놓은 것처럼 조그마한 것이 있어요. 파리똥같이 그게 이제 점점점 커지면서 물집이 생겨요. 그게 인자 잘못 건들잖아요. 그래서 터지잖아요. 그러면 진짜 요렇게 커져요. 그러면 그게 겨울이면 그나마 괜찮아요. 그런데 이제 여름에 생기잖아요. 거기서 이제 진액 고름이 생기면 얼마나 신경이 쓰이는지 아세요. 그분들은 움직이질 못하시잖아요. 정말 소독 수시로 해줘야 하죠. 또 건조 시켜줘야 하죠. 체위 변경해 줘야 하죠. 거의 한 시간에 한 번꼴로 … 그다음에 욕창 매트 깔아줘야 그나마 괜찮은데 그게 없으면 침대하고 매트하고 나중에 붙어서 떼기도 힘들고 굉장히 아파요. 그래서 욕창 매트를 깔아주고 생긴 데 볼록볼록 한 데하고 들어간 데하고 맞게끔 해줘야 해요 그렇지 않으면 더 심해져요. 그리고 흉터가 남더라고요. 오히려 손 벤 것보다 더 심하더라고요. 또 면역력 약해지면 더 심하더라고요. 보면 진짜 짠해요. 마음이 아파요. 눈물 나요. 그냥 내 부모 같기도 하고 내 자식처럼 그냥 보고 있으면 감정 몰입이 되나 봐요. 사정이 이런데 어떻게 모른 척 할 수 있어요?(정정희, 2021. 8. 19.)

황유진도 목욕 돌봄 이외 사람을 만날 기회가 거의 없는 노인을 외면할 수 없었다. 서명숙 역시 돌봄 없이는 한 끼 식사도 못 할 뿐만 아니라 몸이 쇠약해져 이제는 더 이상 혈압약과 당뇨약도 먹을 수 없는 상황에 있는 노인을 그냥 둘 수는 없었다. 특히 이정희는 돌봄이 없는 주말 이후 월요일에 가서 보면 "항상" 온 집 안이 똥이며 오줌이며 난장판이 된 모습을 차마 눈 뜨고는 볼 수가 없었다. 무엇보다 중증 인지증과 사는 할머니는 욕설 · 의심 · 폭행 등으로 소위 재가복지센터 20여 곳에서 가장 돌보기 힘든 고객으로 알려진 인물이었다. 이정희가 돌봄을 수행하기 전에 이미 5~6명이 짧게는 2~3일, 길게는 6~7개월을 버티다가 포기했다. 돌봄을 수행하는 오전 8시 30분 무렵 외출을 하고 점심을 먹고 12시경에 돌아오는 남편은 팔십 평생 집안일을 해본 적이 거의 없었다. 말할 필요도 없이 아내의 기저귀를 바꿔주는 일은 상상할 수도 없는 "옛날 사람"이었다. 더욱이 보일러, 가스레인지, 콘센트, 칼 등 위험스러운 물건이 가득한 집에서 할머니가 항상 무엇인가를 뒤집어 놓고 어지르는 위험스러운 상황을 두고 볼 수는 없었다.

> 저 가기 전에 몇 사람이 이틀 하다가 그만두고 3일 하다가 그만두고. 많이 한 사람이 일주일 글고 내 앞에 한 사람이 뭐 6~7개월 했는 갑데요. 근데 제가 이렇게 2년 반을 했죠. 아저씨(남편)만 아니면 제가 계속하지요. 그래 아저씨가 좋아지면 센터에서도 계속 해주시라 해서 또 그러마 했어요. 그러란다고 했어요. 돈도 돈이지만 처지가 저랑 똑같잖아요. 딸도 없는데다가 할머니가 진짜 완전 중증 치매잖아요.(이정희, 2022. 3. 5.)

세 아들이 있지만 모두 서울에서 살고 있어 매일 방문하는 것도 어려웠으며, 팬데믹 상황이라 방문 자체가 제한되었다. 부모님을 뵙고 싶어도 올 수 없는 세 아들의 사정은 이정희의 두 아들과 겹치면서 더욱 안쓰러웠다. '자연스럽게' 이정희는 물론 돌봄수요자에게 돌봄의 잠시 멈춤은 도덕적으로도 현실적으로도 허용할(될) 수 없는 것으로 다가왔다. 가사 · 인지 · 일상생활 지원 활동 등 돌봄 매뉴얼에서 요구하는 노동 이외에 집안일 또한 이정희의 몫이었다.

> 그러니까 제가 거기를 오랫동안 하다 보니까 정이 들었어요. 제가 원래는 할머니꺼만 해야 하는데 할아버지가 안타까워지잖아요. 그래서 제가 저희 집 치우듯이 그냥 해줘요. 글고 할머니가 밥을 주라고 할 줄 아는가! 물을 주라고 할 줄 아는가! 대변을 보시면 그거를 꺼내 갖고 서랍에도 감춰두시고 비누각에 그 대변을 가지고 나를 갖다 주기도 하고 그래요. 그런 상황이에요. 처음에는 가니까 대변을 보시되 물을 못 내렸어요. 그랬는데 한 2년 전부터 글더라고요. 꼭 똥을 누면 그거를 바닥에 내 두던지 가지고 다녀요. 대변을! 그러니까 그게 성가시죠. 그래도 그 집엔 아들이 셋인데 다 서울에 살아요. 제가 또 아들만 둘이에요. 참 글찮아요. 그래서 뭐 사람이 힘들다고 해서 나오고 제 편한 대로 하면 안 되잖아요. 제가 또 성격이 어디 가서 사람을 얼른얼른 적응도 못 하니까. 그래서 뭐 순전히 인자 그 할머니한테서 들러붙어서 살아야 해요. 할머니가 잠시를 안 있어요. 보일러를 틀려고 잡아당기고, 모든 물건을 다 갖다 숨기고, 아무리 무거운 것도 다 갖다가 화장실 갖다놓고 이 방에 갖다

놓고 아무튼 잠시를 안 계세요. 위험한 물건들은 거의 다 치웠는데도 전기 같은 것 손대고 콘센트 같은 것 손대고.(이정희, 2022. 3. 5.)

이정희의 돌봄은 남편의 인지증이 급격히 악화한 이후에도 대신할 사람을 찾지 못해 한동안 이어졌다. 때때로 같은 마을에 사는 큰 시누이가 남편을 돌봐주었으며, 큰 시누이가 여의치 않을 경우는 센터를 통해 다른 돌봄노동자가 남편의 목욕과 용변을 도왔다. 팬데믹 상황에서도 멈추지 않았던 돌봄은 남편이 목욕탕에서 쓰러져 와상 상태에 이르러서야 멈췄다. 정확히는 큰시누의 "일을 그만두는 것이 어떻겠느냐?"라는 말을 듣고 멈춰야겠다고 다짐한 당일 아침까지 이어졌다. 당일 이정희는 남편 소식을 돌봄수요자의 남편에게 전하며 양해를 구했다. 이정희는 아무 말 없이 담담하게 고개를 끄덕였던 그 순간의 할아버지 얼굴을 생생히 기억했다.

어제도 상황이 안 됐거든요. 아저씨가 목욕탕에서 쓰러지셨거든요. 그래서 그래도 그 아침에 그랬는데 일 갈 상황이 아니었는데 그래도 제가 일할 상황이 아니었는데 일 마무리를 짓고 와야 되잖아요. 그래서 제가 큰시누한테 전화해서 큰시누를 모셔놓고 제가 일을 갔어요. 그래가지고 어르신한테 말씀드렸어요. 우리 아저씨가 아픈지는 아는데 저 상황까지는 몰랐어요. 그래서 어저께 가서 못한다고 하고 센터한테 아침에 우리 집에 요양보호사를 보내주라고 하고 갔어요.(이정희, 2022. 3. 5.)

이상의 돌봄대화에서 공통적으로 발견되는 것은 돌봄노동자 이외에 의지할 사람이 없는 노인의 취약한 의존성이 자신들의 사정과 별반 다를 바 없다는 현실에 대한 공감이다. 이는 이야기할 사람도, 밥을 차려 줄 사람도 없는 안타까운 상황에 관한 인지적 공감을 넘어 마음속 깊이 "짠하게" 전해지는 노인의 마음과 조응하면서 물어보기 전에 먼저 마음의 거리를 좁히고 다가갔다. 돌봄수요자에 대한 표상, 기억, 감정들은 단순히 돌봄노동자들로부터 멀리 떨어져 '저기'에 머물러 있는 외재적 사건이 아니라 다양한 강도 · 온도 · 밀도 · 온정 등을 동반하면서 기쁨, 슬픔, 짠함 등의 감정으로 이행되었고 위태로운 돌봄의 실천으로 이어진 것이다.

5.3. 소외에서 '웃음'으로

인지증과 사는 노인의 돌봄은 "할머니", "할아버지", "어머니", "부모님" 등의 다양한 호칭에서도 볼 수 있듯이 단순한 육체적 노동이 아니라 돌봄을 매개로 다양한 관계와 감정이 요구되는 노동이다.[34] 이는 돌봄이 단순히 매뉴얼에 있는 서비스만을 제공하는 것이 아니라 유사가족관계를 매개로 정서적 유대와 친밀감을 형성하며, 상호 의존적 · 호혜적인 관계를 유지하려는 노력이 필요함을 의미한다. 하지만 이정희가 말하듯이 인지 · 기억 · 이성 · 언어의 상실로 인해 의사소통이 어렵거나 감정 굴곡이 심해진 노인을

34 김송이, 「돌봄서비스 노동자들의 노동 경험 연구: 감정노동과 관계적 노동 속성을 중심으로」, 『여성연구』 제82권 1호, 한국여성정책연구원, 2012.

돌보는 것은 돌봄노동자의 육체적 · 심리적 피로를 극한에까지 밀어붙인다.

> 욕, 순전히 욕이죠. 글고 폭력도 있고. 그냥 말이요! 욕뿐이 못 해요. 그런 거는요 인자, 아침에 가면 인제 "어머니 식사는 좀 하셨어요?" 인사를 하면 "이 잡년아 가라." 해요. "내가 가면 밥은 누가 드리라고? 엄마 혼자 못 잡수시잖아요? 엄마 밥 드릴 사람 없어!" 그러면 가라 그래요. 어떨 때는 내쫓아요. 인제 저는 거기에서 오래 했으니까 감당을 했지. 글고 또 무섭고. 사람이 완전히 변하니까. 2급이라 굉장히 심해요. 그냥 이렇게 온전한 정신이 전혀 없어요.(이정희, 2022. 3. 5.)

팬데믹 상황에서 마스크 착용으로 인한 소통의 어려움 등이 가중되면서 관계가 더 악화되었다. 그러면서 이정희는 돌봄수요자와의 일상적인 대화와 소통에서도 소외되는 자신을 발견했다. 김은경은 "우리가 이해를 못 하니까 당신들께서는 더 그래서 심한 소리가 나오고, 왜 나는 내가 말을 하고 싶은데 듣는 말로는 내가 원하는 말이 안 나오고 그래서 더 갑갑하실 수도 있다"라는 점에서 관계적이라고 했다. 이정희는 이처럼 이미 어그러져 빠져나올 수 없는 심연의 관계의 함정에 빠지지 말고 "다른 방향"으로 관심의 전환이 필요하다고 했다. "이러시면 안 된다"라면서 고치거나 다독거리려는 순간 반항과 욕설로 발전하며, 관계는 오히려 악화될 수 있다는 것이다. 빨래를 같이 개자고 하거나 TV 프로그램을 보면서 누구 닮았는지 등을 묻는 등 노인들이 직접 함께 할 수 있는 것을 모색해야 한다는 점을 강조했다. 여기에서 나는 돌봄수요자와 점점 멀어지고 소외되는 관계를 전환하는 활력과 힘으로서의 웃음에 주목한다. 서명숙은 소외된 감정노동을 치유하는 길은 "사람과의 관계"를 회복하는 것이 우선이며, "그분들한테 맞춰" 주는 일, 즉 함께 있음의 관계적 · 존재적 공존에 있다고 힘주어 말했다. 기억할 것은 단순히 여기에 같이 있음이 아니라 서로를 연결하는 공감을 통해 기쁨 · 슬픔 · 화냄 · 즐거움 등을 나눌 수 있어야 하며 무엇보다도 "웃을 일" 없는 일상에 웃음과 해학을 강조한 점이다. 서명숙은 아이가 되어 재롱도 피웠다. 항상 간호사복을 입고 돌봄을 수행하다가 우연히 치마를 입었는데 그 모습이 예쁘다며 한결 부드럽고 편안해하는 노인을 본 이후에는 정복을 한 번도 입지 않았다. 손을 잡고 춤을 추며, 노래도 부르며 육체적 노동의 돌봄이 서로의 감정, 특히 웃음을 함께 나누는 정동의 현장으로 변해갔다. 무엇보다 이들의 웃음은 하나의 사건으로 머무는 것이 아니라 달력 위에 메시지, 돌봄 보고서, 모바일폰의 영상을 통해 다른 가족 구성원들과 공유되어 힘들고 지친 하루에 웃음이라는 큰 휴식을 주었다.

> 그분들한테 맞춰서 "어르신"으로 했다가 "아부지"라고 했다가 "엄마"라고 했다가 손잡고 얘기허고, 안아주기도 하고 또 울면 눈물을 닦아주면서 같이 보듬고 울기도 해요. 그럼 또 그런 것을 다 기억하시더라고요. 그럼 또 그러면서 편해지고 더 속얘기를 하게 되고. … 또 유별나게 그러시는 분은 저도 "까꿍! 까꿍!" 하고 들어가기도 하고. 하! 하! 하! 그럼 엄청 좋아하시고. 또 웃을 일이 없잖아요? …

> 사람과의 관계니까… 아 옛날에는 간호사복을 입고 갔거든요. 근데 할머니가 어느 땐가 치마 같은 것을 입고 갔었는데 할머니가 눈이 반짝반짝 빛나면서 "예쁘다!" 옷감을 만지세요. 제 몸을 다 만지면서 이렇게 예쁜 옷을 누가 사줬냐고. 할머니가 그런 것을 좋아하시더라고요. 그 옷만 입고 가요. … 제가 이렇게 입고 가면은 예쁜 아줌마 왔냐고 그래요. 근데 그게 "예쁜 아줌마 왔냐?" 되게 좋게 맞이해주니까 괜찮았던 것 같아요. 제가 음악 틀어놓고 한 바퀴씩 돈다던가, 아리랑을 틀어놓고 춤춘다던가, 그런 큰 행동들 보시면 좋아하시는 것 같아요. 할머니가 이제 힘이 없다 보니까 박수치는 것도 힘들어하시니까 일단 웃음치료 하는 것이 되게 많이 도움이 된다고 하시더라고요. 그래서 많이 웃겨 드리고 싶어요. 그래서 자제분들이 오셔가지고 "어제 엄마가 기분이 안 좋았는데 오늘 어때요?" 하면 동영상을 찍어요. 그럼 어머니 깔깔거리고 웃어요. 그러면 자제분들이 그냥 좋아해요.(서명숙, 2021. 8. 28.)

정정희 역시 마찬가지였다. 팬데믹 상황이라고 특별한 돌봄 기술을 요구하는 것이 아니라고 했다. 생활방역 이외에 크게 달라진 것이 없는 상황에서 노인이 친숙하고 익숙한 방법으로 돌봄을 제공하는 것이 최선이라며 웃었다. 물론 이 웃음에는 값비싼 대가가 있었다. 돌봄노동을 막 시작했을 때 인지증과 사는 노인의 말과 행동을 하나하나 고쳐주고 사실을 알려주려다 보니 끊임없이 반복되는 노인의 의심과 섬망 때문에 말다툼이 이어졌다. 좋은 일을 하는데 돌아오는 것은 설움과 미움뿐이라 어디에 하소연할 곳도 없어 일을 그만두고 싶었지만 할 수 있는 일도 없어 막막해했던 것을 기억했다. 그러면서 흐르는 물을 거스르며 헤엄치면 힘들듯이 노인의 말씨와 몸씨를 따라가는 것이 최선이라고 했다. 하지만 "도와주되 그 사람이 일어설 수 있게끔" 하는 자신만의 원칙에는 양보할 수 없는 치열한 협상력을 발휘했다. 즉 일상의 의사소통과 생활 지원 등에 있어서는 노인이 살아왔던 익숙한 방식이 있어 존중해주지만 돌봄에 있어서는 노인이 나태해지거나 의존이 심해지지 않도록 다그쳤다.

> 돌봄 기술이라기보다는 내가 이 사람한테 맞추는 거죠. "당신 내 성격대로 따라와!" 할 수는 없잖아요. … 무조건 안 하신다 그러시거든요. 하!하!하!… (하지만) 모든 것을 다 해 줄려고 하면 아니라고, 해 봐야 한다고 본인이 해 봐야 한다고 딱 보는 데서 "아니 먹여 주지 마세요!" 말해요. 일단 저 앞에서는 먹여 주지도 말고 입혀 주지도 말고 해 주지 말으라고. 이게 처음에는 적응시키기가 정말 힘들더라고요. 이게 하루가 가고 일 주가 가고 한 달이 가니까 3개월 6개월 넘으니까 제가 있을 때는 본인이 그렇게 해요. 그리고 목욕시켜 드리면 옷도 머리만 끼워 드려요. 그리고 "손 끼우세요." 여기서 딱 하고 옷을 딱 잡게끔 하고 쭉 내리라고 하고 기저귀도 본인이 입게끔 해요. 기저귀 입는 것도 안 하시려고 하니까, 그게 해 줬던 게 있으니까 당연히 해 줄 거라고 생각하시니까, 지금은 그래도 저 있을 때는 인제 입게끔 해요. 인제 바깥에 나가실 때도 안 나간다고 거부를 하셔. … 안 나가실려고 하면 "아니 나랑 바람 쐬러 나가시게!" 그럼 "안 나가 안 나가!" 소리를 지르셔요. 그리곤 마지못해 나가세요. 그러면 처음에는 안 걸으시려고 그래. … 안 하시다 하려면

다리가 엄청 아프거든요. 나가서 아파트 단지에서 도니까 오늘 두 바퀴, 내일도 일단 두 바퀴, 이렇게 돌면서 도는 횟수를 늘리는 거죠. 사람이 어떻게 만나느냐에 따라서 달라져요. 저는 그렇게 하죠. 도와주되 그 사람이 일어설 수 있게끔.(정정희, 2021. 8. 19.)

요약하면 서명숙, 정정희, 김명희의 사례는 소외에서 웃음으로의 전환을 통해 함께 돌봄이라는 삶의 가치를 확인하고 공유하는 것이었다. 노인들이 시설에서 지내는 것을 "고려장"되는 것처럼 두려워하고 자식들에게 "박탈감"과 "상실감"이 들 수밖에 없는 이유가 생을 마감하기 한참 전에 버림받아 외로워 먼저 죽을 것 같은 황폐한 삶이라고 언급하면서 "가장 질 높은 서비스"를 강조한 김명희도 마찬가지다. 일방적인 돌봄의 베풂이 아니라 노인과 함께 느끼고 전유하는 웃음으로의 전환을 강조했다. 그리고 이 과정에서 돌봄수요자, 빨래, 춤, TV, 노래, 치마 등과 조우하면서 소외의 슬픔에 갇히기보다는 새로이 연결된 관계와 배치들을 통해 보살핌, 배려, 돌봄으로 이행하는 정동적 실천을 목격한다.

6. 나오는 말

돌봄노동자에게 돌봄 위기란 코로나19 팬데믹에 의해 불현듯 찾아온 우연한 사건이 아니었다. 오히려 한국사회의 근대화 · 산업화 · 민주화를 거쳐 신자유주의 경제체제로 급속히 변모하는 과정에서 그동안 가부장적 전통 아래 불평등하게 여성에게 부여된 피하기 힘든 굴레가 팬데믹 상황에서 돌봄 대란으로 드러난 것이다.[35] 주목할 것은 돌봄의 사회화 이래 노동자의 삶은 별반 달라진 것이 없었으며 팬데믹을 겪으면서 더욱 악화되었다는 점이다. 돌봄 위기는 있지만 없는 돌봄 매뉴얼과 굴레 속의 여성의 삶과 마주하며 정동적 부정의로 확산되었다. 이는 돌봄노동자의 관점에서 정부 정책을 따라가는 것은 한발 늦은 것이고, 정부의 팬데믹 공식선언보다도 빨리 움직이고 앞으로 예상되는 정부의 종언 선언보다 빨리 팬데믹 이후를 준비해야 함을 의미했다. 다시 말하면 개인에게 전가된 돌봄과 생계라는 피할 수 없는 책임과 소외된 노동에 대한 개별 노동자들의 대응이라고 할 수 있다. 여기서 소외되지 않는 노동을 통해 책임을 다한다는 것은 규범적 의미로 요구되는 노동을 제공한다는 것이 아니다. 오히려 정동적 인간으로서 끊임없이 부정의한 현실과 불안정한 미래와 상응하고 조율하면서 사회적 · 물질적으로 연결 가능한 관계를 유지 · 확대 · 절연 · 지연하는 방식으로 상상하고 실천함을 의미한다. 특히 이 글에서는 노동자들이 전문가들처럼 객관적인 지표나 자료를 가지고 비판하고 대안을 찾는 것이 아니라 미디어 · 동료 노동자들과 나눈 대화 · 소문 · 사회적 분위기 등을 통해 소통하고 끊임없이 재구성하는 정동적 실재를 기술하고 분석했다. 그리고 팬데믹이 장기화되면서 누적되는 피로와 소진 사이에서 개별 노동자들이 여전히 현장에서 몸으로 부대끼며 자리를 지키는 실제적인 힘, 에너지, 생명

35 최희경, 「노인장기요양보험제도와 돌봄 정의」, 『한국사회정책』 제25권 3호, 한국사회정책학회, 2018.

력의 아카이브를 작성하고 분석했다. 이 과정에서 부정의 감정은 그 상황에서 흩어져 없어지는 것이 아니라 돌봄이 사회화되는 순간부터 수십 년째 신체에 남아 생생하게 일상의 돌봄 관계에 영향을 미치는 정동적 부정의로 변이됨을 확인했다. 이는 팬데믹 상황에서의 현실적 · 도덕적 · 윤리적 실천의 어려움을 묻는 필자의 질문에 지속적으로 소환되는 돌봄노동자들의 생애과정 · 돌봄 입문과정 · 과거 직업과의 관계를 통해서도 알 수 있었다.

당연히 그동안 사회를 지탱해 왔던 것은 개별 노동자의 영웅 이야기도 행복한 미래에 대한 허황된 기대도 아니었다. 이들의 돌봄 서사는 마주하는 돌봄부정의에 대응하는 일종의 정동 능력으로서의 점점 '행복의 조건'들이 상실되는 것에 대한 분노 · 두려움 · 무기력함 · 피로의 신체적 역사임과 동시에 조율하는 정동적 부정의였다. 백신 접종 이후 감염병에 대한 위험은 눈에 띄게 낮아졌지만 돌봄의 잠시 멈춤으로 인한 실직과 돌봄수요자와의 신뢰의 상실에 대한 불안은 커져만 갔다. 그리고 그 불안감은 거기에 그치지 않고 이를 견뎌내기 위해 연결 가능한 돌봄 관계를 유지 혹은 발굴하기 위한 개별 노동자의 분투로 이어졌다. 돌볼 사람이 아무도 없는 돌봄수요자의 취약성은 돌봄을 수행하기 위해 다른 사람에게 의존해야 하는 개별 노동자들의 취약한 의존성을 확인하고 공감하는 것을 넘어 상호의존이라는 횡단적 연결로 이행되었다. 인지증과 사는 노인의 돌봄은 언어 · 판단 · 이성 · 행동 등의 손상으로 인해 항상 갈등과 소외의 위험을 내포하고 있었다. 그러나 이러한 부정적인 감정은 체화된 몸의 기술, 즉 돌봄수요자의 필요와 요구에 부응하면서도 치마, 노래, TV, 춤 등 인간을 넘어 세상과의 새로운 관계를 확대하면서 기쁨과 긍정의 웃음과 해학으로 전환되었다.

물론 이러한 돌봄은 돌봄노동자가 돌봄을 제대로 받지 못하는 모순적인 상황에서 언제라도 깨질 수 있다. 하지만 동시에 이예원이 손주를 동행하거나 이정희가 인지증과 사는 남편을 두고 까다롭다고 낙인찍힌 노인을 돌보는 것처럼 한쪽이 멈춰야만 끝나는 질긴 연결을 보여줬다. 바로 여기, 그동안 무기력 · 우울증과 같은 병리학적 증상으로 접근했던 뒤틀린 신체의 역사 즉, 정동적 부정의가 역설적으로 지금까지의 돌봄의 역사가 증명하듯이 잠재적인 실천 가능성을 제공함을 알 수 있다. 이는 부정적인 감정과 정서를 애써 부정하거나 회피하는 것이 아니라 현재의 상황, 사건, 자아에서 단순히 인내를 넘어 마주하는 새로운 관계를 통해서 다른 것 되기를 욕망하는 끈덕진 생명력으로 창발한다. 그리고 이 과정에서 다른 신체들과 소통하고 공유하는 다양한 배치를 통해 '부분적인' 단절과 연대의 가능성을 확인할 수 있다. 여기서 부분적임을 강조하는 이유는 지역 · 젠더 · 지위 · 직무 · 나이 · 학력 · 성장 과정 · 노조 활동 · 구체적 현장 상황 등에 따라 정동적 부정의가 균일하게 분배 · 소통 · 전유되지 않기 때문이다. 이는 후속 연구를 통해 좀더 구체적으로 밝혀나갈 것이다. 즉 팬데믹을 감내하는 돌봄노동자의 경험을 하나로 환원할 수 없지만 이러한 부분적인 단절을 넘어 피할 수 없는 위태로운 노동으로 다가온다는 점에서 이들 간에 연대의 가능성을 제공하는 것이다.

이 글은 돌봄노동자의 지난했던 삶과 노동을 기억하고 드러내고 현장의 목소리를 확산시키는 작업이다. 물론 접촉이 권장되지 않는 팬데믹 상황에서 피곤을 넘어 소진에 이르는 돌봄노동자들과 돌봄대화 이외 다른 창의적이며 윤리적인 연구방법은 없었는지에 대한 성찰이 필요하다. 그럼에도 불구하고 이 글은 정동적 부정의의 맥락과 작동 과정을 밝히고, 낙관적이지 않은 미래를 준비하는 데 새로운 관점을 제공한다. 무엇보다 치료, 권리, 정체성, 이데올로기 중심의 연구에 비해 상대적으로 소홀히 다뤄졌던 부정적인 감정과 정동으로 점철된 돌봄노동자의 삶과 노동이 헛되지 않았음을 밝히고 존중하고 인정할 것은 주창하는 현실 참여적인 인류학적 실천이다. 나아가 여전히 주변화된 정동적 부정의를 우리 사회의 소중한 자원으로 포용하려는 정치적 · 윤리적 실천이다. 내가 정동적 부정의를 노동과 삶을 추동하는 위태로운 기술로 새롭게 자리매김하고자 하는 이유도 여기에 있으며, 앞으로 돌봄 연구에 정동이라는 새로운 관점의 더 많은 후속 연구를 기대한다.

나이 듦과 장애
: TV 드라마 〈눈이 부시게〉(2019)의 몸, 시간성, 그리고 기억 서사[1]

이 화 진

1. 들어가며

이 글은 TV 드라마 〈눈이 부시게〉(이남규 · 김수진 극본, 김석윤 연출, 2019)를 알츠하이머 질병과 함께 살면서 흐트러진 삶의 시간을 다시 쓰는 노년 여성의 이야기로 읽으면서, 기억력 상실과 인지 장애가 점진적으로 진행되는 가운데 장애화되는 몸의 시간에 대하여 생각해 보고자 한다.

누구나 나이가 들고 (적당히 건강하고 안전한 삶이 지속된다면) 언젠가는 노인이 된다. 노년학 연구자 캐슬린 M. 우드워드(Kathleen M. Woodward)의 말처럼, 나이 듦은 "우리 모두가 살아갈 가능성이

1 이 글은 「나이 듦과 장애: TV 드라마 〈눈이 부시게〉(2019)의 몸, 시간성, 그리고 기억 서사」, 『동악어문학』 제90집, 동악어문학회, 2023을 수정 · 보완하여 재수록한 것이다.

있는 유일한 차이"[2]이다. 젊고 건강하며 온전한 신체를 '정상'으로 그 외부를 '비정상'으로 규범화하는 담론의 영향 아래에서는 누구든 나이 듦의 굴레에서 자유롭지 않다. 나이 듦은 개개인의 생애에서 시간적 연속성을 가지고 진행되기에 다른 사람 혹은 과거의 자신과 비교해 젊거나 젊지 않다고 상대화된다. 어느 날은 '더는 젊지 않다'고 불안해 하다가 다른 날은 '아직 늙지 않았다'고 안도하기도 하는 것이다. 더욱이 인구 고령화와 함께 신체적·정신적 능력의 쇠퇴와 질병, 가난과 고독, 불안정한 돌봄 등 노후의 삶을 둘러싼 다양한 사회적 문제가 제기되면서, 나이 듦은 두려움과 불안, 혐오, 안도 사이를 오가는 정동의 문제로서 그 문화적 재현에 대한 비판적 접근이 요청되고 있다.

최근 수년 사이 매스미디어는 이러한 고령화의 문제를 주제화하거나 노년 인구의 활동을 뚜렷하게 가시화해 왔다. 그중에서도 알츠하이머 질병 서사는 압축적이고 상징적인 방식으로 노년 문제를 제기하면서 노화에 대한 두려움과 혐오를 증폭시키기도 했다.[3] 알츠하이머 환자의 기억력 저하와 이로 인한 자아 상실은 나이 듦에 대한 누구나의 두려움과 불안을 환기하되, 늙어가는 데 있어서도 더 나쁜 노화와 더 비정상적인 노인, 실패한 노년의 시간이 있다고 여기게 한다. 나이 든 알츠하이머 환자 앞에 놓인 것은 더욱 나빠질 병증의 전개와 길고 고통스러운 투병-간병, 그리

---

2 Kathleen Woodward, "Introduction," Kathleen Woodward(ed), *Figuring Age: Women, Bodies, Generations*, Indiana University Press, 1999, p.x.

3 마거릿 크록생크, 이경미 역, 『나이 듦을 배우다: 젠더, 문화, 노화』, 동녘, 2016, 111-112쪽.

고 자신이 누구인지 알지 못한 채로 닿게 될 죽음임을 떠올림으로써, 상대적으로 건강하고 정상적인 '성공적인 노화'가 부각되는 것이다. 나이 듦에 대해 많이 생각할수록 나이 듦을 무능과 실패, 자아 상실의 굴레에 결박시키는 '성공적인 노화' 담론은 알츠하이머 질병 서사의 또 다른 효과라 할 수 있을 것이다.

근래 한국의 영화와 드라마는 유사한 소재를 다루어 온 이전의 양상과 달리 알츠하이머 질병을 사건의 발단이나 서사적 장치로 활용하고 있다. 점차 자신의 기억과 정체성을 상실해가는 알츠하이머 환자의 이야기는 개인의 기억과 사회적 기억을 엮어내려는 서사적 욕망과 결합해 특정한 세대의 역사적 · 정치적 시간과 연결되기도 한다. 예컨대, 〈살인자의 기억법〉(원신연 감독, 2017)이나 〈리멤버〉(이일형 감독, 2020) 같은 영화에서 서사의 전개를 주도하는 남성 노인의 과거는 기억력 상실을 계기로 반추되는데, 그의 기억은 한국 현대사의 폭력성 및 그 속에서 형성된 남성성과 연관되어 있다.[4]

기억이 사라져간다는 사실을 보여주기 위해 과거를 재현하는 알츠하이머 질병 서사의 역설이 한국 현대사의 어두운 터널을 향하는 점은 여성 노인이 주인공이 된 TV 드라마 〈눈이 부시게〉에서도 나타난다. 무수한 타임 리프(time leap)의 부작용으로 하루아

4 영화 〈살인자의 기억법〉에서 남성 주인공의 기억력 손실과 역사적 기억/망각하기에 대해서는 다음 연구를 참조. Raquel Medina, "Writing the Past to Fight Alzheimer's Disease: Masculinity, Temporality, and Agency in Memoir of a Murderer", Heike Hartung, Rüdiger Kunow & Matthew Sweney(eds), *Ageing Masculinities, Alzheimer's and Dementia Narratives*, Bloomsbury, 2022, pp. 125-141.

침에 노인으로 변한 주인공 혜자(한지민/김혜자 분)를 중심으로 펼쳐지는 판타지 드라마는 시리즈 후반부 돌연 그가 알츠하이머 환자임이 밝혀진 직후 50년 전 개인과 가족의 삶을 뒤흔든 정치적 폭력을 보여준다. 이전까지 시청자가 주인공 혜자의 시점을 따라 파악했던 사건과 인물들의 이야기는 과거 기억의 왜곡과 변형, 재배치로 해석되고, 알츠하이머 환자의 작화증(confabulation), 즉 실제의 기억을 대체하는 허구의 이야기 짓기로 다시 읽힌다. 그러나 〈눈이 부시게〉에서 과거사는 부당한 폭력의 행위자에 대한 처벌이나 희생자들에 대한 보상, 역사적 재평가 등의 공적 담론의 시간이라기보다는 통제 불가능한 과거에 대한 제유로 제시된다. 주인공의 알츠하이머 질병은 시계를 무수히 되감아 비극의 원점으로 돌아가더라도 과거를 바꿀 수 없다는 시간의 진실을 강조함으로써, 과거가 어떠했든 현재의 자신을 긍정하라는 교훈을 전한다.

TV 드라마 〈눈이 부시게〉에 대하여 발표된 여러 선행연구에서는 다음 두 가지 경향이 두드러진다. 첫째, 알츠하이머 환자의 기억력 상실이라는 소재와 시간 이동 모티프에 초점을 맞추어 드라마의 서사적 구조와 전략을 분석한다.[5] 〈눈이 부시게〉는 주인공

---

5 예컨대, 다음과 같은 연구들이 이러한 흐름에 포함된다. 조미영, 「시간여행의 이중 서사가 갖는 의미 양상 연구-드라마 〈눈이 부시게〉를 중심으로-」, 『배달말』 65집, 배달말학회, 2019; 김강원, 「TV 드라마 〈눈이 부시게〉의 중첩적 의미구조」, 『리터러시 연구』 제10권 4호(통권 30호), 한국리터러시학회, 2019; 강목련, 「타임슬립을 활용한 드라마의 서사구조와 함축 의미-드라마 〈눈이 부시게〉에 대한 기호학적 분석」, 성균관대학교 석사학위논문, 2019; 박미란, 「TV드라마 〈눈이 부시게〉에 나타난 반전의 구조와 위로의 방식」, 『한국극예술연구』 제68집, 한국극예술학회, 2020; 강경래, 「"마인드 게임" 드라마 속 새로운 문화기억 서사와 시간 경험 구조」, 『인문논총』 제77권 1호, 서울대학교 인문학연구원,

이 알츠하이머 환자라는 사실을 밝힌 후반부 반전으로 기존의 시간 이동 판타지물과 다른 독창성을 구축했다고 평가된다. 극작술 측면에서 내러티브와 장르, 주제를 분석한 김강원은 후반부의 반전을 통해 비로소 알츠하이머 환자의 "환상과 일상, 무의식과 의식, 삶과 죽음의 시공간을 중첩"하는 드라마로 완성될 수 있었다고 말한다.[6] 드라마의 플롯에 주목한 박미란도 에피소드 10화의 반전 이후 시청자가 이제까지의 사건과 인물 관계를 재해석하는 과정을 통해 "살아온 모든 시간이 소중하다는 인식과 함께 삶에 대한 기억의 중요성", 그리고 다른 사람과 공유하는 기억의 소중함을 깨닫는 데 이르게 된다고 설명한다.[7] 이러한 서사적 전략을 통해 주인공의 마지막 보이스오버 내레이션("오늘을 살아가세요. 눈이 부시게. 당신은 그럴 자격이 있습니다.")은 지혜로운 현자(賢者)의 목소리로 현재의 무기력과 고통을 견디는 이들에게 위로의 메시지를 전하게 된다는 것이다.

둘째, 20대 청년이 70대 노인이 되는 설정을 통해 단지 노인의 문제를 재현하는 데 그치지 않고 사회적으로 주변화되는 세대 집단, 즉 청년과 노년의 연대라는 동시대적 주제 의식을 제시했다고 평가한다.[8] 박노현은 알츠하이머 환자의 시간 이동에 대한 강조가

2020; 박상완, 「텔레비전드라마 〈눈이 부시게〉의 서술 전략과 기억 형성에 대한 고찰」, 『문학이후』 2호, 선문대학교 문학이후연구소, 2022 등.

6 김강원, 앞의 글, 636-637쪽.

7 박미란, 앞의 글, 116쪽.

8 〈눈이 부시게〉가 동시대의 노년과 청년의 문제를 주제화하고 있다는 점에 초점을 맞춘 연구들은 다음과 같다. 박노현, 「젊은 노인의 환상, 늙은 청년의 현실: JTBC 미니시리즈 〈눈이 부시게〉를 중심으로」, 『상허학보』 제57집, 상허학

〈눈이 부시게〉에 대한 온건하고 상식적인 해석을 반복하게 만든다고 지적하면서, 주인공이 잦은 타임 리프의 대가로 노인이 되어버린, 즉 "신체적 노년이자 정신적 청년"[9]임을 주목한다. 〈눈이 부시게〉는 한지민과 김혜자가 연기하는 주인공 혜자를 통해 청년 세대와 노년 세대의 문제를 동시에 제시할 뿐 아니라, 노인에 대한 사회적 통념을 매개로 동시대 청년을 재현한 드라마라는 것이다.[10] 〈눈이 부시게〉를 지금-여기 청년들의 이야기로 해석해야 한다는 박노현의 주장은 여러 연구에서 공유되고 있는데, 이는 노년 세대의 문제를 표면화한 드라마가 청장년 시청자들에 폭넓게 소구될 수 있었던 맥락을 설명해준다.

알츠하이머 환자가 등장하는 최근의 영화나 드라마에서 두드러지는 청년과 노년의 유대는 노인의 인지 장애가 표면적으로 드러나지 않거나 지연되는 가운데 형성되기 시작한다.[11] 박인환과 송강이 주연한 드라마 〈나빌레라〉(2021), 이성민과 남주혁이 주연한 영화 〈리멤버〉에서, 노인과 청년은 서로 '짝패'를 이룬다. 삶의 마

회, 2019; 양선희, 「TV 드라마 〈눈이 부시게〉에 나타난 노인 재현의 변화와 사회적 함의」, 『영상문화콘텐츠연구』 제20집, 동국대학교 영상문화콘텐츠연구원, 2020; 안태연, 「TV 드라마에 나타난 노인재현양상 연구: 〈디어 마이 프렌즈〉, 〈눈이 부시게〉를 중심으로」, 중앙대학교 석사학위논문, 2021; 백경선, 「텔레비전드라마 속 노년과 청년의 연대와 그 가능성-〈나빌레라〉와 〈눈이 부시게〉를 중심으로-」, 『어문론총』 94호, 한국문학언어학회, 2022.

9 박노현, 앞의 글, 390쪽.

10 박노현, 앞의 글.

11 백경선은 〈나빌레라〉와 〈눈이 부시게〉를 분석하면서, 노년과 청년의 세대 간 소통과 공감을 통해 연대의 가능성을 제시하고 있는 이들 드라마가 치매의 노출을 의도적으로 지연시키거나 은폐했다는 점에 주목한다. 백경선, 앞의 글.

지막 단계에 있다고 예감한 노인이 과거 이루지 못한 꿈을 실현하려 하거나 오랫동안 미뤄둔 과업을 드디어 수행하고자 할 때, 짝패를 이룰 청년의 존재는 매우 중요하다. 노인은 열정적이지만 청년의 도움이 없이는 그의 꿈과 과업을 이루기 어렵기 때문이다. 알츠하이머 질병은 시간이 갈수록 그에게서 모든 것을 잃게 할 것이기에, 삶의 마지막 여정에서 남성 노인과 남성 청년의 짝패는 지난 수년간 한국 대중 서사에서 확대 재생산된 브로맨스의 변형으로서 세대 간 화해뿐 아니라 과거와 현재, 그리고 미래의 연결을 보장해주는 남성 연대의 서사로 이어진다.[12]

그런데 〈눈이 부시게〉에서 서사를 이끄는 노년-청년은 '짝패'가 아니라 '한몸'이다. 한지민이 연기하는 '젊은 혜자'와 김혜자가 연기하는 '나이 든 혜자'라는 두 외형(figure)이 있고, 이들이 혜자라는 동일한 인물(character)을 공유한다. 시간과 기억의 선형성이 흐트러진 혜자의 세계는 "같은 내면 다른 외부(same-inside-but-different-outside)"[13]로 제시된다. 드라마의 디제시스에서는 젊은 혜

12 지난 수년간 한국 대중 서사에서 가부장적 남성 연대를 강화하는 브로맨스에 대해서는 손희정, 「촛불혁명의 브로맨스-2010년대 한국 역사영화의 젠더와 정치적 상상력」, 오혜진 외, 『원본 없는 판타지』, 후마니타스, 2020 참조. 한편 최근 두드러지는 '세대 간 화해'의 경향과 대조적으로 영화 〈살인자의 기억법〉에서 늙은 연쇄살인범 김병수(설경구 분)와 젊은 연쇄살인범(으로 추정되는) 민태주(김남길 분)의 관계는 '세대 간 적대'를 전면화한다.

13 "같은 내면 다른 외부(same-inside-but-different-outside)"는 원래 미국의 광고에서 등장한 표현이다. 김경현(Kyung Hyun Kim)은 '신체 교환(body swap)'장치를 활용한 멜로드라마를 분석하며 이 표현을 개념적으로 사용했다. 그는 21세기 한국 영화가 신체여행 판타지에 매료되었다고 지적하면서 〈광해〉, 〈뷰티 인사이드〉, 〈수상한 그녀〉 등을 분석한다. Kyung Hyun Kim, *Hegemonic Mimicry: Korean Popular Culture of the Twenty-First Century*, Duke University Press, 2021,

자가 시간을 너무 여러 번 되돌린 대가로 노인이 되어버렸지만, 시청자는 젊은 배우 한지민과 나이 든 배우 김혜자가 '혜자'라는 동일인을 나누어 연기한다고 인식한다. 다시 말하면, 선행연구가 강조했던 이 드라마의 시간 이탈과 기억 이탈[14]은 한 인물의 외형을 둘로 복수화하는 장치에서 출발하는 것이다.

두 존재의 몸, 혹은 영혼이나 뇌가 바뀌는 신체 교환(body swap)이 서사적 장치로 사용되기 위해서는 두 외형(figure)과 두 인물(character)이 전제되어야 하는데, 〈눈이 부시게〉에서는 시간 이동을 경유해 자기 삶의 다른 시간에 있는 몸이 갑작스럽게 당도해 버렸다. 그렇기에 주인공 혜자에게는 교환될 수 있는 다른 몸이 없다. 주름살 패인 얼굴과 하얗게 새어버린 머리카락, 마음대로 움직여주지 않는 몸, 그리고 기능이 저하된 신체 기관들은 여태 본 적 없는 낯선 몸이지만 주인공 혜자 자신의 것이다. 하루아침에 갑작스럽게 벌어진 사건이 아니라면, 우리는 이것을 노화라고 부르는 데 주저하지 않을 것이다. 그러나 느리지만 지속적인 신체 변화를 거치지 않고 노인으로 변해버렸다고 믿는 주인공 혜자에게 이 사태는 예측하지 못한 재난 이후의 손상이나 상실처럼 여겨진다. 70대 노인으로 변화된 신체를 자연스럽게 받아들이지 못하는 혜자는 '온전한 몸'에서 '손상되고 퇴화된 몸'으로 급작스럽게 전환되는 과정 안에 있는 것이다. 이때 주인공의 알츠하이머 질병은 현실과 환상, 과거와 현재 사이를 오가는 서사적 장치일

---

p.130.

14 박미란, 앞의 글, 93쪽.

뿐 아니라, 누구나의 몸에 예정된 불안정하고 취약하며 손상된 신체로의 변화, 즉 노화와 장애를 버팀목으로 삼는 '내러티브 보철(narrative prosthesis)'[15]이다. 이런 점에서, 〈눈이 부시게〉에서 신체 나이와 본인이 정체화하는 나이의 동일성이 흐트러진 주인공의 자기 분열, 그리고 자신의 몸이지만 낯선 몸이기도 한 이 새로운 몸을 통해 이제까지와 다른 사회적 관계를 경험하는 사건의 연쇄는 노화와 장애의 친연성을 통해 몸의 시간과 정체성, 그리고 고령화 시대의 기억 서사에 대한 성찰의 계기를 열어준다.

2. 신체 전환과 장애화

〈눈이 부시게〉에서 스물다섯 살 혜자는 갑작스럽게 노인의 몸을 갖게 되었지만, 젊고 건강한 20대였던 자신에 대한 기억을 가지고 있다. 동일한 인물 안에 다른 연령(청년과 노년)이 공존하는

15 내러티브 보철(narrative prosthesis)은 데이비드 T. 미첼(David T. Mitchell)과 샤론 L. 스나이더(Sharon L. Snyder)가 장애의 문학적 재현에서 공통된 특성과 장애 담론이 배치되는 방식을 설명하기 위해 사용한 개념이다. 이들은 문학적 서사에서 장애가 캐릭터화의 주요 특징으로 혹은 기회주의적인 메타포 장치로 널리 퍼져 있다고 말한다. 결함이 있거나 부적절하게 기능하는 것으로 간주되는 신체에는 보상이 필요하며, 보철은 그러한 보상을 환상적으로 실현한다. 그러나 이 보철이란 정상성과 비정상성에 대한 이데올로기적 가정을 수반하는 것이다. 내러티브 보철은 서사 예술에서 신체적 · 인지적 차이의 증거를 위장하거나 지워버리는 주류 담론의 보철적 경향이나 문학이 장애를 기회주의적으로 활용하는 방식을 비판적으로 드러낸다. David T. Mitchell & Sharon L. Snyder, *Narrative Prosthesis: Disability and the Dependencies of Discourse*, University of Michigan Press, 2001.

설정은 70대 노인이 20대 여성이 되는 영화 〈수상한 그녀〉(황동혁 감독, 2014)에도 등장한다. 70대 노인 오말순은 영정사진을 찍으러 간 사진관에서 젊은 몸을 얻는다. 젊고 활기 있는 여성의 몸에 노인의 경험과 지혜를 겸비한 말순은 보통의 젊은이보다 매력적인 인물로 그려지며, 과거에 이루지 못한 가수의 꿈을 실현할 가능성도 높아진다. 수전 손택(Susan Sontag)이 '노화의 이중 기준(double standard of aging)'이라고 표현했듯, 여성은 나이가 들수록 젊음뿐 아니라 여성성도 상실되어 간다고 여겨진다.[16] 〈수상한 그녀〉는 평범한 여성 노인이 매력적인 젊은 여성이 되는 신체 전환 판타지를 통하여 연령주의와 성차별의 이중 억압 아래 있는 여성 노인의 삶을 새롭게 조명했지만, 여성 노인을 무능하고 아름답지 않으며 무성적인 존재로 보는 사회적 편견을 답습했을 뿐 아니라 여성의 젊음(또는 젊고 건강해 보이는 것)에 대한 사회적 차원의 집착을 확인시켰다.

〈눈이 부시게〉에서는 노인에서 청년으로 신체적 시간을 역행하는 게 아니라 20대 청년이 70대 노인으로 수십 년의 시간을 건너뛴다. 어린 시절 바닷가에서 주운 손목시계로 시간을 되돌리는 능력을 얻게 된 혜자는 아버지의 교통사고를 막고자 시계를 되감았다. 수만 번의 시도 끝에 마침내 아버지를 구할 수 있게 되었지만, 다음 날 혜자가 거울에서 마주한 것은 낯선 노인의 얼굴이다. 〈수상한 그녀〉의 말순이 신체 전환을 통해 활력을 얻고 재능을 인

---

16 Susan Sontag, "The Double Standard of Aging," Toronto: The Women's Kit, 1972; Sally Chivers, *The Silvering Screen: Old Age and Disability in Cinema*, University of Toronto Press, 2011, p.16에서 재인용.

정받는 것과 대조적으로, 〈눈이 부시게〉의 혜자는 젊음의 활력뿐 아니라 그가 앞으로 얻을 수 있었을 수많은 기회를 상실한 것처럼 보인다. 취업과 경제적 자립, 연애와 결혼, 자녀의 출산과 양육 등 수십 년에 걸쳐 이어질 기회와 선택, 성공과 실패, 과정과 결과가 없이 70대 노인의 몸을 얻은 것이다.

시리즈의 에피소드 3화에서 수없이 거듭한 타임 리프 때문에 노인이 되어버린 사실을 인지한 혜자는 혼란에 빠진다. 그는 식사를 거부하고 스스로를 방에 가두었다. 가족에게 짐이 되고 싶지 않아 어느 날 새벽 가출을 감행하지만, '길 잃은 치매 노인'을 걱정하는 선량한 시민이 그를 경찰서에 인계한다. 우여곡절 끝에 집에 돌아온 혜자는 결국 상황을 받아들이기로 결심하고, 이제부터 함께 살아야 할 자기의 몸에 대하여 탐구해 보기로 한다. 병원에 가서 신체나이를 검사받고, 달리기나 계단 오르기, 노래방에서 아이유의 '3단 고음'이 가능한지 등을 알아보는 테스트도 거친다. 이제 혜자는 달리기를 할 때는 숨이 차고, 계단을 오를 때에는 무릎에서 소리가 난다. 그리고 노래방에서 '3단 고음'을 소화하는 것은 너무 어려운 일이 되었다. 외모만이 아니라 신체적 능력 역시 70대 노인의 그것으로 쇠퇴한 것이다. 에피소드 6화에서 혜자가 잠시 젊은 혜자로 돌아간 꿈을 꾸었을 때, 이러한 미션을 너무도 쉽게 해내는 젊고 건강한 몸은 돌이킬 수 없는 과거의 기억이거나 오지 않을 미래의 환상이 되었다.

현재의 나이 든 몸과 과거의 기억이 된 젊은 몸 사이의 극단적인 대조를 통해, 혜자의 몸은 서서히 나이 든 노인의 몸이 아니라 살아가는 도중 사고나 질병으로 후천적 장애를 갖게 된 사람의 몸과 같이 다뤄진다. 비장애인의 기억을 안고 살아가는 후천적 장애인의 '다중 신체'[17]처럼, 과거의 경험과 기억을 안고 있는 혜자의 몸은 새로운 상황을 받아들이는 데 어려움을 겪는다. 신체에 대한 규범적 이해와 모순되는 이 '문제적 신체(the problem body)'[18]에 자기를 동일화하지 못하는 혜자의 분열이 신체적 장애인지 정신적 장애인지는 명확하지 않다. 다만, 알츠하이머 환자라는 고백 전까지 시청자는 시간 이탈 판타지라는 설정에 바탕을 두고 혜자의 관점에서 사건을 따라가기 때문에 이를 정신적 수행 능력의 상실이 아니라 신체적 수행 능력의 퇴화로 받아들인다.

혜자는 이러한 신체 변화가 하나를 얻으면 하나를 잃는 '등가교환의 법칙'에 따른 것이라 믿는다. 시간을 되돌리는 시계가 사용자의 생체 시간을 비용으로 삼는 것을 알면서도, 혜자는 자신에게 각별하게 다정했던 아빠 대상(안내상 분)을 구하기 위해 기꺼이 여러 번 시계를 되감아 사고를 막으려 했다. 같은 행동을 수없이 반복하며 조금씩 요령을 익힌 끝에 마침내 아빠의 생명은 구할

---

17 후천적 장애인 12인을 심층적으로 인터뷰하여 몸의 기억과 개별적인 신체의 고유성을 탐구한 이토 아사(伊藤亞紗)는 "하나의 물리적인 몸 위에 비장애인의 몸과 장애인의 몸이 겹쳐져 고유한 패턴"을 만들어낸다고 하면서, 이것을 "기억이 만들어내는 하이브리드 신체", 즉 다중 신체라고 설명한다. 이토 아사, 김경원 역, 『기억하는 몸』, 현암사, 2020, 20-21쪽.

18 '문제적 신체'는 캐나다 작가 니콜 마르코티치(Nicole Markotić)가 처음 사용한 용어로, 신체가 놓여 있는 다층적인 현실과 그 현실이 이끄는 교차점, 사회적으로 구성된 삶의 환경의 복합체로서 정의된다. 이 개념은 신체적 차이가 사람들을 억압하는 다양한 병리학적 관행이 문화적 패턴으로 변형된다는 점을 강조한다. Sally Chivers & Nicole Markotić, "Introduction," Sally Chivers & Nicole Markotić(eds), *The Problem Body: Projecting Disability on Film*, Ohio State University Press, 2010, pp.8-11.

수 있었다. 그러나 자신의 노화 외에도 예상하지 못한 변화들이 혜자 앞에 놓여 있었다. 다정하고 자상했던 아빠는 사고 이후 아파트 경비 일을 하며 말이 없는 외골수가 되어 있었다. 그런 아빠를 견디기 어려운 엄마(이정은 분)는 서랍 속에 이혼서류를 넣어두고 있다. 혜자가 20대에서 70대로 건너뛴 50년만큼 가족을 위해 자신의 일생을 희생했어도, 그 희생의 끝에 마주한 것은 늙어버린 자신과 위기에 처한 가정이다. 그뿐 아니다. 혜자가 좋아했던 장래가 유망한 청년 준하(남주혁 분)는 기자의 꿈을 버리고 노인들에게 가짜 건강보조식품을 판매하는 홍보관에서 정직하지 못한 일을 하고 있다. 혜자는 다시 한번 시계를 감아 모든 것을 제자리에 돌려놓고자 한다.

그러나 자신이 버렸던 마법 시계를 홍보관에서 어느 노인이 가지고 있는 것을 발견하고 시계를 되찾으려 했던 혜자의 분투는 노인의 섬망으로 치부되어 버린다. 홍보관 바깥으로 내쳐진 혜자는 저녁 늦게 퇴근한 대상이 의족을 풀어놓은 모습에서 깊은 충격을 받는다. 등가교환의 법칙에 따라 혜자가 시간을 되돌리는 비용으로 치른 것에는 자신의 젊음과 가족의 화목뿐 아니라 대상의 왼쪽 다리도 포함되어 있음을 그제야 알게 된 것이다.

S# 47 거리 인서트 (N)

혜자 (E) 등가교환의 법칙이란 게 있어. (S#10)

S# 48 욕실 (N)

혜자, 가는 빗에 말라붙은 염색약을 물 적신 수건으로 문질러 닦는다.

혜자 (E) 뭔가를 갖고 싶으면 그 가치만큼의 무언가를 희생해야 된다고….

잘 닦이지 않는 염색약. 혜자, 손톱을 세워서 긁기 시작하고… 입술을 깨물고.

혜자 (E) 세상은 이 등가교환의 법칙에 의해서 돌아가…

그래도 안 닦이자 점점 더 신경질적이 되는 혜자의 손길.
그러다 뚝! 부러져 바닥에 떨어지는 가는 빗.
그제야 혜자, 너무 힘을 준 탓에 덜덜 떨리는 손을 인지하고…

혜자 (Na) 세상의 덧셈뺄셈은 내 생각과 달랐다. 아빠의 죽음과 내 젊음, 꿈, 사랑이 등가라고 생각했던 나는 슈퍼에서 100원짜리 동전 하나로 비싼 과자선물세트를 사겠다고 떼쓰는 철부지 아이였던 거다.

혜자, 두 동강이 난 빗을 주워들고 바라보는

혜자 (Na) 나는 안다. 내가 시계를 돌려 다시 젊어진다면… 그래서 또 세상의 뺄셈으로 뭔가가 희생되어야만 한다면… 난

그걸 견딜 수 없다는걸…. [19]

대상이 교통사고로 다리가 절단되어 의족을 착용한다는 사실을 뒤늦게 안 혜자는 자신의 젊음과 꿈, 사랑을 희생했어도 대상을 '온전하게(able-bodiedly)' 구할 수는 없었으며, 오히려 이 시도가 그의 다리를 앗아갔다고 여긴다. 이 대목에서 드라마는 혜자의 노화와 대상의 장애를 혜자의 인생에서 사라진 혹은 소진된 시간에 대응하는 신체적 쇠퇴로 병치시킨다. 혜자가 시간을 되돌리려는 노력은 이른바 '정상성'의 규범에서 밀려난 신체가 '정상성'을 회복하려는 시도라고 할 수 있는데, 여기에는 혜자가 젊음을 되찾는 것뿐 아니라 대상이 비장애 신체로 '정상화'되는 것도 포함된다. 그러나 등가교환에 따른 뺄셈이 대상의 몸에 손상과 결함을 가져왔다고 믿는 혜자는 한 번 더 사고 이전으로 시간을 돌려놓으면 무엇이 또 희생될지 두렵다. 이를 계기로 혜자는 노인이 된 자신의 처지를 체념하듯 받아들이는데, 대상의 절단된 다리가 더 나은 상태로 치료되고 개선되어야 한다는 생각은 떨치지 못한다.

대상의 다리에 대한 혜자의 집착이 장애가 있는 아들 대상과 비장애 어머니 혜자의 과거와 연관되어 있음을 시청자가 짐작하는 것은 대상의 목소리로 내레이션이 전환되는 마지막 에피소드(12화)에 이르러서이다. 어린 시절 대상의 자동차 사고는 혜자의 남편 준하의 사망과 아무런 인과관계가 없지만, 1970년대 후반 정치적 암흑기에 혜자 가족에게 연속적으로 닥친 불행 안에 있다. 대

19 이남규 · 김수진, 『대본집 눈이 부시게』 2, RHK, 2023, 57쪽.

상의 기억 속에서, 사고로 다리를 절단한 아들을 홀로 키운 혜자는 고집스럽고 포용력이 없는 어머니였다. 장애가 있는 아들이 누구에게도 의존하지 않는 자립성을 갖게 하려는 혜자의 양육 방식은 때로는 학대에 가까울 정도로 폭력적으로 그려진다. 그러나 50년이라는 시간이 흐르는 동안 장애인 아들은 부모가 되고 나이 든 어머니도 부양하지만, 비장애인 어머니는 치유될 수 없는 질병을 얻어 돌봄을 필요로 한다. 아들을 아빠로, 며느리를 엄마로 부르는 혜자는 이제 누구를 돌볼 수 있는 존재가 아니다. 한없이 취약하고 의존적인 존재가 된 혜자는 그 자신뿐 아니라 대상에게도 낯설다.

다시 혜자의 판타지로 돌아가서, 혜자는 의족을 보기 전까지 대상이 다리를 삐어 절뚝거리는 줄 알았다. 그렇더라도 그 모습이 계속 신경 쓰여서 뼈에 좋다는 멸치볶음 반찬을 대상에게 먹이려 애쓴다. 멸치볶음을 둘러싼 둘 사이의 실랑이는 어린 시절 장애를 보듬어주지 않고 언제나 엄하고 냉정했던 어머니에 대한 대상의 복잡한 감정, 그리고 오랜 세월 깊어진 모자 사이의 감정의 골을 암시한다. 혜자가 대상이 아파트 단지 입주민에게 폭언을 당하는 것을 보고 '엄마'라고 밝히며 편든 날, 드디어 대상은 혜자 앞에서 멸치볶음을 먹는다. 아들의 마음을 헤아리는 데 인색했던 어머니에 대한 기억이 응집된 멸치볶음은 사실은 언제나 아들과 그의 장애에 마음을 쏟았던 혜자의 진심으로 해석될 수 있다. 수십 년간 어머니의 애정과 돌봄에 대한 결핍을 느꼈던 아들 대상이 혜자에게 뒤늦게 마음을 열게 되는 것은 지난 세월 그들 사이에 쌓여온 부정적인 감정과 기억을 완전히 잊어버린 듯한 혜자의 발병이 둘 사이의 관계에 변화를 가져오기 시작했음을 암시한다.

3. '노치원'과 노벤져스, 노년의 (탈)낭만화

〈눈이 부시게〉에서 등가교환의 법칙은 나이 듦의 의미를 압축적으로 설명하는 약칭처럼 제시된다. 우연히 영수(손호준 분)의 인터넷방송에 출연한 혜자는 '노인이 되어 좋은 점'을 묻는 질문에 청년들이 버거워하는 취업과 직장생활, 연애 등을 고민할 필요가 없다고 답해 준다. 아나운서를 지망하는 취업준비생이었던 혜자는 몇 번의 고배를 마신 후에는 지원서조차 내지 않았지만, 노인이 되고 나니 도전과 좌절 모두 청년에게 주어지는 기회와 희망이었다고 깨닫는다. 사회적 기대가 버거운 청년의 삶보다 "주는 밥 먹고, 지하철에서 자리 양보도 받고, 하루 종일 자도 누가 뭐라고 안 하는"(7화) 노인의 삶이 과연 더 나은 것일까. 이 사회가 노인에게 할당한 배역은 '역할 없는 역할'[20]이다. 취약하고 의존적인 노인에게는 기회도 희망도 기대도 없다. 죽음 앞에서 상실과 퇴화의 과정을 지나가고 있을 뿐이다.

세대론적 프레임으로 〈눈이 부시게〉를 고찰한 박노현은 이 드라마가 노인과 청년을 사회적 잉여로 주변화하며 그 두 세대를 등가화하는 '2010년대 한국 사회의 세대론에 대한 비판적 메타포'[21]

20 마거릿 크룩생크, 앞의 책, 118쪽.

21 박노현, 앞의 글, 399쪽.

라고 분석한다. 별다른 수입 없이 하루 종일 컴퓨터 앞에서 인터넷방송 구독자들의 별풍선에 목매는 영수와 그의 구독자들 사이의 이른바 '병맛 대화'는 이들의 '잉여력'을 과시적으로 재현한다.[22] 그러나 연예기획사에서 10년이나 연습생 생활을 했어도 투명인간 취급을 받는 상은이 악성댓글도 관심이라며 감동하고, 별다른 꿈을 가져본 적도 없이 아버지의 중국집에서 일하는 현주가 영수를 무시하는 구독자와 '현피'를 뜨는 장면은 이들이 아무런 열정 없는 무기력한 존재가 아님을 보여준다. 드라마는 사회적 잉여로 취급당하더라도 어떤 이유에서든 누군가와 끊임없이 대화를 시도하고, 소중한 사람들과 일상의 소소한 행복을 나누며 우정의 공동체를 지켜나가려는 이들의 노력을 가치 있게 담아낸다.

오히려 안타까운 것은 기자의 꿈을 이루려고 최선을 다했던 준하가 폭력을 일삼는 아버지의 굴레를 벗어나기 위한 한 번의 잘못된 선택 이후 무력하게 상황에 휩쓸린 모습이다. 자기의 삶 자체가 '에러'라고 생각했던 그를 위로해 주던 혜자(한지민 분)도 사라진 준하의 인생은 전보다 더 외롭고 불행하며 위악적이다. 불우한 환경의 굴레를 벗어나지 못하고 결국 좌절해 버린 청년 준하가 자신의 미래를 유예한 채 노인들의 공간인 효자홍보관에서 시간을 보내는 것은 의미심장하다. 혜자가 준하를 홍보관에서 재회

---

22 일상의 상당 시간을 웹상에서 보내면서 '병맛' 코드의 웹툰을 즐기는 청년 세대가 스스로를 '루저'나 '잉여'로 여기는 주체 형성 담론에 대한 연구로는 다음을 참조. 김수환, 「웹툰에 나타난 세대의 감성구조」, 『탈경계 인문학』 제4권 2호, 이화여자대학교 이화인문과학원, 2011; 박재연, 「'병맛' 담론의 형성과 담론의 작동방식」, 『대중서사연구』 제25권 3호, 대중서사학회, 2019.

했을 때, 노인 시설에 대한 탐사보도를 위해 잠입취재 중이라 착각할 정도로 준하의 변화는 극적이다. 준하는 자신의 꿈을 포기했을 뿐 아니라 사회가 기대하는 '건전한 청년'의 이상을 밀어내 버렸기에 효자홍보관에서 일하는 것이다. 반면 노인이 된 혜자는 '역할 없는 역할'이라는 노인에 대한 사회적 기대에 어느 정도 부응해 보고자 효자홍보관을 체험 중이다. 꿈을 잃은 청년 준하와 젊음을 잃은 혜자의 만남으로 효자홍보관은 동시대 청년과 노년의 문제가 복합적으로 얽힌 문제적 공간이 된다.

혜자는 효자홍보관에서 준하를 재회한 후 준하에 대한 실망과 안타까움을 안고 홍보관을 관찰하기 시작한다. 각자가 살아온 삶의 내력이 다양할 터임에도 홍보관에서 노인들의 관심은 건강과 질병, 죽음으로 단순화된다. '자녀의 효도를 대신한다'는 홍보관의 실제 목적은 노인들에게 환심을 산 후 건강보조식품을 비싸게 판매하고 노인들을 생명보험에 가입시켜 불법적 이득을 챙기는 것이다. 할머니의 장례를 치르며 신세졌던 형에게 보답한다는 이유로 홍보관 일을 시작한 준하는 적당한 선에서 이들의 사기 행각에 공모하고 있다. 불법적인 생명보험 업무에는 동조하지 않지만, 건강보조식품의 과장 광고와 교묘한 판매 활동에는 적극적으로 나서고 있다. 혜자는 젊음의 특권을 잃고 늙어버린 자신 못지않게 꿈을 포기해버린 후 스스로를 학대하는 듯 지내는 준하가 애틋한데, 준하는 그런 혜자가 던지는 말들이 기성세대의 무책임한 참견이라 치부하며 거칠게 내친다.

하루하루를 무료하게 보내는 노인들을 한데 모아 식사를 제공하고 율동이나 노래, 종이접기 교실 등을 운영하는 홍보관은

'노치원(노인 유치원)'이라는 별칭처럼 가족을 대신한 노인 돌봄 시설로 여겨진다. 집 안에서 하는 일 없이 우두커니 있는 노인들은 홍보관에라도 가야 가족의 부담을 덜어준다든가 홍보관에서 휴지 한 상자라도 들고 돌아오는 것이 가족에게 보탬이 된다는 동네 사람들의 말은 노인을 가족 내에서도 아무런 기여가 없는 '군식구'처럼 취급하는 다른 세대의 태도를 보여준다. 이런 측면에서 '노치원'이라 불리는 시설은 노인을 위한 공간이 아니라 노인 돌봄에 대한 부담을 지고 있는 다른 세대를 위한 공간이다. 노인을 공간적으로 분리해 수용함으로써 노인 돌봄에 대한 가족과 지역사회의 책임을 가볍게 하는 데 이 시설의 유효성이 있다.

〈눈이 부시게〉는 노인이 된 혜자를 통해 고령화 시대의 문제를 담아내고 있지만, 돌연 노인이 되어버린 판타지 설정은 한 인물이 70대 노인이 되기까지 축적해온 사회적 관계를 다양하게 담아내지 못한다. 또한 혜자가 알츠하이머 환자임을 감추고 있는 서사적 전략에 따라 노인 돌봄을 둘러싼 가족의 문제를 사실적으로 그리기 어렵다. 노인의 활동 공간을 효자홍보관(11화 이후는 요양병원)과 같은 시설로 단순화함으로써, 나이 든 혜자가 노인 돌봄에 대한 가족 및 사회의 부담 등의 문제에 직면하지 않도록 한다. 이 드라마는 인생의 노년을 보내는 사람들에게 주목하고 있지만 판타지의 경쾌한 분위기를 해치지 않는 선에서만 노년의 사회적 문제를 선택적으로 다룬다.

이처럼 드라마의 판타지 설정은 그 한계가 분명하지만, 다른 한편으로 노년의 문제를 다루는 데 유효한 전략이 되기도 한다. 〈눈이 부시게〉에서 혜자가 홍보관 출입을 계기로 노인이 된 자신을 둘러싼 사회적 상황에 대해 이해를 넓혀가는 과정은 노인이 신체적 연령에 의해 구획되는 것이 아니라 사회적으로 구성되는 것임을 깨닫는 과정으로 제시된다. 비록 70대 노인의 몸이지만 마음은 여전히 스물다섯 살인 혜자가 보기에 홍보관의 노인들은 별나고 이상한 사람들이다. 그러나 이곳에서 노인들을 지켜보면서 혜자는 점차 노년의 삶에 다가가고, 이곳 바깥에서 노년 세대를 바라보는 다른 세대의 시선을 체감한다. 백화점 엘리베이터 안에서 젊은이들은 노인의 생명이 청년의 생명보다 가치가 덜하다고 생각하고, 성형외과의 젊은이들은 노인의 아름다워지고 싶은 욕망이 추하다는 듯 반응한다. 노인이 다른 세대에게 사회적 부담을 지우는 무능하며 쓸모없는 존재라고 여기는 시선들이 노인 됨의 사회적 의미를 마주하게 하는 것이다. 이러한 시선에 대해 "늙는 게 죄냐?"고 반문하고 "이뻐지고 싶은 그 맘 그대로 몸만 늙는 거"라고 응수하면서, 혜자는 노년의 삶에 적응해간다.

영수의 인터넷방송에서 혜자가 말한 '아무것도 안 해도 아무도 뭐라 하지 않는' 노인의 삶은 과연 '좋은 삶'인가. 현재는 불안정하고 미래에 대한 기대는 버거운 청년들에게는 노인의 삶이 상대적으로 안정되어 보일지도 모른다. 그러나 노인이면 누구나 안정된 삶을 누릴 수 있는 것이 아니다. 독립적인 노후를 설계하고 건강을 관리하면서 경제적으로나 정서적으로 안정된 삶을 향유하는 '성공적인 노화'는 누구나의 모델이 될 수 없다. 노후의 시간은 죽음과의 긴장 속에서 가족 및 사회적 관계와의 단절, 경제적 불안, 정서적 결핍과 함께하는 삶이기도 하다. 그렇기에 길어진 수명

은 재앙에 가깝게 묘사되기도 한다.[23]

혜자가 홍보관에서 알게 된 샤넬 여사(정영숙 분)는 노년에 심화되는 정서적 결핍을 보여주는 인물이다. 고급스러운 명품가방을 들고 다니는 샤넬 여사는 요실금 때문에 성인용 기저귀를 골라야 할 때도 타인의 시선에 수치심을 느낄 정도로 자존심이 강한 인물이다. 이런 그도 남편과 사별한 후 아들마저 미국으로 떠나자 모텔에서 장기 투숙을 하며 홍보관에서 시간을 보낸다. 샤넬 여사의 유일한 낙은 준하를 통해 미국에 간 아들에게 편지와 건강식품을 보내는 것이다. 그런데 그 아들이 이미 오래전에 자신과의 인연을 끊어버렸다는 사실을 알게 되자 샤넬 여사는 삶에 대한 의지를 완전히 놓아버린다. 가족(특히 아들과 손자)에 대한 헌신으로만 자기 삶에 가치를 부여해온 여성 노인은 가족에게 쓸모없고 부담스러운 존재가 되었을 때 삶의 의미를 상실한다. 여러 알의 수면제를 상비하고 다니던 샤넬 여사의 자살은 노년의 소외와 고독, 우울을 보여준다.

아들을 대신해 준하가 상주로 자리를 지킨 샤넬 여사의 장례식장은 역시 평생 아들과 손자를 위해서만 살았던 준하 할머니의 쓸쓸한 장례식장과 겹쳐진다. 가족(준하의 부친)이 짐이 되었든 가족(샤넬 여사의 아들)으로부터 버림받았든 세상에 의지할 곳 없는 이들은 외로움을 공유했다. 준하에게 남긴 샤넬 여사의 편지는 가족이나 혈연을 초월한 의존과 돌봄의 관계를 환기하면서 자신의 고독을 알아봐 준 사람에 대한 고마움을 담았다. 그런가 하면 혜

---

23 마거릿 크룩생크, 앞의 책, 84쪽.

자는 남편과 함께했던 프라하 여행을 그리워하는 샤넬 여사의 마음을 헤아리고 그 삶의 고유성에 관심을 가졌기에 친구가 될 수 있었다. 홍보관의 직원들은 노인들을 '가족처럼' 위해주는 척하지만, 그곳의 돌봄은 '효도'라는 가치를 상품화한 것이다. 홍보관에 오는 사람들을 그저 다 같은 노인으로, 다시 말해 가짜 건강보조식품이나 생명보험상품을 팔 수 있는 어리숙한 소비자로만 대하는 그곳에서는 삶의 고유성과 다양성을 존중받지 못한다.

한편, 혜자는 홍보관에서 만난 사람들을 통해 노인의 취약성과 의존성, 그리고 수치심을 공유하면서 노쇠한 몸의 기능 저하나 체력적 열세를 이전보다 자연스럽게 받아들일 수 있게 된다. 수전 웬델(Susan Wendell)은 누구나 나이가 들면 장애를 갖게 된다는 점을 지적하면서, 인생의 일부분은 "아프고 움직이기 힘들거나 꼼짝할 수 없는 몸, 한때 당연하게 생각했던 활동이나 다른 사람들은 당연하게 여기는 활동을 할 수 없게 된 몸, 일상생활을 신체적 투쟁이 되도록 하는 몸으로"[24] 살아가야 한다고 말한다. 나이 듦과 장애를 연결짓는 통찰은 비장애인이 장애인을 이해하는 방법일 뿐 아니라, 우리 자신이 신체의 다양성을 인정하고 수용함으로써 스스로를 받아들이는 일이 될 수 있다.

에피소드 10화에서 펼쳐지는 노벤져스 이야기는 이러한 인식의 전환을 판타지로 구현한다. 홍보관 일당이 야유회를 미끼로 노인들을 한 차에 태워 교통사고로 위장한 후 보험금을 챙기는 범

---

24 수전 웬델, 강진영 · 김은정 · 황지성 역, 『거부당한 몸: 장애와 질병에 대한 여성주의 철학』, 그린비, 2013, 51쪽.

행을 계획했을 때, 혜자는 사기꾼들의 음모를 간파하고 홍보관 지하에 납치된 준하를 구하고자 한다. 보험을 들지 않았다는 이유로 야유회 행사에 배제된 다른 7명의 노인과 함께 혜자는 일명 '이준하 구출 작전'을 계획한다. 시각장애가 있는 노인, 일란성 쌍둥이 노인, 모든 물건을 바지 안 주머니에 무조건 집어넣는 도라에몽 할머니, 반려견을 딸이라 부르는 뽀삐 할아버지, 보행보조차의 도움을 받아 겨우 이동하는 단순 할머니, 혜자에게 시도 때도 없이 애정을 고백하는 우현 노인까지 일곱 노인이 노벤져스가 된다.

혜자가 이들을 노벤져스라고 불렀을 때, 시청자는 마블 스튜디오의 수퍼히어로들인 '어벤져스(The Avengers)'를 떠올리게 된다. 마블 시네마틱 유니버스(MCU)에서 캐릭터의 장애는 돌연변이(mutant), 혹은 보통을 뛰어넘는 예외성을 가진 존재로 그려진다. 노화와 장애로 정상성의 규범 바깥으로 밀려난 노벤져스에게 혜자는 '우리의 마음은 몸에 있지 않다'라고 말하며 작전에 동참할 것을 설득한다. 초저녁에 일찍 잠들어버리니 "남들한테 걸리기 쉽고, 누구나 구출하러 가는구나 알 수 있는 오전 10시"를 작전 시간으로 정할 수밖에 없을 정도로 이들의 신체적 수행 능력은 젊고 건강한 이들보다 현저히 떨어지지만, 결과적으로는 자신들의 역능으로 작전을 완벽하게 성공시킨다.

노벤져스의 구출 작전은 무엇을 할 수 없는가보다 무엇을 할 수 있는가에 집중함으로써, 노인을 '역할 없는 역할'을 하는 무능한 존재로 주변화해 온 사회의 고정관념을 뒤집는다. 시각장애가 있는 노인은 전기가 차단된 지하실에서 지팡이를 내리쳐 생기는 파동을 느끼며 누구보다 자유롭게 움직일 수 있었고, 누가 누구인지 구분할 수 없는 무개성이 특징인 쌍둥이 노인은 한몸 같은 움직임으로 악당들을 교란했다. 개를 자식처럼 사랑하는 뽀삐 할아버지는 악당들이 풀어놓은 맹견을 향해 마법의 주문("산책갈까")을 걸어 맹견이 꼬리를 흔들며 출구를 안내하게끔 한다. 이 작전은 도라에몽 할머니의 바지 주머니에서 나오는 어마어마한 소품들로 가능했고, 의존성의 상징이라고 할 보행기로 좁은 복도를 너무도 천천히 움직이는 단순 할머니는 추격하는 악당들을 좀비 떼처럼 무력하게 만들었다. 마지막으로 왕년의 '말죽거리 애늙은이' 우현의 현란하고 강렬한 액션은 노벤져스 구출 작전의 대미를 장식했다.

이 환상적인 작전을 성공리에 마친 노인들은 억압적인 정상성의 규범 자체를 거부함으로써 스스로 해방된 자의 표정으로 해안을 달리는 차 안에서 석양이 지는 바다를 바라본다. 차창에는 이들이 젊고 건강했던 20대의 모습이 투사된다. 이 순간 각자의 청년 시절의 추억을 비추며 노년의 시간은 낭만화된다. 빛나는 청춘과 기울어 가는 석양의 대비로 깊어 가는 낭만적 오후는 그러나 그리 길지 않다. 이들이 다다른 바닷가는 황폐하고 쓸쓸하며 오래 머물 수 없는 곳이다.

4. 이야기꾼으로서의 알츠하이머 환자

> "긴 꿈을 꾼 것 같습니다. 그런데 모르겠습니다. 젊은 내가 늙은 꿈을 꾸는 건지... 늙은 내가 젊은 꿈을 꾸는 건지... 저는 알츠하이머

를 앓고 있습니다."

(〈눈이 부시게〉 10화)

10화 후반 노벤져스의 작전 성공 후 모다불이 피어 있는 바닷가에서 휠체어 탄 노인의 손목시계가 바닥에 떨어지고, 플래시백으로 젊은 혜자와 준하의 모습이 지나간 후 멀리서 대상과 정은이 달려온다. 과거인지 미래인지 알 수 없는 장면들이 섬광처럼 몽타주되고 공간은 요양병원으로 바뀐다. 준하와 똑같은 외모인 김상현(남주혁 분)이 자신을 혜자의 담당 의사라고 소개하고, 여기에 이어지는 혜자의 고백("저는 알츠하이머를 앓고 있습니다.")이 단숨에 시청자를 혼란에 빠뜨린다.

10화의 엔딩은 이제까지 드라마의 허구적 세계를 지배해 온 서술자가 알츠하이머 환자임을 밝힘으로써 시청자의 오해를 유도해 온 서사적 전략을 드러낸다. 주인공이 '신뢰할 수 없는 서술자(unreliable narrator)'임이 밝혀진 후 서사의 신빙성은 무너지고 그동안 구축된 서사의 논리도 흐트러진다.[25] 10화까지 혜자의 목소리는 다른 인물보다 특권화되어 있었다. 시청자는 혜자와 동일시

---

25 '신뢰할 수 없는 서술자'는 문학과 영화에서 독자와 관객의 오독을 유도하는 서사적 전략으로 널리 활용되어 왔다. 치매 서사에서 '신뢰할 수 없는 서술자'가 서사적 장치로 활용된 사례를 분석한 연구들로 다음을 참조할 수 있다. 최혜령, 「서사전략으로서 오독(誤讀)의 효과와 의의」, 『구보학보』 제24집, 구보학회, 2020; 김은정, 「치매 서사의 신빙성 없는 화자와 이야기 정체성」, 『한국문학논총』 제88집, 한국문학회, 2021; 김은정, 「치매인 서술의 치매 서사 고찰-〈참을 수 없는 비밀〉과 〈눈이 부시게〉를 대상으로」, 『국제어문』 제96집, 국제어문학회, 2023 등.

하거나 혜자의 시점에서 서사를 따라갔다. 신체 전환 이후 정체성의 혼란을 겪는 혜자는 노인에 대한 사회적 통념을 고발하고 사회적으로 구성되는 존재로서의 노인을 보여준다. 그러나 혜자가 인지 장애가 있는 알츠하이머 환자라는 사실이 드러난 후에는 그가 서술한 모든 인물과 사건이 과거와 현재, 실재와 허구가 복잡하게 뒤섞인 알츠하이머 환자의 작화증으로 이해된다. 나이 든 혜자가 그 어느 때보다도 취약하고 의존적인 모습으로 요양병원의 침대에 누워 의사를 맞이하는 그 순간부터 시청자는 혜자를 '비정상적'인 서술자로 보고 그와 거리를 두며 위에서 내려다보기 시작하는 것이다. 드라마는 11화와 12화에 걸쳐 그때까지 은폐되었던 여러 정보를 제공하고 시청자가 혜자의 과거(20대, 1970년대)와 현재(70대)를 재구성하도록 유도한다. 시청자는 현실의 공간에서 대상은 아빠가 아닌 아들, 정은은 엄마가 아닌 며느리라는 사실을 바탕으로 10화까지의 인물과 사건을 다시 배치하고 재조립하며, 환상과 현실, 과거와 현재가 복잡하게 꼬인 비연대기적 서사를 퍼즐 게임을 풀어가듯 추론하게 된다.[26]

〈눈이 부시게〉는 일종의 메타픽션으로서 수용자의 능동적 참여를 통해 서사를 완성시킨다. 전지적 시점으로 전환하는 11화와 대상의 시선에서 혜자의 삶을 서술하는 12화는 시간을 되돌리는 시계와 대상의 장애에 대하여 혜자가 그토록 집착했던 배경을 평이하면서도 구체적으로 설명해준다. 11화는 혜자와 준하가 20대

26 강경래는 토마스 앨세서(Thomas Elsaesser)의 '마인드 게임 영화'에 대한 논의를 빌어와 〈눈이 부시게〉를 마인드 게임 서사로 분석한 바 있다. 강경래, 앞의 글.

였던 1970년대의 사건들—그들의 연애와 결혼, 출산과 육아, 긴급 조치 하에서 준하의 구속과 사망 등—을 보여준다. 이 이야기를 통해 시청자는 시간을 되돌리는 마법 시계의 환상이 1970년대 박정희 정권의 폭압 속에서 국가 폭력에 희생된 남편 준하의 시계를 유품으로도 돌려받지 못했던 혜자의 원한과 관련되어 있음을 알게 된다.

"어머니는 알츠하이머를 앓고 있습니다"로 시작되는 12화는 대상의 시선에서 혜자를 보여준다. 서술자가 달라졌지만 이야기를 다중화하기보다는 이제까지 설명되지 않았던 사실들을 보충하는 측면이 강하다. 남편을 잃고 홀로 미용실을 운영하며 억척스럽게 생계를 끌어가는 혜자는 교통사고로 다리를 절단한 아들에게 자애롭지 않다. 이런 혜자의 모습은 어머니에 대한 대상의 오랜 원망을 설명해준다. 타임 리프의 부작용으로 노인이 되었다는 혜자의 환상 속에서 딸을 대하는 아버지 대상의 어색한 태도는 지난 수십 년간 혜자가 헤아리지 못했거나 모른 척했던 아들 대상의 깊은 상처에서 비롯된 것이었다. 이제 어머니가 자신을 알아보지도 못하는 지금, 대상은 오랫동안 알지 못했던 어머니의 진심을 뒤늦게 깨닫는다. 다리가 불편한 아들이 안전하게 걸어갈 수 있도록 눈길을 쓸어놓았던 그 사랑은 죽음 앞의 시간에도 한결같은 것이었다. 선행연구들이 주목했던 〈눈이 부시게〉의 '반전'의 서사 구조는 죽음과 치유될 수 없는 질병 앞에서 아들에게 겨우 전달된 어머니의 사랑을 향해 달려왔다고 해도 과언이 아니다.

11화 이후 시청자가 현실의 혜자가 경험한 사건과 인물을 추론해 가는 과정은 인지 능력에 기반한 근대적 자아 개념에 근거해 알츠하이머 환자 혜자가 구축한 이야기를 비합리적이고 무질서한 세계로 규정해 버리는 것을 전제로 한다. 혜자가 요양병원에 입원 중인 알츠하이머 환자라는 사실을 알게 된 이후, 시청자는 혜자보다 지적인 우위에 서서 이야기의 신뢰성을 검증하고 혜자가 늘어놓은 비선형적인 서사를 논리적이고 합리적인 질서를 부여해 정돈하려 든다. 더 나아가 주인공 혜자가 이야기하지 않은 틈새를 메우거나 현실과 일치하지 않는 모순, 잘못 서술된 오류를 수정하려 들기도 한다. 이처럼 수용자가 비선형적 시간을 선형적 시간으로, 무질서를 질서로, 비정상을 정상으로 정돈해가는 과정은 신체와 정신을 이분화하고, 인지 장애가 신체적 수행 능력의 쇠퇴로서의 노화보다 더 열등하며 비정상적이라는 이데올로기적인 가정에 기반한다.

이와 같은 방식으로 수용자의 능동성이 작동되는 것은 물론 드라마 제작진이 유도한 바이다. 알츠하이머 환자를 '신뢰할 수 없는 서술자'로 설정한 〈눈이 부시게〉의 서사적 전략은 정상성의 규범을 흔듦으로써 놀라움을 제공하지만, 다시 이 정상성의 규범에 의해 수용자의 능동성이 작동하도록 만들고 수용자를 '취약한 주체'의 존재를 지우는 공범자로 끌어들인다. 일반적으로 알츠하이머 환자의 자전적 서사는 일관성 있는 '나'의 연대기적인 서술과 대조적으로, 망각이나 기억의 착종, 섬망이 얽혀 있다. 거기에는 말해지지 않는 침묵과 설명되지 않거나 사실과 모순되는 틈새도 있다. 그런데 주체의 정상성에 대한 강박에 묶여 있는 수용자는 알츠하이머 환자의 자전적 서사에서 일관된 서술적 자아를 상상하며 침묵과 틈새를 메우려 한다. 이것은 때로 서술자의 고유한 경험의 자리를 지울 수도 있다.[27] 서술자의 인지 장애가 그 신뢰성을 의심하거나 부정하는 근거가 된다면, 이러한 서사 구조는 장애에 대한 낙인을 비판 없이 투영할뿐더러 그러한 관념을 재생산하는 것이 된다.

그렇다면 알츠하이머 환자가 서술자로 나서는 이야기는 시도되어서는 안 되는 것인가. 알츠하이머 환자를 주인공으로 설정한 〈눈이 부시게〉의 서사는 실패한 것인가. 여기서 치매인으로서 치매에 대하여 쓰는 크리스틴 브라이든(Christine Bryden)의 연구를 하나의 참조점으로 언급하고 싶다. 크리스틴 브라이든은 비교적 이른 나이인 40대 후반에 치매 진단을 받았다. 치매 진단은 앞으로 뇌 손상이 증가해 모든 기능을 상실하고 점차 자의식을 잃어 언젠가는 완전히 타인에게 의존하게 될 것이라는 예언의 힘에 종속되게끔 했다. 이후 자기 삶의 통일성과 연속성, 일관성을 지속적으로 위협받았던 그는 그러한 위협에 도전하기 위해 치매 경험 안에서 자아감(sense of self)의 지속에 대해 연구했다.[28]

브라이든은 자아와 관련해 세 가지 측면에서 설명한다. '나'를 둘러싼 세계에 대한 1인칭 감정으로서 '나'로 구현되는 '체화된 자아(embodied self)', 신이나 다른 사람들과의 관계에서 체화된 자아라는 느낌을 주는 '관계적 자아(relational self)', 그리고 삶의 의미를 찾고 현재 순간 서사적 정체성의 감각을 개발할 수 있는 '내러티

---

27 Avril Tynan, "Mind the Gap: From Empathy to Erasure in Narrative Fiction," *Journal of Literary & Cultural Disability Studies*, Vol.14, No.3, 2020, pp.353-369.

28 Christine Bryden, "Challenging the discourses of loss: A continuing sense of self within the lived experience of dementia," *Dementia*, Vol.19, No.1, 2020, pp.74-82.

브 자아(narrative self)'가 바로 그것이다. 일반적으로는 치매인의 에피소드 기억의 상실이나 과거 사건을 회상하는 능력의 상실이 자아의 상실을 의미한다고 인식된다. 이러한 자아 상실 담론에 비판적인 입장에서 브라이든은 에피소드 기억이 다른 사람들과 관계를 맺는 데 필수적인지에 대해 의문을 제기하면서, 치매인으로서 자신은 '나'의 이력이나 친구의 이름과 이력이 기억나지 않아도 여전히 친구와 관련될 수 있으며 이러한 관계가 자아감의 중요한 측면이라고 주장한다.[29] 〈눈이 부시게〉에서 자신이 누구인지도, 자신의 아들이 누구인지도 기억하지 못하는 혜자가 눈길을 쓸며 아들의 안전을 기원하는 마음은 좋은 사례가 될 것이다.

치매인의 증세나 그가 놓여 있는 환경과 관계의 다양성을 고려할 때, 우리는 모두 '나'를 인식하는 체화된 자아이며 다른 사람들과의 관계에서 '나'를 인식함으로써 존재한다는 브라이든의 견해가 보편적으로 통용되지 않을 수도 있다. 그러나 일관성 있는 '나'보다는 관계적인 '나'에 집중해 삶의 의미를 발견하고 현재의 순간에서 서사적 정체성의 감각을 갖는다는 통찰은 흥미롭게도 〈눈이 부시게〉의 혜자가 남긴 마지막 목소리와 상통한다. "누구의 엄마였고, 누이였고, 딸이었고 그리고 '나'였을 그대들"이라는 호명은 자기 삶의 역사를 긍정하는 것일 뿐 아니라 삶에 연결된 여러 관계 속에서 자기의 존엄한 삶을 인식하는 것이라 할 수 있다. 존엄한 삶의 장소는 우리가 맺고 있는 다른 여러 관계, 즉 가족과

---

29 Christen Bryden, ibid. 한편 치매인의 자아감에 대해서는 다음 연구를 참조. 박언주, 「인간 존엄의 조건으로서의 상호의존과 연결성: 치매인의 경험세계를 중심으로」, 『한국콘텐츠학회 논문지』 제20권 8호, 한국콘텐츠학회, 2020, 429-437쪽.

친구, 동료, 이웃, 돌보고 돌봄받는 관계로 확장될 수 있을 것이다.

알츠하이머 환자를 주인공으로 내세운 〈눈이 부시게〉는 판타지적 설정을 통해 정상성의 규범을 교란하지만 정상성 이데올로기에서 완전히 해방된 드라마는 아니다. 특히 드라마의 '신뢰할 수 없는 서술자' 전략은 알츠하이머 환자인 주인공의 진술이 결과적으로는 사실에 대한 오류와 잘못된 이해, 무질서와 착란으로 해석되도록 이끈다. 그러나 그렇다고 해서, 혜자의 이야기 세계가 추구하는 진실이 붕괴되거나 가치의 차원에서 혜자의 목소리가 진정성을 잃는 것은 아니다. 알츠하이머 투병 끝에 세상을 떠나는 혜자가 전하는 마지막 메시지 "오늘을 살아가세요. 눈이 부시게. 당신은 그럴 자격이 있습니다"는 현재의 순간에서 '나'의 정체성에 집중함으로써 인간으로서 삶의 존엄을 지켜내려는, 존엄한 인간의 목소리로서 강한 울림을 갖는다.

5. 나오며

흔히 대중 서사에서 알츠하이머 질병은 인지 능력과 기억력 상실을 거쳐 결국 자아를 잃어가는 과정으로 재현되고, 알츠하이머 환자는 자기 통제력을 상실해 무질서하고 혼돈에 빠진 존재로 대상화된다. 알츠하이머 환자의 입장이 비워진 상태로 환자 자신보다 그 가족의 부담과 돌봄의 고통에 초점을 두는 것도 관행적으로 반복된다. 한편, 최근의 대중 서사에서는 알츠하이머 환자의 기억력 상실을 역사적 차원의 기억하기와 망각하기의 역학 관계와 유비해 다룸으로써 근현대사의 '청산'되지 못한 문제들을 재조명하도록 이끄는 기억 서사의 경향도 두드러진다. 억압되거나 부정되었던 과거의 기억은 연대기적 시간관념이 흐트러진 병증의 상태로 현재에 출몰한다. 역사적 폭력의 가해자이든 피해자이든 나이가 들고 병들어 결국 죽음을 향한다는 인식, 그리고 그 시대를 목격한 자들의 시대가 저물어가는 데 대한 사회적 불안과 애도가 알츠하이머 질병 서사의 최근 경향과 무관하지 않다.

〈눈이 부시게〉는 알츠하이머 질병을 다루는 기존의 서사적 관행을 거스른 판타지적 설정을 통해 기억과 시간에 대한 새로운 이야기 방식을 펼친다. 또한 이 드라마는 한국 현대사의 '어두운 과거'를 끌어들이는 최근의 경향과 닿아 있으면서도 알츠하이머 질병을 사회적 기억 작용의 메타포로 추상화하기보다는 나이 든 몸의 질병과 시간관념을 통해 삶에 대한 긍정과 가족의 화해라는 주제를 구현하고자 한다. 이러한 맥락에서 노화와 장애의 친연성을 바탕으로 한 〈눈이 부시게〉의 신체 전환 모티프는 사회적으로 구성되는 것으로서의 노년에 대한 대중적 이해의 폭을 넓히는 데 기여한다. 그러나 알츠하이머 환자를 '신뢰할 수 없는 서술자'로 설정함으로써 그 능동성을 전면화하는 한편으로 수용자가 서사를 재배치하고 재해석하는 과정에서 인지 능력을 근거로 '취약한 주체'의 존재를 지우는 데 공모하도록 유인하는 점은 이 드라마의 윤리적 지향과 모순된다. 고령화 사회에서 노화와 질병, 장애를 둘러싼 실질적인 갈등과 사회적 난제들을 풍부하게 다루지 못한 채, 어떠한 삶을 살았든 현재를 긍정하라는 메시지가 현자의 지혜처럼 제시되어 보수적인 현상 유지로 귀결되는 점 또한 비판될 여지가 있다. 이러한 여러 한계에도 불구하고 〈눈이 부시게〉는 알츠하이머 질병에 대한 두려움이나 혐오를 조장하거나 확대하지 않도록 주의하면서 알츠하이머 환자의 인지 장애와 자기 분열을 시간과 기억, 주체성과 관계성에 대해 재고할 계기로 제시함으로써, 고령화 시대 새로운 기억 서사의 가능성을 넓혀준 드라마라고 할 수 있다.

가정폭력과 반려동물 학대의 문제 및 개입[1]

박언주·김효정·류다현

1. 서론

본 연구는 한국 사회에서 '가정 내 동물학대'가 본격적으로 논의되어야 할 필요성이 있다는 문제의식에서 출발한다. 오늘날 가정폭력 개념은 친밀한 관계의 이력과 경험을 따라 확장되는 추세이고 반려동물에 관심이 높아지면서 반려동물 양육가구의 수 역시 증가하고 있다. 통계청의 「2020 인구주택총조사」에서는 최초로 반려동물 양육 여부가 조사 항목에 포함되었는데, 조사 결과 우리나라에서 반려동물을 키우는 가구는 312만 9천 가구로 일반가구의 15.0%에 해당하는 것으로 나타났다.[2] 해당 조사는 반려동물 양육 여부만을 조사하였으므로 키우는 마릿수를 고려한다면

1 이 글은 「가정폭력과 반려동물 학대의 문제 및 개입」, 『한국여성학』 제39권 2호, 한국여성학회, 2023을 수정 · 보완하여 재수록한 것이다.

2 「2020 인구주택총조사」, 통계청, 2020.

반려동물과 함께하는 삶의 규모는 더욱 커질 것으로 예상된다. 그러나 아직까지 우리 사회에서 가정 내 반려동물과 연관된 피해와 대응 방안 마련에 관한 논의는 부족한 상황이다. 가정폭력과 반려동물 학대에 관한 해외의 선행연구들에 따르면, 가정폭력 등 친밀한 관계에서 발생하는 폭력과 동물학대 사이에는 연관성이 있으며, 동물학대는 가정폭력의 잠재적 징후이자 전조 증상이고, 가정폭력이 발생하는 가구에서 동물학대가 더 만연한 것으로 나타났다.[3] 가정폭력의 맥락에서 발생하는 반려동물 학대는 피해자와 반려동물 모두의 안녕과 복지에 심대한 문제를 초래할 뿐만 아니라, 가정폭력과 동물학대의 상호연관성 속에서 학대 상황을 강화하는 결과를 초래한다는 점에서 중요한 사회적 의제로 다루어질 필요가 있다.

가정폭력의 중요한 특성 중 하나는 아동학대, 노인학대 등 다른 폭력행위와 중복하여 발생하는 경우가 많다는 점이다. 가정폭력과 다른 폭력행위 간의 중복 발생은 '학대의 거미줄 풀기(Untangling the web of abuse)'[4]라는 용어로도 표현되는데, 이는 가정폭력과 다른 폭력이 미세한 거미줄처럼 연결되고 엉켜 있다는 것을 의미한다. 가정폭력과 아동학대의 중복발생에 대한 문제는 가정폭력 노출 아동의 피해경험과 아동보호기관의 개입 및 연구자

---

3 Michelle Cleary et al., "Animal Abuse in the Context of Adult Intimate Partner Violence: A Systematic Review", *Aggression and Violent Behavior*, Vol.61, No.3, Elsevier BV, 2021.

4 Catherine A. Faver & Elizabeth B. Strand, "Domestic Violence and Animal Cruelty-Untangling the Web of Abuse", *Journal of Social Work Education*, Vol.39, No.2, Taylor & Francis, 2003, pp.237-253.

들의 연구를 통해 강조된 바 있다. 이러한 가정폭력의 특성으로 인해 최근 다른 학대 행위와의 연관성 속에서 가정폭력에 대한 통합적 개입이 필요하다는 목소리가 높아지고 있다.[5] 그러나 아직 동물학대까지 포함하는 논의나 대응은 이루어지지 못하고 있는 것으로 보인다. 가정폭력 피해자를 위한 쉼터에서 반려동물을 수용하는 사례도 부재하고, 가정폭력과 반려동물 학대를 함께 다루고 있는 연구도 찾아보기 어렵다.

가정폭력 피해자는 반려동물에게 의지하고 정서적인 지지를 얻는 경우가 많고, 따라서 폭력 상황에 대한 대응에서 반려동물의 거취와 안전을 중요하게 고려한다. 이때 가정폭력 가해자는 피해자를 강압하고 통제하기 위한 수단으로 가족 내 반려동물을 위협하거나 다치게 하거나 죽이고, 피해자는 반려동물의 생존과 복지에 대한 걱정으로 폭력 상황에서 벗어나는 것을 주저하거나 지연시키는 것으로 나타났다.[6] 이처럼 가정폭력 상황에서 발생하는 반려동물 학대의 만연성과 심각성으로 인해 미국 등 해외 국가에서는 관련 논의와 법제도적 정비가 이루어지고 있는 반면, 한국 사회에서는 아직 가정폭력과 반려동물 학대의 연관성에 대한 사회적 관심과 논의가 부족한 상황이다. 법적으로도 가정폭력과 동물학대에 관한 연결을 찾아보기 어렵다. 현행 「동물보호법」은 가족 구성원으로부터의 학대에 대한 규정이 차지하는 비중이 상대적으로 크지 않고, 「가정폭력범죄의 처벌 등에 관한 특례법」은 동물학

5 김홍미리 · 강은애 · 박예슬 · 이혜숙 · 구혜완 · 윤연숙, 『서울시 학대예방 · 피해지원체계 현황분석과 정책과제』, 서울시여성가족재단, 2022, 62-68쪽.

6 Catherine A. Faver & Elizabeth B. Strand, op.cit.

대에 대해 명시적으로 언급하고 있지 않다. 제도적 측면에서도 최근 쉼터에 입소한 가정폭력 피해자를 대신해 반려동물을 돌봐주는 반려동물 돌봄 지원사업이 도입되어 시행되고 있으나, 수도권을 중심으로 일부 지자체에 한정되어 있고 아직 반려동물과 동반 입소가 가능한 쉼터가 없다는 점에서 개선이 요구된다. 가정폭력과 반려동물 학대의 상호연관성에 주목하면서 가정폭력 피해자와 반려동물 모두의 생존권과 안전의 중요성을 설명하고, 이를 적극적으로 도모하기 위한 논의가 이루어져야 하는 시점이다.

이러한 맥락에서 본 연구는 가정폭력과 반려동물 학대의 문제에 포괄적으로 접근해야 한다는 문제의식을 바탕으로, 가정폭력의 맥락에서 반려동물 학대와 관련된 현황과 문제를 개괄적으로 검토하고 대응 방안을 살펴봄으로써, 향후 우리 사회의 가정폭력과 반려동물 학대에 대한 대응의 필요성과 방향성을 제안하는 것을 목적으로 한다.

본 연구의 목적을 달성하기 위한 연구 문제는 다음과 같다. 첫째, 가정폭력과 동물학대의 개념은 무엇이며, 이는 어떻게 이론적으로 설명되는가? 둘째, 한국 사회의 가정폭력과 반려동물 학대에 대한 대응은 어떠한가? 셋째, 해외의 가정폭력과 반려동물 학대의 문제와 대응은 어떠한가? 넷째, 향후의 국내 가정폭력과 반려동물 학대에 대한 대응을 위한 시사점은 무엇인가?

이러한 연구 문제에 답하기 위하여 본 연구는 가정폭력과 반려동물 학대를 주제로 하는 국내외 현황과 선행연구를 검토하였다. 가정폭력과 동물학대에 관한 실태, 이론, 정책 및 전달 체계에 대한 보고서와 이 분야를 중심으로 활동하거나 서비스를 제공하고 있는 협회, 조직, 기관, 등의 인터넷 홈페이지 자료와 학술 논문에 근거하여 연구를 진행하였다.

2. 가정폭력과 반려동물 학대의 개념 및 이론

2.1. 가정폭력의 개념

가정폭력은 법적으로 "가정 구성원 사이의 신체적, 정신적 또는 재산상의 피해를 수반하는 행위"로 정의된다(「가정폭력범죄의 처벌 등에 관한 특례법」 제2조 제1호). 가정폭력 피해자란 "가정폭력범죄로 인해 직접적으로 피해를 입은 사람"을 의미한다(동법 제2조 제5호). 가정폭력범죄에는 상해와 폭행의 죄, 유기와 학대의 죄, 체포와 감금의 죄, 협박의 죄, 강간과 추행의 죄, 명예에 관한 죄, 주거침입의 죄, 권리행사를 방해하는 죄, 사기와 공갈의 죄, 손괴의 죄, 카메라 등을 이용한 촬영의 죄, 불법 정보의 유통금지가 포함된다(동법 제2조 제3호). 이러한 가정폭력에 대한 법적 규정에는 동물학대에 대해 직접적으로 언급하는 부분을 포함하고 있지 않다.

이러한 법적 정의 이외에도 가정폭력은 신체적 폭력, 성적 폭력, 정서적 폭력, 경제적 폭력, 방임, 통제 등으로 유형화되고 측정되고 설명된다. 정서적인 폭력에는 폭언, 무시, 모욕과 같은 언어폭력으로 기분을 상하게 하거나, 직접 구타하거나 상해를 입히지는 않더라도 그렇게 하겠다고 위협하는 것을 포함한다. 물건을 던지거나 부수는 것 또한 정서적 폭력에 해당한다. 방임은 무관심과 냉담으로 대하거나 위험한 상황에 방치하는 것을 의미한다. 따라서 반려동물을 해치거나, 해치겠다고 위협하거나, 제대로 돌보지 않고 방임하거나, 위험한 상황에 방치하는 것은 정서적 폭력으로서의 가정폭력이 될 수 있다.

가정폭력과 동물학대의 연관성에도 불구하고 아직 한국에서는 이에 대한 구체적인 실태 파악이 이루어지지 못하고 있다. 「2019년 가정폭력실태조사」의 조사표는 '상대방이 아끼는 사람이나 반려동물을 해치거나 해치겠다고 위협하는 행동'을 정서적 폭력의 하위 유형으로 포함하고 있다.[7] 그러나 일반 국민을 대상으로 하는 조사에서 포괄적인 1개의 문항으로 구성되어 있어 해당 문항의 결과로 가정폭력의 맥락에서 발생하는 동물학대의 현황을 살펴보기 어렵다. 동물학대와 가정폭력 문제를 논의하고 적절한 대응 방안을 마련하기 위해서는 관련 현황 및 실태에 대한 구체적이고 체계적인 파악이 필수적이다. 가정폭력과 동물학대의 연관성에 관한 실태조사가 필요하다는 주장은 가정폭력과 동물학대 현장을 중심으로 이미 오래전부터 제기되어 왔음에도 아직 이루어지지 않고 있어 개선이 필요하다.

---

7 「가정폭력실태조사」에 따르면, 여성이 응답한 반려동물 관련 폭력 피해는 0.3%, 지난 1년 이전에는 0.7%인 것으로 나타났다. 이는 지난 1년간의 '모욕이나 욕'(7.8%)과 그 이전(15.8%)에 비하면 미미한 수준이라고 할 수 있으며, '내 앞에서 자해를 하거나 자해, 자살하겠다고 위협했다'와 같은 비중으로 나타났다. 김정혜 외, 「가정폭력실태조사」, 2019, 한국여성정책연구원, 90-91쪽 참조.

2.2. 동물학대의 개념

동물학대란 "동물을 대상으로 정당한 사유 없이 불필요하거나 피할 수 있는 고통과 스트레스를 주는 행위 및 굶주림, 질병 등에 대하여 적절한 조치를 게을리하거나 방치하는 행위"이다(「동물보호법」 제2조 9항).[8] 「동물보호법」에서 '동물'은 "고통을 느낄 수 있는 신경체계가 발달한 척추동물로서 포유류 및 조류, 그리고 파충류, 양서류, 어류 중 농림축산식품부 장관이 관계 중앙행정기관의 장과 협의를 거쳐 대통령령으로 정하는 동물"이며(제2조 1항), '반려동물'이란 "반려 목적으로 기르는 개, 고양이 등 농림축산식품부령으로 정하는 동물"(제2조 7항)을 의미한다.

동법 제10조의 '동물학대 등의 금지 조항'에는 동물학대의 구체적인 행위가 제시되어 있는데, 동물을 죽이거나 죽음에 이르게 하는 행위(동법 제10조의1), 누구든지 동물에 대해 해서는 안 되는 행위(동법 제10조의2 및 제10조의5), '소유자'가 없거나 '소유자' 등을 알 수 없는 동물에 대해 해서는 안 되는 행위(동법 제10조의3), '소유자' 등이 해서는 안 되는 행위(동법 제10조의4)로 구분된다. 금지행위를 종합해 보면, 누구든지 동물을 죽이거나 죽음에 이르게 하는 것, 동물의 몸에 상해를 입히거나 고통을 주는 것, 몸을 손상하거나 체액을 채취하거나 그와 관련된 장치를 설치하는 것, 판매하거나 죽일 목적으로 포획하는 것, 판매하는 것, '소유자'

---

8 「동물보호법」의 목적은 동물의 생명보호, 안전 보장 및 복지 증진을 꾀하고 사람과 동물의 조화로운 공존에 이바지하는 것이다(제1장 제1조).

를 알 수 없는 동물을 알선하거나 구매하는 것, 이러한 금지 행위를 촬영한 사진이나 영상을 유포하는 것, 도박을 목적으로 동물을 이용하거나 광고 및 선전하는 것, 상이나 경품으로 동물을 제공하는 것, 영리를 목적으로 대여하는 것은 금지행위에 해당한다. 동물의 '소유자'가 해서는 안 되는 행위에는 유기, 보호 의무를 위반하고 상해를 입히거나 질병을 유발하는 것, 죽음에 이르게 하는 것 등이 있다.

일반적으로 동물학대의 개념에는 고의적이고 악의적으로 동물을 학대하는 행위와 동물의 필요를 무시하는 행위 등 덜 분명한 행위가 포함된다. 예를 들어, 동물을 때리거나 공격하는 등의 직접적인 폭력 행위와 함께, 음식 등 기본적인 필요 사항을 제공하지 않고 방임하는 행위, 동물을 병적으로 수집하는 행위, 수의학적인 치료를 제공하지 않는 행위, 적절한 돌봄이 제공되지 않는 보호소에 방치하는 행위, 동물을 두고 이사하거나 유기하는 행위, 자동차에 동물을 방치하는 행위, 동물 싸움 등에 참여시키는 행위, 화장품 등의 테스트에 동물을 사용하는 행위, 강아지 공장에서 대량으로 강아지를 생산 · 사육 · 판매하는 행위 등은 모두 동물학대의 유형으로 포괄될 수 있다.

2.3. 가정폭력과 반려동물 학대에 대한 이론

가정폭력과 반려동물 학대에 대한 가설로 선행연구에서 주요하게 소개된 이론에는 '폭력진행(violence graduation) 가설'[9]과 '비행 일반화(deviance generalization) 가설'[10]이 있다. 먼저 폭력진행 가설은 동물학대와 가정폭력 사이의 직접적인 인과적 연결(link)을 설정하고, 동물학대 가해자는 이후 인간을 학대한다고 보았다. 이는 동물학대(animal cruelty)가 인간에 대한 공격성(interpersonal aggression)에 선행한다는 것과 그 효과는 폭력적 형태의 반사회적 행동과 같이 특수하다는 것에 근거한다. 비행 일반화 가설은 동물학대는 반사회적 행동의 여러 형태 중의 하나이며, 한 가지 학대를 범한 범죄자의 경우 다른 형태의 학대에 가담할 가능성이 있다고 보았다. 이러한 이론들은 반사회적 행동과 범죄 행동의 발달 경로를 설명하고 인과적 이론을 발전시키고자 하는 노력의 일환이라 할 수 있다.[11]

그러나 가정폭력과 반려동물 학대에 관한 이러한 두 가지 주요 이론들은 모두 가정폭력의 맥락과 피해자를 고려하지 못한다는 비판을 받았다.[12] 두 이론은 폭력과 학대라는 반사회적 혹은 범죄행위를 하는 개인적 차원의 원인에 대해 설명하는 데 중점을 두고 있으며, 가정폭력과 동물학대 사이의 연결에 대해 충분히 설명

---

9 Arnold Arluke et al., "The Relationship of Animal Abuse to Violence and Other Forms of Antisocial Behavior", *Journal of Interpersonal Violence*, Vol.14, No.9, Sage, 1999, pp.963-975.

10 Paul J. Frick & Essi Viding, "Antisocial Behavior from a Developmental Psychopathology Perspective", *Development and Psychopathology*, Vol.21, No.4, Cambridge University Press, 2009, pp.1111-1131.

11 Paul J. Frick & Essi Viding, ibid.

12 Michelle Cleary et al., op.cit.

하지 못하고 폭력이 발생하는 상황적 맥락을 고려하지 못하고 있다는 것이다.

가정폭력의 맥락에서 동물학대의 동기는 흔히 피해자에게 권력과 통제를 행사하려는 것이다.[13] 가정폭력의 영역에서 '젠더 대칭/비대칭'에 대한 논쟁이 지속되어 왔지만, 가정폭력과 동물학대는 젠더화된 현상이라는 학자들 사이의 합의가 더욱 힘을 얻고 있다. 동물학대와 가정폭력의 중복발생은 이러한 합의의 근거가 된다. 동물학대와 가정폭력의 중복발생을 이론화한 선구자인 캐롤 J. 아담스(Carol J. Adams)[14]는 여성 배우자/파트너에 대한 가정폭력 및 아동학대와 마찬가지로 동물학대 또한 가부장제에 그 기원이 있다고 주장했다. 여성 억압은 동물 억압과 함께 직조되어 있으며, 여성과 동물은 그들의 신체를 가부장적 권력을 가진 가해자에게 통제당한다는 점에서 공통점을 가진다. 가해자는 가정폭력 피해의 효과를 더욱 확대하는 방향으로 동물에게 위해를 가하는데, 이러한 동물학대 상황에서는 가해자가 '무엇을 했는지'보다는 '무엇이 성취되었는가' 하는 것이 더욱 중요하다.[15] 즉, 가정폭력을 통한 권력과 통제는 가정폭력의 맥락에서의 동물학대의 근원이라는 것이다. 가정폭력의 권력과 통제 이론은 가해자에 의한 동물학대가

---

13 Michelle Cleary et al., op.cit.

14 Carol J. Adams, *Neither Man nor Beast: Feminism and the Defense of Animals*, Continuum, 1994, pp.135-153; Carol J. Adams, "Woman-battering and harm to animals", Carol J. Adams & Josephine Donovan(eds). *Animal and Women: Feminist Theoretical Explorations*, Duke University Press, 1995, pp.55-84.

15 Carol J. Adams & Josephine Donovan, ibid.

수단화될 수 있다는 점을 강조한다. 가해자는 피해자에 대해 권력을 작동시키고, 복종을 가르치고, 긍정적인 관계로부터 고립시키는 것을 포함하여 독립적인 행동을 제한하고, 떠나는 것을 막고, 벌하고, 동물학대에 가담하게 하는데, 이는 피해자에 대한 권력과 통제를 확인하고 구체화하기 위한 것이다.

권력과 통제의 수레바퀴로 가정폭력을 설명한 덜루스(Duluth) 모델을 확장하여, 전미 연결 연합(the National Link Coalition)[16]은 고립, 위협, 법적 학대, 부인과 비난, 감정적 학대, 경제적 폭력, 협박, 자녀 이용의 개념으로 동물학대와 가정폭력에 대해 설명한다. 고립은 반려동물을 격리하는 것, 위협은 반려동물에게 위해를 가하겠다고 협박하는 것, 법적 학대는 반려동물을 두고 피해자와 법적 다툼을 벌이는 것, 부인과 비난은 가해행위에 대해 피해자와 피해동물에게 책임을 전가하는 것, 감정적 학대는 피해자가 반려동물과 정서적 유대를 유지하는 것을 저해하는 것, 경제적 학대는 반려동물에 대해 재정적 지출을 금지하는 것, 협박은 반려동물 학대 후 피해자와 가족을 학대할 수 있음을 확인하는 것, 자녀 이용은 피해자와 자녀의 유대를 훼손하기 위하여 자녀의 반려동물에 위해를 가하고 피해자에게 책임을 전가하는 것이다.

이때 반려동물은 가정폭력 피해자에 대한 통제를 위하여 사용되는 수단으로 위치된다. 가해자는 동물학대를 피해자를 화나게 하는 수단으로 사용하는데, 이는 다수의 반려동물과 함께하는 경

16 전미 연결 연합(the National Link Coalition)은 가정폭력과 동물학대의 연결 문제에 주목하여 대응하는 전미 조직으로, 인간과 동물에 대한 폭력을 중지하기 위하여 둘 사이의 연결에 대한 국가 자원 센터 기능을 하는 비영리 단체이다.

우 피해자와 정서적 애착이 강하게 형성된 반려동물이 가해자의 동물학대 행위의 표적이 된다는 연구결과에 의해 지지된다.[17] 가정폭력 가해자는 피해자를 통제하고, 강요하고, 상해를 입히고 위협하기 위해 동물에 대한 위협과 학대를 사용하고, 동물에 대한 분노와 보복은 상대적으로 적게 나타났다. 학대 과정에서 가해자는 반려동물을 물건 혹은 재산으로 간주하는 경향이 있는 것으로 보고되기도 하였다.[18]

기존 연구들은 가정폭력의 맥락에서 발생하는 동물학대가 피해자에 대한 가정폭력의 확장된 형태라는 점을 보여준다. 이는 가정폭력의 맥락에서 자녀가 폭력의 도구로 사용되는 것과 같은 맥락으로 볼 수 있다. 이때 자녀가 가정폭력에 노출되는 것 자체가 아동학대인 것과 마찬가지로, 반려동물이 가정폭력의 맥락에서 표적이 되거나 이용되는 상황 자체로 동물의 복지를 침해하는 동물학대가 발생할 수 있다는 점이 간과되지 않아야 할 것이다.

3. 국내 가정폭력과 반려동물 학대에 대한 대응

3.1. 국내 반려동물 학대 대응체계

17 Amy J. Fitzgerald et al., "Animal Maltreatment in the Context of Intimate Partner Violence: A Manifestation of Power and Control?", *Violence Against Women*, Vol.25, No.15, Sage, 2019, pp.1806-1828.

18 Pamela Carlisle-Frank et al., "Selective Battering of the Family Pet", *Anthrozoös*, Vol.17, No.1, Taylor & Francis, 2004, pp.26-42.

한국 사회는 「동물보호법」에 따라 '동물보호의 기본원칙'을 두고 있다. 여기에는 동물의 본래의 습성과 몸의 원형을 유지하도록 할 것, 갈증과 굶주림을 겪거나 영양이 결핍되지 않도록 할 것, 표현에 불편함이 없도록 할 것, 고통 · 상해 및 질병으로부터 자유롭게 할 것, 공포와 스트레스를 받지 않도록 할 것 등이 포함된다(동법 제3조). 또한, 금지행위에 노출되어 동물보호의 기본원칙이 지켜지지 않는 상황에 놓인 동물을 보호하기 위하여 동물의 구조 및 보호(제34조), 동물호보센터의 설치(제35조) 및 지정(제36조) 등에 관한 조항을 두고 있다. 동물을 구조하고 치료 · 보호하는 '보호조치'의 주체는 시 · 도지사와 시장 · 군수 · 구청장이며, 피학대 동물 중 '소유자'를 알 수 없는 동물 및 '소유자'에 의한 학대피해 동물은 학대 재발 방지를 위하여 가해자로부터 격리하도록 규정되어 있다. 또한, 보호조치 중인 유실 · 유기 동물이거나 '소유자'를 알 수 없는 피학대 동물의 경우, 등록 여부를 확인하고 '소유자'에게 보호조치 중인 사실을 통보하도록 하고 있다. 보호조치의 기간은 농림축산식품부령으로 정한다.

가정폭력 피해자와 반려동물이 함께 폭력을 피할 수 있도록 쉼터와 서비스가 필요하지만, 반려동물과 함께 폭력을 피하는 경우 각각 분리되어 피해자는 쉼터로 반려동물은 동물보호센터를 이용해야 하는 실정이며, 동물보호센터를 이용할 수 있는 동물은 제한되어 있다. 구조 및 보호 대상은 「동물보호법」 제14조에 따라 유실 · 유기동물, 학대피해 동물 중 '소유자'를 알 수 없는 동물과 '소유자'로부터 학대받아 적정하게 치료 및 보호받을 수 없다고 판단되는 동물로 제한되므로, 이에 해당하지 않는 반려동물은 동물보호센터에 수용되지 않으며, 수용되었더라도 곧 퇴소해야 하는 것이다.[19]

이러한 상황에서 서울, 인천, 경기도는 반려동물 돌봄서비스를 제공하고 있다. 특히, 경기도는 '경기도형 동물복지 종합대책(2018~2022)'을 통해 동물보호센터와 연계한 '가정폭력 피해자 반려동물 돌봄서비스'를 실시하고, 중장기적으로 가정폭력 피해자와 반려동물의 동반 입소가 가능한 피해자 보호시설을 설치하는 계획을 발표하였다.[20] 이 서비스는 가정폭력 피해자가 반려동물을 동물보호센터에 위탁하고 자신은 안전하게 보호시설 등을 이용할 수 있도록 지원한다. 대상은 경기도 내 거주 가정폭력 피해자의 반려견으로 제한되어 있지만, 가정폭력 피해자 보호시설 이용기간에 1개월을 추가하여 반려동물 돌봄 지원 서비스를 제공한다는 것은 긍정적인 점으로 볼 수 있다. 피해자가 반려동물의 양육을 포기하는 경우 제삼자에게 입양을 추진한다. 서비스의 이용은 가정폭력 피해자가 쉼터 입소 전 운영자에게 신청하면, 운영자는 동물보호시설에 신청사항을 통보하고, 이후 제삼의 장소에서 가정폭력 피해자의 반려견을 동물보호시설에서 인수하는 절차로 진행된다.

---

19 「동물의 비물건화 첫발을 떼다. 법무부 민법 개정안 입법예고」, 동물자유연대, 2021. 7. 19.

20 「가정폭력 피해가정 반려동물, 경기도가 안전하게 대신 돌봐 드립니다」, 『경기도뉴스포털』, 2020. 2. 12; 「'사람과 동물이 함께 행복한 경기도' 한 발짝 더 나아간다」, 『경기도뉴스포털』, 2021. 2. 5.

한편, 농림축산식품부는 현행 「동물보호법」을 「동물복지법」으로 개편하는 등의 내용을 담은 '동물복지 강화 방안'을 발표하였다.[21] '사람 · 동물 모두 행복한 하나의 복지(One-Welfare) 실현'을 비전으로 삼고, 동물학대 · 유기 없는 성숙한 동물 돌봄 체계 구축 및 책임감 있는 반려동물 양육 문화 조성을 목표로 하고 있다. 주요 추진 전략으로는 동물복지 강화 추진기반 마련, 사전예방적 정책 도입 확대, 동물보호 · 복지 사후 조치 실질화를 두고 있으며, 주요 과제로는 동물복지 중심으로 법체계 개편(제도), 동물복지 사회적 수용성 개선(인식), 정기 실태조사 및 통합정보체계 구축(통계), 반려동물 소유자 돌봄 의무 확대(돌봄), 학대 범위 확대 및 재발방지 강화(학대), 등록 활성화 등 예방책 마련(동물유기), 맹견 · 사고견 양육 · 영업관리 강화(개물림사고), 상업적 이용의 관리 · 투명성 제고(영업 · 실험 · 농장), 학대 현장 대응 및 처벌 등 실효성 강화(학대), 보호시설 개선 및 입양 활성화(동물유기) 등을 포괄한다. 이의 추진을 위해서는 동물복지 정책의 논의 · 조정을 위한 폭넓은 거버넌스 구축과 동물복지를 전담하여 추진할 중앙 · 지방단위의 추진체계 마련을 계획하고 있다.

농림축산식품부장관은 「동물보호법」 6조[22]에 따라 5년마다

---

21 「동물복지 강화 기반 만든다… 2024년 '동물복지법' 마련」, 『대한민국정책브리핑』, 2022. 12. 6.

22 제6조(동물복지종합계획) ①농림축산식품부장관은 동물의 적정한 보호 · 관리를 위하여 5년마다 다음 각 호의 사항이 포함된 동물복지종합계획(이하 "종합계획"이라 한다)을 수립 · 시행하여야 한다. 1. 동물복지에 관한 기본방향, 2. 동물의 보호 · 복지 및 관리에 관한 사항, 3. 동물을 보호하는 시설에 대한 지원 및 관리에 관한 사항, 4. 반려동물 관련 영업에 관한 사항, 5. 동물의 질병 예방 및

동물복지종합계획을 수립해야 하며, 현재 '제2차 동물복지 종합계획(2020년~2024년)'이 추진되고 있다. 2차 종합계획에 따라 지자체별로 동물복지 조직이 개편되고 예산의 규모가 증가하는 추세에 있다. 경기도의 경우, 축산산림국은 '축산동물복지국'으로, 산하의 동물보호과는 동물복지과로 변경되었고, 반려동물과를 신설하였다. 강원도는 취약계층의 반려동물 진료비 지원과 동물보호센터 인력 충원을 계획하고 있다. 경상남도는 유기동물 입양가정에 입양장려금과 애완동물보험을 지원한다.[23]

동물학대 대응체계는 동물학대 사건이 발생하면 증거를 확보하고, 경찰, 동물보호단체, 지자체 공무원(동물보호감시원)에게 사건을 신고함으로써 작동된다.[24] 동물학대가 지속되는 상황이라면 현장에 즉시 출동하여 학대 행위가 중단되도록 요구할 수 있다. 담당 공무원은 학대당한 동물을 학대자로부터 3일 이상 격리시킬 수 있고, 학대자가 3일 이후 동물의 '반환'을 요구할 경우, 그동안 발생한 보호 및 치료비용을 청구한다. 청구된 비용은 7일 이내에 납부해야 하는데, 납부 기간이 끝나고 10일이 지나도 납부되지 않는다면 학대받은 동물의 '소유권'은 지자체가 취득하게 된다. 학대자에 대한 수사 및 처벌을 원한다면 고소 · 고발이 가능하다. 동물학대 사건 역시 일반적인 형사사건 절차를 따르게 된다. 경찰은

치료 등 보건 증진에 관한 사항, 6. 동물의 보호 · 복지 관련 대국민 교육 및 홍보에 관한 사항, 7. 종합계획 추진 재원의 조달방안, 8. 그 밖에 동물의 보호 · 복지를 위하여 필요한 사항 (이하 생략).

23 「2023년 변화하는 지자체 동물복지 정책」, 『한국반려동물신문』, 2023. 1. 16.

24 채일택 · 서미진 · 김민경, 『동물학대 대응 매뉴얼』, 동물자유연대, 2020, 13쪽.

고소·고발 내용을 기반으로 학대자를 소환하여 수사한 후 검찰에 기소 또는 불기소 의견으로 사건을 송치한다. 검사는 학대자의 죄가 인정되면 법원에 공판기소와 약식기소로 공소를 제기하고, 기소유예하거나 불기소 처분할 수 있다. 최종적으로 법원은 사건의 경중에 따라 징역형 혹은 벌금형의 판결을 내리게 된다.

3.2. 동물의 법적 지위 변화를 위한 「민법」 개정

동물복지에 대한 사회적 관심과 반려동물 양육 인구가 증가하고 동물에 대한 비인도적 처우의 개선 및 동물권 보호와 강화를 요청하는 목소리가 커짐에 따라, 「민법」상 물건 규정(법 제98조)에 '동물은 물건이 아님'을 선언하는 조항(안 제98조의2)이 신설되었다.[25] 현행 「민법」은 여전히 동물을 일반 물건으로 취급하고 있으므로, 이러한 조항을 추가하여 「민법」상 동물을 물건과 구분하여 비물건화하되, 법률에 특별한 규정이 없으면 물건에 관한 규정을 준용하도록 하였다(안 제98조의2 신설). 이에 따라 동물 그 자체로서의 법적 지위를 인정하고자 하는 것이다.[26]

해당 조항의 신설로 인하여 동물학대에 대한 처벌, 동물학대 피해에 대한 배상 수준에 있어서의 변화, 그리고 인간과 동물을

---

25 2021년 7월 19일 법무부는 동물을 물건과 분리하는 민법 개정안(제98조의 2 신설)을 입법예고 하였다. 개정안에는 "①동물은 물건이 아니다 ②동물에 대해서는 법률에 특별한 규정이 있는 경우를 제외하고는 물건에 관한 규정을 준용한다"라는 내용을 담았다.

26 「민법 일부개정법률안 입법예고」, 법제처, 2021. 7. 19.

존중하는 사회로의 변화가 기대된다.[27] 동물학대 사건에서 가해자에 대한 처벌은 「형법」상 재물손괴죄가 인정되어 구약식 벌금형에 처하는 정도에 그쳤으나 「민법」 개정이 완료되면, 「동물보호법」에 따라 처벌이 가능할 것이어서 현재보다 나아지리라는 점에서 긍정적이다. 「동물보호법」은 동물학대 가해자에게 징역 3년 이하 또는 벌금 3,000만 원에 처하도록 규정하고 있다.

이러한 변화는 동물을 더 이상 물건으로 취급하지 않고 동물 그 자체로서의 법적 지위를 인정하자는 취지를 담고 있는 것으로, 동물을 법적 인격, 기본권을 가진 존재로 바라본다는 것을 의미한다.[28] 이때의 기본권은 동물을 보호하려는 취지를 가지며, 인간에게 부여된 것과 같은 기본권을 동물에 적용하는 것은 아니라는 의견도 있다. 스위스 연방대법원에 따르면, 동물은 이렇게 부여된 기본권으로 국가에 대해 방어권을 가지며, 이는 국가와 지방자치단체가 동물을 보호해야 하는 의무를 갖는다는 것을 의미한다.[29]

그러나 후속 조항이 추가되지 않는다면 동물이 물건이 아니라는 선언적 조항만으로는 동물은 권리의 주체가 되기는 어려울 것이며, 물건에 관한 원래의 규정이 준용될 것이라는 부정적 전

27 「동물의 비물건화 첫발을 떼다. 법무부 민법 개정안 입법예고」, 동물자유연대, 2021. 7. 19.

28 김도희, 「그 당연한 얘기가 법이 될 때-판례로 본 동물의 법적 지위와 변화의 필요성」, 『동물의 법적 지위와 입법적 변화 모색』, 동물복지국회포럼 · 동물자유연대 · 동물자유연대 법률지원센터 · 동물의 권리를 옹호하는 변호사들 주최 국회토론회 토론문, 2022.

29 김도희, 위의 글.

망이 대부분이다.[30] 동물의 비물건화를 앞서 규정한 독일, 스위스, 프랑스, 오스트리아 등도 '특별한 규정이 없는 한 물건에 관한 규정을 준용한다'라는 단서를 고수하고 있다. 반려동물에 대한 처우는 개선될 여지가 있으나 조항이 유명무실해지지 않기 위해서는 후속 조항이 추가되어야 한다. 가해자의 손해배상책임의 범위, 피해동물 소유자의 정신적 피해보상, 반려동물 압류금지 등의 변화를 현실화하기 위해서는 민법 개정이 필요할 수 있다.[31] '동물은 물건이 아니다'라는 「민법」 개정이 생명체로서의 동물을 존중하고 보호해야 한다는 사회적 인식으로 이어지기 위해서는 동물이 갖는 기본권에 대한 인정과 이해가 요구될 것이며, 기본권의 범위와 그것을 보장하기 위한 실천적·제도적 노력이 수반되어야 할 것이다.

법적 지위를 갖는 생명체로서 동물의 사회적·법적 지위의 변화는 가정폭력 노출을 포함하여 가정 내·외의 동물학대 피해에 대한 허용도를 현저히 낮추고, 폭력 경험에 대한 법적·언어적 표현까지도 변화시킬 수 있을 것으로 보인다. 동물의 법적 지위 변화는 반려동물을 이용한 가정폭력과 그 과정에서 반려동물이 경험하게 되는 학대를 더 이상 '물건'을 대상으로 한 행위가 아니라, 생명으로서 법적 인격과 기본권을 가진 존재에 대한 폭력 행위로 위치시키게 된다. 인간과 반려동물의 관계가 소유자와 물건의 관계를 벗어날 때, 가정폭력과 동물학대 피해의 중복 발생의 맥락은

30 「'동물은 물건이 아니다' 입법 초읽기」, 『법률신문』, 2021. 9. 28.

31 김도희, 앞의 글.

보다 선명하게 드러날 수 있다. 나아가 반려동물도 가정폭력 피해를 입을 수 있다는 점을 이해하고, 폭력 가정 내 반려동물에 대한 보호·지원제도를 마련하는 등 가정폭력의 맥락에서 반려동물 학대에 대응하기 위한 방안을 마련해야 한다는 필요성으로도 이어질 수 있을 것이다.

3.3. 가정폭력과 동물학대의 중복 발생 및 대응 관련 논의의 부재

국내 반려동물 학대 대응체계 및 최근 동물의 법적 지위 변화에 관한 논의를 검토한 결과, 가정폭력과 동물학대의 대응과 관련하여 논의되어야 할 지점들이 존재함을 알 수 있다. 그러나 이는 동물학대 분야에서 가정 내 반려동물 학대에 특히 주목하고 있는 것은 아니며, 가정폭력의 맥락에 대해 고려하고 있는 것도 아니다. 마찬가지로, 국내 가정폭력 연구 영역에서도 반려동물 학대에 대한 논의는 본격적으로 시작되지 못했다.

동물학대 대응체계의 개선 방향을 제안하기 위해 아동학대와 동물학대 대응체계를 비교 검토한 결과를 보면, 아동학대와 동물학대 대응에서 가장 큰 차이점은 '누구를 중심으로' 사건에 대응하는지에 있다. 아동학대에서 최우선 고려 사항은 '아동의 이해'이지만 동물학대에서는 인간의 편의와 이익이라는 점에서 차이가 있다.[32] 동물학대 대응체계의 문제점을 예방 단계, 발견 단계, 수

32 「[이슈리포트] 아동학대와의 비교를 통한 동물학대 대응체계 개선방향」, 동물

사 · 법적 조치 단계, 사후관리 단계로 나누어 살펴본 결과는 다음과 같다. 먼저 예방 단계에서는 동물 학대 예방 교육 인프라 및 전달체계의 부족과 반려동물 입양 · 분양 시 동물학대자 검증 절차 부재가 지적되었다. 발견 단계에서는 반려동물 양육 현황 등 기본 정보의 부족과 감시 인력 및 체계의 미비, 그리고 신고의무제도의 낮은 실효성 등이 문제로 나타났다. 수사 · 법적조치 단계에서는 경찰의 동물학대 사건에 대한 전문성 및 인식 부족과 피해 동물의 격리 및 보호 관련 문제, 재발 방지를 위한 가해자 대상 조치와 관련된 문제가 지적되었고, 마지막으로 사후관리 단계에서는 사후관리체계의 부재가 문제점으로 나타났다.[33]

이러한 문제점을 해결하기 위한 장 · 단기적 과제로는 '동물학대 예방교육 확대실시', '반려동물 입양 및 분양 시 사전교육 의무화', '동물학대자 검증 절차 도입', '반려동물 등록 강화', '신고 의무자 교육 강화', '신고 의무자, 동물 보호 감시원, 동물 보호 전문기관' 역할 강화, '경찰 대상 동물 보호 교육', 동물학대 사건 현장에 '수의사 동행 및 검진 의무화' 및 '동물보호단체 동행 의무화', '가정폭력 발생 시 동물학대 여부에 대한 수사 병행', '피해 동물의 격리', '가해자에 대한 법적조치' 그리고 '사후관리체계 마련' 등이 다양하게 제시되었다.[34]

한편 가정폭력 발생 시 동물학대 여부에 대한 수사를 병행하

자유연대, 2021. 7. 22.

33 동물자유연대, 위의 글.

34 동물자유연대, 위의 글.

도록 한다는 것이 동물학대 대응체계 개선을 위한 과제에 포함되어 있다는 점은 가정폭력과 동물학대의 중복 발생에 대한 대응체계 구축에 긍정적이다. 가정 내 동물학대 신고 및 수사 시에도 가정폭력과 아동학대 및 노인학대 발생 여부에 대해 확인하고, 동물학대를 포함한 가정 내 폭력들의 중복 발생에 대해 통합적으로 대응하는 체계를 만들어 가는 방안 등을 고려해 볼 수 있을 것이다.

4. 해외 사례를 중심으로 본 가정폭력과 반려동물 학대의 문제와 대응

본 장에서는 미국을 중심으로 가정폭력과 반려동물 학대의 문제와 대응 방안을 살펴보고 한국의 상황에 시사점을 도출해 보고자 한다. 미국은 반려동물 양육 비율이 70%로 높고, 동물복지법(1966), 동물학대 · 고문방지법(2019), 반려동물 · 여성안전법(2018), 동물싸움관람금지법(2014) 등 동물학대 및 복지와 관련된 다양한 법률을 제정하고 있어[35] 국내 사례에 여러 시사점을 제공해 줄 수 있다. 미국에서는 2006년 메인주를 시작으로 가정폭력 피해자에 대한 법원의 보호명령 대상에 반려동물을 포함하는 등 가정폭력과 반려동물 학대의 문제에 선도적으로 대응하고 있다.[36]

---

35 「농식품부 동물복지 강화 방안 발표」, 대한민국정책브리핑, 2022. 12. 7.

36 「가정폭력 보호 대상 애완동물도 포함」, 『한국일보』, 2006. 4. 12.

4.1. 가정폭력과 반려동물 학대 문제

4.1.1. 가정폭력과 반려동물 학대의 중복 발생

가정폭력과 동물학대 행위에 관한 여러 조사 결과에서 가정폭력과 동물학대는 연관성이 있고, 중복 발생하는 경우가 많은 것으로 나타난다. 이러한 조사에서 동물학대는 "의도적으로 동물에게 불필요한 고통, 괴로움, 또는 스트레스, 죽음을 초래하는 사회적으로 용납되지 않는 행동"[37]으로 정의된다. 동물학대는 기본적으로 신체적 학대(발차기, 주먹으로 때리기, 던지기, 불태우기, 물에 빠뜨리기, 기절시키기, 싸움시키기)와 방임(음식, 물, 쉼터, 동반, 수의학적 돌봄, 신체적 운동의 결핍)으로 나누어지며, 전자는 능동적인 것, 후자는 수동적인 것으로 구분된다.[38] 선행연구에서 사용된 동물학대척도로는 '파트너의 동물대우척도(The Partners Treatment of Animal Scale)', '동물 대우 조사(Pet Treatment Survey)', '동물에 대한 공격성 척도(Aggression toward Animal Scale)' 등이 있다.[39]

'파트너의 동물대우척도'를 사용해서 동물학대를 조사한 결과에 따르면, 가해자는 반려동물을 치워버린다고 협박하거나(65.5%), 고의로 반려동물에게 소리를 지르고 협박하거나(60%),

37 Frank R. Ascione, "Children Who Are Cruel to Animals: A Review of Research and Implications for Developmental Psychopathology", *Anthrozoös*, Vol.6, No.4, 1993, Taylor & Francis, pp.226-247.

38 Hannelie Vermeulen & Johannes S. J. Odendaal, "Proposed Typology of Companion Animal Abuse", *Anthrozoös*, Vol.6, No.4, Taylor & Francis, 1993, pp.248-257.

39 Michelle Cleary et al., op.cit.

반려동물을 때리거나(56.4%), 물건을 던지거나(50.9%), 상해를 입히거나(20%), 죽이거나(14.5%), 뼈를 부러뜨리거나(10.9%), 익사시키는(9.1%) 등의 폭력행위를 하는 것으로 나타났다. 조사 대상의 47.3%는 시간이 지날수록 폭력행위가 더 증가했다고 응답하였고, 감소했다고 응답한 경우는 거의 없었다(0.05%). 반려동물과 얼마나 가까운 관계였는가 하는 질문에 80%의 여성이 그렇다고 응답하여 대다수의 여성들은 반려동물과 긴밀한 관계를 맺고 있는 것으로 나타났다.[40]

가정폭력과 동물학대는 중복 발생하는 경우가 많고, 동물학대는 가정폭력의 잠재적 지표로 기능하므로, 가정폭력 영역에서 동물학대에 관심을 기울일 필요가 있다는 점이 강조되고 있다.[41] 가정폭력 맥락에서 발생하는 동물학대에 관한 연구를 체계적으로 검토한 결과에 따르면, 친밀한 파트너 폭력이 있는 가구에서의 동물학대 발생률은 상당히 높았고, 그 범위는 21%에서 89%까지 폭넓게 나타났으며, 가정폭력과 동물학대 사이에는 현저한 상관관계가 있는 것으로 나타났다.[42]

동물학대 가해자는 가정폭력 범죄자일 가능성이 크다. 반려동물 학대자의 41%는 가정폭력으로 체포된 적이 있는 것으로 나타

---

40 Amy J. Fitzgerald et al., op.cit.

41 Sarah A. DeGue & David DiLillo, "Is Animal Cruelty a 'Red Flag' for Family Violence? Investigating Co-occurring Violence Toward Children, Partners, and Pets", *Journal of Interpersonal Violence*, Vol.24, No.6, Sage, 2009, pp.1036-1056.

42 Michelle Cleary et al., op.cit.

났다.[43] 또한 가정폭력 범죄자는 더 적극적이고 심각한 형태의 동물학대 행위를 하는 것으로 나타났다.[44]

가해자가 반려동물을 학대했다고 보고한 가정폭력 피해여성은 보다 빈번하고 심각한 형태의 가정폭력을 경험할 가능성이 있다.[45] 피해여성의 파트너는 반려동물을 위협(12~75%)하거나 학대(23~77%) 한 것으로 나타났다. 가정폭력과 동물학대의 중복 발생 비율이 차이가 나는 이유는 측정의 문제와 연구참여자 모집에 따른 것으로 해석된다.[46] 반려동물 학대는 '반려동물을 해하겠다는 협박'으로부터 '직접적 신체적 가해'까지 다양하게 나타났다. 한 개의 개별 질문 문항으로 가정폭력 가해자의 반려동물 학대 여부에 관해 측정한 연구도 있고, 다수의 질문 문항을 갖춘 척도를 활용하여 반려동물 학대를 측정한 연구도 있다. 다수의 문항을 가진 척도를 사용해서 반려동물 학대를 측정한 연구에서 학대 정도가 더 높게 보고되었다.[47] 또한, 쉼터 샘플이 지역사회 샘플에 비해서

---

43 Lacey Levitt et al., "Criminal Histories of a Subsample of Animal Cruelty Offenders", *Aggression and Violent Behavior*, Vol.30, Elsevier BV, 2016, pp.48-58.

44 Lacey Levitt et al., ibid; Cassie Richard & Laura Reese, "The Interpersonal Context of Human/Nonhuman Animal Violence", *Anthrozoös*, Vol.32, No.1, Taylor & Francis, 2019, pp.65-87.

45 Betty Jo Barrett et al., "Help-Seeking Among Abused Women with Pets: Evidence from a Canadian Sample", *Violence & Victims*, Vol.33, No.4, Springer Publishing Company, 2018, pp.604-626; Christie A. Hartman et al., "Intimate Partner Violence and Animal Abuse in an Immigrant-Rich Sample of Mother-Child Dyads Recruited from Domestic Violence Programs", *Journal of Interpersonal Violence*, Vol.33, No.6, Sage, 2018, pp.1030-1047.; Lacey Levitt et al., ibid.

46 Michelle Cleary et al., op.cit.

47 Michelle Cleary et al., op.cit.

가해자의 반려동물 학대율은 높게 나타났다. 이러한 연구 결과는 가정폭력과 반려동물 학대의 높은 연관성을 실증하는 동시에, 동물학대에 대한 조작적 정의의 자료 수집 등에서 여러 방법이 활용되고 있음을 보여준다.

가정폭력과 동물학대의 유형은 다양한 형태로 나타날 수 있다. 크리스티 A. 하트만(Christie A. Hartman) 외의 연구[48]에서는 피해 여성에 대한 정서적 폭력은 동물학대의 위험을 증가시키는 반면, 신체적 폭력은 오히려 위험을 감소시키는 것으로 나타났다. 캐서린 A. 시몬스와 피터 레만(Catherine A. Simmons & Peter Lehmann)에 따르면,[49] 동물학대는 피해자에 대한 성폭력, 부부강간, 정서적 폭력, 스토킹과 유의미한 관계가 있었다. 가정폭력의 유형에 따른 반려동물 학대의 형태와 정도에 대해서는 추후 더 많은 연구를 통해 규명되어야 할 부분으로 보인다. 아울러 가정폭력 노출 정도와 가정폭력 유형에 따른 동물의 학대피해 영향과 직접적인 동물학대 피해의 영향에 대한 연구도 필요한 것으로 보인다.

4.1.2. 가정폭력 맥락에서의 반려동물 학대의 영향

가정폭력 피해자는 반려동물과 정서적으로 유대감을 형성하므로 동물학대에 대한 두려움은 도움을 요청하고 안전 계획을 수립하며, 학대 관계를 종식하고자 하는 피해자의 결정에 부정적인

---

48 Christie A. Hartman et al., op.cit.

49 Catherine A. Simmons & Peter Lehmann, "Exploring the Link Between Pet Abuse and Controlling Behaviors in Violent Relationships", *Journal of Interpersonal Violence*, Vol.22, No.9, Sage, 2007, pp.1211-1222.

영향을 미친다.[50] 피해자는 반려동물이 걱정되어 가해자를 떠나 쉼터에 들어가는 것을 예정보다 늦추게 될 수 있다. 엘리자베스 B. 스트랜드와 캐서린 A. 페버(Elizabeth B. Strand & Catherine A. Faver)는 친밀한 파트너 폭력 피해자의 65%가 쉼터를 이용하기로 했던 결정이 반려동물의 안전에 대한 우려로 인해 영향을 받았다고 보고했으며, 그중 88%는 쉼터로 가는 것을 연기한 것으로 나타났다.[51] 많은 연구에서 반려동물에 대한 가해자의 직접적인 정서적 학대, 신체적 학대와 위협은 피해자의 탈폭력 결정과 유의미한 관련이 있는 것으로 나타났고,[52] 가해자가 반려동물을 신체적으로 학대한 경우, 피해여성이 가해자를 떠나는 것을 미루거나, 집으로 돌아가거나, 경찰 신고를 미루거나, 기소를 거부할 가능성이 더 큰 것으로 나타났다.[53] 가해자의 반려동물 학대는 피해자가 폭력적인 관계를 종식하고자 하는 계기가 되었다는 연구도 있지만,[54] 대부분

50 Elizabeth A. Collins et al., "A Template Analysis of Intimate Partner Violence Survivors' Experiences of Animal Maltreatment: Implications for Safety Planning and Intervention", *Violence Against Women*, Vol.24, No.4, Sage, 2018, pp.452-476.

51 Elizabeth B. Strand & Catherine A. Faver, "Battered Women's Concern for Their Pets: A Close Look", *Journal of Family Social Work*, Vol.9, No.4, Taylor & Francis, 2005, pp.39-58.

52 Betty Jo Barrett et al., op.cit.; Catherine A. Faver & Elizabeth B. Strand, op.cit.

53 Cheryl Travers et al., "Cruelty Towards the Family Pet: A Survey of Women Experiencing Domestic Violence on the Central Coast, New South Wales", *Medical Journal of Australia*, Vol.191, No.7, Australian Medical Publishing Company, 2009, pp.409-410.

54 Nik Taylor et al., "People of Diverse Genders and/or Sexualities Caring for and Protecting Animal Companions in the Context of Domestic Violence", *Violence Against Women*, Vol.25, No.9, Sage, 2019, pp.1096-1115.

의 연구에서 반려동물에 대한 가해자의 학대는 피해여성의 도움 요청에 장벽으로 나타났다. 가해자에 의한 반려동물 학대 상황에서 반려동물을 두고 떠나는 것에 대한 두려움은 피해자의 탈폭력 및 도움 요청 결정에 중요한 영향을 미치고 있었다. 반려동물과 피해자가 동반할 수 있는 보호시설이 제한되어 있고, 반려동물과의 동반입소를 거부하는 보호시설도 있다는 점 역시 도움요청 및 탈폭력의 장애요인으로 보고되었다.[55] 한편 가정폭력의 맥락에서 발생하는 동물학대는 가정폭력 상황에 노출되어 이미 학대를 경험하고 있는 자녀에 대한 학대의 정도를 더욱 심화시킬 수도 있다는 점에서, 이에 대한 연구도 이루어져야 할 것으로 보인다.

4.2. 가정폭력과 반려동물 학대의 중복발생에 대한 대응

2018년 제정된 미국의 「반려동물 및 여성 안전법(Pet and Women Safety(PAWS) Act)」은 반려동물을 동반한 가정폭력 피해자의 주거 욕구를 충족할 수 있도록 쉼터와 주거지원을 제공하는 단체를 위한 보조금 지급 프로그램을 지원한다. 또한 이 법은 「주간 스토킹, 보호명령 위반 및 배상과 관련된 연방법(Federal Law Pertaining to Interstate Stalking, Protection Order Violations, and Restitution)」의 보호명령에 반려동물이 포함되도록 허용할 것을 촉구하고 있

55 Rochelle Stevenson et al., "Keeping Pets Safe in the Context of Intimate Partner Violence: Insights from Domestic Violence Shelter Staff in Canada", *Affilia*, Vol.33, No.2, Sage, 2018, pp.236-252.

다. '반려동물 및 여성 안전법 연합(PAWS Act Coalition)'의 조직들은 보조금으로 가정폭력 피해자와 반려동물에게 안전한 쉼터를 제공할 수 있다는 점을 강조한다.[56] 이 법으로 인해 가정폭력 피해자와 반려동물을 위한 안전한 장소를 제공하는 쉼터 및 서비스 제공기관의 역량은 현저하게 향상될 수 있고, 피해자는 반려동물과 함께 할 안전한 장소를 찾고 머무를 수 있게 되므로 가정폭력 피해자의 역량 강화 또한 기대할 수 있을 것이다.

정부의 보조금 지원과 더불어 해외 국가들은 반려동물과 함께 탈폭력을 시도하는 가정폭력 피해자를 위한 다양한 반려동물 돌봄서비스를 도입하고 있다.[57][58] 미국 전역의 반려동물과 가정폭력 피해자를 위한 쉼터에 대한 정보는 '반려동물을 위한 안전한 장소(Safe Places for Pets)' 홈페이지를 통해서 검색할 수 있다.[59] 여기

56 Katherine Clark, "Cision: PASW Act Coalition Lauds Grant Funding to Aid Domestic Violence Survivors, Pets", 2022. 3. 16. https://katherineclark.house.gov/2022/3/cision-paws-act-coalition-lauds-full-congressional-funding-for-grant-program-to-aid-survivors-of-domestic-violence-and-their-pets

57 김효정 · 황정임 · 고현승 · 박언주 · 유화정, 『포스트 코로나 시대 가정폭력피해자 지원체계 전환을 위한 연구』, 한국여성정책연구원, 2022, 234-308쪽.

58 영국의 경우, 민간자선단체 도그 트러스트(Dogs Trust)는 피해자가 안전한 장소로 이동하는 동안 반려동물을 수용하는 프리덤 프로젝트(Freedom Project)를 통해 반려동물 돌봄서비스를 제공하고 있다. 네덜란드 '스테이 그룹(Blijf Groep)'의 '오렌지 하우스(Oranje Huis Aanpak)'는 반려동물이 쉼터에서 피해자 가족과 함께 지내는 프로그램을 도입하여 운영하고 있다. Dogs Trust Freedom Project 홈페이지(https://www.dogstrustfreedomproject.org.uk/) 및 Blijf Groep 홈페이지(https://www.blijfgroep.nl/) 참고.

59 '동물과 가족을 함께 보호(Sheltering Animals & Families Together)' 홈페이지(https://saftprogram.org/) 참고.

서는 쉼터 내에서 피해자와 함께 혹은 쉼터 밖의 장소에서 반려동물을 익명으로 위탁 양육할 수 있도록 한다. 위탁양육을 선택하는 경우, 반려동물에게 음식 및 수의학적 관리를 제공하면서 피해자가 반려동물과 접촉할 수 있게 한다. 웹사이트의 지도를 통해 지리적 위치를 확인하면서 쉼터를 검색할 수 있다. 미국 주 차원의 사례로는 가정폭력 및 성폭력 피해자를 위한 반려동물 위탁 돌봄 서비스를 제공하고 있는 '미네소타 가족과 동물 안전을 위한 동맹(Minnesota Alliance for Family & Animal Safety)'을 들 수 있다. 반려동물과 가정폭력 피해자를 위한 국제적 차원의 정보는 '동물과 가족을 함께 보호(Sheltering Animals & Families Together, SAF-T)'의 홈페이지를 통해서 구할 수 있다.[60] 이 플랫폼은 가정폭력 쉼터 중 반려동물 친화적인 쉼터의 목록을 제공하며, 글로벌 이니셔티브로서의 역할을 했다는 평가를 받고 있다.

반려동물과 가정폭력 피해자를 위한 직접적 서비스를 제공하는 쉼터의 사례로는 미국 캔자스 시(Kansas City)의 로즈 브룩 센터(Rose Brook Center)를 들 수 있다. 로즈 브룩 센터는 가정폭력 피해자가 탈폭력 과정에서 '안전계획(Safety Plan)'을 수립할 때, 반려동물을 고려한 '반려동물 안전계획(Pet Safety Plan)'을 수립하도록 지원한다. 반려동물 안전계획에는 반려동물을 가해자와 함께 두지 말고 믿을만한 사람들에게 임시 보호를 부탁할 것, 반려동물의 소유를 증명할 수 있는 자료를 마련할 것, 반려동물과 함께 가해자

60 '동물과 가족을 함께 보호(Sheltering Animals & Families Together)' 홈페이지 참고. (https://saftprogram.org/)

를 떠날 때 수의사를 바꾸는 등의 행위를 통해 안전을 확보할 것 등의 사항이 포함되어 있다. 로즈 브룩 센터의 반려동물 쉼터에서는 강아지, 고양이 및 다른 반려동물이 머물 수 있다. 이곳에서는 단순한 보호를 넘어 백신 접종, 건강검진 및 의료서비스 지원 등이 제공되며, 반려동물의 주인이 커뮤니티 자원을 효과적으로 사용할 수 있도록 돕는다. 쉼터 이용자는 언제나 자유롭게 반려동물과 걷고 뛰고 놀 수 있으며, 반려동물 옹호자와 봉사자가 반려동물의 신체적, 정신적 건강과 행복을 위한 다양한 활동을 제공하고 있다.

전미 연결 연합(the National Link Coalition)은 가정폭력과 동물학대의 연결 문제에 주목하여 대응하는 비영리 조직으로, 전문 교육과 대중 프로그램을 운영하고, 다학제적 프로그램과 연합하며, 월간 연결-편지(Link-Letter)를 발행하고, 연결(Link)에 관한 연구를 홍보하고 관련 정책을 따르는 등의 활동을 펼치고 있다.[61] 전미 연결 연합이 제시하는 가정폭력 피해자와 반려동물을 지원하기 위한 행동 요령은 한국 사회의 대응체계 구축 및 운영에서 무엇을 중시해야 하는지에 관해 여러 시사점을 제시한다. 우선 법적 측면에서, 가정폭력 보호명령에 반려동물을 포함하는 것을 기본으로, 동물학대 행위를 가정폭력 및 동물학대로 기소할 수 있게 하는 법과 반려동물에 대한 법적 권한이 가해자에게 넘어가지 않도록 하는 법을 위해 로비하기가 포함되어 있으며, 가해자와의 법적 분쟁

61 '전미 연결 연합(the National Link Coalition)' 홈페이지 참고. (https://nationallinkcoalition.org/)

을 대비하여 반려동물에 대한 모든 서류를 가정폭력 피해자의 이름으로 확보할 것을 제시하였다.

이상의 내용을 종합하면, 미국에서 가정폭력과 반려동물 학대의 중복 발생에 대응하는 서비스를 제공하는 현장에서는 생존자를 위한 안전계획 수립 시 반려동물을 고려한 계획을 세울 것, 반려동물 친화적인 쉼터를 조성할 것, 가정폭력과 동물학대의 연결고리에 주목하여 다양한 전문 및 대중 프로그램을 운영하는 것 등이 이루어지고 있었다. 이러한 기관들이 활동이 원활히 수행되기 위해서는 충분한 자금이 지원되어야 하며, 2018년 제정된 「반려동물 및 여성 안전법(Pet and Women Safety(PAWS) Act)」에 근거한 보조금 지급 프로그램이 운영되고 있다.

5. 결론 및 논의

본 연구는 한국 사회에서도 가정폭력 피해자와 반려동물의 안전을 보장하고 보호·지원할 수 있는 대응 방안을 마련해야 한다는 문제의식을 바탕으로, 가정폭력의 맥락에서 반려동물 학대와 관련된 개념과 이론, 국내외 현황과 해외 사례를 살펴보고, 향후 우리 사회의 가정폭력과 반려동물 학대의 대응 방향을 제안하고자 하였다.

한국 사회에서 가정폭력 피해자는 가정폭력범죄로 인해 직접적으로 피해를 입은 '사람'을 의미하며, 가정폭력 범죄에 대한 규정에 반려동물은 명시적으로 포함되어 있지 않다. 「민법」상에서도 오랫동안 동물은 '물건'으로 여겨져 존중되어야 할 생명으로서 법적 지위를 획득하지 못했다. 그러나 최근 가족구성원으로서 반려동물에 대한 인식 변화와 함께 생명으로서 동물의 가치 그 자체를 인정해야 한다는 목소리가 높아지고 가정폭력과 반려동물 학대의 중복발생에 대한 관심이 증대하면서, 동물보호에서 동물복지로 정책의 접근 방법이 변화하고 「민법」상 동물의 법적 지위가 신설되는 등 변화가 나타나고 있다. 그러나 아직 국내의 이러한 변화는 시작 단계로, 가정폭력과 반려동물 학대의 현황과 실태에 대한 구체적인 파악이 이루어지지 못하고 있고, 동물의 법적 지위 변화를 뒷받침하거나 가정폭력 피해자와 반려동물을 보호·지원하기 위한 실질적인 대응방안 마련은 부족한 상황이다. 해외의 선행연구를 살펴본 결과, 가정폭력과 반려동물 학대의 연관성은 실증적으로 증명되는 것으로 나타났다. 반려동물과 정서적으로 유대감을 형성한 가정폭력 피해자들은 반려동물과 헤어질 것을 염려하거나 반려동물의 안전과 복지가 침해될 것에 대한 우려로 인해 도움을 요청하거나 폭력상황을 떠나는 것을 종종 지연시키는 것으로 보고되었다. 가정폭력과 반려동물 학대의 중복 발생의 맥락에서 피해자의 탈폭력은 반려동물을 포함한 안전계획을 수립하는 것에서부터 시작할 수 있다. 미국의 다양한 피해자 지원기관들은 반려동물을 고려하여 피해자가 안전계획을 수립할 수 있도록 돕고, 반려동물 친화적인 쉼터를 운영하고, 관련된 여러 프로그램을 개발·운영하고 있었고, 이러한 기관들의 활동은 국가적 차원에서 법에 근거한 보조금 지급 프로그램을 통해 지원되고 있었다. 이러한 연구 결과를 바탕으로 도출한 향후 한국 사회의 가정폭력과 반려동물 학대에 대한 대응의 방향성은 다음과 같다.

첫째, 가정폭력과 동물학대의 중복 발생에 대한 대응체계를 구축하기 위해, 전체 체계의 현실적 작동이 가능하도록 미국의 「반려동물 및 여성 안전법(Pat and Women Safety(PAWS) Act)」과 같은 법의 제정 혹은 유사한 내용을 담는 방향으로 관련 법의 제정 또는 개정을 검토할 수 있다. 제·개정되는 법에는 반려동물과 함께 탈폭력을 시도하는 피해자 및 피해자 지원 기관에 대한 정부 보조금 확보와 가정폭력 피해자 보호명령에 반려동물이 포함되도록 하는 조항을 포함시키는 것을 고려할 수 있다. 가정폭력 보호시설과 동물보호시설, 그리고 피해자의 역량 강화를 지원함으로써 인간과 동물의 안전과 복지 향상에 기여할 수 있을 것이다. 가정폭력 피해자 지원 기관과 학대피해 동물 지원 기관의 협력을 통해 통합적 대응 방안을 모색해 볼 수 있고, 이때 미국의 전미 연결연합과 같은 전국단위 민간기관의 역할을 기대해 볼 수 있을 것이다. 가정폭력 피해자와 반려동물을 지원할 수 있는 보호시설이 확충되면 전국 및 지역 단위로 디렉터리를 형성하고 이용자가 편리하게 접속하고 이용할 수 있는 플랫폼을 구축하여 활용해야 한다. 또한 가정폭력 피해자 보호시설과 상담소에서는 피해자의 안전계획을 수립할 때 반려동물을 포함한 안전계획을 수립할 수 있도록 지원해야 할 것이다.

둘째, 「민법」상 동물의 지위 변화로 인해 반려동물 학대에 대한 사회적 허용도가 낮아지고, 학대를 규정하는 법적·언어적 사용에 변화가 나타나고 있는 상황에서, 이러한 변화를 포괄해 내고 현실화하기 위해 법제적으로 추가되어야 하는 것은 무엇인지, 당사자와 현장의 요구는 어떤한지 심도 있게 살펴보는 연구가 이루어질 필요가 있다. 특히 가정폭력과 반려동물 학대의 연관성에 대한 사회적 관심을 모으고 적절한 대응 방안을 마련하기 위해서는 관련 현황 파악이 필수적인 만큼, 체계적이고 정기적인 방식의 실태조사를 수행하여 기초자료를 구축해야 한다. 실태조사는 반려동물 학대 실태 및 가정폭력과 반려동물 학대 중복 발생의 현황을 파악하는 것을 기본으로, 가정폭력과 반려동물 학대의 중복 발생이 피해자와 피해동물에 미치는 영향, 피해자와 피해동물의 탈폭력 과정에서의 도움 요청 방법과 지원, 장애물 등에 관한 폭넓은 파악이 필요하다. 이러한 조사 결과를 근거로, 가정폭력 피해자의 도움요청 연구의 범위를 반려동물 학대의 중복발생 문제를 포함하고 동물학대 대응체계를 고려하는 것으로 확장해야 할 것이다.

셋째, 반려동물의 개념과 규정, 법적 정의에 따른 분류가 실제 사례에서 어떤 의미를 갖는지 검토하고, 필요시 그 범위를 확장하기 위한 논의를 진행해야 할 것이다. 현행 「동물보호법」상 동물에 해당하는 '보호의 대상'은 신경 체계가 발달한 척추동물로 제한되어 있다. 반려동물은 '반려를 목적으로 하는 동물'로, 반려인은 '소유자'로 표현되며, 동물은 '소유자 유무 및 인지 여부'에 따라 구분된다. 학대자는 '소유자'와 그 외의 '누구든지'로 구분된다. 보호의 대상이 되는 동물 전체에 적용되는 금지 행위가 규정되어 있다. 이 중에서 소유자의 금지행위는 '유기, 보호 의무를 위반하고 상해를 입히거나 질병을 유발하는 것과 죽음에 이르게 하는 것'이다. 예를 들어, 이러한 규정들을 바탕으로 할 때, 가정폭력의 맥락에서 가해자와 피해자 중 누가 보호 의무자이며 소유자인지에 대한 문제가 발생할 수 있다. 현행 개념을 다각도로 검토하여 반려동물 입양 및 등록 과정에서 소유자 지정과 관련한 문제로 인해 피해자와 반려동물의 안전이 위협받지 않을 수 있도록 해야 할 것이다.

넷째, 가정폭력과의 연결 속에서 발생하는 다양한 학대의 맥락들이 가부장적 권력과 통제의 맥락에서 어떻게 설명될 수 있는지 살핌으로써, 폭력과 학대에 대한 통합적 대응을 통해 학대 피해를 감소시키고 피해자를 보호·지원할 수 있는 방안을 적극적으로 모색해야 한다. 가정폭력과 반려동물 학대를 설명하는 연결이론은 동물학대와 가정폭력의 직접적 인과관계로서의 연결을 강조한다. 이는 동물학대자는 이후 가정폭력 범죄행위를 하게 된다는 폭력진행가설에 근거하고 있으며, 동물학대와 가정폭력의 연결은 개인적 차원에서의 비행을 중심으로 설명된다. 그러나 가정폭력과 반려동물 학대의 중복발생은 일반적인 현상이며, 이러한 중복발생 역시 가정폭력과 동물학대의 연결로 설명될 수 있다. 즉, 연결은 개인적 차원에서의 비행의 진행에서 나아가 복수의 피해자들의 피해 경험 간의 연결을 설명하는 것으로 이해될 수 있다. 이러한 연결은 가정폭력과 동물학대에 대해 가해와 피해의 맥락을 고려하는 가운데 가해자의 권력과 통제로 이해하고 설명할 수 있게 해 준다. 그러나 여성에 대한 폭력, 아동학대, 동물학대는 각각 서로 다른 이론적 기반에 토대를 두고 설명력을 확장해 왔으므로, 이러한 이론적 기반을 통합할 수 있는지, 그렇다면 그것은 선행연구에서 논의하였듯 권력과 통제에 중점을 둔 가부장제 이론으로 통합할 수 있는지에 대해 논의할 필요가 있다. 분리된 실천현장이 어떻게 통합적인 대응을 통해 폭력과 학대의 피해를 감소시키는 데에 기여할 수 있을지에 대한 고민과 추후 연구가 필요하다.

마지막으로, 가정폭력과 반려동물 학대의 문제와 대응을 위한 논의를 위해서는 인간을 포함한 생명체에 대한 존중과 상호연결성에 대한 깊은 이해가 필요하다는 점을 강조하고 싶다. 생명권과 기본권을 지닌 동물은 그 존재 자체로 존중받을 권리를 가진다. 반려동물 보호의 기준이 최소한의 조건이나 가정폭력 피해자를 보호하기 위한 조건을 모색하는 것으로 제한되지 않아야 하며, 생명 존중과 윤리적 차원에서 동물에 대한 민감성을 갖추고 소통할 수 있는 역량을 갖추어야 할 것이다. 동물과의 소통 역량을 중시하고 갖춘 사회에서 비로소 동물의 법적 지위, 권리능력, 당사자 자격, 법인격 부여와 후견제도 운영 등에 대한 논의가 본격적으로 전개될 수 있을 것으로 본다.

본 연구는 가정폭력과 반려동물 학대의 연관성을 다루는 국내의 학술적 논의가 부재한 상황에서 사회적 관심을 환기하고 통합적 대응의 필요성을 선도적으로 제시하였다는 의의가 있다. 해당 주제에 관한 초기 연구라는 점에서 가정폭력과 동물학대의 연관성에 대한 국내외 현황과 쟁점을 폭넓게 살펴보고자 하였고, 그로 인해 본 글에서 제시된 각각의 주제와 제안들에 대해 심도 있게 다루지 못한 것은 본 연구의 한계이다. 본 연구를 시작으로 향후 동물권과 가정폭력, 젠더폭력 분야 간의 통합적 연구가 수행되고 그 과정에서 이러한 한계가 보완될 수 있을 것으로 기대한다.

참고문헌

1부 트랜지셔널 아시아의 정동 지리 : 트랜스 퍼시픽에서 트랜스 아시아까지

젠더 · 어펙트 연구 방법론과 역사성

권명아

1. 논문과 단행본

1) 논문

권명아, 「보편적 어펙트 연구 비판과 젠더 · 어펙트 연구: 방법론과 지적 원천에 대한 논쟁을 중심으로」, 『사이間SAI』 제33호, 국제한국문학문화학회, 2022.

권명아, 「젠더 · 어펙트 연구에서 연결성의 문제: 데이터 제국의 도래와 '인문'의 미래」, 『석당논총』 제77집, 동아대학교 석당학술원, 2020.

김소영, 「신여성의 시각적 재현」, 『문학과 영상』 제7권 2호, 문학과영상학회, 2006.

손종업, 「영화 〈반도의 봄〉의 이중서사 구조와 심층에 담긴 상징투쟁의 의미」, 『어문론집』 제87집, 중앙어문학회, 2021.

양석원, 「두보이스의 범아프리카주의와 아프리카 민족해방운동」, 『비평과 이론』 제9권 1호, 한국비평이론학회, 2004.

양석원, 「아프리카의 "고통과 약속"-두보이스와 제1차 세계대전」, 김재용 편, 『탈유럽의 세계문학론: 제1차 세계대전과 세계문학의 지각변동』, 글누림, 2020.

이경분, 「영화음악으로 해석한 식민지 조선영화 「반도의 봄」」, 『인문논총』 제

68집, 서울대학교 인문학연구원, 2012.
하영준, 「"호모 루덴스"의 탈식민주의: 서인도 식민지의 크리켓과 카니발 문화」, 『Homo Migrans』 제22권, 이주사학회, 2020.
하영준, 「1960년대 아이티 혁명의 기억과 블랙인터내셔널리즘-에메 세제르와 C. L. R. 제임스의 비교 연구」, 『Homo Migrans』 제20권, 이주사학회, 2019.
하영준, 「68운동과 탈식민주의-C. L. R. 제임스의 정치사상을 중심으로」, 『역사와 경계』 제112집, 부산경남사학회, 2019.
하영준, 「C. L. R. 제임스의 '크레올 맑스주의' 연구」, 한양대학교 사학과 박사학위논문, 2009.
하영준, 「일본제국과 범아프리카주의의 '트랜스-퍼시픽 커넥션': W. E. B. 듀보이스와 C. L. R. 제임스의 동아시아 담론을 중심으로」, 『Homo Migrans』 제18권, 이주사학회, 2018.
하영준, 「크레올 민족주의와 서인도 문화정치: C. L. R. 제임스의 초기 사상을 중심으로」, 『역사와 문화』 제21호, 문화사학회, 2011.
하영준, 「트리니다드 인도계 이주 노동자들의 (탈)크레올화, 1936-1966: C. L. R. 제임스의 논의를 중심으로」, 『세계 역사와 문화 연구』 제39호, 한국세계문화사학회, 2016.
Ali Lara, "Mapping Affect Studies", *Athenea Digital*, Vol.20, No.2, Universitat Autònoma de Barcelona, 2020.
Gregory Seigworth, "Capaciousness", *Capacious: Journal for Emerging Affect Inquiry*, Vol.1, No.1, 2017.
Luciana Parisi and Steve Goodman, "Mnemonic Control", Patricia Clough & Craig Willse(eds), *Beyond Biopolitics: Essays on the Governance of Life and Death*, Duke University Press, 2011.
Martin F. Manalansan Ⅳ, "Servicing the World: Flexible Filipinos and the Unsecured Life", Janet Staiger, Ann Cvetkovich, Ann Reynolds(eds), *Political emotions*, Routledge, 2010.
Patricia Clough, "Afterword: The Future of Affect Studies", *Body & Society*, Vol.16, No.1, The Author(s), 2010.

2) 단행본

권명아, 『역사적 파시즘: 제국의 판타지와 젠더 정치』, 책세상, 2005.

권명아, 『음란과 혁명: 풍기문란의 계보와 정념의 정치학』, 책세상, 2013.

브라이언 마수미, 최성희 · 김지영 역, 『존재권력』, 갈무리, 2021.

이석구, 『저항과 포섭 사이: 탈식민주의에 대한 논쟁적인 이해』, 소명출판, 2016.

캐시 박 홍, 노시내 역, 『마이너 필링스』, 마티, 2022.

허먼 멜빌, 안경환 역, 『바틀비/베니토 세레노/수병, 빌리 버드: 허먼 멜빌 법률 3부작』, 홍익출판사, 2015.

Brian Massumi, *Ontopower: War, Powers, and the State of Perception,* Duke University Press, 2015.

Britta Knudsen & Carsten Stage, *Affective Methodologies: Developing Cultural Research Strategies for the Study of Affect,* Palgrave McMillan, 2015.

Jasbir Puar, *The Right to Maim: Debility, Capacity, Disability*, Duke University Press, 2017.

John Protevi, *Political Affect: Connecting the Social and the Somatic,* University of Minnesota Press, 2009.

Nigel Thrift, *Non-representational Theory: Space, Politics, Affect,* Routledge, 2007.

Paul Simpson, *Non-Representational theory: Key Idea in Geography,* Routledge, 2020.

Philip Vannini, *Non-Representational Methodologies,* Routledge, 2015.

Sianne Ngai, *Ugly feelings,* Harvard University Press, 2005.

Xine Yao, *Disaffected: The Cultural Politics of Unfeeling in Nineteenth-century America,* Duke University Press, 2021.

아이누의 히로인과 전쟁의 정동

나이토 치즈코

1. 기본자료

『週刊ヤングジャンプ』, 集英社, 2014. 8.~2022. 4.

野田サトル,『ゴールデンカムイ』, 全31巻, 集英社, 2015~2022.

2. 논문과 단행본

1) 논문

ジュディス・L・ハーマン, 中井久夫 訳,『心的外傷と回復』, みすず書房, 1999.

ツァゲールニック・タッチャナ,「トラウマの概念をアイヌの文脈に当てはめる」,『アイヌ・先住民研究』第一号, 北海道大学アイヌ・先住民研究センター, 2021.

内藤千珠子,「ヒロインとしてのアイヌ—「ゴールデンカムイ」における傷の暴力」,『思想』No. 1184, 岩波書店, 2022.

新井かおり,「あるアイヌの「共生」の内実」,『アイヌ・先住民研究』第二号, 北海道大学アイヌ・先住民研究センター, 2022.

田中洋一,「北海道はゴールデンカムイを応援していますスタンプラリー」による博物館を活用した北海道の観光施策」,『博物館研究』, Vol.55, no.2, 日本博物館協会, 2020.

坂田美奈子,「書評: リチャード・シドル 著、マーク・ウィンチェスター 訳,『アイヌ通史「蝦　夷」から先住民族へ』, 岩波書店, 2021」,『アイヌ・先住民研究』, 第二号, 北海道大学アイヌ・先住民研究センター, 2022.

2) 단행본

岡和田晃, マーク・ウィンチェスター 編,『アイヌ民族否定論に抗する』, 河出書房新社, 2015.

内藤千珠子,『「アイドルの国」の性暴力』, 新曜社, 2021.

北大開示文書研究会 編,『アイヌの権利とは何か』, かもがわ出版, 2020.
石原真衣 編,『記号化される先住民 / 女性 / 子ども』, 青土社, 2022.
石原真衣 編,『アイヌからみた北海道一五〇年』, 北海道大学出版会, 2021.
野田サトル,『ゴールデンカムイ』, 全31巻, 集英社, 2015~2022.
中川裕,『アイヌ文化で読み解く「ゴールデンカムイ」』, 集英社新書, 2019.
下河辺美知子,『トラウマの声を聞く』, みすず書房, 2006.
海保洋子,『近代北方史』, 三一書房, 1992.

3. 기타자료

「いまこそアイヌの知恵に学べ」,『週刊朝日』, 2018. 6. 15.
「未来へつなぎたい ゴールデンカムイとアイヌの物語」,『Moe.』, 2021. 12.
『読売新聞』大阪朝刊, 2022. 7. 8.
『毎日新聞』夕刊, 2022. 4. 28.
『朝日新聞』, 2018. 6. 8.
『朝日新聞』, 2018. 7. 13.
木村元彦,「エンタメ作品でアイヌ民族を知る」,『週刊金曜日』, 2016. 8. 26.

타이완 가자희와 한국 여성국극 속 과도기적 신체와 정동적 주체

첸페이전

1. 논문 및 단행본

1) 논문

김일란,「다른세상 읽기: 1960년대의 여장남자와 남장여인」, 퀴어이론문화연구모임 WIG,『젠더의 채널을 돌려라』, 사람생각, 2008.
김지혜,「1950년대 여성국극공동체의 동성친밀성에 관한 연구」,『한국여성학』 제26권 1호, 한국여성학회, 2010.

김지혜, 「1950년대 여성국극의 단체활동과 쇠퇴과정에 대한 연구」, 『한국여성학』 제27권 2호, 한국여성학회, 2011.
김태희, 「여성국극이 우리에게 남긴 것들-〈DRAGx여성국극〉 공연을 중심으로」, 『한국연극학』 제73호, 한국연극학회, 2020.
김향, 「동아시아 여성 중심 음악극 형성과 '젠더 인식'-다카라즈카가극(宝塚歌劇), 월극(越劇), 그리고 여성국극(女性國劇)을 중심으로」, 『한국연극학』 제73호, 한국연극학회, 2020.
김향, 「창극공연에서의 젠더 구현과 그 의의-국립창극단의 〈내 이름은 오동구〉(2013)와 여성국극 〈변칙 판타지〉(2016)를 중심으로」, 『드라마연구』 제54호, 한국드라마학회, 2018.
이효석, 「개살구」, 『조광』 제24호, 조선일보사출판부, 1937.
전성희, 「한국여성국극연구(1948~1960)-여성국극 번성과 쇠퇴의 원인을 중심으로」, 『드라마 연구』 제29호, 한국드라마학회, 2008.
전윤경, 「한국근대 여성국극의 변천과 특성」, 『한국학논총』 제41집, 국민대학교 한국학연구소, 2014.
허윤, 「1950년대 퀴어 장과 법적 규제의 접속」, 한양대학교 비교역사문화연구소 젠더연구팀 기획, 『성스러운 국민』, 서해문집, 2017.
홍영림, 「50 · 60년대 한국의 여성국극과 타이완의 歌仔戲의 대중 지향성에 대한 비교 연구-林春鶯극단과 拱樂社를 중심으로」 『동아시아문화연구』 제82호, 한양대학교 동아시아문화연구소, 2020.
姜學豪, 「性別越界在1950年代的華語語系臺灣: 歷史案例與後殖民論述」, 『臺灣文學研究集刊』 25, 臺灣大學臺灣文學研究所, 2021.
邱貴芬, 「女性的'鄉土想像': 台灣當代鄉土女性小說初探」, 『仲介台灣 · 女人: 後殖民女性觀點的台灣閱讀』, 元尊文化, 1997.
鄧雅丹, 「『失聲畫眉』研究: 鄉下酷兒的再現與閱讀政治」, 國立清華大學 碩士論文, 2005.
呂訴上, 「台灣的歌仔戲」, 『女匪幹—改良台灣歌仔戲』, 台灣省新聞處, 1951.
劉南芳, 「台灣歌仔戲引用流行歌曲的途徑與發展原因」, 『台灣文學研究』 10, 國立成功大學台灣文學系, 2016.

傅裕惠,「九〇年代以來歌仔戲「正典化」的美學現象」,『民俗曲藝』209, 財團法人施合鄭民俗文化基金會, 2020.
司黛蕊,「“我們哭得好開心!”戰後歌仔戲的感情結構與台灣女性的生活轉變」, 主編: 施懿琳, 陳文松,『台閩民間戲劇國際學術研討會論文集』, 閩南文化研究中心, 2013.
司黛蕊,「「我們哭得好開心!」戰後歌仔戲的感情結構與台灣女性的生活轉變」,『台閩民間戲劇國際學術研討會論文集』, 成大閩南文化研究中, 2013.
謝筱玫,「當代臺灣歌仔戲劇場的影像發展與美學實踐: 以王奕盛與唐美雲歌仔戲團的作品為例」,『戲劇研究』24, 戲劇研究編輯委員會, 2019.
謝筱玫,「胡撇仔及其歷史源由」,『中外文學』31, 國立臺灣大學外國語文學系, 2002.
施如芳,「歌仔戲電影所由產生的社會歷史」,『新聞學研究』59, 國立政治大學傳播學院新聞學系, 1999.
楊翠,「現代化之下的褪色鄉土-女作家歌仔戲書寫中的時空語境」,『東海中文學報』20, 東海大學中國文學系, 2008.
吳孟芳,「台灣歌仔戲坤生文化之研究」, 國立清華大學 碩士論文, 2001.
王秀雲,「「不男不女」: 台灣「長髮」男性的治理及性別政治, 1960s – 1970s」,『臺灣社會研究季刊』112, 台灣社會研究雜誌社, 2019.
王順隆,「台灣歌仔戲的形成年代及創始者的問題」,『台灣風物』47(1), 臺灣風物雜誌社, 1997.
王亞維,「電視歌仔戲的形成與式微—以製播技術與商業模式為主的探討」,『戲劇學刊』19, 臺北藝術大學戲劇學院, 2014.
王亞維,「從歌仔戲到歌仔戲電影(1955-1981)之探討—從認同, 混雜性與演變三方面論述」,『戲曲學報』18, 國立臺灣戲曲學院, 2018.
張雙英,「試探淩煙『失聲畫眉』的深層意涵」,『西方視域下的—字源語文與文學文化』, 學生書局, 2013.
曾秀萍,「女女同盟: 『失聲畫眉』的情欲再現與性別政治」,『台灣文學研究彙刊』22, 臺灣大學臺灣文學研究所, 2019.
曾秀萍,「扮裝鄉土: 『扮裝畫眉』,『竹雞與阿秋』的性別展演與家/鄉想像」,『台灣文學硏究學報』12, 國立台灣文學館, 2011.
曾秀萍,「鄕土女同志的現身與失聲: 『失聲畫眉』的女同志再現, 鄕土想像與性別政治」,『淡江中文學報』35, 淡江大學中國文學學系, 2016.
陳佩甄,「'褲兒'生存模式: 『誰在找麻煩』和『日常對話』中的酷兒時間與修復轉向」,『文化硏究』31, 中華民國文化硏究學會, 2020.
陳佩甄,「現代'性'與帝國'愛': 台韓殖民時期同性愛再現」,『台灣文學學報』23, 國立政治大學台灣文學硏究所, 2013.
Adrienne Rich, "Compulsory Heterosexuality and Lesbian Existence," *Signs*, Vol.5, No.4, The University of Chicago Press, 1980.
Adrienne Rich, "Reflections on "Compulsory Heterosexuality", *Journal of Women's History*, Vol.16, No.1, Johns Hopkins University Press, 2004.
Anna Clark, "Twilight Moments," *Journal of the History of Sexuality*, Vol.14, No.1, University of Texas Press, 2005.
Ashley Chang, "Acts of Affect: siren eun young jung's Yeoseong Gukgeuk Project," *Afterall: A Journal of Art, Context and Enquiry*, Vol.49. No.1, The University of Chicago Press, 2020.
Chen, Pei-jean, "Problematizing Love: Intimate Event and Same-Sex Love in Colonial Korea," Todd A Henry(ed), *Queer Korea*, Duke University Press, 2020.
Howard Chiang, "Christine Goes to China: Xie Jianshun and the Discourse of Sex Change in Cold War Taiwan," Angela Ki Che Leung and Izumi Nakyama(eds), *Gender, Health, and History in Modern East Asia*, Hong Kong University Press, 2017.
Howard Chiang, "Transsexual Taiwan," *After Eunuchs Science, Medicine, and the Transformation of Sex in Modern China*, Columbia University Press, 2018.
Judith Butler, "Agencies of Style for a Liminal Subject." Paul Gilroy, Lawrence Grossberg, and Angela McRobbie(eds), *Without Guarantees: In Honour of Stuart Hall*, Verso, 2020.
Teri Silvio, "Lesbianism and Taiwanese Localism in The Silent Thrush." Peter A.

Jackson, Fran Martin, Mark MacLelland, and Audrey Yue(eds), *Asia Pacific Queer: Rethinking Gender and Sexuality in the Asia-Pacific*, University of Illinois Press. 2008.

Wen Liu, "Feeling Down, Backward, and Machinic: Queer Theory and the Affective Turn," *Athenea Digital*, Vol.20, No.2, e2321, Universitat Autonoma de Barcelona, 2020.

2) 단행본

이광수, 김철 책임편집, 『무정』, 문학과지성사, 2005.

이두현, 『한국신극사연구』, 서울대학교 출판부, 1966.

紀大偉, 『正面與背影: 台灣同志文學簡史』, 國立台灣文學館, 2012.

凌煙, 『失聲畫眉』 自立晩報, 1990.

林鶴宜, 『臺灣戲劇史』, 國立空中大學, 2003.

蘇致亨, 『毋甘願的電影史: 曾經, 台灣有個好萊塢』, 春山, 2020.

楊凱麟, 『分裂分析德勒茲: 先驗經驗論與建構主義』, 河南大學出版社, 2017.

除坤泉, 『靈肉之道』, 前衛出版社, 1998.

Ann Sung-hi Lee, *Yi Kwang-su and Modern Korean Literature: Mujong*, Cornell East Asia Program, 2005.

Eve K. Sedgwick & Adam Frank(eds), *Shame and its sisters: A Silvan Tomkins Reader*, Duke University Press, 1995.

Eve K. Sedgwick, *Touching feeling: Affect, Pedagogy, Performativity*, Duke University Press, 2003.

Lawrence Grossberg, *Dancing in Spite of Myself*, Duke University Press, 1997.

Lawrence Grossberg, *We Gotta Get Out of this Place: Popular Conservatism and Postmodern Culture*, Routledge, 1992.

Yi Hyo-sŏk, Steven D. Capener(trans), *Wild Apricots*, Literature Translation Institute of Korea, 2014.

2. 기타자료

「국악에 산다 (1) 인간문화재 朴貴姬」, 『동아일보』, 1979. 8. 2.

「同性戀不捨 毁容誤嫁期 少女涉嫌傷害起訴」, 『聯合報』, 1961. 6. 3.

「여자들을 미치게 한 그 여자의 전부-무대생활 30년 기념공연 갖는 햇님 朴貴姬의 흘러간 무대생활 비화」, 『선데이서울』 54, 1969. 10. 5.

「여자들을 연극으로 이끌게」, 『경향신문』, 1966. 11. 2.

「유엔단 환영의 창극회 성황 종막」, 『동아일보』, 1949. 2. 20.

「이성애의 공포가 동성애로 변한 것은 세계적인 풍조일까?」, 『동아일보』, 1960. 5. 25.

〈개인적이고 공적인 아카이브(Public yet Private Archive)〉, Mixed Media, Installation, Dimension variable, 2015.

〈웨딩 피그먼트(The Wedding Pigment)〉, print, 2011.

〈점멸하는 노래(The Song of Phantasmagoria)〉, Installation 4 slide projectors with 119 slides 00:04:00(Looped) 2013.

〈정동의 막(Act of Affect)〉, Performance, 00:20:00, 2013.

〈정동의 막(Act of Affect)〉, 단일 채널 동영상, 00:15:36, 2013.

〈틀린 색인(Wrong Indexing)〉, Mixed Media, Installation, Dimension variable, 2016.

국립국악원 국악 공연 아카이브 (https://reurl.cc/oZm2e5)

白克, 「薛平貴與王寶釧」, 『聯合報』, 1956. 1. 6.

蘇致亨, 「歌仔戲電影的百合情」, 『BIOS Monthly』, 2021. 7. 10. (https://www.biosmonthly.com/article/10903)

정은영 작가 홈페이지 (http://www.sirenjung.com/index.php/yeosung-gukgeuk-project/)

정종화, 「영화 속의 금지 구역 '동성애'」, 『인터뷰365』, 2020. 7. 16. (https://www.interview365.com/news/articleView.html?idxno=95074)

2부 손수 장인들의 테크놀로지와 대안 정동 : 해녀, K-팝, 맘카페

크래프트의 실천지리 또는 '해녀'와 '아마'의 정동지리

권두현

1. 기본 자료

고희영 연출, 송지나 구성, 〈물숨〉,《독립영화관-전주국제영화제 기획 2》, KBS 1TV, 2017. 5. 6.

고희영 연출, 이용규 구성, 〈해녀삼춘과 아마짱〉,《SBS 스페셜》, SBS TV, 2015. 7. 5.

국립민속박물관,『한국민속대백과사전』, 국립민속박물관. (https://folkency.nfm.go.kr/kr/main)

노희경 극본, 김규태 · 김양희 · 이정묵 연출, 〈우리들의 블루스〉(총20부작), tvN, 2022. 4. 9.~2022. 6. 12.

미시마 유키오, 이진명 역,『파도 소리』, 책세상, 2002.

쿠도 칸쿠로(宮藤 官九郎) 극본, 이노우에 츠요시(井上 剛) · 요시다 테루유키(吉田 照幸) · 카지와라 토조(梶原 登城) 연출, 〈아마짱〉(총156부작), NHK, 2013. 4. 1.~2013. 9. 28.

2. 논문과 단행본

1) 논문

권두현,「지역 어셈블리지의 힙스터 어펙트: '롱 라이프 디자인'의 비인간 생명정치와 '크래프트 애니매시'의 정동정치」,『문화과학』 제112호, 문화과학사, 2022.

김순한 · 장웅조,「가치 기반 경제 속의 로컬크리에이터 연구-제주 〈해녀의 부

역〉 사례를 중심으로」, 『문화경제연구』 제25권 제1호, 한국문화경제학회, 2022.
안미정, 「문화의 세계화와 민족주의 담론: 제주해녀(잠녀)문화의 유네스코 등재 사례를 중심으로」, 『역사와 경계』 제117집, 부산경남사학회, 2020.
이일래, 「매체 환경과 마니아 문화-한국과 일본의 게임문화를 중심으로」, 『동북아문화연구』 제45집, 동북아시아문화학회, 2015.

2) 단행본

고희영, 『물숨』, 나남, 2015.
김미영, 『유교의례의 전통과 상징』, 민속원, 2010.
미셸 푸코, 오트르망 · 심세광 · 전혜리 · 조성은 역, 『생명관리정치의 탄생: 콜레주드프랑스 강의 1978~79년』, 난장, 2012.
미셸 푸코, 오트르망 · 심세광 · 전혜리 · 조성은 역, 『안전, 영토, 인구-콜레주드프랑스 강의 1977~78년』, 난장, 2011.
미셸 푸코, 이규현 역, 『성의 역사 1: 지식의 의지』, 나남, 2020.
아네마리 몰, 송은주 · 임소연 역, 『바디 멀티플: 의료실천에서의 존재론』, 그린비, 2022.
우노 츠네히로, 주재명 · 김현아 역, 『젊은 독자들을 위한 서브컬처론 강의록』, 워크라이프, 2018.
이욱 외, 『조상제사 어떻게 지낼 것인가』, 민속원, 2012.
Alexander Langlands, *Cræft: How Traditional Crafts Are About More Than Just Making*, Faber & Faber, 2017.
Anna Mignosa & Priyatej Kotipalli(eds), *A Cultural Economic Analysis of Craft*, Palgrave Macmillan, 2019.
Archille Mbembe, Translated by Steven Corcoran, *Necropolitics*, Duke University Press, 2019.
D Wood, *Craft is Political*, Bloomsbury Publishing, 2021.
Denise Ferreira Da Silva, *Toward a Global Idea of Race*, University of Minnesota Press, 2007.

Ilde Rizzo and Anna Mignosa(eds), *Handbook on the Economics of Cultural Heritage*, Edward Elgar Publishing, 2013.

Jasbir K. Puar, *Terrorist Assemblages: Homonationalism in Queer Times*, Duke University Press, 2007.

Kyla Schuller, *The Biopolitics of Feeling: Race, Sex, and Science in the Nineteenth Century*, Duke University Press, 2017.

Lauren Berlant, *Cruel Optimism*, Duke University Press, 2011.

Mel Y. Chen, *Animacies: Biopolitics, Racial Mattering, and Queer Affect*, Duke University Press, 2012.

Tim Ingold, *The Perception of Environment: Essays on Livelihood, Dwelling and Skill*, Routledge, 2000.

Tony Fry, *Green Desires: Ecology, Design, Products*, ECO Design, 1992.

Xine Yao, *Disaffected: The Cultural Politics of Unfeeling in Nineteenth-Century America*, Duke University Press, 2021.

3. 기타자료

「'SBS스페셜'-달라도 너무 다른 해녀 삼춘과 아마짱, 문화유산 등재보다 중요한 건?」, 『미디어스』, 2015. 7. 7.

「아베보다 아마짱… 日」'아마노믹스' 열풍, 『문화일보』, 2013. 6. 13.

「전통 어업의 명맥 잇는 「해녀」, 국가무형문화재 지정」, 『대한민국 정책브리핑』, 문화재청, 2017. 5. 1.

「제주 해녀 다큐멘터리 영화 '물숨' 고희영 감독」, 『신동아』, 2016. 4.

유네스코(UNESCO), 『무형문화유산 보호를 위한 협약』, 유네스코, 2003. 10. 17.

팬덤의 초국적 기억정치와 정동

이지행

1. 논문과 단행본

1) 논문

강재윤, 「인터넷 게시판의 공론장 역할: 아고라 사례를 중심으로」, 강재윤 외 『한국의 인터넷: 진화의 궤적』, 커뮤니케이션북스, 2008.

김두진, 「'기억의 과잉'과 동아시아 온라인 공간의 민족주의: 한중간 탈경계 언술(narratives)의 감정 레짐」, 『국제정치연구』 제24권 1호, 동아시아국제정치학회, 2021.

김미영, 「일본군 위안부 문제에 관한 역사기록과 문학적 재현의 서술방식 비교 고찰」, 『우리말글』 제45권, 우리말글학회, 2009.

김상배, 「사이버 공간의 글로벌 지식질서: 네트워크 이론으로 보는 구조와 동학의 이해」, 『국가전략』 제19권 3호, 세종연구소, 2013.

김수정, 「팬덤과 페미니즘의 조우: 페미니즘 관점에서 본 팬덤 연구의 성과와 쟁점」, 『언론정보연구』 제55권 3호, 서울대학교 언론정보연구소, 2018.

김은미 · 김현주, 「인터넷 상에서 사회적 의사 소통 양식과 합의형성」, 『IT의 사회 · 문화적 영향 연구』, 제4권 54호, 정보통신정책연구원, 2004.

김정호, 「동의에 지향된 담론적 정치 참여자로서의 공중 개념과 한국의 비판적 커뮤니케이션 연구」, 『한국언론정보학보』 제70권 2호, 한국언론정보학회, 2015.

김종길, 「사이버 공론장의 분화와 숙의 민주주의의 조건」, 『한국 사회학』 제39권 2호, 한국사회학회, 2005.

김종길, 「시민참여 미디어로서의 인터넷 미디어 토론방 가능성과 한계」, 『담론 201』 제9권 3호, 한국사회역사학회, 2006.

김태연, 「소분홍(小粉紅)과 사이버 민족주의의 새로운 경향」, 『중국학보』 제100권, 한국중국학회, 2022.

나이토 치즈코, 「애국적 무관심과 젠더: 현대 일본의 정동(情動) 프레임」, 『아태연구』 제26권 4호, 경희대학교 국제지역연구원, 2019.

류석진 외, 「온라인 신민족주의의 정치화 가능성: 한, 중, 일 온라인 갈등 유형과 확산 사례를 중심으로」, 『한국정치연구』 제22권 3호, 서울대학교 한국정치연구소, 2013.

박태순, 「디지털 뉴미디어와 정치공론장의 구조변동」, 『정치 · 정보연구』 제11권 2호, 한국정치정보학회, 2008.

백지운, 「전지구화시대 중국의 '인터넷 민족주의'」, 『중국현대문학』 제34호, 한국중국현대문학학회, 2005.

윤영철, 「온라인 게시판 토론과 숙의 민주주의: 총선 연대 사이트의 게시판 분석」, 『한국방송학보』 제14권 2호, 한국방송학회, 2000.

이동훈, 「숙의적 공론장으로서 블로그 공간의 의사 소통적 관용에 대한 연구」, 『한국언론학보』 제53권 4호, 한국언론학회, 2009.

이원경, 「일본 인터넷 민족주의의 전개와 한국에 대한 함의」, 『동아연구』 제32권 2호, 서강대학교 동아연구소, 2013.

이종혁 · 최윤정, 「숙의 관점에서 본 인터넷 토론 게시판과 글 분석: 의견조정성 예측을 위한 다수준 모델 검증」, 『한국언론학보』 제56권 2호, 한국언론학회, 2012.

이준웅, 「인터넷 공론장의 매개된 상호가시성과 담론 공중의 형성」, 『언론정보연구』 제46권 2호, 언론정보연구소, 2009.

이지행, 「방탄소년단 티셔츠 논란과 쟁점」, 『문화과학』 제27권, 문화과학사, 2019.

이창호 · 정의철, 「공론장으로서의 인터넷 카페 게시판의 가능성과 한계」, 『언론과학연구』 제9권 3호, 한국지역언론학회, 2009.

이헌미, 「『제국의 위안부』와 기억의 정치학」, 『국제정치논총』 제57권 2호, 한국국제정치학회, 2017.

조성환, 「세계화 시대의 동아시아 민족주의: 신민족주의의 분출과 동아시아주의적 모색」, 『세계지역연구논총』 제23권 2호, 한국세계지역학회, 2005.

최영 외, 「인터넷 신문의 공론장 역할에 관한 연구」, 『언론과학연구』 제2권 2호, 한국지역언론학회, 2002.

Anna Gibbs, "Contagious Feelings: Pauline Hanson and the Epidemiology of

Affect", *Australian Humanities Review*, 24, 2001.

Dhavan V. Shah et al., "Introduction: The politics of consumption/The consumption of politics", *The Annals of the American Academy of Political and Social Science*, 611, 2007.

Jan Slaby, "Relational Affect: Perspectives from Philosophy and Cultural Studies", Ernst van Alphen et al.(ed), *How to Do Things with Affects: Affective Triggers in Aesthetic Forms and Cultural Practices*, Brill, 2019.

Marshall van Alstyne & Erik Brynjolfsson, "Electronic Communities: Global Villiage or Cyberbalkans?" presented at MIT Sloan School, March 1997.

Maksym Gabielkov et al., "Social Clicks: What and Who Gets Read on Twitter?", *ACM SIGMETRICS Performance Evaluation Review*, Vol.44, No.1, 2016.

2) 단행본

Ben Anderson, *Encountering Affect: Capacities, Apparatuses, Conditions*, Ashgate, 2014.

Eve Sedgwick, *Touching Feeling: Affect, Performativity, Pedagogy*, Duke University Press, 2003.

Hannah Arendt, *The Human Condition*, University of Chicago Press, 1958.

Henry Jenkins, *Confronting the Challenges of Participatory Culture: Media Education for the 21st Century*, MacArthur Foundation, 2006.

John Dewey, *The Public and Its Problems*, The Swallow Press, 1954. (Original work published 1927)

Jürgen Habermas, *The Structural Transformation of the Bourgeois Public Sphere: An Inquiry into a Category of Bourgeois Society* (Thomas Burger trans), MIT Press, 1989. (Original work published in 1962)

Michael Billig, *Banal Nationalism*, SAGE, 2010.

2. 기타자료

https://whitepaperproject.com/ko.html

https://www.hani.co.kr/arti/PRINT/870561.html

https://www.independent.co.uk/arts-entertainment/music/news/bts-k-pop-nazi-japan-atomic-bomb-tshirt-controversy-jimin-rabbi-jewish-south-korea-edited-a8630136.html

https://edition.cnn.com/2018/11/13/asia/bts-simon-wiesenthal-complaint-intl/index.html

https://www.wiesenthal.com/about/news/popular-korean-band-whose.html

https://www.theguardian.com/music/2018/nov/12/bts-should-apologise-to-japan-nazi-victims-says-rabbi-atomic-bomb

---

연결된 엄마들, 확장된 목소리, 새로운 정치 주체의 탄생

최서영·최이숙

1. 논문 및 단행본

1) 논문

강혜원 · 김해원, 「소비문화의 전시와 자기서사 쓰기 사이의 줄타기: '맘스타그램'을 통해 본 SNS 시대 모성 실천의 함의」, 『한국방송학보』 제32권 5호, 한국방송학회, 2018.

김수아, 「국내 페미니스트 미디어 연구에 대한 비판적 검토: 이론적 검토 및 전망」, 『언론정보연구』, 제55권 3호, 서울대학교 언론정보연구소, 2018.

김수아, 「사이버 공간에서의 힘돋우기 실천: 여성의 일상생활과 사이버 커뮤니티」, 『한국언론학보』 제51권 6호, 한국언론학회, 2007.

김예란, 「감성 공론장: 여성 커뮤니티, 느끼고 말하고 행하다」, 『언론과 사회』

제18권 3호, 사단법인 언론과 사회, 2010.

김지희, 「주부 파워블로그 연구: 블로깅을 통한 의견 지도자성(opnion leadership)의 발현」, 『미디어, 젠더 & 문화』 제29권 2호, 한국여성커뮤니케이션학회, 2014.

김현미, 「코로나 시대의 '젠더 위기'와 생태주의 사회적 재생산의 미래」, 『젠더와 문화』, 제13권 2호, 계명대학교 여성학연구소, 2020.

정영희, 「텔레비전 드라마 속 모성 판타지에 대한 여성주의적 고찰: KBS 드라마 「동백꽃 필 무렵」을 중심으로」, 『한국언론학보』 제64권 4호, 한국언론학회, 2020.

최은영, 「한국 여성의 모성 기획과 균열에 관한 질적 연구」, 서울대학교 박사학위논문, 2014.

최이숙, 「모성에 대한 전유와 돌봄의 의제화: '정치하는엄마들'을 중심으로」, 『석당논총』 제77집, 동아대학교 석당학술원, 2020.

홍남희, 「초기 모성수행기 여성들의 스마트폰 이용」. 『미디어, 젠더 & 문화』 제21호, 한국여성커뮤니케이션학회, 2012.

Alberto Melucci, "The process of collective identity", Hank Johnston and Bert Klandermans(eds), *Social movements and culture*, University of Minnesota Press, 1995.

David Snow, "Collective identity and expressive forms", Neil J. Smelser & Paul B. Baltes(eds), *International Encyclopedia of the Social and Behavioral Sciences*, Elsevier, 2001.

Emiliano Treré, "Reclaiming, Proclaiming, and Maintaining Collective Identity in the #YoSoy132 Movement in Mexico: An Examination of Digital Frontstage and Backstage Activism through Social Media and Instant Messaging Platforms", *Information, Communication & Society*, Vol.18, No.8, Taylor & Francis Online, 2015.

Euisol Jeong & Jieun Lee, "We Take the Red Pill, We Confront the DickTrix: Online Feminist Activism and the Augmentation of Gendered Realities in South Korea", *Feminist Media Studies,* Vol.18, No.4, Taylor & Francis Online,

2018.

Lance Bennett & Alexandra Segerberg, "The Logic of Connective Action: Digital Media and the Personalization of Contentious Politics", *Information, Communication & Society*, Vol.15, No.5, Taylor & Francis Online, 2012.

Maria Bakardjieva, "Do Couds Have Politics? Collective Actors in Social Media Land", *Information, Communication & Society*, Vol.18, No.8, Taylor & Francis Online, 2015.

Mohamed Nanabhay & Roxane Farmanfarmaian, "From Spectacle to Spectacular: How Physical Space, Social Media and Mainstream Broadcast Amplified the Public Sphere in Egypt's 'Revolution'", *The Journal of North African Studies*, Vol.16, No.4, Taylor & Francis Online, 2011.

Nick Couldry, "The Myth of 'Us': Digital Networks, Political Change and the Production of Collectivity", *Information, Communication & Society*, Vol.18, No.6, Taylor & Francis Online, 2015.

Paolo Gerbaudo & Emiliano Treré, "In Search of the 'We' of Social Media Activism: Introduction to the Special Issue on Social Media and Protest Identities", *Information, Communication & Society*, Vol.18, No.8, Taylor & Francis Online, 2015.

Paolo Gerbaudo, "The Persistence of Collectivity in Digital Protest", *Information, Communication & Society*, Vol.17, No.2, Taylor & Francis Online, 2014.

Verta Taylor & Nancy E. Whittier, "Collective Identity in Social Movement Communities: Lesbian Feminist Mobilization", Aldon D. Morris & Carol McClurg Mueller(eds), *Frontiers in Social Movement Theory*, Yale University Press, 1992.

2) 단행본

이동후, 「와이프로거의 "조금 다른 궤도": 요리, 젠더, 그리고 블로그」, 『지금, 여기, 여성적 삶과 문화』, 이화여자대학교 출판부, 2013.

정치하는엄마들, 『정치하는 엄마가 이긴다』, 생각의힘, 2018.
Alberto Melucci, *Nomads of the Present: Social Movements and Individual Needs in Contemporary Society*, Temple University Press, 1989.
Donnatella Della Porta & Mario Diani, *Social Movements: An introduction*, Blackwell, 2006.
Eva Feder Kittay, *Love's labor: Essays on women, equality, and dependency*, Routledge, 1999; 에바 페더 키테이, 김희강 · 나상원 역, 『돌봄: 사랑의 노동-여성, 평등, 그리고 의존에 관한 에세이』, 박영사, 2016.
Joan C. Tronto, *Caring democracy: Markets, equality, and justice*, New York University Press, 2013; 조안 C. 트론토, 김희강 · 나상원 역, 『돌봄민주주의』, 아포리아, 2014.
Kathleen Lynch & Judy Walsh, "Love, care and solidarity: What is and is not commodifiable", Kathleen Lynch et al.(eds), *Affective equality: Love, care and injustice*, Palgrave Macmillan, 2009; 캐슬린 린치 외, 강순원 역, 「사랑, 돌봄. 연대: 상품화 할 수 있는 것과 없는 것」, 『정동적 평등: 누가 돌봄을 수행하는가?』, 한울아카데미, 2016.
Manuel Castells, *Networks of Outrage and Hope: Social Movements in the Internet Age*, Polity, 2012.
Paolo Gerbaudo, *Tweets and the Streets: Social Media and Contemporary Activism*, Pluto Press, 2012.
Sarah J. Jackson, Moya Bailey & Brooke Foucault Welles, *#HashtagActivism: Networks of Race and Gender Justice*, The MIT Press, 2020.

2. 기타자료

「[인터뷰 | 윤정인 '정치하는엄마들' 운영위원] "엄마들 목소리 반영해 보육정책 만들자"」, 『내일신문』, 2017. 6. 21.
「'정치하는엄마들' 2개월 만에 회원수 3배로 증가」, 『국민일보』, 2018. 12. 18.
「"맘충? '한국판 서프러제트'로 기록될 겁니다" - [인터뷰] 장하나 '정치하는

엄마' 공동대표」, 『프레시안』, 2017. 7. 7.
「"엄마들 목소리를 들었다면 안철수가 단설유치원 발언을 했을까?"」, 『미디어 오늘』, 2017. 6. 18.
「비리 유치원 공개 뒤엔 '엄마들'의 추적 있었다」, 『한겨레』, 2018. 10. 20.
「조성실 정치하는엄마들 공동대표 '인간다운 시대를 위한 엄마들의 정치세력화'」, 『경향신문』, 2017. 6. 17.
〈김어준의 다스뵈이다〉 36회, 딴지방송국, 2018. 10. 27. (https://www.youtube.com/watch?v=_iKiZSudLXM)
〈비혼 특집: 언니? 언니? 언니라고? 이모 삼촌 누구나 정치하는엄마들 OK!〉, 유튜브 채널 '정치하는엄마들', 2020. 7. 7. (https://www.youtube.com/watch?v=8MrvEoyKN_I)
〈정치하는 엄마들 (1)〉, JTBC 소셜스토리, 2017. 6. 22. (https://www.youtube.com/watch?v=cjmHe-Om5DU)
장하나, 「엄마들이 정치에 나서야만 '독박육아' 끝장낸다!」, 『한겨레』, 2017. 3. 25.
장하나, 「한국 엄마들 초음파검사 횟수가 두 배인 이유」, 『한겨레』, 2017. 4. 7.
정치하는엄마들 홈페이지 (https://www.politicalmamas.kr/)

3부 연결된 '과거'와 역사적 정동 : 이야기, 종교, 미학의 정동 정치

어머니의 신체와 연결성

강성숙

1. 기본자료

한국정신문화연구원, 『한국구비문학대계』 85권, 1980~1989.

한국학중앙연구원 한국역사정보통합시스템, 『한국구비문학대계 개정 증보』, (http://gubi.aks.ac.kr/)

2. 논문과 단행본

1) 논문

강성숙, 「설화 속 여성의 말하기」, 『한국고전여성문학연구』 17, 한국고전여성문학회, 2008.

강성숙, 「풍수설화를 통해 본 남성 발복(發福)의 양상과 그 의미」, 『우리 문학의 여성성 · 남성성』, 월인, 2001.

강성숙, 「효행 설화 연구」, 『동양고전연구』 제48집, 2012.

김영희, 「비극적 구전 서사의 연행에서 나타나는 비밀 폭로자로서의 여성 이미지 연구」, 『한국고전여성문학연구』 제10권, 한국고전여성문학회, 2005.

김혜미, 「설화 〈개로 환생한 어머니 여행시킨 아들〉에 나타난 어머니의 문제와 그 해결과정」, 『고전문학과 교육』 제20권, 한국고전문학교육학회, 2010.

이인경, 「구비설화에 나타난 '어머니'」, 『국어국문학』 제131권, 국어국문학회, 2002.

정경민, 「구비설화의 어머니 형상을 통해 본 모성과 여성 인식 연구」, 이화여자대학교 박사학위논문, 2015.

황은주, 「손병사 이야기 연구-밀양 산내 · 산외면 현지조사 자료를 중심으로-」, 연세대학교 석사학위논문, 2007.

2) 단행본

김용숙, 『韓國 女俗史』, 민음사, 1990.

신월균, 『풍수설화』, 밀알, 1994.

주디스 버틀러, 김윤상 역, 『의미를 체현하는 육체』, 인간사랑, 2003.

일제하 일본인 사회사업과 조선인

소현숙

1. 기본자료

『동아일보』, 『朝鮮及滿洲』

和光敎園出版部, 『和光敎園事業要覽』, 1927.

荻野順導 編, 『和光敎園事業要覽』, 和光敎園, 1936.

朝鮮新聞社 編, 『朝鮮人事興信錄』, 朝鮮人事興信錄編纂部, 1935.

朝鮮總督府 編, 『(朝鮮總督府始政25周年記念)記念表彰者名鑑』, 朝鮮總督府, 1935.

民衆時論社 · 朝鮮功勞者銘鑑刊行會 編, 『朝鮮功勞者銘鑑』, 民衆時論社 · 朝鮮功勞者銘鑑刊行會, 1935.

高橋三七 著, 『事業と鄕人』 1, 實業タトムス社 · 大陸硏究社, 1939.

車田篤著, 『持円福永政治郎翁伝』, 高瀨合名, 1943.

2. 논문과 단행본

1) 논문

권숙인, 「식민지 조선의 일본인 화류계 여성-게이샤 여성의 생애사를 통해 본 주변부 여성 식민자-」, 『사회와 역사』 제103호, 한국사회사학회, 2014.

김명수, 「재조일본인(在朝日本人) 토목청부업자 아라이 하츠타로(荒井初太郎)

의 한국진출과 기업활동」, 『경영사학』 제26권 3호, 한국경영사학회, 2011.
배석만, 「부산항매축업자 이케다 스케타다(池田佐忠)의 기업활동」, 『한국민족문화』 제42호, 부산대학교 한국민족문화연구소, 2012.
배석만, 「일제시기 부산의 대자본가 香椎源太郎의 자본축적 활동」, 『지역과 역사』 제25호, 부경역사연구소, 2009.
성주현, 「1910년대 일본불교의 조선포교활동」, 『문명연지』 제5권 2호, 한국문명학회, 2004.
예지숙, 「조선총독부 사회사업정책의 전개와 성격」, 서울대학교 박사학위논문, 2017.
윤건차, 「식민지 일본인의 정신구조-'제국의식'이란 무엇인가」, 이형식 편저, 『제국과 식민지의 주변인-재조일본인의 역사적 전개』, 보고사, 2013.
윤정수, 「외세의 조선 진출과 인보관사업의 태동-화광교원과 태화여자관을 중심으로」, 세계한국학대회 발표논문, 2006.
이가연, 「부산의 '식민자' 후쿠나가 마사지로의 자본축적과 사회활동」, 『석당논총』 제61호, 석당학술원, 2015.
이병례, 「1920~30년대 경성 노동숙박소의 장소성과 운영실태」, 『향토서울』 제88호, 서울역사편찬원, 2014.
이선민, 「1930년대 도시 노동자의 주거난과 주거양태의 변화」, 가톨릭대학교 석사학위논문, 2001.
전성현, 「식민자와 식민지민 사이, 재조일본인 연구의 동향과 쟁점」, 『역사와 세계』 제48권, 효원사학회, 2015.
전성현, 「식민자와 조선: 일제시기 大池忠助의 지역성과 '식민자'로서의 위상」, 『한국민족문화』 제49호, 부산대학교 한국민족문화연구소, 2013.
제점숙, 「일본불교의 근대인식과 개항기 조선」, 『일본근대학연구』 제32호, 한국일본근대학회, 2011.
한동민, 「대한제국기 일본 정토종의 침투와 불교계의 대응」, 『한국독립운동사연구』 제34호, 한국독립운동사연구소, 2009.
梶村秀樹, 「植民地と朝鮮人」, 『日本生活文化史 8-生活のなかの國家』, 河出書房新社, 1974.

李昇燁, 「植民地の「政治空間」と朝鮮在住日本人社会」, 京都大 博士學位論文, 2007.
長谷川良信, 「淨土宗社會事業の理念と実践」, 『大正大學社會學社會事業研究室紀要』 1959, 特輯號.
長崎陽子, 「近代日本佛教における社會事業」, 『印度學佛教學研究』 49-1, 2000.
諸点淑, 「東アジア植民地における日本宗教の「近代」-植民地朝鮮における日本仏教(浄土宗)の社会事業を事例として-」, 『日本近代學研究』 20, 2008.

2) 단행본

다카사키 소지, 이규수 역, 『식민지 조선의 일본인들』, 역사비평사, 2006.
우치다 준, 한승동 역, 『제국의 브로커들-일제강점기의 일본 정착민 식민주의 1876~1945』, 도서출판 길, 2020.
이규수, 『제국과 식민지 사이: 경계인으로서의 재조일본인』, 어문학사, 2018.
이형식 편저, 『제국과 식민지의 주변인: 재조일본인의 역사적 전개』, 보고사, 2013.
전성현 · 하지영 · 이동훈 · 이가연, 『일본인 이주정책과 재조선 일본인사회』, 동북아역사재단, 2021.
최혜주 편, 『일제의 식민지배와 재조일본인 엘리트』, 어문학사, 2018.
히로세 레이코, 서재길 · 송혜경 역, 『제국의 소녀들: 경성제일공립고등여학교생의 식민지 경험』, 소명출판, 2023.
吉田久一 · 長谷川匡俊, 『日本佛教福祉思想史』, 法藏館, 2001.
梶村秀樹, 『梶村秀樹著作集1-朝鮮人と日本人』, 明石書店, 1992.
尹晸郁, 『植民地朝鮮における社會事業政策』, 大阪經濟法科大學出版部, 1996.
李東勳, 『在朝日本人社會の形成-植民地空間の變容と意識構造』, 明石書店, 2019.

일본 내셔널리즘과 미와 멸망의 정동(情動)

이지현

1. 기본자료

保田與重郎,『(改版)日本の橋』, 東京堂, 1939.

________,『保田與重郎全集』第3巻, 講談社, 1986.

________,『保田與重郎全集』第4巻, 講談社, 1986.

________,『保田與重郎全集』第7巻, 講談社, 1986.

2. 논문과 단행본

1) 논문

김종태,「지부리 애니메이션에 나타난 전쟁의 서사와 의미」,『한국문예비평연구』 제50호, 한국현대문예비평학회, 2016.

박기수,「바람이 분다, 풍경과 꿈의 붕괴된 파토스」,『한국언어문화』 57권, 한국언어문화학회, 2015.

박선영,「지브리 영화 〈바람이 분다〉 다시 읽기〉」,『일본학보』 제111호, 한국일본학회, 2017.

정경운,「미야자키 하야오의 〈바람이 분다〉에 드러난 "아름다움"과 "살아야 함"의 의미연구」,『감성연구: (Emotion Studies)』 제12집, 전남대학교 호남학연구원, 2016.

堀井憲一朗,「アニメ『平家物語』は「宝」と呼びたいほどの"大傑作"なぜこれほど胸に迫るのか?」,『現代ビジネス』, 講談社, 2022. 2. 9. https://gendai.media/articles/-/92282

斎藤純一,「特集にあたって」,『思想』No.1033, 岩波書店, 2010.

天野恵一,「Culture & Critique 文化情報 映画を「読む」・本を「観る」「美しい夢」のもたらした現実をキチンとみよ:「風立ちぬ」(宮崎駿監督)・『空の戦争史』(田中利幸)」,『インパクション』192号, インパクト出版会, 2013.

2) 단행본

권명아, 『무한히 정치적인 외로움』, 갈무리, 2012.
권명아, 『역사적 파시즘』, 책세상, 2005.
김학이, 『감정의 역사』, 푸른역사, 2023.
멜리사 그레그 외, 최성희 · 김지영 · 박혜정 역, 『정동이론』, 갈무리, 2015.
브라이언 마수미, 조성훈 역, 『정동정치』, 갈무리, 2018.
하루오 시라네 · 스즈키 토미 편, 왕숙영 역, 『창조된 고전-일본문학의 정전 형성과 근대 그리고 젠더』, 소명출판, 2002.
허창운, 『니벨룽겐의 노래』, 범우사, 1990.
江馬務, 『結婚の歴史ー日本における婚礼式の形態と発展ー』, 雄山閣出版株式会社, 1971.
高木市之助外(編), 『國語國文学研究史大成』 第9, 三省堂, 1960.
菅聡子, 『女が国家を裏切るとき』, 岩波書店, 2011.
橋川文三, 『日本浪曼派批判序説』, 未来社, 1960.
吉田精一, 『浪漫主義研究』, 桜楓社, 1979.
内藤千珠子, 『愛国的無関心』, 新曜社, 2015.
大津雄一, 『『平家物語』の再誕 創られた国民叙事詩』 NHKブックス, 2013.
百田尚樹, 『永遠の0』, 太田出版, 2006.
保田與重郎, 『(改版)日本の橋』, 東京堂, 1939.
小林秀雄, 『小林秀雄全集』 第8巻, 新潮社, 1967.
実存思想協会(編), 『詩と実存』, 理想社, 1995.
野口武彦, 『三島由起夫の世界』, 講談社, 1970.
日本文学研究資料刊行会編, 『日本浪曼派』, 有精堂出版, 1977.

3. 기타자료

「"일본 군국주의 논란, 내 영화보면 알 것" 미야자키 하야오 감독 공식 은퇴 선언」, 『경향신문』, 2013. 9. 6.
「「風立ちぬ」宮崎駿監督の反日妄想を嗤う」, 『正論』, 501号, 産経新聞社, 2013,

「宮崎駿「時代が僕に追いついた」「風立ちぬ」公開」,『日本経済新聞』, 2013. 7. 27.
「尖閣&慰安婦発言も異常だ 宮崎駿『風立ちぬ』に秘めた政治的意図」,『テーミス』, 22巻 9号, 2013. 9.

4부 정동적 정의와 존재론적 전회 : 부정의에 맞서는 대안 이론과 실제

비접촉시대에 돌봄노동자의 삶과 노동의 위태로운 기술로서 정동적 부정의

정종민

1. 논문과 단행본

1) 논문

권명아, 「비교 역사적 연구를 통해 본 정동 연구의 사회정치적 의제: '여자 떼' 공포와 다스려질 수 없는 자들의 힘」, 『여성문학연구』 제39호, 한국여성문학학회, 2016.

김관욱, 「'과일 바구니, 식혜, 붉은진드기 그리고 벽': 코로나19 사태 속 콜센터 상담사의 정동과 건강-어셈블리지」, 『한국문화인류학』 제53집 3호, 한국문화인류학회, 2020.

김관욱, 「"뭐라도 하려는" 그녀들: 팬데믹 시기 콜센터 여성상담사의 노동쟁의 속 정동정치」, 『한국문화인류학』 제56집 1호, 한국문화인류학회, 2023.

김소진, 「재난불평등과 젠더, 그리고 팬데믹 이후의 과제」, 『민주법학』 78호, 민주주의법학연구회, 2022.

김송이, 「돌봄서비스 노동자들의 노동 경험 연구: 감정노동과 관계적 노동 속성을 중심으로」, 『여성연구』 제82권 1호, 한국여성정책연구원, 2012.

김지향 · 한숙정, 「코로나19 대유행 시 일 노인요양시설에 종사하는 요양보호사의 직무경험에 대한 연구」, 『한국보건간호학회지』 제35권 1호, 한국보건간호학회, 2021.

김희강 · 박선경, 「코로나19, 돌봄부정의, 돌봄포용국가」, 『한국행정학보』 제55권 2호, 한국행정학회, 2021.

류임량, 「제도화된 돌봄노동자의 역할 구성과 직업지위-재가 요양보호사의 사례를 중심으로」, 『페미니즘연구』 제17권 2호, 한국여성연구소, 2017.

박선경 · 김희강, 「코로나19 위기 속 돌봄의 공공성과 국가 역할에 대한 인식」, 『한국과 국제정치』 제37권 1호, 경남대학교 극동문제연구소, 2021.
박지선, 「팬데믹 시대, '필수노동자' 보호 및 지원을 위한 연구: 장기요양 돌봄노동자를 중심으로」, 『사회적질연구』 제6권 2호, 한국인문사회질학회, 2022.
서대석 · 오봉욱, 「방문요양보호사의 임금 분석을 통한 처우개선방안 연구」, 『사회과학리뷰』 제7권 2호, K교육연구학회, 2022.
석재은, 「돌봄정의(Caring Justice) 개념구성과 한국 장기요양정책의 평가」, 『한국사회정책』 제25권 2호, 한국사회정책학회, 2018.
석재은, 「코로나19 국면에서 재조명된 장기요양 돌봄노동자의 취약성과 사회적 과제」, 『한국사회복지학』 제72권 4호, 한국사회복지학회, 2020.
신경아, 「팬데믹 시대 여성 노동의 위기에 관한 페미니즘적 성찰」, 『페미니즘연구』 제21권 2호, 한국여성연구소, 2021.
신유정, 「돌봄과 모욕에 관한 연구」, 『비교문화연구』 제27집 1호, 서울대학교 비교문화연구소, 2021.
안숙영, 「돌봄노동의 여성화에 대한 비판적 고찰」, 『한국여성학』 제34권 2호, 한국여성학회, 2018.
이선미, 「돌봄의 특성과 돌봄 공공성의 요건」, 『사회와 이론』 제29호, 한국이론사회학회, 2016.
정종민, 「인지증(치매)과 정동적 시민권: 영국 오소독스 유대인 요양원 사례를 중심으로」, 『비교문화연구』 제27집 1호, 서울대학교 비교문화연구소, 2021.
조혜정, 「후기 근대적 위기와 '돌봄 국가'적 패러다임 전환을 위한 시론: '차가운 근대 cold modern'에서 '따뜻한 근대 warm modern'로」, 『사회과학론집』 제27집 1호, 연세대학교 사회과학연구소, 2006.
최희경, 「노인장기요양보험제도와 돌봄 정의」, 『한국사회정책』 제25권 3호, 한국사회정책학회, 2018.
Michael Hardt, "Affective Labor", *Boundary 2,* Vol.26, No.2, Duke University Press, 1999.

2) 단행본

권명아, 『여자떼 공포, 젠더 어펙트: 부대낌과 상호작용의 정치』, 갈무리, 2019.

김창엽 · 김현미 · 박목우 · 백영경 · 안숙영 · 염윤선 · 오승은 · 전근배 · 정희진 · 조한진희 · 채효정, 『돌봄이 돌보는 세계: 취약함을 가능성으로, 공존을 향한 새로운 질서』, 동아시아, 2022.

김희강, 『돌봄민주국가』, 박영사, 2022.

김희강 · 임현, 『돌봄과 공정』, 박영사, 2018.

멜리사 그레그 · 그레고리 시그워스 편저, 최성희 · 김지영 · 박혜정 역, 『정동 이론: 몸과 문화, 정치의 마주침에서 생겨나는 것들에 대한 연구』, 갈무리, 2015.

사라 아메드, 성정혜 · 이경란 역, 『행복의 약속: 불행한 자들을 위한 문화비평』, 후마니타스, 2019.

안토니오 다마지오, 고현석 역, 『느끼고 아는 존재』, 흐름출판, 2021.

앨리 러셀 혹실드, 이가람 역, 『감정노동』, 이매진, 2009.

에바 페더 키테이, 김희강 · 나상원 공역, 『돌봄: 사랑의 노동-여성, 평등, 그리고 의존에 관한 에세이』, 박영사, 2016.

조안 C. 토론토, 김희강 · 나상원 역, 『돌봄 민주주의』, 아포리아, 2014.

질 들뢰즈 · 펙릭스 가타리, 김재인 역, 『천개의 고원』, 새물결, 2001.

질 들뢰즈 외, 서창현 · 김상운 · 자율평론번역모임 역, 『비물질노동과 다중』, 갈무리, 2005.

질 들뢰즈, 이정하 역, 『소진된 인간: 베케트의 텔레비전 단편극에 대한 철학적 에세이』, 문학과지성사, 2013.

캐슬린 린치 외, 강순원 역, 『정동적 평등: 누가 돌봄을 수행하는가』, 한울, 2016.

Jarrett Zigon, *Disappointment,* Fordham University Press, 2017.

Lauren Berlant, *Cruel Optimism,* Duke University Press, 2011.

2. 기타자료

강은희 · 이상민 · 신석진 · 최재희, 「요양보호사 임금실태조사 및 처우개선 방안 연구」, 전국서비스산업노동조합연맹, 2021.

「대한민국 요양보고서」, 『한겨레』, 2019. 5. 13. (https://www.hani.co.kr/arti/SERIES/1224/home01.html)

Amartya Sen, "Gender and Cooperative Conflicts", *WIDER working papers*, UN, 1999.

나이 듦과 장애

이화진

1. 기본 자료

이남규 · 김수진 극본, 김석윤 연출, 〈눈이 부시게〉 JTBC, 2019. 2. 11.~2019. 3. 19.

이남규 · 김수진, 『대본집 눈이 부시게』 1, RHK, 2023.

이남규 · 김수진, 『대본집 눈이 부시게』 2, RHK, 2023.

2. 논문과 단행본

1) 논문

강경래, 「"마인드 게임" 드라마 속 새로운 문화기억 서사와 시간 경험 구조」, 『인문논총』 제77권 제1호, 서울대학교 인문학연구원, 2020.

강목련, 「타임슬립을 활용한 드라마의 서사구조와 함축 의미-드라마 〈눈이 부시게〉에 대한 기호학적 분석」, 성균관대학교 석사학위논문, 2019.

김강원, 「TV 드라마 〈눈이 부시게〉의 중첩적 의미구조」, 『리터러시 연구』 제10권 4호(통권 30호), 한국리터러시학회, 2019.

김수환, 「웹툰에 나타난 세대의 감성구조」, 『탈경계 인문학』 제4권 2호, 이화여자대학교 이화인문과학원, 2011.

김은정, 「치매 서사의 신빙성 없는 화자와 이야기 정체성」, 『한국문학논총』 제88집, 한국문학회, 2021.
김은정, 「치매인 서술의 치매 서사 고찰-〈참을 수 없는 비밀〉과 〈눈이 부시게〉를 대상으로」, 『국제어문』 제96집, 국제어문학회, 2023.
박노현, 「젊은 노인의 환상, 늙은 청년의 현실: JTBC 미니시리즈 〈눈이 부시게〉를 중심으로」, 『상허학보』 제57집, 상허학회, 2019.
박미란, 「TV드라마 〈눈이 부시게〉에 나타난 반전의 구조와 위로의 방식」, 『한국극예술연구』 제68집, 한국극예술학회, 2020.
박상완, 「텔레비전드라마 〈눈이 부시게〉의 서술 전략과 기억 형성에 대한 고찰」, 『문학이후』 2호, 선문대학교 문학이후연구소, 2022.
박언주, 「인간 존엄의 조건으로서의 상호의존과 연결성: 치매인의 경험세계를 중심으로」, 『한국콘텐츠학회 논문지』 제20권 8호, 한국콘텐츠학회, 2020.
박재연, 「'병맛' 담론의 형성과 담론의 작동방식」, 『대중서사연구』 제25권 3호, 대중서사학회, 2019.
백경선, 「텔레비전드라마 속 노년과 청년의 연대와 그 가능성-〈나빌레라〉와 〈눈이 부시게〉를 중심으로-」, 『어문론총』 94호, 한국문학언어학회, 2022.
손희정, 「촛불혁명의 브로맨스-2010년대 한국 역사영화의 젠더와 정치적 상상력」, 오혜진 외, 『원본 없는 판타지』, 후마니타스, 2020.
안태연, 「TV 드라마에 나타난 노인재현양상 연구: 〈디어 마이 프렌즈〉, 〈눈이 부시게〉를 중심으로」, 중앙대학교 석사학위논문, 2021.
양선희, 「TV 드라마 〈눈이 부시게〉에 나타난 노인 재현의 변화와 사회적 함의」, 『영상문화콘텐츠연구』 제20집, 동국대학교 영상문화콘텐츠연구원, 2020.
조미영, 「시간여행의 이중 서사가 갖는 의미 양상 연구-드라마 〈눈이 부시게〉를 중심으로」, 『배달말』 제65집, 배달말학회, 2019.
최혜령, 「서사전략으로서 오독(誤讀)의 효과와 의의」, 『구보학보』 제24집, 구보학회, 2020.
Avril Tynan, "Mind the Gap: From Empathy to Erasure in Narrative Fiction," *Journal of Literary & Cultural Disability Studies* Vol.14, No.3, 2020.

Christine Bryden, "Challenging the discourses of loss: A continuing sense of self within the lived experience of dementia," *Dementia* Vol.19, No.1, 2020.

Raquel Medina, "Writing the Past to Fight Alzheimer's Disease: Masculinity, Temporality, and Agency in Memoir of a Murderer," Heike Hartung, Rüdiger Kunow & Matthew Sweney(eds), *Ageing Masculinities, Alzheimer's and Dementia Narratives*, Bloomsbury, 2022.

2) 단행본

마거릿 크룩생크, 이경미 역, 『나이 듦을 배우다: 젠더, 문화, 노화』, 동녘, 2016.

수전 웬델, 강진영 · 김은정 · 황지성 역, 『거부당한 몸: 장애와 질병에 대한 여성주의 철학』, 그린비, 2013.

이토 아사, 김경원 역, 『기억하는 몸』, 현암사, 2020.

David T. Mitchell & Sharon L. Snyder, *Narrative Prosthesis: Disability and the Dependencies of Discourse*, University of Michigan Press, 2001.

Kathleen Woodward(ed), *Figuring Age: Women, Bodies, Generations*, Indiana University Press, 1999.

Kyung Hyun Kim, *Hegemonic Mimicry: Korean Popular Culture of the Twenty-First Century*, Duke University Press, 2021.

Sally Chivers & Nicole Markotić(eds), *The Problem Body: Projecting Disability on Film*, Ohio State University Press, 2010.

Sally Chivers, *The Silvering Screen: Old Age and Disability in Cinema*, University of Toronto Press, 2011.

가정폭력과 반려동물 학대의 문제 및 개입 박언주, 김효정, 류다현

1. 논문과 단행본

1) 논문

김도희, 「그 당연한 얘기가 법이 될 때-판례로 본 동물의 법적 지위와 변화의 필요성」, 『동물의 법적 지위와 입법적 변화 모색』, 동물복지국회포럼 · 동물자유연대 · 동물자유연대 법률지원센터 · 동물의 권리를 옹호하는 변호사들 주최 국회토론회 토론문, 2022.

김정혜 · 주재선 · 정수연 · 동제연 · 김홍미리 · 심선희 · 최현정 · 허민숙, 『2019년 가정폭력실태조사 연구』, 한국여성정책연구원, 2019.

김홍미리 · 강은애 · 박예슬 · 이혜숙 · 구혜완 · 윤연숙, 『서울시 학대예방 · 피해지원체계 현황분석과 정책과제』, 서울시여성가족재단, 2022.

김효정 · 황정임 · 고현승 · 박언주 · 유화정, 『포스트 코로나 시대 가정폭력피해자 지원체계 전환을 위한 연구』, 한국여성정책연구원, 2022.

채일택 · 서미진 · 김민경, 『동물학대 대응 매뉴얼』, 동물자유연대, 2020.

Amy J. Fitzgerald et al., "Animal Maltreatment in the Context of Intimate Partner Violence: A Manifestation of Power and Control?", *Violence Against Women*, Vol.25, No.15, Sage, 2019.

Arnold Arluke et al., "The Relationship of Animal Abuse to Violence and Other Forms of Antisocial Behavior", *Journal of Interpersonal Violence*, Vol.14, No.9, Sage, 1999.

Betty Jo Barrett et al., "Help-Seeking Among Abused Women with Pets: Evidence from a Canadian Sample", *Violence & Victims*, Vol.33, No.4, Springer Publishing Company, 2018.

Carol J. Adams, "Woman-battering and harm to animals", In Carol J. Adams & Josephine Donovan(eds), *Animal and Women: Feminist Theoretical Explorations*, Duke University Press, 1995.

Cassie Richard & Laura Reese, "The Interpersonal Context of Human/

Nonhuman Animal Violence", *Anthrozoös*, Vol.32, No.1, Taylor & Francis, 2019.

Catherine A. Faver & Elizabeth B. Strand, "Domestic Violence and Animal Cruelty- Untangling the Web of Abuse", *Journal of Social Work Education*, Vol.39, No.2, Taylor & Francis, 2003.

Catherine A. Simmons & Peter Lehmann, "Exploring the Link Between Pet Abuse and Controlling Behaviors in Violent Relationships", *Journal of Interpersonal Violence*, Vol.22, No.9, Sage, 2007.

Cheryl Travers et al., "Cruelty Towards the Family Pet: A Survey of Women Experiencing Domestic Violence on the Central Coast, New South Wales", *Medical Journal of Australia*, Vol.191, No.7, Australian Medical Publishing Company, 2009.

Christie A. Hartman et al., "Intimate Partner Violence and Animal Abuse in an Immigrant-Rich Sample of Mother-Child Dyads Recruited from Domestic Violence Programs", *Journal of Interpersonal Violence* Vol.33, No.6, Sage, 2018.

Elizabeth A. Collins et al., "A Template Analysis of Intimate Partner Violence Survivors' Experiences of Animal Maltreatment: Implications for Safety Planning and Intervention", *Violence Against Women*, Vol.24, No.4, Sage, 2018.

Elizabeth B. Strand & Catherine A. Faver, "Battered Women's Concern for Their Pets: A Close Look", *Journal of Family Social Work*, Vol.9, No.4, Taylor & Francis, 2005.

Frank R. Ascione, "Children Who Are Cruel to Animals: A Review of Research and Implications for Developmental Psychopathology", *Anthrozoös*, Vol.6, No.4, Taylor & Francis, 1993.

Hannelie Vermeulen & Johannes S. J. Odendaal, "Proposed Typology of Companion Animal Abuse", *Anthrozoös*, Vol.6, No.4, Taylor & Francis, 1993.

Lacey Levitt et al., "Criminal Histories of a Subsample of Animal Cruelty

Offenders", *Aggression and Violent Behavior*, Vol.30, Elsevier BV, 2016.

Michelle Cleary et al., "Animal Abuse in the Context of Adult Intimate Partner Violence: A Systematic Review", *Aggression and Violent Behavior*, Vol.61, No.3, Elsevier BV, 2021.

Nik Taylor et al., "People of Diverse Genders and/or Sexualities Caring for and Protecting Animal Companions in the Context of Domestic Violence", *Violence Against Women*, Vol.25, No.9, Sage, 2019.

Pamela Carlisle-Frank et al., "Selective Battering of the Family Pet", *Anthrozoös*, Vol.17, No.1, Taylor & Francis, 2004.

Paul J. Frick & Essi Viding, "Antisocial Behavior from a Developmental Psychopathology Perspective", *Development and Psychopathology*, Vol.21, No.4, Cambridge University Press, 2009.

Rochelle Stevenson et al., "Keeping Pets Safe in the Context of Intimate Partner Violence: Insights from Domestic Violence Shelter Staff in Canada", *Affilia*, Vol.33, No.2, Sage, 2018.

Sarah A. DeGue & David DiLillo, "Is Animal Cruelty a 'Red Flag' for Family Violence? Investigating Co-occurring Violence Toward Children, Partners, and Pets", *Journal of Interpersonal Violence*, Vol.24, No.6, Sage, 2009.

2) 단행본

Carol J. Adams, *Neither Man nor Beast: Feminism and the Defense of Animals*, Continuum, 1994.

2. 기타자료

「'동물은 물건이 아니다' 입법 초읽기」, 『법률신문』, 2021. 9. 28.

「[이슈리포트] 아동학대와의 비교를 통한 동물학대 대응체계 개선방향」, 동물자유연대, 2021. 7. 22.

「2023년 변화하는 지자체 동물복지 정책」, 『한국반려동물신문』, 2023. 1. 16.

「가정폭력 보호 대상 애완동물도 포함」, 『한국일보』, 2006. 4. 12.
「가정폭력 피해 반려동물 보호처의 필요성」, 동물자유연대, 2022. 7. 19.
「가정폭력 피해가정 반려동물, 경기도가 안전하게 대신 돌봐 드립니다」, 『경기도뉴스포털』, 2020. 2. 12.
「가정폭력범죄의 처벌 등에 관한 특례법」, 국가법령정보센터. (https://www.law.go.kr/법령/가정폭력범죄의처벌등에관한특례법)
「농식품부 동물복지 강화 방안 발표」, 대한민국정책브리핑, 2022. 12. 7.
「동물보호법」, 법제처 국가법령정보센터.
「동물복지 강화 기반 만든다…2024년 '동물복지법' 마련」, 대한민국정책브리핑, 2022. 12. 6.
「동물의 비물건화 첫발을 떼다. 법무부 민법 개정안 입법예고」, 동물자유연대, 2021. 7. 19.
「민법 일부개정법률안 입법예고」, 법제처, 2021. 7. 19.
「'사람과 동물이 함께 행복한 경기도' 한 발짝 더 나아간다」, 『경기도뉴스포털』, 2021. 2. 5.
「인구주택총조사」, 통계청, 2020.
Blijf Groep, "Oranje Huis Aanpak". (https://www.blijfgroep.nl/artikelen/oranje-huis-aanpak/)
Dogs Trust, "Supporting dog owners fleeing domestic violence". (https://www.dogstrust.org.uk/how-we-help/freedom-project)
Katherine Clark, "Cision: PASW Act Coalition Lauds Grant Funding to Aid Domestic Violence Survivors, Pets", 2022. 3. 16. (https://katherineclark.house.gov/2022/3/cision-paws-act-coalition-lauds-full-congressional-funding-for-grant-program-to-aid-survivors-of-domestic-violence-and-their-pets)
Safe Places for Pets. (https://safeplaceforpets.org/)
Sheltering Animals & Families Together. (https://saftprogram.org/)

찾아보기

용어

ㅈ

인명

ㅈ

저자 소개

1부 트랜지셔널 아시아의 정동 지리 : 트랜스 퍼시픽에서 트랜스 아시아까지

권명아 동아대학교 한국어문학과 교수. 근현대 문학과 젠더 이론, 정동 연구, 문화 이론 등 학문 영역을 넘나드는 연구와 함께 지역의 문화적 실천에도 주력해왔다. 「한국과 일본에서의 반헤이트 스피치 운동과 이론에 대한 비교 고찰」, 「증강 현실적 신체를 기반으로 한 대안기념 정치 구상」 등의 논문을 썼으며, 주요 저서로 『여자떼 공포, 젠더 어펙트: 부대낌과 상호 작용의 정치』(갈무리, 2018), 『무한히 정치적인 외로움: 한국 사회의 정동을 묻다』(갈무리, 2012) 등이 있다.

나이토 치즈코(内藤千珠子) 일본 오오쓰마대학(大妻大学) 문학부 교수. 일본 근대문학연구자로 일본 근현대소설과 미디어 전반을 젠더와 내셔널리즘을 테마로 연구하고 있다. 저서에 『愛国的無関心-「見えない他者」と物語の暴力』(新曜社, 2015), 『小説の恋愛感触』(みすず書房, 2010), 『帝国と暗殺　ジェンダーからみる近代日本のメディア編成』(新曜社, 2005, 2008年女性史学賞受賞)가 있고, 공저로 『〈戦後文学〉の現在形』(平凡社,2020), 『21世紀日本文学ガイドブック7田村俊子』(ひつじ書房, 2014), 『文化のなかのテクスト　カルチュラル・リーディングへの招待』(双文社出版, 2005) 등이 있다.

첸페이전(陳佩甄) 타이완 국립정치대학 타이완문학연구소 조교수. 코넬대학교 아시아학과에서 박사학위를 받고 후속 프로젝트로 식민주의의 유산과 전후 대만과 한국의 젠더 규범화의 냉전 이데올로기에 초점을 맞춘 연구를 수행하고 있다. 「酷兒化「檔案」: 臺韓酷兒檔案庫與創作轉譯」, 「Queering

History, Archiving the Future: In Search of Taiwanese Lesbian History」, 「Theorizing untranslatability: Temporalities and ambivalence in colonial literature of Taiwan and Korea」 등의 논문을 썼다. 서양과 일본의 제국주의에 대한 대만과 한국의 역사적 반응을 상호참조하면서 근대적 섹슈얼리티와 사랑의 정치학에 대한 저서를 준비 중이다.

2부 손수 장인들의 테크놀로지와 대안 정동: 해녀, K–팝, 맘카페

권두현 젠더 · 어펙트연구소 전임연구원. 동국대와 동아대에서 강의한다. 미디어와 한국 현대문학/문화의 관계, 특히 대중문화를 대상으로 테크놀로지와 아상블라주의 문제에 관심을 두고 정동지리적 연구를 수행하고 있다. 「초국가적 몸짓산업과 '키네틱 애니매시'의 회절- 농구 코트 안팎의 몸들과 몸짓의 정동지리」, 「신카이 마코토의 '재난 삼부작'과 면역의 문화정치학」, 「'해녀의 부엌'과 '서비스'라는 정동 경제」 등의 논문을 발표했다.

이지행 젠더 · 어펙트연구소 전임연구원. 기술 발전에 대응해 변화하는 동시대 대중문화 콘텐츠와 수용자 속성에 관심을 두고 있으며, 이에 따른 트랜스미디어 콘텐츠 연구, 팬덤 연구, 파국감정과 관련한 연구를 진행해 왔다. 저서로는 『BTS와 아미컬처』(커뮤니케이션북스, 2019)와 『BTSとARMY わたしたちは連帯する』(イースト · プレス, 2021), 공저인 『페미돌로지』(빨간소금, 2022)가 있다. 주요 논문으로는 「팬데믹 시대 한국 재난영화의 쟁점: 〈#살아있다〉, 〈반도〉, 〈사냥의 시간〉을 중심으로」, 「팬덤 실천을 통한 초국적 기억정치에의 개입과 정동의 작동: 'BTS 원폭 티셔츠 논란'을 중심으로」, 「연쇄하는 재난의 세계를 건너기: 묵시록적 포스트모던 재현의 양상」 등이 있다.

최서영 스텟슨대학교 커뮤니케이션미디어학과 부교수. 문화 연구의 관점에서 한국의 환경 운동에 나타난 커뮤니케이션 현상과 미디어 실천을 관찰하고 이를 통해 한국 사회를 해석하고 설명해왔다. 「Voluntary Outsiders in their Anthropocentric Nation: Korean Vegan Youth Navigating between National Ruins and Transnational Mobilities」, 「Recognition for Resistance: Gifting, Social Media, and the Politics of Reciprocity in South Korea」, 「Resilient Peripheralisation through Authoritarian Communication against Energy Democracy in South Korea」, 「Protesting Grandmothers as Spatial Resistance in the Neo-developmental Era」 등의 논문을 발표했다.

최이숙 동아대학교 사회학과 조교수. 여성주의적 시각에서 미디어 및 언론 현상을 연구해왔다. 주요 논문으로 「팬데믹 시기, 한국사회는 아이들을 잘 돌봐왔는가?: 초등 돌봄 제도와 원격교육을 중심으로」(공저), 「'미투 운동(#MeToo)' 이후 젠더 이슈 보도의 성과와 한계」(공저), 「1960~1970년대 한국 신문의 상업화와 여성가정란의 젠더 정치」 등이 있다. 공저로는 『미디어 허스토리 3.0: 한국 사회와 여성, 30년의 기록』(2023, 이화여대출판부), 『MBC 60년, 영광과 도전』(2021, 한울), 『다시 보는 미디어와 젠더』(2013, 이화여대출판부) 등이 있다.

3부 연결된 '과거'와 역사적 정동: 이야기, 종교, 미학의 정동 정치

강성숙 인제대학교 리버럴아츠칼리지 부교수. 2018년부터 '잘 읽고 잘 쓰는 연구소'를 만들어 함께 행복하게 공부할 수 있는 방법을 찾고 있다. 이화여자대학교 국어국문학과에서 고전문학(구비문학) 전공으로 박사학위를 받았다. 구비문학, 여성, 생태, 공동체, 사회적 경제 문제에 관심을 두고 글을 쓰고 있다. 「보살핌의 윤리로 본 바리 신화 연구-전라도 전승본의 '구약 거부'와 '언니 옷 입기' 모티프를 중심으로」, 「집안 여성을 기억하는 방식-연경재 성해응의 여성 기록을 중심으로」 등의 논문을 발표했고, 공저로는 『경계에 선 유교 지식인의 여성 담론』(월인, 2017), 『19세기 20세기 초 여성 생활사 자료집』(보고사, 2013) 등이 있다.

소현숙 한국여성인권진흥원 일본군'위안부'문제연구소 학술연구팀장. 한국 근현대 가족사, 사회사, 젠더사, 마이너리티 역사를 전공했다. 주요 논문으로 「전쟁고아들이 겪은 전후: 1950년대 전쟁고아 실태와 사회적 대책」, 「마이너리티 역사, 민중사의 새로운 혁신인가 해체인가?」 등이 있으며, 저서로 『이혼 법정에 선 식민지 조선 여성들: 근대적 이혼제도의 도입과 젠더』(역사비평사, 2017), 공저로 『日韓民衆史研究の最前線』(有志舍, 2015), 『從臺灣與朝鮮反思日本的殖民統治』(中央研究院臺灣史研究所, 2021) 등이 있다.

이지현 젠더 · 어펙트연구소 전임연구원. 부산대에서 강의한다. 일본 근현대문학, 특히 태평양전쟁 전시문학과 식민지도시문화, 일본대중문화 콘텐츠 등을 내셔널리즘과 젠더를 테마로 연구하고 있다. 주요 논문 「메이지 '여학생'들의 해외 부임지 '부산고등여학교'」(2021), 「대중문화에 나타난 일본 내셔널리즘 표현구조-미야자키 하야오의 〈바람이 분다〉 재고-」(2020), 「일본 내셔널리즘과 미와 멸망의 정동(情動)-〈アニメ平家物語〉부터 三島由起夫까지-」(2023) 등을 발표했다. 공저에 『한반도 간행 일본어 민간신문 문예물 연구』(보고사, 2020), 공역서에 『여자가 국가를 배반할 때』(하우, 2017) 등이 있다.

4부 정동적 정의와 존재론적 전회 : 부정의에 맞서는 대안 이론과 실제

정종민 전남대학교 글로벌디아스포라연구소 연구원. 「인지증(치매)의 생성성」이라는 주제로 박사학위를 받았다. 2021년부터 한국연구재단의 지원을 받아 '인지증 돌봄의 공공성' 연구와 『인지증: 상실에서 생성으로』(가제) 저술 작업을 하고 있다. 주요 논문으로 「Rethinking Repetition in Dementia through a Cartographic Ethnography of Subjectivity」, 「Co-creative Affordance」, 「The Affective Creativity of a Couple in Dementia Care」, 「결여/부재의 정동적 욕망」, 「똥, 고름 그리고 영혼: 환대 (불)가능한 인지증 돌봄에서 영혼과 정동적 관계 맺기」, 「'큰일'하는 인지증과 사는 사람들: 관계의 강도로서의 정동노동」 등이 있다.

이화진 조선대학교 인문학연구원 학술연구교수. 한국의 영화와 극장 문화에 대해 연구해왔다. 주요 논문으로 「가난은 어떻게 견딜 만한 것이 되는가-영화 〈저 하늘에도 슬픔이〉(1965)와 빈곤 재현의 문화 정치학」, 「'더 많은' 모두를 위한 영화-배리어프리 영상과 문화적 시민권」, 「'데프(Deaf)의 영화'를 찾아서-〈만종〉(신상옥, 1970)과 그 주변」이 있다. 저서로 『소리의 정치』(현실문화, 2016), 『조선 영화』(책세상, 2005)가 있고 공저로 『조선영화와 할리우드』(소명출판, 2014), 『조선영화란 하(何)오』(창비, 2016), 『할리우드 프리즘』(소명출판, 2017), 『원본 없는 판타지』(후마니타스, 2020) 등이 있다.

박언주 동아대학교 사회복지학과 교수. 주요 교육 분야는 사회복지실천, 노인복지, 사회복지와 문화다양성, 질적연구방법론 등이다. 가정폭력을 주제로 한 연구와 여성노인의 구술생애사 연구를 수행해왔다. 주요 논문으로 「가정폭력피해여성의 자립경험에 관한 연구」, 「The influence of informal support on battered women's use of formal services」 등이 있다. 공저로 『'조국 근대화'의 젠더정치』(아르케, 2015), 『가족과 친밀성의 사회학(제2판)』(다산출판사, 2023)이 있다.

김효정 한국여성정책연구원 부연구위원. 여성의 경험과 관점에서 사회의 젠더질서와 일과 가족세계의 변화에 관심을 기울여 왔으며, 최근에는 젠더폭력과 여성정책에 관해 연구해 왔다. 주요 논문으로 「친밀한 관계에서의 젠더폭력 대응을 위한 정책 방향 모색」, 「코로나19와 가정폭력: 팬데믹의 젠더화된 효과」, 「Women's Socioeconomic Characteristics and Marriage Intention in Korea」(공저) 등이 있고, 공저로 『가족과 친밀성의 사회학(제2판)』(다산출판사, 2023)이 있다. 그 외에 「젠더기반폭력으로서 친밀 관계 폭력의 개념화와 대응 방향 모색」, 「포스트코로나 시대 가정폭력피해자 지원체계 전환을 위한 연구」 등 젠더폭력과 여성정책에 관한 다수의 연구를 수행하였다.

류다현 카이스트 문화기술대학원 소셜컴퓨팅 랩 소속. 성균관대학교 사회학과 학사 졸업 후, 이화여자대학교 사회학과에서 석사 학위 취득. 불평등, 젠더 관련 연구를 주제로 자연어처리, 네트워크 분석 등의 방법을 활용하여 연구를 진행 중. 페미니스트 운동 단체에서 활동하며, 페미니스트 웹진 단체에 소속되어 있다. 현실 세계의 다양한 현상을 분석하고 연구하는 활동가로서의 역할에 깊은 관심을 갖고 있다.